厦门大学国际经济法文库　总主编／陈　安

《鹿特丹规则》下的强制性体制研究

—— 基于规范效力的一种分析

A Study on the Mandatory Régime of the Rotterdam Rules
—— An Analysis Based on the Legal Effect of the Norms

◎ 胡长胜／著

厦门大学出版社
XIAMEN UNIVERSITY PRESS
国家一级出版社
全国百佳图书出版单位

International
Economic Law

总　序

　　国际经济法是发展中的边缘性法学学科。在世界范围,国际经济法作为独立的法学学科,已有近 60 年的发展史。在中国,经过 20 多年的发展,国际经济法已成为法学各学科中理论研究最活跃、实践性最强的学科之一。当前,在经济全球化和中国加入世界贸易组织的新形势下,国际经济法更呈现其鲜明的时代性和蓬勃的生命力。

　　得改革开放风气之先,厦门大学在我国较早开展国际经济法的教学和研究。经原国家教委批准,厦门大学于 1981 年和 1985 年在全国率先招收国际经济法专业硕士生和本科生,1986 年开始招收国际经济法专业(1997 年后调整扩大为国际法专业)博士生。1987 年成立厦门大学国际经济法研究所。1995 年,厦门大学"国际经济法及台港澳法研究"学科点被列为全国高校"211"工程重点建设项目。2002 年,厦门大学国际法专业由教育部批准为国家重点学科。长期以来,厦门大学国际法专业学术群体秉承"自强不息,止于至善"的校训,囊萤映雪,开展了一系列国家急需的国际经济法理论和实务研究工作,为我国的法治建设和学科发展作出了应有的贡献。同时,经过不断探索,本专业逐渐形成"出人才"和"创成果"相互促进、相辅相成的研究生培养模式,培养了大批"懂法律、懂经济、懂外语"的国际经济法专门人才。

　　把本专业建成我国国际法领域的重要研究基地和人才培养基地是我们的奋斗目标。"厦门大学国际经济法文库"的编辑出版,是本专业学科建设和发展的长期性工作。"文库"的宗旨是以系列学术专著的形式,集中展现国际经济法领域的专题研究成果,促进学术和社会发展。"文库"立足出版厦门大学学者、校友在国际经济法领域的研究成果,更欢迎海内外国际经济法学者惠赐佳作。"文库"坚持作品的原创性标准,崇尚严谨治学,鼓励学术创新和争鸣。在出版国际经济法专家学者力作的同时,尤其关注国际经济法学界的新人新作,包括在优秀博士学位论文基础上发展的学术专著。我们期望"文库"成为国际经济法专家学者辛勤耕耘的园地,源源不断地产出智慧之果,启迪思想,弘扬学术。同时,更希望"文库"发挥国际经济法"智库"的功能,为我国的国际经济条约实践、涉外经贸立法以及涉外经贸实务提供有益的理论指导或参考。

"厦门大学国际经济法文库"编辑委员会

2003 年 6 月 2 日

International
Economic Law

前　言

自 1924 年《统一提单若干法律规则的国际公约》、《经 1968 年 2 月 23 日议定书修订的统一提单若干法律规则的国际公约》及 1978 年《联合国海上货物运输公约》(以下分别简称《海牙规则》、《海牙—维斯比规则》、《汉堡规则》)依次生效以来,国际海上货物运输法领域的法律冲突愈加明显。据统计,目前国际社会中存在至少 5 种海上货物运输法律制度[①]和至少 9 种承运人的责任限制规定[②]。在这种背景下,自 1996 年联合国国际贸易法委员会(以下简称 UNCITRAL)第 29 届会议开始,国际社会开始了制定一项新的海上货物运输公约的努力。2008 年 12 月 11 日,联合国第 63 届大会以 A/RES/63/122 号决议通过了《联合国全程或部分途程海上货物运输合同公约》,又称《鹿特丹规则》。至此,历时 12 年的努力才告结束。

一、本书的选题意义

作为海上货物运输立法的最新成果,《鹿特丹规则》代表着海上货物运输立法的最新发展方向。《鹿特丹规则》的现有研究成果中,尚未见到以规范效力为进路展开的研究。"强制性是海上货物运输合同法和其他运输合同法律最大的不同之处"[③],本书以法律规范的基本分类作为分析的逻辑起点,选取"强制性体制"这一命题和视角对《鹿特丹规则》进行分析研究。其意义在于,通过揭示《鹿特丹规则》强制性体制对《海牙规则》、《海牙—维斯比规则》、《汉堡规则》强制性体制的变化发展,对强制性体制的本质、价值取向、未来发展趋势等问题进行分析,并为我国国内立法提供借鉴和参考。

---

① 朱曾杰:《论海上货物运输法的国际统一》,载《海商法研究》1999 年第 1 卷。

② 张湘兰:《国际海上货物运输中的赔偿限额问题剖析》,载《法学评论》1996 年第 2 期。

③ 尹东年、郭瑜:《海上货物运输法》,人民法院出版社 2000 年版,第 46 页。

　　本书的创新之处有以下几点:第一,选取全新的视角对《鹿特丹规则》进行研究,从而建立起独立的学术进路,对《鹿特丹规则》下的强制性体制作了全面的分析。第二,对强制性体制的本质提出了独立的学术观点,认为强制性体制的本质是采用立法手段对格式条款进行规制。第三,利用最新文献资料,对《鹿特丹规则》下承运人及货方的义务与责任和《海牙规则》、《海牙—维斯比规则》、《汉堡规则》对比并作了较为深入的分析,进而揭示强制体制价值取向的变化:强制性体制更加公平地对待承运人与货方利益。第四,通过分析揭示《鹿特丹规则》下强制性体制存在着例外。这种例外以货物控制权制度下的任意性规则以及批量合同制度为典型代表。而这种例外代表着强制性体制的最新发展趋势。第五,通过对货物控制权制度下的任意性规则进行分析,认为该制度下的任意性规则可能会影响货物控制权制度在实践中的运作效果。第六,对我国国内海上货物运输立法中的强制性体制进行了分析考察,提出国内水路货物运输立法中不存在强制性体制的原因在于有其他格式条款规制手段的存在。第七,认为强制性体制在一段时间内仍会存在,强制性体制是否消失取决于立法者对格式条款规制手段的选择。

二、国内外研究现状与文献综述

(一)《鹿特丹规则》的研究现状与文献

　　在《鹿特丹规则》起草过程中及通过后,国内外学术界一直对有关论题保持了较高的研究热情。从国内来看,学界的研究主要涉及《鹿特丹规则》的整体分析、承运人责任、货物控制权、批量合同、海运履约方等内容。代表性论文有:司玉琢教授发表在中国海商法年刊 2009 年第 1—2 期的《〈鹿特丹规则〉的评价与展望》及第 3 期的《承运人责任基础的新构建——评〈鹿特丹规则〉下承运人责任基础条款》;郭萍、李晓枫发表在《国际经济法学刊》2009 年第 2 期的《海运承运人单位赔偿责任限额问题的国际变革——兼评联合国〈鹿特丹规则〉》;郭萍、张文广发表在《环球法律评论》2009 年第 3 期的《〈鹿特丹规则〉述评》;朱曾杰先生的《关于〈全程或部分海上货物运输国际公约〉草案中的若干问题》一文等等。笔者查阅到的博士论文中有 6 篇涉及《鹿特丹规则》或其草案,分别为:章博博士学位论文《〈鹿特丹规则〉研究:制度创新与借鉴——从承运人识别到货物控制权》;韦经建博士学位论文《寻找流失的契约自由——以海上货物运输法为线索》;闻银玲博士学位论文《海运履约方法律制度研究》;李章军博士学位论文《国际海运承运人责任制度研究》;向力博士学位论文《国际海上货物运输公约外部关系公约——以〈鹿特丹规则〉为主要考察对象》;姚莹博士学位论文《国际海上货物运输中的权利转让——以 UNCITRAL〈运输法公约(草案)〉为视角》。国内以《鹿特丹规则》为研究对象的专著目前仅有 1 本,由司玉琢、韩立新教授主编,2009 年 12 月由大连海事大学出版社出版的《〈鹿特丹规则〉研究》。该书以《鹿特丹规则》起草过程中的会议文件资料为基础,对《鹿特丹规则》作了逐条解读,并将《鹿特丹规则》与我国国内法,主要是《中华人民共和国海商法》(以下简称《海商法》),进行了比较研究。

比较而言,国外有关《鹿特丹规则》的研究文献更为丰富。代表性论文有载于 2009 年《劳氏海商法与商法季刊》第 4 期的《鹿特丹规则》一文;载于美国《海商法与商务杂志》第 40 卷 2009 年 10 月号的《〈鹿特丹规则〉下批量合同概念的法律与经济分析:若干问题的认识》一文及第 37 卷 2006 年 10 月号的《海上货物多式联运中的法律冲突:联合国国际贸易法委员会〈[全程或部分][海上]货物运输公约草案〉》;载于《佩斯国际法评论》第 20 卷 2008 年春季号的《中途停运与货物控制权:法律冲突?》一文;载于《德克萨斯国际法杂志》第 44 卷 2009 年春季号的《〈鹿特丹规则〉第 10 章:控制运输途中货物》一文以及第 39 卷 2003 年秋季号的《联合国国际贸易法委员会运输法项目:工作进程回顾》一文;收录在《2009 年上海海商法国际研讨会论文汇编》中的《〈鹿特丹规则〉下的运输单证及单证托运人》一文等等。

国外与《鹿特丹规则》有关的专著目前主要有 3 本:一本为 Informa 出版社 2009 年 6 月出版的由英国南安普敦大学教师 Yvonne Baatz、Charles Debattista、Filippo Lorenzon、Andrew Serdy、Hilton Staniland、Michael Tsimplis 合著的《鹿特丹规则:实践注解》(The Rotterdam Rules: A Practical Annotation)。该书以英国法为背景,采取比较分析的研究方法,以逐条注解为具体写作形式,重点对《鹿特丹规则》与英国海上货物运输案例法、成文法的异同,《鹿特丹规则》对英国所可能产生的影响从实践的角度进行了比较分析。对《鹿特丹规则》与《海牙规则》、《海牙—维斯比规则》、《汉堡规则》的异同该书也有所涉及。一本为 Lawtext Publishing Limited 公司 2009 年 9 月出版的《海上货物运输新公约——〈鹿特丹规则〉》(A New Convention for the Carriage of Goods by Sea——The Rotterdam Rules)。该书由英国斯旺西大学(Swansea University)法学院国际航运与贸易法研究所主任 D. Rhidian Thomas 教授主编。该书作者阵容强大,加拿大著名的海商法专家 William Tetley 教授,以及参与了《鹿特丹规则》谈判起草的 Gertjan Van Der Ziel、Michael F. Sturley 等教授都在作者名单之列。该书按照一定的逻辑顺序对《鹿特丹规则》中的重要制度如承运人责任、承运人义务、承运人责任的排除与限制、多式联运等一一作了分析论述。还有一本为 Michael F. Sturley,Tomotaka Fujita,Gertjan Van Der Ziel 三位教授合著,2010 年 11 月由 Sweet&Maxwell 出版社出版的《鹿特丹规则——联合国全程或部分海上国际货物运输合同公约》(*The Rotterdam Rules——The UN Convention on Contracts for the International Carriage of Goods Wholly or Partly by Sea*),该书采用大量的实例对《鹿特丹规则》的基本内容作了深入翔实的分析论述。这 3 本著作在笔者写作过程中起到了基础性参考文献的作用。

　　从以上文献来看,国外学术界对《鹿特丹规则》的研究比较而言更为深入。国外学者的研究注重将《鹿特丹规则》有关制度与国内法进行比较研究,更加注重实证研究,与航运实践密切结合。

(二)强行性规范与强制性体制研究现状与文献

　　学术界有关私法中的强行性规范与强制性体制的研究已经比较成熟,众多学者的著述涉及这一命题。苏永钦先生的《私法自治中的国家强制》一文对私法中的强制性规范的内容、作用、出现的原因等作了宏观的分析和论述。钟瑞栋先生的《民法中的强制性规范》、许中缘先生的《民法强行性规范研究》两部著作分别从不同的角度对民法中强行性规范的基础理论作了系统的分析研究。耿林先生所著的《强制规范与合同效力——以合同法第 52 条第 5 项为中心》一书对强制规范及其对合同效力的影响进行了系统研究。德国著名比较法学者康拉德·茨威格特、海因·克茨的《合同法中的自由与强制》一文对合同法中合同自由进行限制的必要性、强行性规范出现的原因、各国限制通用条件的立法等进行了分析。① Jan Ramberg 教授 1993 年发表于《劳氏海商法与商法季刊》的《海商法中的合同自由》一文对海商法中合同自由衰落与强制性规则出现的背景、强制性规则的作用、强制性规则的

————————

　　① 该文实际上是康拉德·茨威格特、海因·克茨所著的《比较法总论》(第 3 版)第 2 卷第 24 章。由孙宪忠先生翻译发表在法律出版社出版的《民商法论丛》第 9 卷(1997 年第 3 号)上。

缺陷、强制性规则的未来发展趋势作了全面系统的分析论述。左海聪教授撰写的《论海上货物运输法的强制性：历史、现状与未来》一文回顾了国际海上货物运输立法中强制性体制的发展历史并展望了其未来发展趋势。此外，马得懿先生所著的《海上货物运输法强制性体制论》对海上货物运输法中的强制性体制从宏观角度作了较为系统的论述。

从上述文献来看，学者们对私法中的强行性规范从相似的角度进行了研究和解读。这些研究包括强行性规范出现的原因、强行性规范的种类、强行性规范发挥的作用、强行性规范的适用等等。Jan Ramberg 教授与左海聪教授对强制性体制的论述对本书选题的确立起到了启发作用。

除了以上两类与《鹿特丹规则》和强制性体制有关的参考文献外，其他涉及海上货物运输法的文献如吴焕宁教授主编的《国际海上货物运输三公约释义》，William Tetley 教授所著的《海上货物运输索赔（第 4 版）》（*Marine Cargo Claims*, 4th ed.），郭瑜教授《海商法的精神——中国的实践和理论》等在本书的写作过程中也参考较多。

三、本书的研究方法

本书主要采用了以下研究方法：（1）规范分析方法。"规范分析主要是分析实证主义法学所倚重的对法律概念和法律命题进行探究时所运用的一系列方法的概称，其中概念分析居于核心地位。""规范分析的目的就在于明确法律概念进而明确法律命题的含义。"[①]本书的基本研究方法为规范分析方法，利用规范分析方法中的逻辑分析、语言分析、描述等方法辨明法律规范有关概念，进而明确法律规范与法律命题的含义。（2）比较分析方法。比较分析在本书写作中的具体应用体现为纵向与横向两个向度的比较。纵向比较，是指将《鹿特丹规则》与《海牙规则》、《海牙—维斯比规则》、《汉堡规则》等国际社会 20 世纪进行的海上货物运输立法进行比较研究，通过纵向比较可以揭示出有关制度的历史发展脉络。横向比较，是指将《鹿特丹规则》与现行国内法进行比较，通过横向比较可以对《鹿特丹规则》制度产生的国内法背景有更为深刻的理解和把握。（3）条约解释方法。条约解释，是指对一个条约具体规定的正确意义的剖析。[②] 条约解释研究方法实际上是法

---

①　魏治勋：《"规范分析"概念的分析》，载《法学论坛》2008 年第 5 期。

②　李浩培：《条约法概论》，法律出版社 2003 年版，第 334 页。

解释学研究方法在国际法领域的具体运用。《鹿特丹规则》的具体表现形式为国际条约,作为国际法渊源的一种,采用条约解释的研究方法具有一定的合理性。在进行条约解释时可以将"条约之准备工作及缔约之情况"作为"解释之补充资料"。本书在写作过程中大量参考了《鹿特丹规则》起草过程中的有关文件资料以详细了解其条文规定之背景,探求条文规定之真意。(4)实证研究方法。本书写作过程中注重将理论分析与海运实践相结合,注意运用案例、有关统计分析数据等一次文献密切关注实践中的问题,力求使本书的研究有扎实的实证基础并对海运实践产生一定的指导意义。(5)法经济学分析方法。法经济学分析方法将经济学的理论和经验方法用于法律制度分析,法经济学的主要议题是对法律制度的效果分析、效率分析、效果预测。[①] 本书的写作也在一定程度上运用了法经济学分析方法。

四、本书的基本框架

本书正文分为前言、主文、结语 3 个部分。前言部分对本书写作的学术背景作了介绍,结语部分对本书的结论性认识作了归纳总结。主文部分一共有 6 章。

在《鹿特丹规则》下,强制性体制的内容实际上即为承运人(包括符合一定条件的海运履约方)与货方(托运人、持有人、控制方、收货人、单证托运人)所承担的强制性义务与责任,与此相对应,正文的行文思路与框架结构安排也以此为脉络展开。第一章为强制性体制的基础理论分析及《鹿特丹规则》的基本情况介绍。该章从法律规范的效力划分入手,对强行性规范、任意性规范及强制性体制的有关理论、强制性体制的历史演进、《鹿特丹规则》下强制性体制的基本框架进行了分析介绍。第二章即为强制性体制的核心内容——承运人的义务与责任。该章对承运人在《鹿特丹规则》下承担的义务与责任以新的变化发展为视角作了分析论述。这一部分共计有 12 万字,是本书篇幅最长的一部分。第三章讨论了强制性体制的另外一部分内容即货方强制性的义务与责任。笔者着重论述了货方义务与责任的变化及将其纳入强制性体制所带来的强制性体制价值取向的变化。

《鹿特丹规则》下的强制性体制存在着例外。例外情形主要有两种,第一种为存在于强制性体制框架内的任意性规则,第二种为批量合同对强制

---

① 魏建、周林彬:《法经济学》,中国人民大学出版社 2008 年版,第 13 页。

性体制的背离。第四章与第五章是对这两种例外情形的分析论述。该部分写作是本书的重要创新之处。以规范效力为视角对《鹿特丹规则》进行考察,最直观的印象就是由于任意性规则的存在,强制性体制由原来的机械僵硬变得相对灵活。第四章对强制性体制框架下存在的任意性规则进行了分析论述。值得一提的是,虽然有众多的论文对货物控制权进行了研究,但是本章从规范效力的角度对其进行考察并得出了新的结论。第五章对强制性体制例外的第二种情形进行了分析论述。《鹿特丹规则》借鉴了美国国内法中的服务合同,规定了批量合同制度。如果承运人与托运人缔结了批量合同,那么在《鹿特丹规则》设定的条件之下,他们就可以背离《鹿特丹规则》的强制性规定,自由地对合同条款进行约定。批量合同制度是法律对航运实践变化发展的回应,也体现了运输法与强制性体制的最新发展趋势。

最后,第六章对《鹿特丹规则》强制性体制及有关制度对我国国内法的启示和借鉴作了分析论述。

"立法中的斗争不是为了准确地定义概念或前后一致地运用已确定的定义,而是为了保护各种利益。"[①]"利益是法律的产生之源,利益决定着法律规则的创建,利益以及对利益的衡量是制定法律规则的基本要素,法律是'保护利益'的手段。"[②]在《鹿特丹规则》起草过程中同样伴随着承运人利益与货方利益以及由此衍生出来的航运国家利益与货主国家利益之间的对立和竞争,由此而产生的争论在《鹿特丹规则》条文的议定过程中随处可见。本书适当对《鹿特丹规则》若干条款草拟的过程和背景进行了评介。

---

① ［德］菲利普·黑克著:《利益法学》,傅广宇译,载《比较法研究》2006 年第 6 期。
② 杜涛、江国勇:《德国利益法学评述》,载《法学论坛》2003 年第 5 期。

目　录

International
Economic Law

第一章　　　《鹿特丹规则》与强制性体制

第一节　强行性规范的理论分析

一、强行性规范与强制性体制

(一)强行法与任意法的划分

法由法律规范组成,法律规范是组成法的基本单位。依据不同的标准,法律规范可以作不同的划分,譬如可以划分为实体性法律规范与程序性法律规范,行为规范与裁判规范等。强行性规范与任意性规范是依据规范的效力对法律规范所作的一种传统划分。①

强行法(拉丁文 jus cogens,英文 peremptory norms)与任意法(拉丁文 jus dispositivum,英文 random norms)的划分最早可以追溯至罗马法。罗马法被法学家们划分为公法(jus publicum)和私法(jus privatum)两大部分。前者包括调整宗教祭祀活动和国家机关活动的法律规范,后者包括调整财产所有权、债权、家庭和继承等方面的法律规范。罗马法学家乌尔比安

---

① 法律规范的这一传统划分较为粗糙,近年来,民法学者对民法规范进行了更为细致的划分。例如,拉伦茨教授将法律规范分为任意规范、强制规范和半强制规范,参见耿林:《强制规范与合同效力——以合同法第 52 条第 5 项为中心》,中国民主法制出版社 2009 年版,第 90～91 页;钟瑞栋先生认为,民法规范可以进一步细分为任意性规范、授权一方当事人规范、授权特定第三人规范、半强制性规范、强制性规范,参见钟瑞栋:《民法中的强制性规范》,法律出版社 2009 年版,第 22～59 页;许中缘先生将民法规范分为强行性规范、任意性规范、许可性规范、宣示性规范,参见许中缘:《民法强行性规范研究》,法律出版社 2010 年版,第 154 页。

对公法与私法的划分作出如下解释:"公法是与国家组织有关的法律","私法是与个人利益有关的法律"。罗马法还明确规定了公、私法的不同原则和效力,《学说汇纂》说:"公法的规范不得由个人之间的协议变更",而私法的原则为"协议就是法律"。①《学说汇纂》对公法与私法的原则和效力的规定实际上在一定程度上涉及了强行法与任意法的划分问题。但是"强行法"一词的出现却是在千年之后了。19世纪"学说汇纂派"法学家在研究《学说汇纂》时最早使用了"强行法"一词。"学说汇纂派"法学家著名的代表有萨维尼(F. Savigny)、普赫塔(G. Pukhta)、温德沙伊德(B. Windcheid)、巴龙(Y. Baron)、格卢克(V. Gluck)等学者,他们当时致力于《学说汇纂》的研究,并在各自的著作中使用"强行法"这个词汇。例如,格卢克在区分强行法和任意法时写道:"强行法只包括那些明确规定某项行为,或与此相反,明确禁止某项行为的法律。"②

　　史尚宽先生认为:"强行法为关于公共秩序之法,其法规所规定之法律关系内容,不许依当事人意思变更之者也。任意法规者,其法规所规定之法律关系内容,不过为当事人意思之补充或解释者也。"③一般来说,公法类法律,特别是行政法、刑法等,主要涉及公共利益,强行性规范较多。相比之下,在民商法,即私法类法律中,主要涉及私人利益,任意性规则较多。④ 但是强行法与任意法的划分与公法与私法的划分并不完全重合。这是因为公法与私法之间有发生关联的可能性,⑤公法中可能会有任意性规范存在,而私法中亦可能会有强行性规范存在。比如行政法中有关行政合同的规定,刑法中有关"告诉才处理"的规定都是任意性规范。而民法中有关自然人权利能力、行为能力的规定,有关不动产登记的规定等等都是强行性规范。

　　任意法可以进一步划分为补充性规定与解释性规定。补充性规定,谓当事人无特别意思表示时,则适用法律之规定也。⑥ 而解释性规定,是指当当事人实施法律行为所作出的意思表示不明确或不完全而引起纷争时,法

---

　　① 何勤华主编:《外国法制史》,法律出版社2003年第3版,第68页。

　　② 张潇剑:《国际强行法论》,北京大学出版社1995年版,第7页。

　　③ 史尚宽:《民法总论》,中国政法大学出版社2000年版,第12～13页。

　　④ 沈宗灵主编:《法理学》,北京大学出版社2003年版,第36页。

　　⑤ [日]美浓部达吉著:《公法与私法》,黄冯明译,中国政法大学出版社2003年版,第150～151页。

　　⑥ 史尚宽:《民法总论》,中国政法大学出版社2000年版,第329页。

官可以根据任意性规范来确定该意思表示的内容,并以此作为确定双方当事人之间权利义务关系的依据。[1]

既然任意法对当事人没有约束力,当事人可以通过约定排除适用,那立法者为什么还要制定任意性法律规范呢?苏永钦先生认为任意性规范存在的理由不外乎为:第一,减省交易成本。有名契约的规定可使社会上大量出现的交易,不必消耗成本在各种必要之点和非必要之点的约定上,交易者只需以"法定"的权利义务分配为基础,作加减的约定即可。对大多数标的不大,时间不长的交易来说,根本只要确定交易的契约类型即可。故此类规范能反映社会常见的交易类型与条件,减省成本的功能也就越大。第二,提高裁判的可预见性。绝大部分为了交易迅速而以口头作成的交易,对于契约存续与履行过程可能出现争议,而有了这些法律规定,即可预见诉诸法院会得到什么结果,交易者也比较容易计算出违约和防止违约的成本。故此类规范在构成要件与概念内涵上越精准,提高预见性的功能也越大。第三,提供交易的选择。交易者虽然只需依照其需求及能力,基本上即可透过协商折冲,作成互蒙其利的交易,但交易可能遭遇的典型风险何在,如何使其降低,交易者未必知晓,这类规范就可以起到一定的提示功能。第四,透过有名契约,对各种典型交易中双方权利义务与风险成本的公平分配,使其承担一定的"指导图像"功能,特别是对民间不断大量产生的定型化契约条款,有其制衡功能。故此类规定越能顾及交易双方的衡平,指导图像的功能也越大。整体而言,民法中的任意规范对私法自治的运作,有其积极辅助的功能(前三种),也有消极的制衡功能(第四种),可以说是支撑自治不可或缺的一环,不因无强制性而受影响。[2]

(二)不同语境下的"强行法"与"任意法"

强行法与任意法的划分虽然起源于国内法,但是这两个术语的使用却并不局限于国内法。国际法学者也常常会使用强行法与任意法的概念。但是这一组术语在国内法语境下使用与国际法语境下使用时其内涵和外延不尽相同。而本书的研究对象为作为国际法渊源的国际条约,因此有必要对不同语境下使用的"强行法与任意法"进行厘清和界定,以避免混淆。

国际法上的强行法概念可以追溯到 18 世纪。瓦泰尔(Emmerich de

---

① 钟瑞栋:《民法中的强制性规范》,法律出版社 2009 年版,第 23 页。

② 苏永钦:《私法自治中的国家强制》,中国法制出版社 2005 年版,第 26～27 页。

Vattel)在其 1758 年的著作《万民法》(*droit des gens*)一书中,沃尔夫
(Christian Wolff)在其 1764 年所著的《万国法》(*jus gentium*)中都涉及了
国际法中的强制性义务(imperative obligations),并且认为这种义务源于自
然法。从理论的角度来看,强行法概念在国际法上出现于 19 世纪末。当
时,一些学者认为国际协定可能会因国际法上的某些强制性规范(impera-
tive norms)而无效,但是这些学者无法对这些强制性规范进行识别。这些
学者通过国际道德的原则、国际社会接受的一般原则等理论来论证国际法
领域内强行法的存在。费德罗斯 1937 年发表在《美国国际法学报》上的《论
国际法上禁止的国际条约》一文第一次明确地阐述了国际法上的强行法问
题。他在该文中区分了两类不同的强行性规范,并认为国家不能缔结与之
相冲突的条约。① 1969 年《维也纳条约法公约》制定之后,强行法从国际习
惯法演变为国际条约明确规定的一个概念。根据《维也纳条约法公约》第
53 条的规定,一般国际法强制规律指国家之国际社会全体接受并公认为不
许损抑且仅以后具有同等性质之一般国际法规律始得更改之规律。虽然
条约的措辞使用了"就适用本公约而言",但该定义对国际法来说一般是有
效的。② 根据费德罗斯的观点,国际法上的强行法规范可以分为下列几类:
第一类是要求各国不放弃其为履行国际义务所必需的权利。例如,一切国
家按照国际法都有义务保护外国人,从而都有义务在其境内维持公共秩序。
所以,它们不得以条约负担义务将其司法机关或公安机关缩减到使其不能
维持公共秩序的程度。第二类是以人道主义为目的的一般国际法规则。这
些规则不是为个别国家的利益,而是为全人类的较高利益而产生的。所以
违反禁止买卖奴隶、违反禁止买卖妇女儿童或违反保护战俘的公约的一切
条约都是无效的。第三类是《联合国宪章》中涉及武力使用的那些规则。③④

---

① WLADYSLAW CZAPLIŃSKI, *Jus Cogens* and the Law of Treaties, CHRIS-
TIAN TOMUSCHAT, JEAN—MARC THOUVENIN, Eds, *The Fundamental Rules
of the International Legal Order-Jus Cogens and Obligations Erga Ommnes*, Martinus
Nijhoff Publishers, 2006, p.83.

② 张潇剑:《国际强行法论》,北京大学出版社 1995 年版,第 47、52 页。

③ 李浩培:《强行法与国际法》,载《李浩培文选》,法律出版社 2000 年版,第 493~
494 页。

④ 当然,关于国际强行法具体包括哪些内容是一个争议很大的问题,更详细的介
绍参见张潇剑:《国际强行法论》,北京大学出版社 1995 年版,第 59~68 页。

对于国际法中的任意性规范,学者们则认为国际法规则绝大多数是任意性规范。① 这是由国际法上的国家主权原则所决定的。国际法上的主权原则有以下含义:第一,国家各自根据主权行事,不接受任何其他权威命令的强制,也不容许外来的干涉。第二,在一个主权国家内,不得有别国或任何其他权威行使主权的任何权利。第三,主权国家只有在自愿的情况下,它的主权权利的行使才可以受到限制。第四,主权国家不能被强制将其国际争端提交仲裁或司法解决;并且非经它自己同意,它的行为或财产不受外国法院的管辖。最后,主权的完整性是不容侵害的。没有任何权威可以剥夺或削减国家的主权。② 国家主权原则决定了国家可以独立自主地处理对外事务,独立自主决定是否缔结条约。国际义务的承担很大程度上也取决于一国的意愿,这就使国际法呈现出任意法的特征。

就本书而言,笔者使用国内法语境中的强行法与任意法含义展开分析。本书的研究对象虽然是条约,但却不是以规范国家之间权利义务为其主要内容的。《鹿特丹规则》在一国生效后,适用于该国的海上货物运输活动参与者,而这些参与者都是国内法调整规范的对象,并非国际法主体。因此,以国内法语境下的任意性规范与强行性规范对其进行分析更加科学合理。若从国际法语境下的任意法与强行法概念对《鹿特丹规则》进行观察,则《鹿特丹规则》下的内容全部为任意法性规范,没有国际强行法规范存在。因此,以国际法语境下的任意法与强行法对其进行考察没有理论意义。

二、国内法语境下的强行性规范

在国内法律体系中,强行性规范或者说强行法占有重要地位。法谚有云:"有权利,就有强行法(ubi jus, ubi jus cogens)。"③强行法是任何一个法律体系赖以存在的基础,很难设想只有任意法而无强行法的法律体系将如何产生和存在。李浩培先生对强行法的地位曾作过如下论述,他认为:"在国内法上,法律规则在等级上有高下的不同:强行法规则处于上位,而任意

① 李浩培:《论国际法的特性》,载《李浩培文选》,法律出版社 2000 年版,第 482 页。

② 周鲠生:《国际法(上册)》,商务印书馆 1976 年版,第 175~176 页。

③ 斯图基:《强行法与维也纳条约法公约》,1974 年版,第 10 页,转引自张潇剑:《国际强行法论》,北京大学出版社 1995 年版,第 13 页。

法规则处于下位,法律之所以作出这种区别,显然是因为前者涉及国家的重要利益和社会的一般幸福,而后者并无这种性质。"①

国内法中的强行性规范包括公法中的强行性规范,也包括私法中的强行性规范。公法中的强行性规范因其与公法的性质相吻合而没有引起理论上的注意,但是私法中的强行性规范因其与私法自治的品格相悖而引起理论上的较多注意,所以有关国内法中强行性规范的研究多围绕私法中的强行性规范而展开。

(一)强行性规范的概念和种类

史尚宽先生认为:"强行法(zwingende Vorschriften),谓不问当事人意思如何,必须适用之规定。"②黄茂荣先生认为:"任意规定与强行规定之区别在于:当事人是否得依其意思,或依其与相对人之合意拒绝系争规定之适用或修正其规定之内容。若然,则它便是任意规定;否则,便是强行规定。"③王泽鉴先生认为:"强行法,指不得以当事人的意思排除其适用的法规。"④学者们关于强行性规范的上述不同定义,并无实质性差异,笔者不再对其进行详细分析。

关于强行性规范的分类有多种,兹列举一二如下:

广义的强行性规范与狭义的强行性规范。广义的强行性规范可以进一步划分为强制性规范与禁止性规范。史尚宽先生认为:"强制性规定者,法律命令为一定行为之规定也;禁止规定者,法律命令不为一定行为之规定也。"⑤而禁止性规范依其禁止的目的及对法律行为效力的影响不同,可分为效力型的禁止性规范和取缔型的禁止性规范。"前者着重违反行为之法律行为价值,以否认其法律效力为目的;后者着重违反行为之事实行为价值,以禁止其行为为目的。"⑥狭义的强行性规范相当于广义的强行性规范下的强制性规范。

民法内的强制规范和民法外的强制规范。民法内的强制规范,主要考

---

　　①　李浩培:《强行法与国际法》,载《李浩培文选》,法律出版社 2000 年版,第 491 页。

　　②　史尚宽:《民法总论》,中国政法大学出版社 2000 年版,第 329 页。
　　③　黄茂荣:《法学方法与现代民法》,法律出版社 2007 年第 5 版,第 155～156 页。
　　④　王泽鉴:《民法总则》,中国政法大学出版社 2001 年增订版,第 49 页。
　　⑤　史尚宽:《民法总论》,中国政法大学出版社 2000 年版,第 329 页。
　　⑥　史尚宽:《民法总论》,中国政法大学出版社 2000 年版,第 331 页。

虑的是民法基本制度的安定性、当事人之间利益关系的平衡,特别是为了对弱者利益的保护以及维护社会公共道德而设置的规范。民法外的强制规范,比如宪法、刑法、行政法上的强制规范主要目的在于命令或禁止人们为或不为一定行为。[①]

此外,学者们关于强行性规范还有以下分类:效力规范与纯粹管理规范;绝对强制规范与相对强制规范;意思表示上的强制规范和事实行为上的强制规范;对一方的强制和对双方的强制;[②]指导性规范、禁止性规范以及效力性规范。[③]

在概念使用上,本书不对强行性规范作进一步的分类,也不对"强行性规范"、"强制性规范"两种用语作区分,《鹿特丹规则》中举凡具有强制效力的规范都称为强行性规范或强制性规范。

(二)强行性规范存在的理由

就整个法律制度而言,强行性规范存在的理由是不言而喻的。公法规范基本上都为强行性规定。公法规范对于建立社会秩序,规范权力运行,保护私权不受权力侵害,保护社会公共利益都有重要意义。但是,在本应以当事人意思自治为主旨的私法之中也存在着大量的强行性规范。苏永钦先生认为,"内置"于私法中的强行性规范对私法自治起到支撑作用,"强制规范并不'管制'人民的私法行为,而毋宁是提供一套自治的游戏规则,像篮球规则一样,告诉你何时由谁取得发球权,何时必须在边线发球,规则的目的在于让所有球员都能把投、跑、跳、传的体能技巧发挥到极致,而唯一不变的精神就是公平"。[④] 具体而言,私法中存在强行性规范的主要原因有以下几个方面:

第一,实现法的价值的需要。法的价值比如秩序、安全、正义的实现,客观上需要私法领域强行性规范的存在。例如,秩序价值的贯彻和体现就是民法所确立的公序良俗原则以及为贯彻这一原则而设置的许多具体的强制性规范。民法中的很多规范都是专门针对安全价值而设置的。其中,物权

---

① 耿林:《强制规范与合同效力——以合同法第52条第5项为中心》,中国民主法制出版社 2009 年版,第 77~78 页。

② 耿林:《强制规范与合同效力——以合同法第52条第5项为中心》,中国民主法制出版社 2009 年版,第 85~95 页。

③ 许中缘:《民法强行性规范研究》,法律出版社 2010 年版,第 34~37 页。

④ 苏永钦:《私法自治中的国家强制》,中国法制出版社 2005 年版,第 28~29 页。

法、人格权法、知识产权法和侵权行为法的大多数规范主要是为了维护民事主体的人身和财产的"静"的安全；合同法上的大多数规范以及物权法和知识产权法上的部分规范主要是为了维护民事主体的财产"动"的安全，即交易安全。在民事特别法中，以维护交易安全为目的的规范更多，尤以票据法为最。这些旨在促进和维护安全价值的规范都不是任意性规范，而是强行性规范，一般不允许当事人以约定的方式排除适用，因而这些规范的设置，实质上是对私法自治的一种限制。而在20世纪的社会经济生活中，作为近代民法前提条件的平等性和互换性已不存在，导致民法理念由形式正义转向实质正义。情事变更原则的确立，保护消费者和劳动者等弱势群体的利益，都是对实质正义追求的重要体现。

第二，解决市场失灵问题的需要。市场失灵是指市场机制不能使资源配置达到最有效率的状态。资源配置最有效率和消费者获益最大的状态被称为"帕雷托最优"状态或市场最优状态。达到市场最优状态的条件有三：最优交换条件、最优生产条件、交换和生产同时最优条件。这三个条件中任何一个条件不满足，市场都处于无效率状态。显然，能同时满足这三个条件的市场只有完全竞争的市场，其他的市场都存在市场失灵。因此市场机制并不总是有效率的。针对市场失灵，立法者在民法领域进行了诸多变革。比如，各国通过消费者权益保护法、不公平合同条款法以及对格式合同条款的规制来保护在市场上处于弱势地位的消费者的利益，修正了我们对于私法自治和合同自由的理解。

第三，实现一定公共政策的需要。公共政策是为了实现某一特定时期的政治或社会目标而采取紧急措施的准则。博登海默认为，"所谓公共政策，按我们的理解，主要包括某些政治或社会紧急措施的准则"①。例如，战争、饥荒、内乱、劳力缺乏或生产制度太落后等情形，都可能会要求采取紧急措施甚或采取一些按正义观点可以提出质疑的严厉措施。我国大多数学者都认为，公共政策是一个英美法上的概念，与大陆法上的公序良俗相同。为了实现一定的公共政策，立法者在私法中设置了一定的强行性规范。例如，我国的《中华人民共和国劳动法》和《中华人民共和国劳动合同法》采用了多

---

① ［美］E.博登海默著：《法理学法律哲学与法律方法》，邓正来译，中国政法大学出版社1999年版，第466页。

种规范来保护处于弱势地位的劳动者。①

三、强行性规范与利益保护

利益既是一种社会现象,也是一个内涵丰富的学术概念。不同的学者对"利益"一词有不同的界定。美国社会学法学创始人罗科斯·庞德在其法理学著作中对利益定义如下:"从当今角度看,利益可以看作是人们——不管是单独地还是在群体或社团中或其关联中——寻求满足的需求、欲望或期望。"②法国大哲学家霍尔巴赫认为,利益就是"每个人根据自己的性情和思想使自身的幸福与之相联系的东西;换句话说,利益其实就是我们每一个人认为对自己的幸福是必要的东西"③。在马克思主义经典作家看来,"人们奋斗所争取的一切,都同他们的利益有关"④。可见,利益对于人们的生存及生存质量有着重要的意义。

耶林将利益分为个人利益、公共利益和社会利益。个人利益就是那些直接涉及个人生活和从个人生活的立场看待的请求、需求和欲望——严格地说,是指以个人生活的名义提出的。公共利益是那些由有关的个人提出或从政治生活——有组织的政治社会的生活——的立场提出的请求、需求和要求,它们以该组织的名义提出,因此把它们看作是作为法律实体的有组织的政治社会的请求是适宜的。社会利益,尽管从其他方面看,包含了前述的一些内容,但它是指从社会生活的角度考虑,被归结为社会集团的请求、需求。它们是事关社会维持、社会活动和社会功能的请求,是以社会生活的名义提出、从文明社会的社会生活角度看待的更为广泛的需求与要求。⑤

在社会生活中,利益的冲突与竞争是常见的状态。"从来不曾有这样的社会,在那里,有如此之多的富余财富以满足各种需求,有如此之多的空间让每一个人去做所有他想做和有权去做的事情,以至于可以没有竞争地得到满足。各种利益之间的冲突或竞争,起因于个人之间、群体之间、社群之

---

① 钟瑞栋:《民法中的强制性规范》,法律出版社 2009 年版,第 98～135 页。

② [美]罗科斯·庞德著:《法理学(第 3 卷)》,廖德宇译,法律出版社 2007 年版,第14 页。

③ [法]霍尔巴赫著:《自然的体系》,管卜滨译,商务印书馆 1964 年版,第 271 页。

④ 《马克思恩格斯全集》(第 1 卷),人民出版社 1956 年版,第 82 页。

⑤ [美]罗科斯·庞德著:《法理学(第 3 卷)》,廖德宇译,法律出版社 2007 年版,第18～19 页。

间或社会中的人们之间的矛盾和冲突,以及个人在努力实现各种请求、要求和欲望时与群体、社群或社会之间的竞争。"①这三种利益之间及内部都有可能发生冲突。法律的主要作用之一就是调整及调和上述种种相互冲突的利益,无论是何种类型的利益。② 法律通过对相互冲突的利益进行调整以及调和最终实现对利益的规制。立法者在互相冲突的利益中作出选择,确定谁的利益应被认可和保护,并采取一定的方法来实现这种保护。根据罗科斯·庞德的观点,就个人利益而言,在私法领域内,对特定利益进行保护的方法有以下几种:第一,通过将法律人格赋予一些人或所有的人,甚至赋予一定的财团;第二,通过授予个人,即法律人格所归属的实体:法律权利和法律权力;第三,通过允许被赋予法律人格的自然人和实体在一定条件下发挥其自然能力,或行使那些属于法律人格范围的能力(即认可自由);第四,通过在某些情况下免除责任,否则将是违反法律义务(即授予或认可特权);第五,对一般的人或特定的人科以:与法律权利有关的法律义务和责任,即(a)要符合特定的行为模式,承担对损害结果的补偿,以及他们不这么做的话否定其行为的法律效力,或(b)要求对伤害作出反应,这些伤害源于他们维护的一些事情或他们进行的事业。③

庞德先生没有进一步论述的问题是,上述对特定利益保护的实现具体到规范层面是如何实现的。从规范层面来看,对利益的保护大多由强行性规范来完成。公法中的强行性规范所发挥的利益保护功能无须赘述,保护社会公共利益,维持社会的基本秩序都要依赖公法来完成。而在私法之中,对利益进行保护也大多由强行性规范来完成。比如,合同法中有关买卖不破租赁的规定,使租赁合同中的弱势一方当事人——承租人的利益得到了保护。前述将法律人格赋予一些人或所有人的利益保护方法也是通过民法中有关权利能力和行为能力以及公司法中公司设立条件,企业法中企业成立条件的强行性规范来完成的。而前述对利益进行保护的第5项方法与本书的论题密切相关。该项保护方法中的第一种方式为行为人设定了一定的

---

① [美]罗科斯·庞德著:《法理学(第3卷)》,廖德宇译,法律出版社2007年版,第14页。

② [美]E.博登海默著:《法理学法律哲学与法律方法》,邓正来译,中国政法大学出版社1999年版,第398页。

③ [美]罗科斯·庞德著:《法理学(第3卷)》,廖德宇译,法律出版社2007年版,第251～252页。

义务或者责任,要求其行为符合特定的行为模式,承担对损害结果的补偿,并且如果行为人的行为不符合行为模式即否定其行为的效力。本书随后章节的分析将会揭示,本书论述的主题——强制性体制,即是通过海上货物运输法中的强行性规范为行为人(承运人和货方)设置一定的行为模式,如果行为人的行为偏离了这种模式,其法律效力将会被否定。通过这种方法,法律为缔约实力较弱一方当事人的利益提供了保护。

四、本书命题中的"强制性体制"

在对任意性规范和强行性规范进行分析之后,有必要对本书的研究对象"强制性体制"加以界定。

"强制性体制"是学者们在论述海上货物运输法强制性时惯常使用的一个术语。例如,国内学者尹东年教授、郭瑜教授在《海上货物运输法》一书中使用了"强制性体制"一词,①国外学者中, Jan Ramberg 教授在 *Freedom of Contract in Maritime Law* 一文中使用了"Mandatory régime"的措辞,②Alexander Von Ziegler 先生使用了"Mandatory regime"的表述。③

马得懿先生认为"海上货物运输法强制性体制是一个内涵非常丰富的、并且关涉强制性规范的体系","'强制性体制'不等同于'强制性规范'",④笔者基本持相同观点。"强制性体制"是与强制性规范不同层次的概念,"体制"一词更具宏观性,强制性体制是一个由有关法律规范构成的一个有机联系的整体。针对本书而言,笔者将强制性体制界定为:强制性体制是指海上货物运输法中由不允许当事人约定背离的法律规范所构建起来的制度之整体。其中,强制性规范不仅仅指设定当事人义务与责任为强制性的条款本身,还包括那些经由该条款效力传递而具有强制性的那些条款,即强制性规范不仅包括第 79 条,还包括《鹿特丹规则》中不允许当事人背离的其他条款,如第 17 条规定的承运人责任基础,第 19 条规定的海运履约方的赔偿责

---

① 尹东年、郭瑜:《海上货物运输法》,人民法院出版社 2000 年版,第 49~50 页。

② Jan Ramberg, Freedom of Contract in Maritime Law, *Lloyd's Maritime and Commercial Law Quarterly*,1993, pp. 178~191.

③ 马得懿:《海上货物运输法强制性体制论》,中国社会科学出版社 2010 年版,第 28 页。

④ 马得懿:《海上货物运输法强制性体制论》,中国社会科学出版社 2010 年版,第 28~29 页。

任等等。需要特别指出的是,公约第 80 条、第 81 条规定的当事人在批量合同、活动物和其他某些特殊货物方面有一定缔约自由的条款本身并非任意性规范,而是强制性规范,当事人只是根据这些强制性条款享有缔约自由,而当事人要想享有缔约自由,必须满足这些条款所设定的条件。

虽然强制性体制由强制性规范构成,这并不意味着本书的分析论述对象仅限于强制性规范,因为在《鹿特丹规则》中,多数情况下,任意性规范恰恰构成了强制性体制的界限,因此对强制性体制进行研究不可避免地会涉及与之密切相关的任意性规范。

第二节　海上货物运输法中的强制性体制

一、强制性体制的发轫

海上货物运输法中的强制性体制发轫于美国的判例法及制定法《哈特法》。在《哈特法》出现之前,海上货物运输领域几无强行性规范存在,也就没有所谓的强制性体制。当时,在古典契约理论的主导下,各国契约法普遍奉行绝对的契约自由,在海上货物运输领域也是这样。在英国,根据普通法的规定,公共承运人对货物承担着相当于保险人的责任,公共承运人仅享有有限的免责事项。随着航运业的发展,航运资本家的实力日增,他们利用对运输工具的垄断,同时利用契约自由,不断地在提单中增加免责条款,不仅规定对于船员在航行中的过失免责,而且发展到对于船员在配载、管理、照看和交付货物中的疏忽所造成的损失也免除赔偿责任,这就是说,船东对于货主交给他的货物短少一概不负责任,货主对于托运的货物没有任何安全保障。承运人除了"享有收取运费的权利外,几乎不承担任何责任"。契约自由成了承运人对货方进行宰割的工具。

为了改变承运人滥用合同自由的局面,美国最早在司法领域外开始对海上货物运输合同的缔约自由进行限制。在 1889 年 Liverpool & Great Steam Co. v. Phoenix Insurance Co. ［129 U. S. 397（1889）］案中,英国Montana 号轮船在从纽约到利物浦的航行途中搁浅,导致所载货物灭失。保险人作为货主的代位权人起诉承运人,要求承运人赔偿因承运人雇员过失所导致的损失。承运人援引提单中的免责条款(该条款免除承运人因其雇员过失所致的赔偿责任)进行抗辩。美国联邦最高法院认为,该免责条款违反公共政策,应归于无效,因而判定承运人承担赔偿责任。[①]

在该案中,格瑞(Gray)大法官在其意见中指出,"承运人与托运人的地位并不平等。托运人没有能力与承运人讨价还价或到法院寻求救济。他宁愿接受承运人签发的任何提单或是承运人提供的其他文件,在大多数情况下,他不得不这样做,要不然就得放弃这单买卖"。"关于公共承运人法律的一个基本原则是保证承运人尽最大限度的努力和谨慎去履行其职责。承运人如果试图免除努力谨慎履行职责的义务无异于免除了他在运输合同下的核心责任。"[②]

美国联邦最高法院在判决中援引了它在铁路提单(railroad bill of lading)案件中的判决。在这些判决中,美国联邦最高法院认定相似的免责条款无效,并因此创设了突破性的先例——推翻了合同当事人基于美国宪法第 14 条修正案"正当程序"条款享有合同自由绝对权利的理论。但是,事实上,在此之前美国法院已经作出了一些涉及托运人和承运人关系的海事判决。在 New Jersey Steam Nav. Co. v. Merchants Bank [47 U. S. 344(1848)] 案中,不适航的轮船在火灾后沉没导致价值 18000 美元的一箱金银币灭失,法院不顾免责条款和单位赔偿责任限制条款,认定船主承担全部责任。在 Clark v. Barnwell [53 U. S. 272(1851)] 案中,联邦最高法院支持托运人以承运人有过失而主张免责条款无效的权利。在 Propeller Niagra v. Cordes [62 U. S. 7(1858)] 案中,联邦最高法院认定,即便在提单所规定的灭失事由发生后,承运人仍有连续性义务保管货物。在 Bulkeley v. Naumkeag Steam Cotton Co. [65 U. S. 386(1860)] 案中,联邦最高法院认可依据一般海商法针对正在运输货物的船舶的抵押权,从而支持托运人为获得货物损失的赔偿而扣船的权利。最后,在 Alabama[92 U. S. 695(1876)]案和 The Atlas [93 U. S. 302(1876)]案中,联邦最高法院判定卷入碰撞的承运人和非承运人的船舶对因碰撞而造成的货物灭失或损坏承

[①] Joseph C. Sweeney, Happy Birthday, Harter: A Reappraisal of the Harter Act on its 100th Anniversary, *Journal of Maritime Law and Commerce*,1993,(24), p. 6.

[②] Liverpool & Great Steam Co. v. Phoenix Insurance Co. [129 U. S. 397 (1889)].

担连带责任,使托运人获得了较多赔偿。①

前述判决,尤其是 Liverpool & Great Steam Co. 案的判决反映了当时国际航运业的情势:随着美国航运业的衰退,英国商船在承运美国进出口货物方面占据了主导地位;英国船东以合同自由为名义广泛订入免责条款,滥用了这种主导地位。美国法院只能以这些条款违反公共秩序为由判定其无效,来保护本国托运人免受这种权利滥用的影响。对此,英国船东的回应是通过提单中的法院选择条款和法律适用条款将纠纷解决地点和准据法分别约定为伦敦和英国法,以避免美国法院来宣布提单中的免责条款无效。在美国法院采取行动宣布提单中类似的法院选择条款和准据法条款无效之前,美国国会已经开始采取行动,准备采用立法来保护美国的公共政策及美国货主的利益了。而此前,已有 7 个州制定了相应的法律来调整规制提单下的运输。② 1892 年秋,俄亥俄州众议员麦契尔·哈特(Michael D. Harter)向第 52 届国会第 2 次会议提出第 9176 号法案。按照美国的习惯,在制定成法律时即以原提案人哈特命名该法。法案于当年 12 月 15 日在众议院通过,这时的法案包括 7 条。法案移送参议院后,经过秘密讨论,增添了该法不适用于牲畜运输,适用范围扩大到国内、国外运输的条款,并对第 3 条作了重大修改。该法案于 1893 年 2 月 4 日送参议院讨论通过,1893 年 2 月 13 日哈里森总统签署,1893 年 7 月 1 日生效。③

1892 年,美国议会争论的焦点在于高额保护关税、劳工组织、铁路经营、美国工业中石油、钢铁、糖、玻璃、铜、烟草、橡胶、农业机械、皮革、火柴等 300 多种关键产品的联合与垄断所产生的影响,因此,《哈特法》与《1887 年州际商务委员会法》、《1890 年谢尔曼反托拉斯法》的目的相同,均在于通过

---

① Joseph C. Sweeney, Happy Birthday, Harter: A Reappraisal of the Harter Act on its 100th Anniversary, *Journal of Maritime Law and Commerce*, 1993, (24), pp. 7~8.

② Joseph C. Sweeney, Happy Birthday, Harter: A Reappraisal of the Harter Act on its 100th Anniversary, *Journal of Maritime Law and Commerce*, 1993, (24), pp. 7~8.

③ 吴焕宁主编:《海上货物运输三公约释义》,中国商务出版社 2007 年版,第 23~24 页。

移除特定主体(承运人)的不公平优势地位以维护市场自由与公平。[①]《哈特法》的实质在于通过立法确定不同经济利益之间的妥协。托运人获得了禁止承运人在提单格式合同中列举广泛的免责条款的权利,而承运人获得了两项新的免责即驾驶船舶过失免责和管理船舶过失免责,同时承运人承担的恪尽职责使船舶适航的义务不再是一项严格责任义务。[②]

《哈特法》第 1 条(免除过失责任条款)规定:"凡从美国港口开出,或在美国和外国港口间运输商品或财产的船舶的经营人、代理人、船长或船舶所有人,在任何提单或航运单据中写入任何条款、约定或协议,使他或他人对委托给他或他们保管的任何或所有合法商品或财产在由于疏忽、过失或没有适当装载、配载、保存、照料或适当交付而造成的灭失或损坏免责,均属不合法。写入提单或航运单据中的这种内容的任何或所有文字,或条款均属无效。"

该法第 2 条(免除恪尽职责装备船舶义务条款)规定:"凡从美国港口开出,或在美国和外国港口间运输商品或财产的船舶的经营人、代理人、船长或船舶所有人,在任何提单或航运单据中写入任何条款、约定或协议,使该船舶的所有人或各所有人恪尽职责适当配备该船人员、装备船舶、配备供应品和装置该船,并使该船适航和能够执行它的预定航程的责任,或使船长、高级船员、代理人或雇用人细心搬运和配载货物,并照料和适当交付货物的责任有任何减少、减轻或避免这项责任的,均属不合法。"

通过第 1 条和第 2 条的规定,《哈特法》禁止承运人通过免责条款免除其由于过失所承担的责任以及背离其恪尽职守使船舶适航以及小心照管货物的义务,对承运人的缔约自由进行了限制,开创了通过立法中的强行性规范对海上货物运输合同进行强制性规制的先河。[③] 此即海上货物运输法中强制性体制的源起。

---

① Joseph C. Sweeney, Happy Birthday, Harter: A Reappraisal of the Harter Act on its 100th Anniversary, *Journal of Maritime Law and Commerce*, 1993, (24), pp. 13~14.

② Joseph C. Sweeney, Happy Birthday, Harter: A Reappraisal of the Harter Act on its 100th Anniversary, *Journal of Maritime Law and Commerce*, 1993, (24), p. 9.

③ 虽然《哈特法》的调整对象为提单或其他航运单据,但这些单据上的格式条款通常即为海上货物运输合同的条款。所以对提单和其他航运单据条款的限制可以视为对海上货物运输合同的限制。

二、强制性体制的扩展

《哈特法》生效后,首先在英国自治领内部引起了反响,因为英联邦各国都受到了英国海运的盘剥。首先是澳大利亚于 1904 年制定了海上货物运输立法,大体仿照《哈特法》的内容,但是规定在航程开始时船舶适航,船东只可以对"航行中的过失或错误"不负赔偿责任,免责范围比《哈特法》小很多,而且只适用于从澳大利亚外运的船只。1910 年,加拿大制定了《水上货物运输法》,从 1903 年到 1922 年期间,新西兰制定了一系列有关方面的法令。这些立法都对承运人的责任与义务进行了合同自由限制。

面对这种情况,英国的最初对策是不承认《哈特法》,在英国法院判决中把提单列入的《哈特法》视为普通合同条款。1919 年,英国自治领各国在帝国会议上对英国政府正式提出抗议。在这种压力下英国才逐渐改变了态度,英国国内的皇家航运委员会、英国影响下的国际法协会开始行动起来。帝国皇家航运委员会 1921 年 2 月在它的调查报告中建议,帝国内部应当有统一的立法,禁止船东用提单条款预定免除承运人的责任。委员会建议把和《哈特法》相似的加拿大《水上货物运输法》作为立法蓝本。1921 年 5 月,国际法协会立刻根据该报告的精神,集中精力研究提单。最后,大多数的意见主张在各海运国家制定统一的法律,最主要的精神就是对由于船舶过失或者在搬运或保管中过失所造成的货物灭失损坏的责任应当由船东承担,但是"如果所有人……恪尽职责,使船舶在各方面适航,并适当地配备人员、装备船舶、配备供应,则无论船舶、代理人或承租人都不应对由于航行或管理中的过失或错误或者由于潜在缺陷而造成的灭失或损坏负责",这样就在最基本的问题上为以后的《海牙规则》定下了基调。1921 年 8 月 30 日至 9月 3 日,在海牙召开了国际法协会会议,起草了 1921 年作为"标准提单"性质的《海牙规则》。1921 年《海牙规则》发布后,船货双方都不满意,于是国际海事委员会(Comité Maritime International,以下简称 CMI)于 1922 年10 月 9 日又在伦敦开会,对 1921 年规则进行了修改。伦敦会议一致决定提单条款问题应制定国际公约。1923 年 10 月召开的布鲁塞尔外交会议对条约草案中类似金额条款等细节加以拟定。最后在 1924 年 8 月 25 日召开的外交会议上,共有 25 个国家签字。①

与《哈特法》类似,《海牙规则》规定承运人因航海过失导致的货物灭失和损坏可以免责。同时《海牙规则》第 3 条第 8 款规定:"运输合同中的任何条款、约定或协议,凡是解除承运人或船舶对由于疏忽、过失或未履行本条规定的责任和义务,因而引起货物或关于货物的灭失或损害的责任的,或以下同于本公约的规定减轻这种责任的,则一律无效。有利于承运人的保险利益或类似的条款,应视为免除承运人责任的条款。"

该规则第 5 条规定:"承运人可以自由地全部或部分放弃本公约中所规定的他的权利和豁免,或增加他所应承担的任何一项责任和义务。但是这种放弃或增加,须在签发给托运人的提单上注明。"

《海牙规则》的上述规定表明,其所规定的承运人的义务和责任是最小限度的义务与责任,可以增加却不能背离。这样看来,《海牙规则》移植了《哈特法》中的强制性体制,利用强行性规范对提单中的免责条款进行规制。而《海牙规则》的上述规定也将强制性体制带到了国际海上货物运输立法之中。1968 年《修改统一提单若干法律规则的国际公约的议定书》(以下简称《维斯比规则》)以及《1978 年修改〈海牙规则〉议定书》对《海牙规则》作了非实质性的修改。《海牙规则》的基本规则,包括承运人的强制性义务,都未作实质性的修订。

《海牙规则》获得了巨大的成功,对很多国家的国内法产生了影响。强制性体制也随之流传扩散。在英美法系,英国的《1971 年海上货物运输法》、美国的《1936 年海上货物运输法》、美国的《1999 年海上货物运输法(草案)》、澳大利亚的《1998 年海上货物运输法》、南非的《1986 年海上货物运输法》在本质上都是将《海牙—维斯比规则》转化为国内法,所以自然沿袭了《海牙规则》的强制性体制。而在大陆法系,日本的《国际海上货物运输法》第 15 条(禁止特殊协定)第 1 款规定:"任何违反第 3 条至第 5 条、第 8 条、第 9 条或从第 12 条至第 14 条的规定,并且不利于托运人、收货人或提单持有人的特殊协定无效。将通过海上货物运输保险合同而产生的权利转让给承运人的或类似的合同亦同。"该款援引的第 3 条至第 5 条即是关于承运人责任义务的规定,第 8 条是关于托运人申报义务的规定,第 9 条是关于提单

---

① 吴焕宁主编:《海上货物运输三公约释义》,中国商务出版社 2007 年版,第 26~27 页。

误述的规定,第 12 条至第 14 条是关于损害赔偿及限制、诉讼时效的规定。上述规定清楚地表明了海上货物运输立法对海上货物运输合同自由进行限制的态度。① 我国《海商法》第 44 条规定:"海上货运输合同和作为合同凭证的提单或其他运输单证中的条款,违反本章规定的,无效。此类条款的无效,不影响该合同和提单或者其他运输单证中其他条款的效力。将货物的保险利益转让给承运人的条款或者类似条款,无效。"德国《海商法》第 662 条、《俄罗斯联邦商船航运法典》第 175 条也都有类似的规定。②

而在国际海上货物运输立法领域,《汉堡规则》第 23 条第 1 款规定:"海上运输合同、提单或证明海上运输合同的任何其他单证中的任何条款,在其直接或间接违背本公约规定的范围内,均属无效。这种条款的无效不影响作为该合同或单证的其他部分规定的效力。将货物的保险利益让给承运人的条款,或任何类似条款,均属无效。"

根据《汉堡规则》的这一规定,海上货物运输合同或提单中的条款背离公约的任何规定都为无效,无论这些条款是否与承运人或船舶的责任和义务有关。与《海牙规则》相比,《汉堡规则》扩大了强制性体制的规制范围。因为《汉堡规则》适用于海上货物运输合同,而不仅仅是提单,所以,没有签发提单的国际海上货物运输也在《汉堡规则》的调整之列。强制性体制规制的范围扩大到了除了租船合同之外的国际海上货物运输合同。强制性体制规制的主体也扩大到了非运输合同当事人的承运人的受雇人、代理人以及实际承运人的受雇人、代理人,③甚至,托运人也在《汉堡规则》强制性体制规制的范围之内。④

---

① 韩立新、王秀芬编译:《各国(地区)海商法汇编(下卷)》(中英文对照),大连海事大学出版社 2003 年版,第 677 页。

② 韩立新、王秀芬编译:《各国(地区)海商法汇编(下卷)》(中英文对照),大连海事大学出版社 2003 年版,第 1055 页、第 1397 页。

③ Jan Ramberg, Freedom of Contract in Maritime Law, *Lloyd's Maritime and Commercial Law Quarterly*, 1993, pp. 180~182. See also Chen Liang, *Legal Aspects of Bills of Lading Exception Clauses and Their Impact Upon Marine Cargo Insurance*, Wuhan University Press, 2005, p. 65.

④ 《汉堡规则》第 23 条第 1 款并未排除托运人的适用。笔者在本书第三章第一节对这一问题有进一步的分析。

三、强制性体制的本质与功能

(一)强制性体制的本质

1. 格式条款的缺陷

在海上货物运输领域使用的提单、海运单等运输单证,都由承运人事先印制。运输单证上的条款无论是作为运输合同的证明还是作为运输合同本身都在当事人之间的交易中发挥了重要作用。承运人所使用的运输单证上的条款实际上是格式条款。格式条款在不同国家有不同的称谓,日本学者称之为"普通条款",德国惯称"一般交易条款"。统一国际私法协会起草的《国际商事合同通则》中称之为"标准条款"(Standard Terms)。2004 年《国际商事合同通则》关于格式条款的定义如下:"标准条款是指一方为通常和重复使用的目的而预先准备的条款,并在实际使用时未与对方谈判。"[1]我国《合同法》第 39 条第 2 款将格式条款定义为:"格式条款是当事人为了重复使用而预先拟定,并在订立合同时未与对方协商的条款。"格式条款具有以下特征:一是由一方为反复使用而预先拟定;二是订立合同时未与对方协商;三是潜在的不公平的可能性。[2] 在班轮运输下,承运人提供的运输单证中的条款将会成为未来货物运输合同的主要内容,而这些条款托运人基本上没有机会与承运人协商修改,并且为承运人所反复使用,是一种典型的格式条款。[3]

格式条款是现代社会大量重复生产和交易的产物。随着产品的规格化、销售的系统化和服务的标准化,企业为了降低成本,提高交易速度和经济效率,预先制定了格式条款,以供将来与不特定的多数人签订合同之用,从而导致了格式合同的广泛应用。格式合同与格式条款的广泛应用缘于其所具有的优势:提高经济效率,节省缔约时间和费用;增进交易安全,预先设定商业风险和司法风险,确定和预测潜在的法律责任;补充法律规定的不足,为当事人进行新型的交易提供支持。但是,格式条款与生俱来的缺陷也

---

① See Paragraph (2) of Article 2.1.19, Unidroit Principles of International Commercial Contracts 2004.

② 杜军:《格式合同研究》,群众出版社 2001 年版,第 128~130 页。

③ Thomas J. Schoenbaum, *Admiralty and Maritime Law*(4th ed.), Thomson West, 2004, p.577.

不容忽视。由于格式条款往往由交涉能力强的企业提供,弱者一方为了获得商品或者服务,往往没有机会寻求对他更有利的合同条款。因为,格式条款的制定者处于垄断地位或者所有从事同一商品或服务营业的竞争者都采用了相同的合同条款。弱者一方只能或多或少地自愿屈从由强者一方提出的合同条款,这使得格式条款具有与生俱来的缺陷。首先,在格式合同关系中,合同相对人的缔约自由受到了较大的限制。由于格式条款都是由一方当事人单方预先提出,相对人不参与条款制定过程,所以相对人无法决定合同的内容和形式。由于垄断的存在或者从事同一经营内容的企业都采用了相同的格式条款,使相对人选择约定对象的权利受到了限制甚至完全丧失。其次,格式条款的制定者往往规定有利于自己的内容,尤其是限制或者免除自己责任的条款。由于格式条款是由强者一方预先制定的,他在制定合同条款时,总是以追求自己利益最大化为目标,而很少或者完全不考虑对相对人应有利益的保护。再次,格式条款的制定者往往还在合同中规定不利于相对人的条款,这既包括加重相对人责任的条款,如要求相对人对因不可抗力而造成的损失承担责任,也包括剥夺或限制相对方权利的条款。由于这些原因,格式条款很可能演变为"使得超级工业巨头和商业大亨们建立一种新的封建秩序并奴役一大群臣仆的工具"[①]。

从法经济学的角度看,格式条款的缺陷在于其导致合作剩余分配不合理。从自由合同到格式合同的转变是一个帕累托改善的过程,消费者即使不能分享因为实施格式条款所节省下来的交易成本这部分收益,至少也不会得到比自由合同时更糟的结果。使用格式条款的最初想法也是"利己不损人"的,是构建一个帕累托改善的过程,格式条款的接受者从格式条款中得到的收益至少没有变得更少,所以社会接受了格式条款。但是从"经济人"假设出发,格式条款制定者会制定出仅仅能引诱相对方签订合同的格式条款,自己分得合作剩余的大部分,从而使得合作剩余的分配利益失衡,这就给了格式条款提供者利用制定格式条款的优越地位侵犯相对方利益的合法机会。而且随着格式条款与格式合同的广泛使用,相对方也渐渐失去了与自由合同进行比较的机会,慢慢换成了与不签订这种格式合同进行比较。

---

① 康拉德·茨威格特、海因·克茨著:《合同法中的自由与强制》,孙宪忠译,载梁慧星主编:《民商法论丛(第 10 卷)》,法律出版社 1998 年版,第 364~365 页;苏号朋:《格式合同条款研究》,中国人民大学出版社 2004 年版,第 76~80 页。

相对方的福利水平与不签订合同时相比确实是有改善,否则相对方就不会签订合同,但与自由签订合同时相比却下降了。①

2. 强制性体制的本质

为了矫正格式条款的缺陷,避免不公平格式条款对实力较弱的一方当事人造成的损害,各国普遍采用立法、司法、行政等规制方式对格式条款进行规制。立法是各国规制格式条款的最基本方式。不过各国(地区)的立法模式并不相同,有的通过修订民法典,加入规制格式条款的内容,如 1942 年的《意大利民法典》和 2002 年的《德国民法典》;有的制定单行立法,如以色列 1964 年的《标准合同法》和韩国的《约款规制法》;有的则从消费者立法中规定相关内容,如我国台湾地区的"消费者保护法"有的则针对特定的合同类型,制定专门规制该领域格式条款的立法,如法国对保险合同、运输合同、劳动合同等分别制定格式条款立法。除了立法方式之外,各国也采用司法、行政及其他方式对格式条款进行规制。因司法活动具有被动性,只要当事人提起有关格式条款的诉讼,法院就必须受理,因此格式条款的司法规制往往早于立法规制,即各国在施行专门针对格式条款的立法之前,其司法机构已注意到合同中格式条款的特殊性。比如美国在《哈特法》制定之前即有一系列案例来控制承运人的提单条款。对格式条款的行政规制主要体现在有关行业的主管机关对该行业经营者使用的格式条款报送主管机关审核或者事后予以审查。②

海上货物运输法强制性体制的本质在于通过立法对承运人在运输单证中使用的格式条款进行规制以防止格式条款的滥用,维护合同正义。对此,William Tetley 教授指出,"……海运提单虽然是一种合同,但是是一种在名义上商订好的格式合同,它通常给予承运人很多的利益。很多标准合同和附合合同是今天限制性立法的主题,如当代的消费者保护法规。1924 年《海牙规则》限制承运人免除自己受惩罚的权力,是当代在这方面观念较早的先驱者。在《海牙规则》产生 31 年前通过的《哈特法》,更是这方面的先驱

---

① 魏建、周林彬主编:《法经济学》,中国人民大学出版社 2008 年版,第 200 页。
② 苏号朋:《格式合同条款研究》,中国人民大学出版社 2004 年版,第 303~305 页。

者"①。19世纪,承运人滥用提单中的免责条款属于格式条款缺陷的典型表现。美国联邦最高法院在《哈特法》制定以前,限制承运人提单中免责条款效力的案例实际上是运用司法权来规制提单中的格式条款。而《哈特法》的制定实际上则是通过立法来对提单中的格式条款进行规制。

(二)强制性体制的功能

强制性体质的本质决定了强制性体制的主要功用为控制提单中的不公平条款。从《海牙规则》《海牙—维斯比规则》的适用情况来看,强制性体制主要发挥了以下功能:

第一,为弱方当事人提供保护,维护合同正义。国际货物买卖合同与国际海上货物运输合同常常同时存在,前者为主合同,后者为辅助合同,跨越大洋的货物贸易要完成交易必须实现货物的位移。《联合国国际货物销售合同公约》(*United Nations Convention on Contracts for the International Sale of Goods*,以下简称 CISG)并不干预国际贸易当事人之间的缔约自由。作为主合同的国际贸易合同的当事人可以享有缔约自由,而作为国际货物贸易辅助合同的运输合同的当事人却要服从于强制性体制的规制。其原因在于:国际货物买卖的双方当事人都为贸易商,二者缔约实力相当,而海上货物运输合同中的货方却在多数情况下处于弱者地位。② 在这种背景下,承运人可以利用其优势地位在海上货物运输合同中使用的提单、海运单等格式条款中添加对自己有利的条款。19世纪,英国船东滥用提单中的免责条款即为例证。强制性体制通过否定与其相悖离的格式条款的效力来实现对货方的保护。

第二,方便当事人评估和控制风险。强制性体制将海上货物运输中的风险作了明确清晰的分配,并且将这种分配固化为强制性的法律,不允许当事人协议变更。"对于大多数纠纷而言,最终是货物保险人与责任保险人之间的事情"③,风险分配的明确清晰便于双方当事人对己方承担的风险作相应的保险安排,也有利于双方当事人控制成本,对自己提供的商品或服务定

---

① William Tetley, *Marine Cargo Claims*(4th ed.), LesÉditions Yvon Blais Inc. , 2008, pp. 2080~2081.

② Jan Ramberg, Freedom of Contract in Maritime Law, *Lloyd's Maritime and Commercial Law Quarterly*,1993, pp. 183~185.

③ Jan Ramberg, Freedom of Contract in Maritime Law, *Lloyd's Maritime and Commercial Law Quarterly*,1993, p. 185.

价。并且,这种强制性安排是作为法律普遍性地适用于所有当事人之间的交易,当整个行业都采取基本相同的交易规则时,交易效率就可以极大地提高。

第三,促进了法律的统一。虽然法律的统一并不是强制性体制制度设计的目的,但强制性体制所具有的优势和内在的合理性,契合双方当事人的风险承受能力等特点使其客观上促进了法律的统一。截至 2003 年 12 月 2日,《海牙规则》缔约国总数达 103 个。[①] 还有众多的国家将《海牙规则》、《海牙—维斯比规则》的规定转化为国内法。《海牙规则》的成功,强制性体制功不可没。

第四,从法经济学的角度来看,强制性体制对格式条款进行规制可以矫正承运人单证中的不合理条款,促进合作剩余在当事人之间的公平分配。"从自由合同到格式合同满足了卡尔多—希克斯效率标准[②],对社会有利。但合同是自我设定的义务,仅仅满足卡尔多—希克斯效率标准是不够的,还必须对格式合同的合作剩余进行公平分配。并非效率而是合作剩余分配的不合理,是管制格式合同的根本所在。"[③]强制性体制通过为承运人设置强制性的最低限度的义务,限制承运人在提单中任意添加免责条款,避免了承运人不合理地取得合作剩余的大部分,促进货物运输合同缔结所产生的合作剩余在当事人之间更加公平地分配。

第三节 《鹿特丹规则》及其强制性体制

一、《鹿特丹规则》的制定背景

自 20 世纪《海牙规则》、《海牙—维斯比规则》、《汉堡规则》依次生效以

[①] 吴焕宁主编:《海上货物运输三公约释义》,中国商务出版社 2007 年版,第 396 页。

[②] 卡尔多—希克斯效率(Kaldor-Hicks Efficiency)是指尽管改进会损害部分人的福利,但只要改进产生的收益大于因此而产生的损害,那么从整个社会的角度来看,改进带动了社会整体福利水平的提高,因此也是可以接受的。参见魏建、周林彬主编:《法经济学》,中国人民大学出版社 2008 年版,第 37 页。

[③] 魏建、周林彬主编:《法经济学》,中国人民大学出版社 2008 年版,第 200 页。

来,由于各公约之间在诸如承运人责任制度等许多重大问题上存在直接冲突,致使 1931 年《海牙规则》生效以来所开创的海上货物运输法的统一局面出现了干扰和后退,目前国际社会中至少存在五种海上货物运输法律制度①和至少九种承运人责任限制规定。②

1996 年,UNCITRAL 在有关电子数据交换(EDI)的统一立法活动中发现,海上运输单证流通涉及的许多问题如提单或海运单的功能、买方和卖方在运输单证上的权利义务,以及为运输提供融资的部门在运输单证流转中的法律地位方面,都没有统一的国际立法,甚至许多国家没有成文法规定,而电子商务的发展又迫切需要统一上述领域的国际立法。在 1996 年 UNCITRAL 第 29 届会议之后,UNCITRAL 委托 CMI 以及国际商会、国际海运保险联合会、国际运输商协会联合会、国际海运局、国际港埠协会等组织收集有关海上货物运输领域现行惯例和法律方面的资料,以满足在此领域建立统一立法的需要。③ 由此,UNCITRAL 和其他国际组织开始了起草新的海上货物运输公约的努力。

二、《鹿特丹规则》的起草过程

《鹿特丹规则》的起草过程可以分为 CMI 工作阶段以及 UNCITRAL 工作阶段。

(一)CMI 工作阶段

接受了 UNCITRAL 的邀请之后,CMI 首先成立了一个启动委员会,启动委员会根据运输法的项目于 1998 年 4 月完成了工作报告,列明了需要完成的工作。1998 年 5 月,CMI 成立了由 Stuart Beare 先生担任主席的运输法问题国际工作组,国际工作组共召开了四次会议来完成有关工作。根据 CMI 以往的经验,工作组向附属于 CMI 的 16 个国家海商法协会发出了一份调查问卷。在 1999 年 11 月召开的第 4 次会议上,工作组详细讨论了问卷调查表收到的回复,为此前刚刚成立的国际分委会第一次会议进行更

---

① 朱曾杰:《论海上货物运输法的国际统一》,载《海商法研究》1999 年第 1 卷。

② 张湘兰:《国际海上货物运输中的赔偿限额问题剖析》,载《法学评论》1996 年第 2 卷。

③ Official Records of the General Assembly, Fifty-first Session, See U. N. Doc. A/51/17, Paragraph 215.

为具体的安排(CMI 执行委员会专门成立了国际分委会来具体完成有关起
草工作)。① 国际分委会共召开了六次会议。在国际分委会第一次会议上,
CMI 运输法问题国际工作组分析了调查问卷的答复,确立了国际分委会应
讨论的主要议题。1998 年 5 月 CMI 运输法问题工作组成立时,责任问题
并未包括在其议题范围之内,这些议题经过了 CMI 的另外一个分委会——
由 Francesco Berlingieri 教授作为主席的 CMI 统一海上货物运输法国际分
委会——几年的讨论。作为行业代表的一些圆桌会议成员(执行委员会在
建立运输法问题工作组的同时建立)认为包括责任问题在内的议题应该包
括在 UNCITRAL 项目之内。1999 年 5 月,Francesco Berlingieri 教授提交
了统一海上货物运输法国际分委会的工作报告,CMI 向 UNCITRAL 提出
项目应扩大到包括责任问题的建议。在 UNCITRAL 与 CMI 的讨论会之
后,CMI 国际分委会 2000 年 7 月召开了第三次会议,会议首先讨论了责任
问题。有人建议应考虑是否将责任期间扩大到海运之外。2001 年 2 月在
CMI 的新加坡会议上此意见得到了广泛支持,即承运人的责任期间应包括
承运人接收货物到向收货人交付货物的海运之前或之后的内陆运输,并且
实行网状责任。CMI 因此要求国际分委会在议题中包括运输法文书可能
适用于海上货物运输有关的运输方式的可能性,同时要求在运输法文书中
包括满足电子商务需要的条款。在新加坡会议上,与会者一致认为最终的
文书必须满足电子商务的需要并与之相协调,与之相关的条款应是技术中
立的。因此,起草的运输法文书应适用于所有运输合同(除租船合同和其他
类似的合同),包括电子合同。2001 年 7 月,国际分委会召开了第四次会
议,会议的议题主要集中在新加坡会议后重新起草的章节上。共有 15 个国
家的海商法协会和 9 个国际组织对公约草案给出了答复和评论。此后国际
分委会又散发了经过进一步修改的公约草案。国际分委会在 2001 年 11 月
召开的分委会第六次会议上对草案作了最终修订。2001 年 12 月 11 日,
CMI 向 UNCITRAL 提交了《CMI 运输法文书草案》(*CMI Draft Instru-
ment on Transport Law*),标志着 CMI 为 UNCITRAL 起草运输法公约所

① D. Rhidian Thomas, ed., *A New Convention for the Carriage of Goods by Sea-The Rotterdam Rules*, Lawtext Publishing Limited,2009,p. 12.

做的三年半的准备工作正式完成。①

(二)UNCITRAL 工作阶段

UNCITRAL 专门成立了第三工作组来进行运输法公约起草的有关工作。依照法律草案三读通过的一般惯例,第三工作组共召开了十三次会议三读完成了草案的起草工作。而运输法工作组的会议序号延续了制定《汉堡规则》时工作组的会议序号。当时的工作组曾经召开过八届会议审议《汉堡规则》,因此 UNCITRAL 第三工作组第一次会议便是第九届会议。

1. 草案一读

草案一读开始于 2002 年 4 月 15 日至 4 月 26 日在纽约召开的第九届工作组会议,一直持续到第十一届工作组会议。《CMI 运输法文书草案》在 UNCITRAL 工作阶段中被称为《海上货物运输文书草案初稿》(文件编号为 A/CN.9/WG.Ⅲ/WP.21,以下简称公约草案初稿)。在一读阶段,工作组一般性地回顾了草案范围内的各有关议题,各国代表团就有关议题发表意见,但很少就有关议题作出实质性的决定。公约的适用范围是草案一读过程中讨论的重点问题。这个问题非常复杂,涉及草案适用的运输类型,草案与其他运输公约及国内法的关系,对履约方的处理,赔偿责任限额,未确定事故发生地的货物损坏、灭失的处理等诸多问题,因而在一读阶段并没有作出决定。一读阶段另外一个重要的议题是承运人责任,这个问题也比较复杂,并且历来是海上货物运输公约的核心制度,关于承运人责任问题在一读阶段作出的一个值得一提的实质性决定是工作组决定删除航海过失免责。② 此外,在一读阶段,工作组还初步决定增加有关管辖权和仲裁的条款,对公约草案初稿按照联合国起草条约的惯用格式对编号进行了调整,拟出了一读的草案文本。③

2. 草案二读

二读是草案起草过程中最为重要的一个阶段,草案中很多重要问题都是在二读阶段解决的。二读从 2003 年 10 月在纽约举行的工作组十二届会议开始至 2006 年 11 月在维也纳举行的第十八届会议结束。第十二届会议

---

① CMI,The Travaux Préparatoires-CMI Project on Issues of Transport Law,http://www.comitemaritime.org/draft/draft.html,2009-11-17.

② See U. N. Doc. A/CN.9/525. Paragraph 36.

③ See U. N. Doc. A/CN.9/WG.Ⅲ/WP.32.

讨论了草案的核心问题包括草案的适用范围、承运人的免责事项、承运人在海上航程中的义务、履约方的责任与义务等。第十三届会议重点讨论了承运人的赔偿责任、与海上运输有关的补充条款、托运人义务。在该届会议上，工作组决定删除第 9 章运费的所有条款。第十四届会议讨论了承运人责任基础、合同自由、管辖权与仲裁。第十五届会议讨论了适用范围与合同自由、管辖权与仲裁、电子商务、控制权及权利转让。第十六届会议上讨论了管辖权与仲裁、托运人的义务、交付货物。第十七届会议上讨论了草案的第 11 章控制权、第 12 章权利转让、第 10 章向收货人交付货物、第 8 章托运人的义务、第 9 章运输单证和电子运输记录。第十八届会议讨论了第 9 章运输单证和电子运输记录、第 8 章托运人的义务、第 14 章诉权、第 15 章诉讼时效、第 13 章承运人的赔偿责任限制、第 18 章共同海损、第 16 章管辖、第 17 章仲裁及调整与其他公约关系的第 27 条、第 89 条、第 90 条的条文。在该届会议上，工作组决定删除整个第 14 章的内容。①

在二读阶段为了加快谈判进程，尽快就一些争议达成一致，Francesco Berlingieri 教授邀请参加 UNCITRAL 会议的所有代表团，包括一些利益方参加 2004 年 2 月在伦敦举行的为期两天的圆桌会议。2005 年 2 月，Johan Schelin 教授与瑞士代表团也在伦敦举行了开放的非正式会议。2006 年 1 月，Francesco Berlingieri 教授又主持举行了第 3 次类似的会议。除了这种非正式的会议之外，2004 年 5 月，在纽约举行的第 13 届会议快要结束时，多个代表团提出成立非正式磋商小组于工作组的正式会议闭幕时继续进行磋商。工作组对这个提议非常支持。Johan Schelin 教授担任非正式协商小组的总协调人并任命了一些代表作为分协调人。在工作组正式会议闭幕期间，分协调人散发一份草稿给各代表团及观察员，征求他们的意见。根据回收的意见，各分协调人拟定最后的非正式协商讨论报告，然后提交给工作组，当工作组会议开幕讨论相关议题时，会邀请相关的分协调人来报告非正式协商的情况并就此开展谈判，在分协调人报告的基础上，工作组在谈判的关键议题上会进展更快。②

① See U. N. Doc. A/CN. 9/544，A/CN. 9/552，A/CN. 9/572，A/CN. 9/576，A/CN. 9/591，A/CN. 9/594，A/CN. 9/616.

② D. Rhidian Thomas, ed., *A New Convention for the Carriage of Goods by Sea-The Rotterdam Rules*, Lawtext Publishing Limited, 2009, pp. 18~19.

3. 草案三读

工作组从 2007 年 4 月在纽约举行的第 19 届会议开始公约草案的三读。在第 19 届会议上审议通过了公约草案二读文本的前 9 章以及第 19 章的条文,在审议第 1 条第 8 款草案时,工作组一致决定删除该款。[①] 2007 年 10 月在维也纳举行的第 20 届会议上,工作组对二读草案文本的后 11 个章节进行了三读。在对关于赔偿责任限制的第 13 章进行三读时,工作组暂时决定将关于承运人的赔偿责任限额的数额置于方括号中。2008 年 1 月,工作组在维也纳举行了第 21 届会议也是最后一届会议。在这一届会议上,工作组审议通过了整个草案条文。第 21 届会议谈判的重要议题是确定承运人的赔偿责任限额。围绕着赔偿责任限额,33 个代表团达成了一个妥协方案,内容如下:(1)列入草案第 62 条第 1 款中的限额为每件 875 个特别提款权和每公斤 3 个特别提款权,该款案文的其余部分保持不变;(2)删去草案第 99 条和第 66 条第 2 款;[②](3)不在案文中列入草案第 27 条之二,即规定一个声明条款,准许缔约国在类似于草案第 27 条的规定中列明其国内强制性法律;[③](4)认可第 1 条第 2 款中的"批量合同"定义。这一妥协方案获得了工作组的通过,这样,公约草案中的所有争议问题都得到了解决,工作组完成了起草任务。

4. UNCITRAL 通过公约草案

2008 年 6 月 16 日至 7 月 3 日,UNCITRAL 第 41 届会议在纽约举行。关于公约草案的各种争议依然很多。但是,UNCITRAL 认识到工作组为了解决公约起草过程中的各种议题花费了大量的时间和巨大的精力,如果再在贸易法委员会的层面上重新就草案中的主要议题进行谈判,草案中各种议题所达成的微妙平衡将有可能被打破,整个公约草案的起草工作将功亏一篑。因此,委员会拒绝了一些代表团所提出的重新就承运人责任基础、责任限额、批量合同等议题进行谈判的动议。这样,在第 41 届会议上,争议的主要问题转向一些技术性问题。其中最有争议的问题是公约草案中承运人交付货物不需要收货人提交可转让运输单证或者是可转让电子运输记录的规定。在听取了支持承运人可以在不收回可转让运输单证或可转让电子

---

① 第 8 款规定的是"非海运履约方"的定义。

② See U. N. Doc. A/CN. 9/WG. III/WP. 101,Art. 99,Art. 62(2).

③ See U. N. Doc. A/CN. 9/WG. III/WP. 101,Footnote 56.

运输记录就可以将货物送交收货人的意见以及相反的主张删除整个条文的意见之后,UNCITRAL 达成一致,通过一个折中条文,只有当事人在可转让运输单证或可转让电子运输记录中有关于可以不提交单证或电子运输记录即可交付货物的约定时,承运人方可不要求收货人交付可转让运输单证或可转让电子运输记录即交付货物。其他修改也基本上是技术性的,比如删除了第 1 条第 14 款(运输单证)中对"履约方"的提及,而之所以进行该项修改是为了使公约避免涉及代理问题。①

(三)联合国大会通过《鹿特丹规则》

UNCITRAL 通过公约草案后,向联合国大会提交了报告,包括公约草案以及 UNCITRAL 会议讨论情况总结。大会将报告交给了第六委员会即法律委员会进行处理。在联合国大会 2008 年的秋季会议上,第六委员会花了一整天的时间来审议 UNCITRAL 过去一年的工作,包括运输法公约草案的起草。完成审议后,第六委员会向大会建议通过公约草案。2008 年 12 月 11 日,联合国第 63 届大会以 A/RES/63/122 号决议通过了《鹿特丹规则》同时决定于 2009 年 9 月 23 日在鹿特丹举行签署仪式。② 截至 2012 年 2 月 1 日,已有包括美国、挪威、丹麦、希腊、荷兰、西班牙、瑞典在内的 24 个国家签署了《鹿特丹规则》,其中,西班牙已于 2011 年 1 月 19 日批准了《鹿特丹规则》。③

三、《鹿特丹规则》的若干特点

作为一部全新的"海上"货物运输合同公约,与以往的海上货物运输合同公约相比,《鹿特丹规则》有着一些较为鲜明的特点。

(一)内容丰富

与以往的海上货物运输公约相比,《鹿特丹规则》内容非常丰富,一共有

---

① D. Rhidian Thomas, ed., *A New Convention for the Carriage of Goods by Sea-The Rotterdam Rules*, Lawtext Publishing Limited, 2009, pp. 21~23.

② D. Rhidian Thomas, ed., *A New Convention for the Carriage of Goods by Sea-The Rotterdam Rules*, Lawtext Publishing Limited, 2009, pp. 23~24.

③ See United Nations Treaty Collections-United Nations Convention on Contracts for the International Carriage of Goods Wholly or Partly by Sea. [EB/OL], http://treaties.un.org/pages/ViewDetails.aspx? src=TREATY&mtdsg_no=XI-D-8&chapter=11&lang=en, 2012-2-1.

18 章 96 个条文。同样是调整海上货物运输的国际公约,《海牙规则》只有 16 个条文,其中第 1 条到第 10 条为实质性条款,其余条款则为有关条约生效等程序性规定。① 《维斯比规则》只是对《海牙规则》进行修改,并没有实质性地增加新的内容,该规则一共有 17 个条文,但只有第 1 条至第 5 条为实质性条款,第 6 条至第 17 条均为关于《维斯比规则》生效的条款,规定了《维斯比规则》与《海牙规则》的关系,条约解释适用发生争议时的处理等程序性事项条款。② 《汉堡规则》一共有 34 个条文,其中第 1 条至第 26 条为实质性条文,其余条文为程序性条文。在《鹿特丹规则》的 96 个条文中,从第 1 条至第 86 条均为实质性条款,第 87 条至第 96 条为程序性条款。实质性条款的内容远远多于《海牙规则》、《维斯比规则》以及《汉堡规则》。

《鹿特丹规则》的内容之所以丰富,一方面,是因为对海上货物运输条约中的传统核心内容进行了更为细致的规定与制度设计。例如,历来作为海上货物运输合同公约核心内容的承运人义务与责任,《海牙规则》只用了第 3 条和第 4 条 2 个条文来进行规定,《汉堡规则》用第 4 条至第 11 条 8 个条文来规定承运人的责任与义务。《鹿特丹规则》对承运人义务与责任的规定显然要细致得多。起草者首先对承运人的义务与责任作了区分,而以往的条约并没有区分承运人的义务与责任,而是将二者一并进行规定。第 4 章第 11 条至第 16 条规定了承运人的义务,第 5 章第 17 条至第 23 条规定了承运人的责任。对于承运人的赔偿责任限额则专门用了第 12 章第 59 条至第 61 条 3 个条文进行了规定,而在《海牙规则》中只用了 1 款(第 4 条第 5 款)来进行规定。这样算起来《鹿特丹规则》中规定承运人责任与义务的条文有 16 个条文,数量是《海牙规则》的 8 倍,《汉堡规则》的 2 倍。

另一方面,《鹿特丹规则》规定了很多原来海上货物运输公约所没有的新制度。例如,第 3 章电子运输记录,第 9 章货物交付,第 10 章控制方的权利,第 11 章权利转让都是原来的海上货物运输公约所没有涉及的内容。③ 这些新的制度安排使原来海上货物运输公约没有调整的事项都纳入了《鹿

---

①　吴焕宁主编:《海上货物运输三公约释义》,中国商务出版社 2007 年版,第 27 页。

②　吴焕宁主编:《海上货物运输三公约释义》,中国商务出版社 2007 年版,第 72～86 页。

③　D. Rhidian Thomas, ed., *A New Convention for the Carriage of Goods by Sea-The Rotterdam Rules*, Lawtext Publishing Limited, 2009, p.27.

特丹规则》的调整范围,使其适用事项增加,调整范围扩大,有利于更大范围地实现法律制度的统一。

(二)具有时代特色

《鹿特丹规则》的很多规定都具有时代特色。《海牙规则》制定于1924年,《维斯比规则》制定于1968年,《汉堡规则》制定于1978年,这些公约制定以后,世界海运有了革命性的变化与发展,海上货物运输行业的发展需要法律制度作出相应的变革以跟上时代的步伐。

集装箱船舶是继蒸汽船取代帆船之后海上货物运输领域最为重要的一项技术变革。[①] 集装箱运输的出现降低了运输成本,提高了运输效率,"门到门"的运输也因此兴起。"门到门"运输合同成了运输行业普遍使用的一种合同。当完成多式联运的多种运输方式分别是由不同的运输合同调整时,对不同的运输方式适用不同的法律制度是可行的,但当多种运输方式完成的多式联运当事人只缔结一个运输合同来调整所有运输方式时,对同一个运输合同适用不同的法律制度则会存在法律适用的问题。对此,美国联邦最高法院最近曾针对多式联运提单指出,"由一种以上的法律制度来调整一个运输合同时会不可避免地导致混乱和无效率"[②]。《海牙规则》、《海牙—维斯比规则》规定的承运人责任期间为"钩到钩",《汉堡规则》规定的承运人责任期间为"港到港",这种承运人责任期间的规定方式适用于包括海运在内的多式联运合同时不能适用于全程运输,而只能适用于海运区段的运输。为了适应海上货物运输领域的这一变化,《鹿特丹规则》将承运人的责任期间扩展至"门到门"运输的全程。

《鹿特丹规则》另一反映时代特色的制度设计在于电子商务的有关条款。运输行业电了化的程度越来越高,但是现有法律制度阻碍了电子商务的发展。[③] 在国际贸易的背景下,最需要为电子商务制定规则的领域是货

---

① Chia-Lee Wei,*Change in the Sea Carrier's Liability for Cargo as a Result of Containerization and Multimodalism*(*A thesis for LL. M*),McGill University,1999,p. 2.

② See Norfolk Southern Railway Co. v. James N. Kirby,Pty Ltd. ,543 U. S. 14,29,2004 AMC 2705,2715(2004).

③ D. Rhidian Thomas ed. ,*A New Convention for the Carriage of Goods by Sea-The Rotterdam Rules*,Lawtext Publishing Limited,2009,p. 27.

32

物运输领域的法律制度。①《鹿特丹规则》为运输业电子商务的发展提供了完整的法律框架。《鹿特丹规则》第 3 章规定了电子运输记录的有关制度,当事人双方愿意使用电子运输记录时,《鹿特丹规则》允许他们使用电子运输记录取代纸质单证。更为重要的是,《鹿特丹规则》第 10 章和第 11 章的规定为电子商务的发展提供了进一步的制度支持。根据第 10 章和第 11 章的规定,在签发可转让电子运输记录的情况下,持有可转让电子运输记录就被认为拥有货物控制权,转让了可转让电子运输记录可以被认为转让了货物控制权。这样,可转让电子运输记录具有与传统纸质单证完全相同的法律效果,当事人可以放心大胆地使用。当事人甚至可以走得更远,当他们使用电子商务来完成货物运输时,其所使用的电子数据达不到《鹿特丹规则》第 1 条第 18 项规定的电子运输记录的条件时,可以适用《鹿特丹规则》第 51 条第 1 款的规定,当事人依然可以利用电子商务的手段来完成货物运输过程中需要由传统纸质单证来实现的功能。②③

(三)对现有制度进行扬弃而非颠覆

《鹿特丹规则》构建了一些新的制度,但其只是对现有制度的发展,而非颠覆性变革。在起草过程中,工作组的注意力在于现有货物运输法律制度的现代化,填补现有法律制度中的一些空白,并试图把它们统一起来。工作组刻意回避了一些过于具有变革性,或者至少说是争议太大的议题。例如,在第十五届会议上工作组决定删去一读草案文本中的第 75 条有关未决诉讼的条文,因为未决诉讼在不同国家有不同的规则,因而极难达成一致。在UNCITRAL 审议第三工作组起草完毕的公约草案时,决定删去草案第 13 条"运输合同之外的运输"以及第 36 条"托运人赔偿责任的终止",因为这些

---

① Manuel Alba, Electronic Commerce Provisions in the UNCITRAL Convention on Contracts for the International Carriage of Goods Wholly or Partly by Sea, *Texas International Law Journal*, 2009(44), p. 390.

② Gertjan Van Der Ziel, Chapter 10 of the Rotterdam Rules: Control of Goods in Transit, *Texas International Law Journal*, 2009, Spring(44), p. 380.

③ 在《鹿特丹规则》下,使用电子运输记录与使用纸质运输单证具有相同的法律效果。为了行文方便,如无特别说明,本书使用的"运输单证"、"可转让运输单证"、"不可转让运输单证"等表述均包括与之相对应的"电子运输记录"、"可转让电子运输记录"、"不可转让电子运输记录"在内。

条款也非常难以达成一致。①

此外,《鹿特丹规则》主要建立在目前已有规则的基础之上,很少有真正全新的规则。即使看起来是全新出现的制度也是以现有的法律制度作为基础的,而不是建立在一张白纸之上的。② 例如,在起草过程中备受争议的,看起来似乎是全新的批量合同制度,实际上是以美国国内法中的远洋班轮服务协议(Ocean Liner Service Agreements,以下简称 OLSA)为基础构建的。而令人耳目一新的货物控制权制度也只是将其他种类运输方式中已有的法律制度移植到海上货物运输领域而已。取消航海过失免责早已为《汉堡规则》所采纳,承运人责任期间扩展至“门到门”运输全程虽然在现行有效的运输法公约中不存在,但当事人约定的适用于包括海运在内的全程运输的多式联运合同早已为法院所采纳。在现有制度的基础上去构建规则决定了《鹿特丹规则》并非颠覆现有制度,而是对现有制度中的规则进行扬弃,这也使得《鹿特丹规则》更容易为业界所接受。

四、《鹿特丹规则》下强制性体制之延续

虽然 Jan Ramberg 教授预测“海上货物运输的新时代将会更多地依赖于合同自由而非强制性法律”③,也有学者认为无损于公共利益的合同自由优于政府干预,在海上货物运输领域恢复合同自由不会损害公共利益,应当制定一部新的任意性的关于国际海上货物运输的公约恢复海上货物运输领域的合同自由,取消强制性体制。④《鹿特丹规则》依然延续了以往海上货物运输公约中的强制性体制。《鹿特丹规则》第 16 章(合同条款的有效性)第 79 条(一般规定)规定:“一、除非本公约另有规定,运输合同中的条款,凡有下列情形之一的,一概无效:(一)直接或间接,排除或限制承运人或海运履约方在本公约下所承担的义务;(二)直接或间接,排除或限制承运人或海运履约方对违反本公约下的义务所负的赔偿责任;或(三)将货物的保险利

---

① D. Rhidian Thomas, ed., *A New Convention for the Carriage of Goods by Sea-The Rotterdam Rules*, Lawtext Publishing Limited, 2009, p.31.

② Michael F. Sturley, Tomotaka Fujita, Gertjan Van Der Ziel, *The Rotterdam Rules*, Sweet & Maxwell, 2010, p.8.

③ Jan Ramberg, Freedom of contract in maritime law, *Lloyd's Maritime and Commercial Law Quarterly*, 1993, p.191.

④ 余劲松主编:《国际经济法专论》,武汉大学出版社 2003 年版,第 217~219 页。

益转让给承运人或第十八条述及的人。二、除非本公约另有规定,运输合同中的条款,凡有下列情形之一的,一概无效:(一)直接或间接,排除、限制或增加托运人、收货人、控制方、持有人或单证托运人在本公约下所承担的义务;或(二)直接或间接,排除、限制或增加托运人、收货人、控制方、持有人或单证托运人对违反本公约下任何义务所负的赔偿责任。"

(一)《鹿特丹规则》强制性体制的内容

1. 强制性体制规制的主体

从《海牙规则》第 3 条第 8 款"凡是解除承运人或船舶……"的措辞来看,《海牙规则》下强制性体制规制的主体为"承运人或船舶"。根据《海牙规则》第 1 条(a)项的规定,"承运人"包括与托运人订有运输合同的船舶所有人或租船人。而第 1 条(d)项的规定,"船舶"是指用于海上货物运输的任何船舶。强制性体制规制承运人不言而喻,但强制性体制将"船舶"也作为其调整规制的主体似乎有点难以理解。仔细观察可以发现,其实不只是第 3 条第 8 款使用"承运人或船舶"这样的措辞,《海牙规则》中凡是提到承运人的地方,都有船舶一词出现,也就是说《海牙规则》将"承运人"与"船舶"相提并论,这是《海牙规则》的一大特色。在《汉堡规则》、《鹿特丹规则》中都没有"船舶"的定义,也没有将船舶视为主体。《海牙规则》的这种规定与英美法中对物诉讼与船舶拟人化理论有关。所谓"对物诉讼",指对一项财产提起的诉讼。在对物诉讼中,不需要自然人或法人出现作为被告。通过对物诉讼,权利人可以将当事船舶或其姐妹船扣押、没收、拍卖。[①] 对物诉讼的理论基础有船舶拟人化理论,程序理论,海事法院与普通法院管辖权争夺理论等等。[②] 当发生货损货差时,货主可以对船舶提起诉讼要求船舶承担上述责任。因此,如果只规定承运人不能减轻或排除其责任并不完善,还需要规定船舶也不能减轻或限制其责任。因为承运人可以在提单中加入"船舶"的免责条款,从而有可能在权利人提起对物诉讼时逃避其强制责任。

《汉堡规则》第 23 条没有明确规定强制性体制规制的主体,仅规定"海上运输合同、提单或证明海上运输合同的任何其他单证中的任何条款,在其

---

① Neill Hutton, The Origin, Development, and Future of Maritime Liens and the Action in Rem, *Tulane Maritime Law Journal*, 2003, winter(28), p. 87.

② Neill Hutton, The Origin, Development, and Future of Maritime Liens and the Action in Rem, *Tulane Maritime Law Journal*, 2003, winter(28), pp. 93~109.

直接或间接违背本公约规定的范围内,均属无效"。但是,从条约的适用范围来分析,《汉堡规则》第 1 条中进行定义的主体有"承运人"、"实际承运人"、"托运人"、"收货人",结合《汉堡规则》第 23 条的规定,承运人、实际承运人、托运人、收货人的权利义务与责任都不能背离公约的规定,所以《汉堡规则》强制性体制规制的主体为承运人、实际承运人、托运人、收货人。制定《汉堡规则》时,特别是在当代,船舶拟人理论已逐渐衰落,[①]所以在《汉堡规则》中已看不到"承运人和船舶"这样的措辞。

在《鹿特丹规则》下,强制性体制规制的主体更多。根据第 79 条的规定,承运人、海运履约方、托运人、收货人、控制方、持有人及单证托运人都是强制性体制规制的主体。《鹿特丹规则》下承运人的定义与《海牙规则》、《汉堡规则》下并无区别,但《鹿特丹规则》下的"海运履约方"的范围要大于《汉堡规则》下的实际承运人。例如,港口经营人在《鹿特丹规则》下为"海运履约方",一个内陆承运人仅在其履行或者承诺履行的服务完全在港口区域时为海运履约方。而在《汉堡规则》中这些主体不可能成为实际承运人。[②]同时,《鹿特丹规则》将托运人、收货人、控制方、持有人及单证托运人等货方主体也纳入了强制性体制的调整范围,这无疑增加了强制性体制规制的主体,在《海牙规则》、《海牙—维斯比规则》下,强制性体制只调整承运人,而根本不涉及货方。

需要注意的是,在《鹿特丹规则》下虽有第 4 条、第 18 条、第 34 条的规定,但不能认为承运人的义务与责任适用于承运人、海运履约方之外的其他主体,也不能认为托运人的义务与责任适用于受雇人、代理人、分合同人等,即不能认为强制性体制规制的主体也包括船长、船员、内陆履约方、承运人的受雇人、履约方的受雇人、履行或承诺履行运输合同规定的承运人义务的其他任何人,托运人的受雇人、代理人和分合同人。因为在上述这些情况下,义务与赔偿责任的主体依然是承运人、海运履约方、非海运履约方、托运人,强制性体制规制的主体依然是承运人、海运履约方、托运人等等。

---

① Neill Hutton, The Origin, Development, and Future of Maritime Liens and the Action in Rem, *Tulane Maritime Law Journal*, 2003, winter(28), p. 110.

② 详见第二章第四节海运履约方概念与实际承运人概念的比较。

2. 强制性体制规制的对象

《鹿特丹规则》第 79 条第 1 款规定,运输合同不能直接或间接排除或限制承运人或海运履约方在《鹿特丹规则》下的义务与赔偿责任。第 79 条第 2 款规定,运输合同不能直接或间接地排除、限制或增加托运人、收货人、控制方、持有人或单证托运人在《鹿特丹规则》下的义务与赔偿责任。所以,《鹿特丹规则》强制性体制规制的对象为承运人、海运履约方的义务与责任,货方的义务与责任,货物的保险权益。我们可以看到,在《鹿特丹规则》下,跟《海牙规则》一样,承运人承担的义务与责任是最低限度的义务与责任,不能排除、限制却可以增加,而对于货方,《鹿特丹规则》对其规定的义务和责任既不能排除、限制也不能增加。

货物的保险权益也是强制性体制规制的对象。《哈特法》没有涉及货物保险权益问题。《海牙规则》第 3 条第 8 款及《汉堡规则》第 23 条第 1 款都禁止当事人转让货物保险权益。《鹿特丹规则》第 79 条第 1 款亦禁止当事人将货物的保险权益转让给承运人或其履约方、受雇人。运输合同中将保险权益给予承运人的条款是指允许承运人享受因货方投保而带来的好处的条款,其形式可能有多种。例如,承运人为了减轻自己的责任,有时会要求货主负责向保险公司投保,并要求其承诺当货物在运输过程中灭失或损坏时径直向保险人索赔,而自己不承担责任。为此,承运人甚至还可以自己替货主承担保险费为交换条件。这样的约定对于货主而言,固然并无损害,却剥夺了保险人的代位求偿权,免除或减轻了承运人的责任。[1] 同时,由于保险人丧失了其本应享有的代位求偿权,会提高保险费率,最终仍会损害货方的利益。[2] 有一种理解认为,这里的"保险权益"即为保险法上的"保险利益",这种理解其实是一种误解。因为无论是《海牙规则》、《汉堡规则》,还是《鹿特丹规则》使用的措辞都是"benefit of insurance"(保险好处)而不是"interest of insurance"(保险利益)。运输合同的托运人或收货人,在保险合同关系中是投保人或被保险人。一般来说,保险利益是属于货主的,承运人无法获得保险利益。而且,保险利益是保险法调整的问题,不是海上货物

---

① 吴焕宁主编:《海上货物运输三公约释义》,中国商务出版社 2007 年版,第 211 页。

② Michael F. Sturley, Tomotaka Fujita, Gertjan Van Der Ziel, *The Rotterdam Rules*, Sweet & Maxwell, 2010, p. 370.

运输合同法调整的范围。从这种条款的主旨来看,条款的目的是禁止承运人减轻其义务与责任,因而这里理解成禁止将保险权益转让给承运人是合适的。

3. 强制性体制的边界与识别

强制性体制的边界即《鹿特丹规则》中哪些条款属于强制性体制的范畴。对此,第 79 条没有进行具体规定,只是概括地规定了当事人义务与责任为强制性。强制性体制调整规制的对象为承运人、海运履约方、货方的义务与责任,发挥其调整规制作用需要具体通过《鹿特丹规则》中规定当事人义务与责任的条款来实现。因此,《鹿特丹规则》有关承运人、海运履约方、货方义务与责任条款的规定应当为强制性的。但问题似乎并不是那么简单。例如,有观点认为,因为《鹿特丹规则》第 56 条将货物控制权下的一些规则设定为可以协议变更的,所以第 53 条、第 54 条、第 55 条的规定仍属于强制性的法律规定,当事人不得通过协议加以背离或者限制、排除这些条款的效力。[①] 但问题是,这些条款都是规定当事人义务与责任的条款吗? 再比如,第 3 章,规定电子运输记录有关内容是规定义务与责任的条款吗? 是否具有强行性? 还有规定运输合同一方当事人权利的条款是否是强制性规范?

笔者认为可以通过探求规范设计的目的来解决上述疑问。有些法律规范可以通过目的解释得出其强制性。[②] 关于规定一方当事人权利的条款,例如,第 35 条(规定托运人、单证托运人获得运输单证的权利),虽然规定的是托运人和单证托运人的权利,但在规定托运人权利的同时,也为承运人设定了义务,并且获得运输单证是托运人的一项基本权利,相应地,签发运输单证就是承运人的基本义务。因此,从保证当事人的这一基本权利出发,第 35 条应当是强制性体制的范畴。而第 57 条(规定持有人转让可转让运输单证的权利)同样是规定当事人权利的条款,但该条从立法目的上讲,仅是一条关于运输单证转让的技术性条款,并不为承运人直接设定义务,因而不能归入强制性体制。第 3 章关于电子运输记录的规定也是这种类似的技术性条款,不能归入强制性体制。

---

① 司玉琢、韩立新主编:《〈鹿特丹规则〉研究》,大连海事大学出版社 2009 年版,第 346 页。

② 陈卫佐:《德国民法总论》,法律出版社 2007 年第 2 版,第 39 页。

　　上述疑问的产生是由于第79条采用概括规定的表述方式所造成的。这种表述方式所带来的边界模糊是《海牙规则》、《海牙—维斯比规则》、《汉堡规则》强制性体制所共有的缺陷。相比之下，一些国家的《海商法》所设置的强制性体制更加严谨也更具操作性。比如，瑞典《海商法》第13章第4条"合同条款"规定："运输合同和运输单证中的条款，与本章规定或第19章第1款第5项和第4款不一致的，应当无效。

　　第1款规定不适用第5条、第8条至第11条，以及第14条至第23条，也不能妨碍运输合同中包括有关共同海损的条款。依据本章规定，承运人可以增加自己的责任和义务。……"[①]

　　再比如，德国《海商法》第662条"不得以协议免除之责任"规定："一、签发提单后，承运人不得以协议免除下列义务：第559条（适航和适货）；第563条第2款和第606条至第608条（损害责任）；第611条和第612条（损害之确定）；第656条（提单记载作为初步证据）；第660条最高赔偿责任。本款同样适用于船舶抵押权人享有的基于上述义务的权利。……"[②]

　　瑞典《海商法》与德国《海商法》采用的强制性体制规定方式更加严谨、精确，将当事人不得背离的条款规定到具体条文，强制性体制边界非常清晰，不存在识别的问题。

　　4.违反强制性体制的后果

　　根据《鹿特丹规则》第79条的规定，违反强制性体制的后果为"无效"。民法上的"无效"一词有广义和狭义两种。广义的无效（德文 Unwirksamkeit），包括了狭义的无效（德文 Nichtigkeit）及其他各种效力上的瑕疵情形。狭义的无效，是指法律行为从一开始起就在一切关系中无效，并将长期无效下去。无论对于当事人来说，还是对于第三人来说，当事人所期望的法律后果都不发生。[③] 显然，第79条中的无效指的是狭义的无效。此外，第79条"运输合同中的条款"的措辞表明，强制性体制仅否定违反强行性规范的那些合同条款的效力，其余合同条款的效力不受影响。

---

　　① 韩立新、王秀芬编译：《各国（地区）海商法汇编（下卷）》（中英文对照），大连海事大学出版社2003年版，第780页。

　　② 韩立新、王秀芬编译：《各国（地区）海商法汇编（下卷）》（中英文对照），大连海事大学出版社2003年版，第1055页。

　　③ 耿林：《强制规范与合同效力——以合同法第52条第5项为中心》，中国民主法制出版社2009年版，第330～331页。

(二)强制性体制的特点

1. 强制性体制存在的例外

《鹿特丹规则》第 79 条将承运人和货方的义务与责任规定为强制性的。但是,第 79 条两款规定的起首语中使用了"除非本公约另有规定外"的表述,这表明《鹿特丹规则》下的强制性体制并非绝对,而是存在着例外和特殊情况,任意性规则依然有其存在的空间。事实上,《鹿特丹规则》下的强制性体制存在有若干任意性规则作为其例外。而《海牙规则》、《海牙一维斯比规则》、《汉堡规则》规定的强制性体制都是整齐划一的,不存在例外情形。虽然《汉堡规则》第 2 条第 4 款的规定涉及分批运输,但是《汉堡规则》的规定强制性地适用于每一批运输,不同于《鹿特丹规则》第 80 条的规定,并不构成对强制性体制的例外。[①]《鹿特丹规则》强制性体制的例外可以分为两种情况:一种是强制性体制框架下的个别任意性规则。这些任意性规则只是局部地、个别地改变了当事人本应承担的强制性义务与责任,并未脱离强制性体制的框架。笔者将这种情况概括为强制性体制的缓和,在第 4 章中进行论述。另外一种情况是任意性规则脱离了强制性体制的框架,强制性体制基本上不再发挥其调整作用。这种情况主要存在于《鹿特丹规则》所规定的批量合同制度中。笔者将这种情况概括为批量合同对强制性体制的背离,对此在第 5 章中进行论述。

《鹿特丹规则》强制性体制之所以存在例外性规定,笔者认为有两方面的原因。一方面,《鹿特丹规则》内容丰富,实质性条款就有 86 个之多。如此多的条款涉及承运人与货方的义务与责任,这些义务与责任条款不可能都是强制性的最低限度的义务与责任,而应当在个别情况下允许当事人意思自治的存在,比如货物控制权制度下规定货物控制权内容的第 50 条第 1 款第 2 项和第 3 项,规定货物控制权存续期间的第 50 条第 2 款以及规定货物控制权行使的第 52 条可以由当事人协议变更。另一方面,随着货方实力的增强,一些货方具备与承运人相当的谈判实力,他们需要有更多的缔约自由,自主地安排其与承运人之间的运输事宜,并且不再需要强制性体制为其提供保护。在这种情况下,排除强制性体制的适用可以提高经济效率。因

---

① Proshanto K. Mukherjee, Abhinayan Basu Bal, A Legal and Economic Analysis of the Volume Contract Concept under the Rotterdam Rules: Selected Issues in Perspective, *Journal of Maritime Law & Commerce*, 2009, October(40), p.599.

此,《鹿特丹规则》肯定了实践中大量使用的批量合同,赋予批量合同当事人以缔约自由,强制性体制排除对批量合同的适用。强制性体制的例外代表了强制性体制发展的最新动向。

2. 强制性体制规制范围的扩大

与《海牙规则》、《海牙—维斯比规则》相比,《鹿特丹规则》下的强制性体制规制的范围有所扩大。这首先表现在强制性体制规制的主体范围的扩大,一方面,货方的义务与责任被纳入了强制性体制,另一方面,由于采用了"海运履约方"的概念,"海运履约方"涵盖的主体范围要大于《汉堡规则》下的"实际承运人",[①]一些原本不是强制性体制规制主体的承运人的代理人与独立合同人也被纳入了强制性体制,承担强制性体制下的义务与责任,也享有强制性体制所提供的保护,主要是赔偿责任限制。其次,强制性体制调整的运输方式扩展到海运之外的其他运输方式。由于《鹿特丹规则》调整的运输方式是海上货物运输或者是包括海运在内的多式联运,当运输合同采用的运输方式是包括海运在内的多式联运,当事人没有根据《鹿特丹规则》第12条第3款的规定对承运人责任期间作特别约定时,承运人完成非海运区段运输承担的义务与责任依然是强制性的义务与责任,强制性体制规制的范围超越了传统的海上货物运输,扩展到了其他运输方式。

3. 强制性体制规制价值取向有所变化

《鹿特丹规则》下强制性体制的价值取向有所变化。从强制性体制产生的时代背景可以发现,强制性体制为保护货方利益而产生,是保护货方利益的一种手段。在《鹿特丹规则》下,强制性体制既保护货方的利益也保护承运人的利益,强制性体制更加平等地对当事人利益进行保护与规制。

本章小结

本章对强制性体制的一些基本问题进行了分析介绍。强制性体制由海上货物运输法中的强行性规范组成。法律规范可以分为强行性规范与任意性规范。强行性规范所规定的法律关系内容,不许依当事人意思进行变更。海上货物运输法领域的强制性体制起源于《哈特法》,并通过《海牙规则》而

---

① 详见第二章第四节的论述。

流传扩散。强制性体质的本质在于通过立法对承运人在运输单证中使用的格式条款进行规制以防止格式条款的滥用,来维护合同的正义。强制性体制发挥着保护可转让提单的受益人,保护弱方当事人,控制附合合同中存在的潜在危险,公平分配运输合同的合作剩余,确定双方当事人的风险负担,促进海商法统一的功能。《鹿特丹规则》延续了海上货物运输立法中的这一传统制度,通过第79条建立起其强制性体制。《鹿特丹规则》强制性体制规制的主体包括了承运人、海运履约方和货方,规制的运输方式包括海运及海运之外的内陆运输,因而其规制范围较以往海上货物运输公约有所扩大。与《海牙规则》、《海牙—维斯比规则》、《汉堡规则》不同,《鹿特丹规则》的强制性体制存在着任意性规则作为其例外,这是强制性体制发展的新动向。强制性体制的价值取向也有所变化,更加平等地规制双方当事人的利益。

International
Economic Law

第二章 《鹿特丹规则》强制性体制下承运人的义务与责任

承运人最小限度的义务与责任历来就是海上货物运输法强制性体制的核心内容,《鹿特丹规则》也不例外。在工作组召开的 13 次会议中,承运人的赔偿责任至少是 4 次会议的主要议题。通过对承运人义务与责任的强制性安排,大体确定了货方与承运人之间的风险分配。在《鹿特丹规则》把托运人责任与承运人责任视为零和博弈的背景下,[①]承运人的强制性义务与责任不仅仅是对承运人利益的规制,从一定意义上讲,也是对货方利益的规制,因为这些义务和责任如果不是由承运人来承担,就是由货方来承担。

第一节 承运人义务与责任概述

一、承运人义务与责任适用的主体

作为运输合同的当事人,承运人义务与责任适用的主体毫无疑问首先是承运人。然而,承运人的义务与责任并非只适用于承运人,在一定条件下,承运人的义务与责任还扩展适用于海运履约方等其他主体。

(一)海运履约方承担承运人的义务与责任

1.《鹿特丹规则》对履约方和海运履约方责任的不同处理

《鹿特丹规则》同时构建了"履约方"与"海运履约方"两个新主体,但对其责任制度却作了不同的处理。在 CMI 提交的公约草案初稿中,只是提出

---

① 邱锦添、王肖卿:《海上货物索赔之理论与实务》,台湾文史哲出版社 2005 年版,第 39 页。

了履约方的概念,并没有对履约方作进一步的区分。公约草案初稿对履约方作如下定义:"'参与履约方'系指承运人以外亲自履行[或未能全部或部分履行]承运人在运输合同项下对货物运输、装卸、保管或储藏的任何职责的人员,具体范围指该人员系按承运人的请求或在承运人的监督或控制下直接或间接地行事,而无论该人员是否为运输合同的订约方、是否在该合同中被确认或是否负有合同项下的法律责任。'参与履约方'这一用语不包括托运人或收货人雇用的任何人员,或托运人或收货人雇用人员(承运人以外)的雇员、代理人、承包人或分承包人。"根据这个定义,履行内陆运输的主体与履行海上运输的主体都可以成为履约方。而对于履约方的责任,公约草案初稿第 6.3.1 条至第 6.3.4 条规定:

"6.3.1(a) 履约方需承担本文书规定的承运人的义务和责任,并有权在下述时间内享有本文书所规定的承运人的权利和抗辩:(一)在其占有货物期间;和(二)在其他任何时间内,但以其参与履行运输合同所设想的任何活动的范围为限。……6.3.2(a) 在服从第 6.3.3 条的前提下,承运人对下述各方的作为和不作为负有责任:(一) 任何参与履约方,以及(二) 其他任何人……6.3.3 如果对第 6.3.2 条提及的除承运人以外的任何人提起诉讼,该人如果能够证明其系在其合同、雇用或代理的范围内行事,则享有本文书项下承运人享有的抗辩权以及责任限制等权利。6.3.4 如果对货物的损失、损坏或延迟交付负有责任者不止一人,其负有共同的赔偿责任,但以第 6.4 条、第 6.6 条和第 6.7 条所规定的限额为限。"

根据上述规定,履约方将享有承运人在公约草案下的权利和抗辩,同时要承担承运人在公约草案下的义务与责任,并且履约方与承运人承担的是连带责任。

在工作组第十一届会议上,美国提出对海运履约方与内陆履约方应作不同的处理,对于海运履约方,他们应该享有公约为承运提供的抗辩和责任限额。随后,美国在其提案中对其主张作了更为详细的阐述。[①] 美国提案背后的考虑在于保持内陆履约方的现有法律地位,不至于对内陆履约方造成太大的冲击。按照公约草案上述关于履约方责任的规定,内陆履约方将按照公约规定的承运人责任制度承担责任,而现在多式联运的实务之中普遍实行的是网状责任制,内陆履约方会按照国内法或其他适用的国际条约

---

① See U. N. Doc. A/CN. 9/WG. Ⅲ/WP. 34. Paragraph 5~Paragraph 9.

承担责任,所以如果对内陆履约方适用公约规定会与现有实践有较大出入。另外,公约草案由于以调整海上货物运输为出发点,很多条款带有浓厚的海运色彩,将其适用于内陆履约方未必合适。因此,美国的提案是比较务实的处理方法。在第十二届会议上工作组几乎一致支持将非海运履约方排除在公约草案规定的赔偿责任制度的范围之外,非海运履约方的赔偿责任将由公约草案以外的国内法和国际法作为准据法来规范。① 最终公约草案初稿中的第 6.3 条(公约草案一读文本中的第 15 条)(履约方的赔偿责任)被关于海运履约方的两个条文所取代,即"海运履约方的赔偿责任"和"连带赔偿责任"两个条文。非海运履约方的责任问题没有在《鹿特丹规则》中出现,《鹿特丹规则》对此保持沉默。

理解履约方的法律适用需要明确《鹿特丹规则》下法律适用的特点。在《鹿特丹规则》下,法律适用分为两个层面:第一个层面,为托运人或者收货人与承运人之间的法律适用;第二个层面,为承运人与履约方之间的法律适用。承运人的责任属于第一个层面的问题,履约方的责任则属于第二个层面的问题。根据美国政府的提案,《鹿特丹规则》对非海运履约方的责任问题保持沉默,意在使非海运履约方的法律适用保持现状。这意味着承运人与非海运履约方之间的法律关系将适用国内法。

2. 海运履约方适用承运人义务与责任的条件

《鹿特丹规则》下,承运人强制性义务与责任在一定条件下也扩展适用于海运履约方。《鹿特丹规则》第 19 条规定:

"符合下列条件的,海运履约方必须承担本公约对承运人规定的义务和赔偿责任,且有权享有本公约对承运人规定的抗辩和赔偿责任限制:(一)海运履约方在一缔约国为运输而接收了货物或在一缔约国交付了货物,或在一缔约国某一港口履行了与货物有关的各种活动;并且(二)造成灭失、损坏或迟延交付的事件发生在:1、货物到达船舶装货港至货物离开船舶卸货港的期间内;2、货物在海运履约方掌管期间;或 3、海运履约方参与履行运输合同所载列任何活动的其他任何时间内。"

根据上述规定,海运履约方承担法定责任需要满足以下条件,第一,海运履约方必须实际履行了承运人的义务。这包括如下两种情形:(1)海运履约方在一缔约国为运输而接收了货物或在一缔约国交付了货物。为运输而

---

① See U. N. Doc. A/CN. 9/544. Paragraph 27,Paragraph 159.

接受货物或交付货物的海运履约方是实际履行了海上运输义务的海上海运履约方。(2)在一缔约国某一港口履行了与货物有关的各种活动;在港口履行了与货物有关的各种活动的履约方是港口海运履约方。这两类履约方都必须实际履行了义务,不包括中间海运履约方。① 第二,海运履约方必须在缔约国履行了与货物有关的义务。公约草案二读合订文本第 20 条尚没有这一要求,②该要求为荷兰代表团在其提案中提议增加的,③工作组在第十七届会议上采纳了该建议。④⑤ 该项要求的理由在于《鹿特丹规则》适用范围条款中关于地域范围的要求仅为承运人所设,为了使公约草案适用于海运履约方,还应具备一个在地理上与缔约国有特殊关联的因素。⑥ 这样,完全在非缔约国履行与货物有关义务的海运履约方将不能适用《鹿特丹规则》有关承运人义务与责任的规定。笔者认为,这一要求符合国际私法的一般原理。在《鹿特丹规则》适用于包括海运在内的多式联运的背景下,尽管"门到门"运输可能符合其第 5 条要求的地域联结因素而适用《鹿特丹规则》,但是,"门到门"运输下的海运区段运输可能与缔约国没有任何联结因素,在这种情况下,如果对海运履约方适用《鹿特丹规则》规定的承运人义务与责任有悖于国际私法的基本原理。第三,造成货物灭失、损坏、迟延的事件发生在海运履约方的责任期间内,即货物到达船舶装货港至货物离开船舶卸货港的期间;并且,造成货物灭失、损坏、迟延的事件还必须发生在货物在海运履约方掌管期间内或海运履约方参与履行运输合同所载列任何活动的其他任何时间内。⑦ 实际上,《鹿特丹规则》中没有关于海运履约方责任期间的条款。但是,由于海运履约方要承担承运人的义务与责任,所以,海运履约

---

① 闻银玲:《海运履约方法律制度研究》,法律出版社 2010 年版,第 115 页。

② See U. N. Doc. A/CN. 9/WG. Ⅲ/WP. 56. Article 20.

③ See U. N. Doc. A/CN. 9/WG. Ⅲ/WP. 61. Paragraphs 44~45.

④ See U. N. Doc. A/CN. 9/594. Paragraphs 141~145.

⑤ 芬兰代表团的提案中使用了"最初接货"(initially received)以及"最终交货"(finally delivered)的措辞。但"接收"之前的"最初"一词和"交付"之前的"最后"一词被公约草案三读文本删去。理由是,虽然这两个词意在表明转运过程中包括哪个海运履约方(见 U. N. Doc. A/CN. 9/594,第 142 段),但"最初"和"最后"这两个词其实会造成混乱,有可能被错误地解读为仅指根据运输合同最初接收货物以及最后交付货物。See U. N. Doc. A/CN. 9/WG. Ⅲ/WP. 101. Footnote 38.

⑥ See U. N. Doc. A/CN. 9/WG. Ⅲ/WP. 61. Paragraph 45.

⑦ 闻银玲:《海运履约方法律制度研究》,法律出版社 2010 年版,第 115 页。

方的责任期间应当在第 12 条规定的承运人责任期间之内。①②

3. 海运履约方承担承运人责任之性质

海运履约方在符合第 19 条规定的情况下,对货方承担承运人的赔偿责任,但是这种责任是什么样性质的责任?

(1)海运履约方承担的责任不是违约责任

违约责任,是指在当事人不履行合同债务,所应承担的赔偿损害、支付违约金等责任。违约责任具有补偿性和制裁性,是保障债权实现和债务履行的重要措施。违约责任具有以下特点:第一,违约责任是民事责任的一种形式。民事责任是指民事主体在民事活动中因实施违法行为而依法应当承担的民事法律后果或者基于民事特别规定而应承担的民事法律责任。第二,违约责任是合同当事人不履行债务所产生的责任。这意味着:违约责任的产生以合同债务的存在为前提。合同债务既可能是当事人约定的义务,也可能是法律规定的义务,无论何种义务,都应该履行,否则将产生违约责任;违约责任的产生以合同当事人不履行债务为条件。当事人在自愿、平等基础上达成的合同一经成立即具有法律约束力,任何一方违反即会产生违约责任。违约责任的成立,必须以一方违反合同义务为条件。如果合同当事人违反的不是合同义务,而是法律规定的其他义务,则应负其他责任。违反合同债务是违约责任与侵权责任、不当得利返还责任、缔约过失责任等的重要区别。第三,违约责任具有相对性。违约责任只能在特定当事人之间即合同关系的当事人之间发生,合同关系以外的人,不负违约责任,合同当事人也不对其承担违约责任。第四,违约责任可以由当事人约定。违约责任尽管具有明显的强制性的特点,但仍有一定程度的任意性,即当事人可以在法律规定的范围内,对一方的违约责任作出事先的安排,对违约金的数额幅度进行约定。第五,违约责任主要是一种财产责任。违约责任经历了一个从人身责任到财产责任的发展过程。现代民法普遍承认,违约责任主要是财产责任,并禁止对违约当事人实行人身强制,由此体现了法律文明的

---

① Yvonne Baatz, Charles Debattista, Filippo Lorenzon, Andrew Serdy, Hilton Staniland, Michael Tsimplis, *The Rotterdam Rules: A Practical Annotation*, Informa, 2009, p.64.

② 关于承运人的责任期间笔者在第四章第二节有详细论述。

发展。①

显然,海运履约方与货方之间不存在合同关系,海运履约方并非承运人与托运人之间签署的运输合同的当事人,海运履约方根据《鹿特丹规则》第19条的规定向货方承担的责任不符合上述违约责任的特征,不是违约责任。

(2)海事履约方承担的责任不符合侵权责任的特征

侵权责任,是行为人因其过错侵害他人财产、人身,依法应当承担的责任,以及没有过错,在造成损害以后,依法应当承担的责任。侵权责任是行为人违反法定义务即侵权行为法所设定的任何人不得侵害他人财产和人身的普遍性义务以及其他法定义务所产生的责任。侵权行为所侵害的是绝对权,如物权、人身权等。海运履约方承担的法定责任包括货物的损坏、灭失、迟延的赔偿责任。从侵权责任中侵权行为的对象看,货物的损坏、灭失可以属于侵权行为侵害的对象,货方可以基于侵权法向海运履约方主张侵权责任。但货物的迟延无论如何难以划入侵权行为侵害的对象,货方无法依据侵权法向海运履约方主张迟延的责任。按照《鹿特丹规则》第21条的规定,货物迟延是指未在约定时间内在运输合同约定的目的地交付货物。据此规定,货物是否迟延要以当事人的明确约定为前提,货物迟延应当属于违约责任。所以,海运履约方的责任也不能归入侵权责任。②

(3)海运履约方承担的责任是一种法定责任

笔者认为,海运履约方依据《鹿特丹规则》第19条承担的责任是一种法定责任。既不同于违约责任,也不同于侵权责任。这种责任与合同责任中的违约责任有密切关系,其本质是将承运人违约责任扩展适用于实际履行承运人义务的海运履约方。

4. 海运履约方为其他主体承担责任

在社会分工日益细化、利用他人从事交易日益普遍的今天,亲自履行承运人义务的海运履约方也可能会使用独立合同人来协助其完成其受承运人委托完成的义务。此外,海运履约方作为企业也会有雇员。对于这两种主体,根据《鹿特丹规则》第19条第3款的规定,适用承运人义务与责任的海

---

① 王利明:《违约责任论》,中国政法大学出版社2003年版,第23~27页。
② 闻银玲:《海运履约方法律制度研究》,法律出版社2010年版,第122~123页。

运履约方应当为其承担赔偿责任。① 与承运人为其他主体负赔偿责任的原理相类似,海运履约方所承担的这种赔偿责任由合同相对性原则和雇主责任原则所决定。

(二)承运人义务与责任排除适用的主体

承运人作为货物运输合同的当事人,需要承担运输合同下的义务,并就运输合同义务向对方当事人承担违约责任。在社会高度分工的今天,承运人不一定亲历亲为完成全程货物运输。当承运人将运输合同下的部分义务委托给第三方履行时,承运人依然应当承担运输合同下的义务与责任。根据合同相对性原理,违约责任只能在特定当事人之间即合同关系的当事人之间发生,合同关系以外的人,不负违约责任,合同当事人也不对其承担违约责任。违约责任的相对性包含三方面的内容:首先,违约当事人应对因自己的过错所造成的违约后果承担违约责任,而不能将责任推卸给他人。根据合同法的一般原则,债务人应对其履行辅助人的行为向债权人负责,因为履行辅助人根据债务人的意思从事债务履行行为,履行辅助人在从事履行辅助行为时具有过错,表明债务人也是有过错的,债务人应当承担责任。其次,在因第三人的行为造成债务不能履行的情况下,债务人仍然应当向债权人承担违约责任,而不应由第三人向债权人负违约责任;债务人在承担责任以后,有权向第三人追偿。再次,债务人只能向债权人承担违约责任,而不应向国家或第三人承担违约责任。因为只有债权人和债务人才是合同关系的当事人,其他人因不是合同关系的主体,所以债务人不应对其承担违约责任。如因违约造成债权人之外的其他人损失,债务人应承担其他民事责任,或者行政甚至刑事责任。② 所以,当承运人将运输合同下的部分义务委托给履约方或其他独立合同人履行时,承运人依然应当承担运输合同下的义务与责任。

除了合同相对性原理,承运人为其雇员承担赔偿责任也是雇主替代责任的要求。当作为雇主的承运人在使用雇员完成货物运输时,承运人作为雇主应当对其雇员的行为或不行为承担雇主替代责任(vicarious liability)。

---

① 《鹿特丹规则》第 19 条第 3 款规定:"符合本条第一款所列条件的,对于受海运履约方委托履行运输合同约定的承运人义务的人违反本公约对海运履约方规定的义务的作为或不作为,海运履约方负赔偿责任。"

② 王利明:《违约责任论》,中国政法大学出版社 2003 年版,第 25~26 页。

雇主替代责任指基于当事人之间具有的某种关系,而处于管理地位的一方当事人对于处于从属地位的另一方当事人的可诉行为承担责任。它是因他人行为而致的间接的法律责任,它是"归责至上"(respondeat superior)、"经由他人所为与本人亲自所为无异"(qui facit per alium facit per se)等法律格言的体现。根据雇主与雇员规则(master-servant rule),雇主应对雇员在其雇佣或职权范围内的行为负责。[①] 根据雇主替代责任原则,承运人也应当为其雇员承担责任。当船长和船员是承运人的雇员时,承运人应当为其在雇佣范围内的行为负责。

但是,《鹿特丹规则》第18条(承运人为其他人负赔偿责任)的规定似乎超越了上述两项基本的法律原理。这主要体现在,承运人除了为其雇员以及包括履约方在内的独立合同人承担责任外,尚需为履约方受雇人的行为承担责任。如果说履约方与承运人、承运人的受雇人与承运人之间存在着不同种类的合同关系的话,承运人与履约方的受雇人则不存在任何合同关系。因此,承运人为履约方的受雇人承担责任只能解释为法定的替代责任。

承运人为其他主体承担责任却并不意味着其他主体承担《鹿特丹规则》规定的承运人的强制性义务与责任。实际上,这恰恰表明承运人的义务与责任不适用于这些主体。

(三)承运人责任体制适用的主体

通过上述分析,我们可以得出结论,承运人强制性义务与责任适用的主体首先是承运人,其次是具备第19条第1款规定条件的海运履约方。其他主体,虽然也参与了《鹿特丹规则》规定的全程或部分途程使用海运的货物运输,《鹿特丹规则》也对其进行规范,但是,《鹿特丹规则》规定的承运人的强制性义务与责任却不适用于这些主体。这些主体包括非海运履约方、承运人的独立合同人、承运人的受雇人、船长、船员、海运履约方的受雇人。虽然这些主体并不适用《鹿特丹规则》规定的强制性义务与责任,却并不意味着其不需要承担责任,而只是意味着这些主体的义务和责任要依照准据法去决定。但是,上述部分主体却依然可以享有《鹿特丹规则》提供的保护。根据《鹿特丹规则》第4条的规定,船长、船员或在船上履行服务的其他任何人,承运人或海运履约方的受雇人都可以享受承运人的抗辩和赔偿责任限

---

① 曹艳春:《雇主替代责任研究》,法律出版社2008年版,第43~44页。

制,无论货方是以合同、侵权或其他理由为依据对其提起诉讼或仲裁。①

二、承运人的义务

《鹿特丹规则》关于承运人义务的规定模式与《海牙规则》《海牙—维斯比规则》的规定基本相同。《鹿特丹规则》第 11 条规定了承运人的基本义务,承运人须按照运输合同的约定将货物运至目的地并交给收货人。承运人的具体义务包括两项:一是第 13 条规定的管货义务,二是第 14 条规定的管船义务(适航义务)。承运人的义务存在着两项例外:一是危险货物例外,二是海上航程期间牺牲货物的例外。承运人的义务不仅仅规定在第 4 章,其他章节中的一些条款也涉及了承运人的义务,如第 9 章对承运人管货义务中的交付义务进行了更为细致的规定。关于承运人的适航义务笔者将在本章第六节进行详细的分析论述。

(一)承运人的管货义务

在《鹿特丹规则》下,承运人的管货义务包括接收、装载、操作、积载、运输、保管、照料、卸载、交付共 9 个环节,与《海牙规则》第 3 条第 2 款相比增加了接收和交付两个环节。之所以会有这种变化,是因为《鹿特丹规则》的适用范围为"门到门",而承运人的责任期间扩展到了从接收货物开始到交付货物为止。②在《海牙规则》《海牙—维斯比规则》下,接收货物、交付货物并不在承运人责任期间之内,因而,承运人对货物接收后至越过船舷,以及货物完成卸载后至交付这一段时间内发生的灭失或损坏应当承担何种责任,《海牙规则》《海牙—维斯比规则》并不涉及。对此,各国国内法有不同的规定。③《鹿特丹规则》第 13 条的规定将货物的接收与交付纳入其适用范围,有利于法律的统一。这样,与货物交付有关的纠纷比如无单放货或错误交付将属于《鹿特丹规则》的适用范围。货方据此对承运人提起诉讼时,承运人可以援引第 17 条第 3 款规定的免责事项,也可以依据第 59 条第 1 款

---

① D. Rhidian Thomas, ed., *A New Convention for the Carriage of Goods by Sea-The Rotterdam Rules*, Lawtext Publishing Limited, 2009, pp. 60~61, pp. 69~70.

② D. Rhidian Thomas, ed., *A New Convention for the Carriage of Goods by Sea-The Rotterdam Rules*, Lawtext Publishing Limited, 2009, p. 171.

③ William Tetley, *Marine Cargo Claims*(4th ed.), LesÉditions Yvon Blais Inc., 2008, pp. 1263~1282,1375~1409.

限制其赔偿责任。①

承运人承担的管货义务的注意程度为"妥善而谨慎"（properly and carefully），这一点与《海牙规则》第 3 条第 2 款的要求相同。"妥善而谨慎"要求下的管货义务是一种严格义务（stringent obligation），而非像承运人的船舶适航义务那样是一项"恪尽职责"（due diligence）的义务，因为承运人履行管货义务不仅要求谨慎而且要求妥善，妥善给承运人施加了很高的注意义务。"恪尽职责"仅仅出现在《海牙规则》、《海牙—维斯比规则》第 3 条第 1 款和第 4 条第 1 款规定的船舶适航义务，以及第 4 条第 2 款（p）项规定的承运人恪尽职责仍然不能发现的潜在缺陷中。"妥善而谨慎"的管货义务不仅要求承运人尽到一定的谨慎还要求承运人考虑货物、船舶及航次的特殊情况，要求承运人遵守包括行业现有惯例与规则在内的"完善的制度"（sound system）。Pearson 勋爵在 Albacora S. R. L. 诉 West & Laurance Line Ltd. 一案中说："如果'谨慎'一词仅有照料货物的狭窄含义的话，那么'妥善'一词便给'谨慎'一词附加了一定的含义，除照料之外，还要求有技术因素或完善的工作程序。"Reid 勋爵认为"妥善"意味着完善的工作程序，他指出："……该项义务应是根据承运人对于货物性质所具有的或应该具有的全部知识，而采取的完整的工作程序。"②所以，"妥善"通常指技术上的要求，即承运人、船员或者其他受雇人员在管理货物的各个环节中，应发挥通常要求的或者为所运货物特殊要求的知识与技能。而"谨慎"通常指责任心的要求，即承运人或者其他受雇人员在管理货物的各个环节中，发挥作为一名能胜任货物装卸作业或者海上货物运输工作的人可预期表现出来的谨慎程度。③

但是，"妥善而谨慎"要求下的管货义务并非一项绝对义务，承运人必须妥善而谨慎地履行自己的义务，然而这并不意味着要以绝对的和尽善尽美的方式来履行管货义务。"妥善"一词附加"谨慎"一词后，使承运人承担的注意义务接近于公共承运人承担的保险人的注意义务，而不同于一般受托

---

① D. Rhidian Thomas, ed., *A New Convention for the Carriage of Goods by Sea-The Rotterdam Rules*, Lawtext Publishing Limited, 2009, pp. 91~92.

② William Tetley, *Marine Cargo Claims* (4th ed.), Les Éditions Yvon Blais Inc., 2008, pp. 1287~1288, pp. 1316~1317, p. 1321.

③ 司玉琢主编：《海商法》，法律出版社 2003 年版，第 108 页。

人义务所要求的合理谨慎和注意义务。① 正因为如此,在《鹿特丹规则》下,只要承运人没有过失,承运人便可以援引第17条第3款规定的除外与免责事项。②

由于《鹿特丹规则》适用于多式联运,承运人的管货义务也适用于其使用海运外的其他运输方式完成货物运输的情形。③ 因此,承运人承担的管货义务是一项持续性的义务,一直存在于《鹿特丹规则》第12条规定的承运人的责任期间,而不仅仅存在于海上航程,这一点不同于承运人的适航义务。

承运人可以将其承担的部分管货义务约定由托运人、单证托运人或收货人承担。这种约定在实践中表现为"船舶方不负担装卸(理舱)费条款"[free in and out (and stowed)][以下简称 FIO(S)条款],笔者将在第4章对当事人的这种约定作详细的分析论述。

(二)承运人义务之例外

承运人的义务存在两项例外。所谓例外,意为虽然承运人依据《鹿特丹规则》的规定承担管货义务与适航义务,但是在例外情形下,承运人对其有意采取的违反义务的措施也不必承担责任。第一项例外为危险货物例外。在承运人责任期间内,如果货物可能或有理由被认为似乎可能对人身、财产或环境形成实际危险,承运人或履约方可以拒绝接收或装载货物,且可以采取包括将货物卸下、销毁或使之不能致害等其他合理措施。在起草过程中,规定危险货物下承运人酌处权的第15条并没有引起太大争议,但是在UNCITRAL第四十一届会议上,有与会者提议限制承运人在草案第16条下的权利,规定只有在承运人不知道货物危险性的情况下,承运人方可采取该条草案所设想的任何措施。这种提议还指出,应当要求承运人解释采取任何此类措施的原因,并说明如果采取的措施不够激烈,可能无法避免货物

---

① William Tetley, *Marine Cargo Claims* (4th ed.), Les Éditions Yvon Blais Inc., 2008, pp. 1321~1322.

② Yvonne Baatz, Charles Debattista, Filippo Lorenzon, Andrew Serdy, Hilton Staniland, Michael Tsimplis, *The Rotterdam Rules: A Practical Annotation*, Informa, 2009, p. 38.

③ Yvonne Baatz, Charles Debattista, Filippo Lorenzon, Andrew Serdy, Hilton Staniland, Michael Tsimplis, *The Rotterdam Rules: A Practical Annotation*, Informa, 2009, p. 38.

造成的实际或潜在危险。但是,上述提议没有得到足够的支持。一方面,认为要求承运人证明根据该条草案所采取的任何措施有正当理由是不必要的,因为在货方对所采取措施提出质疑的情况下,承运人需要在法庭上证明这一点。另一方面,反对意见认为草案第 16 条和第 17 条非常重要,确认了承运人在防止对人身、财产或环境形成危险的情形下采取任何合理甚至必要措施的权利。承运人在草案第 16 条下并不享有无限和不受控制的酌处权,草案第 16 条只是明确,承运人为避免货物所造成危险而采取的合理措施不构成违反承运人对收运的货物进行保管的义务。但是,承运人根据草案第 18 条第 3(o)项免除赔偿责任并不是绝对的,因为在任何情况下,承运人根据草案第 16 条和第 17 条采取的措施须符合这些条文所规定的合理性标准,并须符合承运人在公约草案下的保管货物义务本身所包括的其他合理性标准。还有意见认为,将承运人在该条草案下的权利限制于承运人能够证明不知道货物危险性的情况,将等同于将运输危险货物的风险从托运人转给承运人,这种结果是公约草案所不能容忍的。[①] 最终,限制承运人处置权的提案没有获得支持。

承运人义务的第二项例外是海上航程期间牺牲货物的例外。根据《鹿特丹规则》第 16 条的规定,承运人或履约方可以在海上牺牲货物,但应是为了共同安全,或是为了保全同一航程中人命或其他财产,使之免遭危险而合理作出此种牺牲。该条其实规定的是共同海损。共同海损是指在同一海上航程中,当船舶、货物和其他财产遭遇共同危险时,为了共同安全,有意而合理地采取措施所直接造成的特殊牺牲,支付的特殊费用,由受益各方按比例分摊的法律制度。[②] 共同海损是海商法中的一项古老制度,承运人对于合理和必要的共同海损措施,只要承运人对共同海损的发生没有过失,便不必承担责任。《鹿特丹规则》第 16 条对共同海损进行规定更多的是考虑到有些国家的海上货物运输法没有共同海损的规定,而关于共同海损国际上没有统一的公约,《约克—安特卫普规则》也只是作为惯例由当事人选择适用,因此在制定统一的共损牺牲公约前,将该制度在运输法中予以规定,具有积

---

① See U. N. Doc. A/63/17, Paragraphs 63～65.

② 司玉琢主编:《海商法》,法律出版社 2003 年版,第 280 页。

极的意义。①

三、承运人的赔偿责任

承运人的赔偿责任历来是海上货物运输立法强制性体制的核心内容，《鹿特丹规则》众多章节如第1章(第4条)、第4章至第6章、第12章，以及第13章至第15章等都或多或少地涉及了这一问题。

(一)承运人赔偿责任制度的基本内容

在《鹿特丹规则》下，承运人责任制度主要包括下列内容与构成要素：

第一，承运人责任的归责原则。关于承运人责任的归责原则的规定主要体现在第17条第1款至第3款的规定之中。《鹿特丹规则》下承运人归责原则为完全的过失责任，即承运人有过失即承担责任，无过失则无责任。这一变化是因为第17条第3款规定的免责事项删除了航海过失免责与承运人受雇人、代理人的火灾免责。此外，第17条第1款对承运人的过错采取推定过错，货方只需证明货物的灭失、损坏、迟延交付，不需要举证证明承运人的过失。②

第二，承运人责任的责任期间。海上货物运输合同中的责任期间即承运人对其本人或其履约方(实际承运人)、雇佣人、代理人对其掌管下的货物应当承担责任的期间，③亦即承运人义务的强制性适用期间。④《鹿特丹规则》下承运人的责任期间为"自承运人或履约方为运输而接受货物时开始，至货物交付时终止"，而在《海牙规则》、《海牙—维斯比规则》下承运人责任期间为"自货物装上船时起，至卸下船时止的一段期间"。在《汉堡规则》下，承运人的责任期间为"货物在装货港、运输途中和卸货港处于承运人掌管之

---

① 司玉琢、韩立新：《〈鹿特丹规则〉研究》，大连海事大学出版社2009年版，第153页。

② D. Rhidian Thomas, ed., *A New Convention for the Carriage of Goods by Sea-The Rotterdam Rules*, Lawtext Publishing Limited, 2009, p. 62.

③ James Zhengliang Hu, The Carrier's Liability Regime under the Rotterdam Rules, *International Symposium on Recent Developments in Carriage of Goods by Sea：The Rotterdam Rules and Chartterparties*, Shanghai Maritime University, 8-9 June 2009, Session 2, page 1.

④ 吴焕宁主编：《海上货物运输三公约释义》，中国商务出版社2007年版，第36页。

下的期间"。① 相比之下,《鹿特丹规则》下的承运人责任期间与《汉堡规则》的规定有相似之处。比较而言,承运人在《鹿特丹规则》下的责任期间与《海牙规则》相比大大延长了。甚至与《汉堡规则》相比,如果运输使用了除海运外的其他内陆运输方式,《鹿特丹规则》下的承运人责任期间也有很大的延长。② 但是,与《海牙规则》、《海牙—维斯比规则》、《汉堡规则》不同的一点是,根据第 12 条第 3 款的规定,当事人可以对承运人的责任期间进行约定,这一规定在实践中可能会产生诸多影响,笔者将在第四章第二节对其作进一步的分析论述。

第三,承运人赔偿责任的对象。在《鹿特丹规则》下,承运人承担赔偿责任的对象为运输合同所涉货物的灭失、损坏或迟延交付。货物的灭失、损坏等有形损失传统上就是承运人赔偿责任的对象。而对于承运人迟延责任,此前公约中只有《汉堡规则》作了规定,《海牙规则》、《海牙—维斯比规则》并没有规定。关于承运人迟延笔者将在第四章第二节进行详细的探讨。

第四,承运人赔偿责任的排除与限制。承运人赔偿责任的排除与限制主要规定在第 17 条第 3 款与第 12 章。与《海牙规则》、《海牙—维斯比规则》相比,第 17 条第 3 款规定的免责与除外事项有较大的变化。承运人的免责与除外事项除了第 17 条第 3 款的规定外,还包括第 25 条规定的舱面货物运输。对于舱面运输货物涉及的特殊风险所造成的货物灭失、损坏或迟延交付,承运人不负赔偿责任。③《鹿特丹规则》第 12 章规定的承运人赔偿责任限额较以往有了较大的提高。本章第二节与第五节将分别对上述两项制度的发展变化进行阐述。

第五,灭失、损坏或迟延的通知。《鹿特丹规则》第 23 条规定了货物发生火失、损坏或迟延时的通知。第 23 条规定了三个时限:当货物损失明显的,在交货前或交货当时;当货物损失不明显时,索赔人需在 7 天之内就货

① 分别参见《鹿特丹规则》第 12 条第 1 款,《海牙规则》第 1 条第(e)项,《汉堡规则》第 4 条第 1 款。

② Yvonne Baatz, Charles Debattista, Filippo Lorenzon, Andrew Serdy, Hilton Staniland, Michael Tsimplis, *The Rotterdam Rules: A Practical Annotation*, Informa, 2009, pp. 34~35.

③ James Zhengliang Hu, The Carrier's Liability Regime under the Rotterdam Rules, *International Symposium on Recent Developments in Carriage of Goods by Sea: The Rotterdam Rules and Chartterparties*, Shanghai:8-9 June 2009, Session 2, page 6.

物的灭失损坏通知承运人;在迟延交付的情况下,索赔人的通知时限为 21 天。如果承运人或海运履约方与货方就货物受损情况进行了联合检验,则索赔人无须就货物的受损情况进行通知。《海牙规则》、《海牙—维斯比规则》下的通知时限分别为:货物灭失损坏明显的,交货前或交货当时;货物灭失损坏不明显的为交货之日起 3 个工作日。《鹿特丹规则》的规定相比之下有所延长。然而,与《汉堡规则》相比,上述三个时限又有所缩短。《汉堡规则》也规定了承运人迟延交付的责任。在《汉堡规则》下,上述三个通知时限分别为:货物交付的下一个工作日;货物交付之日起连续 15 天;货物交付给收货人之日起以后连续 60 日内。[①]

第六,损害赔偿额的计算。损害赔偿额的计算方法直接关系到货方可以获得的实际赔偿数额。《鹿特丹规则》第 22 条规定了货物价值的确定方法。该条的规定与《威斯比规则》第 2 条(b)项规定的计算方法基本相同。确定货物价值的地点与时间分别为交货地和交货时,而非承运人接收货物地和接收货物时。货物的价值按照商品交易价格确定,若没有交易价格,则依市场价格确定。既无商品交易价格又无市场价格的,则参照交货地同种类和同品质货物的通常价值确定。第 22 条其实只规定了货物价值的确定方法,并没有进一步规定损害赔偿额如何计算。损害赔偿遵循的基本原则是恢复原状(restitutio in integrum)。按照运输行业惯常采用的损害赔偿的"经验规则"(Rule of Thumb),如果货物受损或灭失,应该按交货当时当地该货物的市价或按它本应交付当时当地的市价对索赔人给予赔偿。亦即货物损害赔偿额为以抵达时完好市价(Arrived Sound Marked Value, A. S. M. V.)减去抵达时受损市价(Arrived Damaged Marked Value, A. D. M. V.)。1994 年的北欧海商法采用了这一规则。然而这一规则需要服从于一系列例外,比如,货物虽然在运输途中遭受了损坏,却没有影响其交付后的价格,或者货物在运输途中全部灭失,根本没有交付,此时不存在 A. D. M. V. ,A. S. M. V. 也只能根据同种类同品质货物进行估算。[②]

第七,诉讼时效。《鹿特丹规则》仿照《汉堡规则》规定了 2 年的诉讼时效。该时效期间自承运人交付货物之日起算,未交付货物或只交付了部分

---

① 见《海牙规则》、《海牙—维斯比规则》第 3 条第 6 款,《汉堡规则》第 19 条。

② William Tetley, *Marine Cargo Claims* (4th ed. ,), Les Éditions Yvon Blais Inc. , 2008, pp. 761～763.

货物的,自本应交付货物最后之日起算。该时效期间不得中止或中断,但被索赔人可以在时效期间内通过向索赔人声明而延长。从章节安排来看,诉讼时效在《鹿特丹规则》下似乎被起草者视为程序问题,但实际上诉讼时效应当是实体问题。

(二)承运人与海运履约方之间的连带赔偿责任

根据《鹿特丹规则》第 20 条的规定,对于货物灭失、损坏或者迟延交付,承运人和一个或者数个海运履约方均负有赔偿责任的,承运人和一个或数个海运履约方必须就此承担连带责任。承运人和海运履约方均负有赔偿责任,意味着承运人的行为对货物损失的发生具有《鹿特丹规则》第 17 条规定的过失,海运履约方对货物的发生也具有过失。这种过失不必是承运人或者海运履约方本人的,其雇员或独立合同人的过失也包括在内。承运人或海运履约方承担赔偿责任的总额不得超过第 59 条、第 60 条规定的赔偿责任总的限额。

该条的规定与《汉堡规则》第 10 条第 4 款、第 5 款基本相同,是对货方有利的制度安排。[1] 连带责任,是由违反连带债务或者共同侵权行为产生的民事责任,属于共同责任的一种。它是指负有同一债务的数个债务人对债权人所承担的,其中每一个债务人均负有清偿全部债务以终止此项债权债务关系的责任。负有连带责任的每一个人,不论其各自实际应该承担的责任比例有多大,也不分先后次序,都应当根据权利人的请求,全部或者部分承担赔偿责任。连带责任人不享有先诉抗辩权,也不得对超过自己本来应该承担的那部分请求予以拒绝。他只有就已经承担了的超出自己本应承担的责任的部分,请求其他负有连带责任的人给予补偿的权利。因此,清偿了全部债务的任何一位债务人,均有权向其他负有连带责任的债务人追偿应由该债务负担的份额。货方可以自由选择是分别向承运人和海运履约方索赔,还是向他们中的任何人索赔全部损失。连带责任对债务人来说是一种加重责任,因而必须要由法律直接加以明确规定或者由合同特别约定,而不得推定适用。[2]

---

① D. Rhidian Thomas, ed., *A New Convention for the Carriage of Goods by Sea-The Rotterdam Rules*, Lawtext Publishing Limited, 2009, p.67.

② 吴焕宁主编:《海上货物运输三公约释义》,中国商务出版社 2007 年版,第 152 页。

第二节 承运人责任基础的变化

一、承运人责任基础概述

在先前的海上货物运输公约中,"承运人责任基础"(Basis of Liability)
仅见于《汉堡规则》第 5 条的标题。《海牙规则》、《海牙—维斯比规则》中规
定"责任基础"的条款都没有标题,也没有使用"责任基础"的表述。《鹿特丹
规则》中沿用了《汉堡规则》的措辞,在第 17 条使用了"责任基础"的标题。
在责任基础条款下通常规定归责原则、免责事项(除外条款)、举证责任等有
关承运人责任制度的关键性内容,直接关系到承运人与货方之间的风险分
配与利益配置。

二、归责原则

依照大陆法系的法学理论,承运人在海上货物运输法下承担的责任是
一种民事责任。民事责任的认定必须依据一定的归责原则。归责原则是确
定行为人民事责任的标准与依据。归责原则对于违约责任制度的内容起着
决定性的作用。归责原则决定着违约责任的构成要件,决定着举证责任的
内容,也决定着免责事由。①

承运人责任从其性质上讲更类似于合同责任。各国民事立法在合同责
任的归责原则方面,主要采纳了过失责任原则或严格责任原则。过失责任
原则,是指在一方违反合同规定的义务,不履行和不适当履行合同时,应以
过错作为确定责任的要件和确定责任范围的依据。这里有两层含义:一方
面,过失责任以过错作为确定责任的构成要件,即确定违约当事人的责任,
不仅要考察违约人的违约行为,而且要考察违约当事人主观上的过错。若
当事人没有过错(如违约是因不可抗力造成的),则虽有违约发生,违约当事
人也不负责任。另一方面,过失责任原则要求以过错作为确定责任范围的
依据,即在已确定违约当事人应承担违约责任的情况下,还应当根据违约当

---

① 王利明:《违约责任论》,中国政法大学出版社 2003 年版,第 48~49 页。

事人的主观过错程度来确定违约当事人所应承担的责任的范围。① 严格责任,是指不论违约一方主观上有无过错,只要其不履行合同债务给对方当事人造成了损害,就应当承担合同责任。②

在运输法领域,传统上,承运人承担的责任是严格责任。罗马法上,承运人对货物承担严格责任。在中世纪时,货主将物品交由承运人运输时,就得将保管责任完全委托承运人,因为距离遥远、通讯不发达而无从监督,且随着贸易的日渐发展,商人们已没有时间跟着货物四处旅行,顺便监督承运人的运输行为,导致交运的物品常为承运人所侵吞。因此,罗马法针对海上承运经营人对于交运的货物自受领起至交付止之期间内,对于货物之毁损灭失均须负责,而不问其有无故意过失。③ 19 世纪英美普通法对船东实行的是严格责任制。美国联邦最高法院 1858 年在 Niagara v. Cordes 一案判决中写到:"公共承运人通常被分为两类,即陆路承运人和水路承运人。……水路承运人和陆路承运人一样,在任何立法没有不同的规则时,一般说来,他也是一个保险人,在所有情况下,对于一切损失或损害,都应当负责,不论它是怎么发生的,除非是由于天灾,或公敌行为,或一些其他的原因和事件,在承运人方面没有任何过错或疏忽,并且在提单中明确加以排除。"④

在当今的运输法中,调整其他运输方式的法律大都实行传统的严格责任,如 1929 年《统一国际航空运输某些规则的公约》(以下简称《华沙公约》)、1956 年《国际公路货物运输合同公约》(*Convention on the Contract for the International Carriage of Goods by Road*, 1956 *as amended by the Protocol*,以下简称 CMR)等规定的承运人责任都是严格责任。但是在海上货物运输领域,自从《哈特法》以来占主导地位的却是不完全过失责任。《海牙规则》第 4 条第 2 款第 17 项除外责任规定:"非由于承运人的实际过失或私谋,或承运人的代理人或受雇人的过失所引起的其他任何原因……"这一条款表明:除该款另有规定外,凡因承运人及其受雇人或代理人的过失导致的货物的灭失或损坏,承运人都应负赔偿责任,这是有关过失归责原则

---

① 王利明:《违约责任论》,中国政法大学出版社 2003 年版,第 75~76 页。

② 崔建远:《合同责任研究》,吉林大学出版社 1992 年版,第 17 页。

③ 林一山:《民法系列——运送法》,台湾三民书局 2005 年版,第 123 页。

④ Nicolas Healy, David Sharp, *Cases and Materials on Admiralty*, 2nd ed. West Publishing Co., 1986, p. 334.

的规定。但是,因航海过失和火灾过失免除承运人的赔偿责任,使得承运人的上述过失责任变得不完全了。这就是所谓的"不完全过失责任制"。[①]《汉堡规则》改变了这种责任认定模式。《汉堡规则》第 5 条第 1 款规定:"如果引起货物的灭失、损坏或延迟交付的事故发生在第 4 条定义的承运人掌管货物的期间,承运人对由于货物的灭失、损坏以及延迟交付所造成的损失负赔偿责任,除非承运人证明,其本人、其受雇人或代理人已为避免事故的发生及其后果采取了一切所能合理要求的措施。"在该款之外,《汉堡规则》仅规定了承运人对不是由于其过错发生的火灾的免责的权利,航海过失免责被废除。《汉堡规则》规定的这种归责原则就是过失责任制,相对于《海牙规则》的"不完全过失责任制",人们常称其为"完全过失责任制"。

在归责原则方面,《鹿特丹规则》第 17 条第 1 款和第 2 款规定:"一、如果索赔人证明,货物灭失、损坏或迟延交付,或造成、促成了灭失、损坏或迟延交付的事件或情形是在第 4 章规定的承运人责任期内发生的,承运人应对货物灭失、损坏和迟延交付负赔偿责任。二、如果承运人证明,灭失、损坏或迟延交付的原因或原因之一不能归责于承运人本人的过失或第 18 条述及的任何人的过失,可免除承运人根据本条第 1 款所负的全部或部分赔偿责任。"

从这两款的规定来看,《鹿特丹规则》采用的是过失责任制,并且对承运人实行过错推定,承运人证明本人或其需要负责的人没有过错方可"免除"(relieve)责任。在该条第 3 款规定的免责事项中,已不再包括航海过失免责,火灾过失免责也采用与《汉堡规则》相类似的方法作了修改。这样,《鹿特丹规则》规定的归责原则实质上与《汉堡规则》相同,都是完全过失责任制,只是表述有所不同。需要指出的是,第 2 款用"免除"的字眼从逻辑上讲有一定的瑕疵。根据过失责任制,承运人的过错是其责任的构成要件,没有过错即没有责任,所以承运人证明其不存在过错的结果是"不承担"(not liable for)责任,而不是免除责任。

三、免责条款的新变化

免责条款是承运人责任基础条款中的重要内容。《鹿特丹规则》第 17

---

① 司玉琢:《承运人责任基础的新构建——评〈鹿特丹规则〉下承运人责任基础条款》,载《中国海商法年刊》2009 年第 20 卷第 3 期。

条第 3 款规定的免责事项大体上可以分为三类:第一类是由于承运人不能控制的原因导致的货物灭失损坏或者迟延,这一类是第 17 条第 3 款规定的第 1 项至第 7 项。第二类是由于托运人的过失所导致的货物灭失损坏,这一类是第 17 条第 3 款规定的第 8 项至第 11 项。第三类是承运人在紧急情况下有权采取的紧急措施所导致的损失。第 17 条第 3 款的第 12 项至第 17 项属于这种情况。[①]

在免责条款的起草过程中,其具体规定方式是一个讨论较多的问题。这一个问题包括两个方面。

第一个方面是关于免责条款具体应采用的形式问题,是应采用具体列举的方式还是应采用较为抽象的规定方式。有代表团认为,没有必要采用《海牙规则》的具体列举方式。因为,如果规定承运人的赔偿责任是过失责任,只要是承运人没有过失的事项自然不必承担责任,在条文中不可能详尽无遗地列出所有承运人没有过失的不需要承担责任的事项,并可能因此减轻承运人的责任。并且,《联合国贸发会/国际商会关于国际多式联运单证统一规则》中也没有采用具体列举免责事项的规定方式。这些代表团认为采用更为一般的规定方式如涉及不可抗力或者承运人不可预见、不可避免的情形,货物的固有缺陷或是托运人或收货人的过失造成货物损坏的情形。对于这个问题,普遍的看法是,即使从逻辑上讲,具体详尽地列举免责事项不很必要,并且除外风险(免责事项)清单在一些法律制度中也是多余的,但还是应予保留。特别是《海牙规则》第 4 条第 2 款中的免责事项是妥协的产物,是为了同时照顾到大陆法系和普通法系。而且,关于《海牙规则》中的免责事项已经发展出大量的判例法,采用与《海牙规则》类似的规定方法和措辞有助于增加法律的确定性和可预见性。[②]

第二个方面是免责条款的表述应采用免责方式还是推定方式。免责条款的具体措辞可以有免责(exoneration approach)和推定(presumption approach)两种方式。免责方式是指对于免责事项造成的货物损失直接免除

---

① Yvonne Baatz, Charles Debattista, Filippo Lorenzon, Andrew Serdy, Hilton Staniland, Michael Tsimplis, *The Rotterdam Rules: A Practical Annotation*, Informa, 2009, p. 48.

② See U. N. Doc. A/CN. 9/525. Paragraph 35; A/CN. 9/544. Paragraphs 117~118; A/CN. 9/572. Paragraph 35.

承运人的责任。而推定方式是指对于导致货物的灭失损坏迟延事项属于《鹿特丹规则》规定的除外事项的推定承运人没有过错。在 CMI 起草的公约草案初稿中，对于航海过失免责和火灾免责采用了免责方式，而对于其他除外事项则采取了推定方式。但是实际上，对于除外风险而言，无论是采用免责方式还是推定方式其实际效果没有实质性的区别，因为无论采用哪种方式都要给货方提供一套反驳承运人的机制，即使是根据免责的规定方法，如果货方能够证明承运人的过失，承运人援引免责的权利依然会丧失。① 所以，普遍看法认为，没有必要特别偏向于其中的任何一种方式。② 从《鹿特丹规则》作准文本来看，第 17 条第 3 款采用了免责的规定方式。

虽然《鹿特丹规则》的免责条款从形式上看与《海牙规则》类似，并且很多免责条款的措辞也与《海牙规则》一致，但是《鹿特丹规则》的免责条款有实质性的调整和变化，并且这些调整和变化构成了《鹿特丹规则》构建的承运人责任体制与《海牙规则》承运人责任体制实质性的区别。

(一)航海过失免责的取消

1. 航海过失免责的含义

航海过失免责，是指承运人对船长、船员、引航员或者承运人的其他受雇人员因驾驶船舶或者管理船舶的过失所造成的货物的灭失或者损坏，不负赔偿责任。航海过失具体又包括驾驶船舶的过失和管理船舶的过失。③ 航海过失免责条款最早为美国《哈特法》所创，被称为"世纪条款"，它与承运人的强制性责任体制结合在一起，在国际航运的发展历史上，曾经发挥了重要的作用，也是海上货物运输法与调整其他运输方式法律制度相比较为特殊之处。

2. 航海过失免责的取消

在很多国家，航海过失免责都被认为是一个时代的错误，招致了货方的大量批评。④ 然而，航海过失免责的废除并不是一个简单的事情。有关航海过失免责是否应该废除的讨论是一个老生常谈的问题。美国在其提案中

---

① See U. N. Doc. A/CN. 9/544. Paragraph 87.

② See U. N. Doc. A/CN. 9/544. Paragraph 106，Paragraph 119.

③ 赵月林、胡正良：《论取消航海过失免责对承运人责任、义务和其他海事法律制度的影响》，载《大连海事大学学报》2002 年第 4 期。

④ UNCTAD：Report on Bills of Lading，pp. 39～40，转引自 John F. Wilson，*Carriage of Goods by Sea*，4th ed. ，Pearson Education Limited，2001. p. 262.

主张废除航海过失免责,同时认为如果删除航海过失条款,按照第 6.1.4 条第一种备选案文规定的举证责任,将会使承运人在有可能以航海过失作为免责事由的情况下剥夺其各项法定免责事由。公约草案初稿第 6.1.4 条第1 项备选案文规定:"如果造成货物灭失、损坏或延迟的部分原因是承运人不予承担责任的事件,部分原因是承运人需要承担责任的事件,则承运人对全部灭失、损坏或延迟都负有责任。但是如果承运人能够证明部分损失是由其不承担责任的事件造成的,承运人对该部分损失不负责任。"美国主张按照公约草案初稿第 6.1.4 条第 2 项备选案文对举证责任进行调整。① 中国代表团不主张废除航海过失免责,认为废除航海过失免责将大大加重承运人的责任,割裂船货双方相对平衡的权利义务关系。中国代表团指出,《汉堡规则》取消了航海过失免责,实行推定过失责任制,力图在船货双方之间建立一种公平的权利义务关系,但由于实践中航运业并未发展到可以废止航海过失免责的程度,《汉堡规则》至今仍未发挥实质性的、广泛的效用。因此,应当保留《海牙—维斯比规则》关于承运人航海过失免责的规定。② 但是中国代表团是在公约已经完成起草,UNCITRAL 第四十一届会议即将通过公约草案时才提出该提案的,其效果可想而知。

　　航海过失免责与船货双方之间的风险分配有着密切的关系,任何保留或删除航海过失免责的讨论都应该考虑到这种密切关系。任何"强制性海上货物赔偿责任制度的主要功能之一便是在承运人和货方之间以具有经济效率的方式分配经济风险"③。Diplock 勋爵(Lord Diplock)对责任制度与风险分配之间的密切关系有如下论述:"运输途中的货物不可避免地面临灭失、盗窃、损坏与破坏。这种风险能够为承运人的防范措施所降低但不能够被消除⋯⋯但是,采取防范措施需要花费一定的成本,这种成本体现为运输的成本并最后转嫁于货物之上。如果采取防范措施花费的成本超过了不采取防范措施给货物造成的损失,那么这种防范措施就是不经济的。如果防

---

① See U. N. Doc. A/CN. 9/WG. Ⅲ/WP. 34. Paragraph 13,Paragraph 15.

② See U. N. Doc. A/CN. 9/658/Add. 7. Paragraphs 3～4.

③ Brian Makins, The Hamburg Rules:A Casualfty? 96 Ⅱ Diritto Marittimo 637, 652(1994),转引自 Leslie Tomsawllo Weitz, The Nautical Fault Debate(the Hamburg Rules, The U. S. COGSA 95, The STCW 95, And The ISM Code),*Tulane Maritime Law Journal*, 1998, Summer, p. 585.

范措施是经济的,任何货物运输法都应该鼓励,反之,则不应该鼓励。"①取消航海过失免责后,货物保险依然会存在并不会因此而消失。对航海过失免责所导致的货损因为货物保险人可以从承运人处取得赔偿最终会提高货物保险人索赔的成功率,因此货物的保险费将会相应地下降。相应地,船方需要对本来不需要赔偿的因航行过失所致的货物灭失损害进行赔偿,这种赔偿一般情况下由船东的责任保险人来完成,船东责任保险为非营利保险,赔付额的增加必然会导致保险费的上升,最终上升的保险费会体现为运费的增加由货方来承担。但是,虽然船东互保协会收取的保险费短时间内就会上调,货方的货物保险费却需要一段时间之后才会下降,至少要到货物保险人经因可以向船方追偿航行过失所致货物损失而使货物保险成本下降的情形出现时。② 航运发达国家在《汉堡规则》制定过程中就提出,如果废除船舶航海过失免责,由此而引起的船舶碰撞、触礁、沉没等的风险便转嫁给承运人负担。这样,运费会因承运人责任保险费的上升而上升,并超过货主货物保险费的降低程度,结果提高了运输成本,对货主没有益处。③ 按英国的估计,废除船舶航行过失免责,运费将上升 1%～2%,货物保险的保险费可降低 5%～10%,并必然使现行的共同海损制度、船舶碰撞以及救助措施受到重大的影响,因而能否得到圆满实行,需要进行全面的经济分析。波罗的海国际航运公会认为取消航海过失免责应与迟延交付等方面的问题相联系,必须认识到海上航行的远距离与复杂的气候,无论如何应考虑取消航海过失免责所带来的结果。④"重复保险最终将使货物所有人难以负担,并将影响国际贸易的活力以及国际资源的有效分配。因此,承运人和托运人之间的责任分配应该尽量减少重复保险。我们应该基于这种观点来评价承运

---

① Lord Diplock, Convetions and Morals-Limitation Clauses in International Maritime Conventions, *Journal of Maritime Law & Commerce*, 1970,(1), pp. 525～526.

② Leslie Tomsawllo Weitz, The Nautical Fault Debate(the Hamburg Rules, The U.S. COGSA 95, The STCW 95, And The ISM Code), *Tulane Maritime Law Journal*, 1998, Summer, p. 585.

③ 胡绪雨:《国际海上货物承运人责任基础立法中的目的论》,载《法学评论》2009年第 5 期。

④ CMI, *CMI Yearbook* 2000, p. 449.

人和托运人之间的责任分配。"①

上述国家与组织以及学者的观点实际上是将船货双方作为一个利益共同体,并以船货双方整体效益最大化作为判断是否取消航运过失免责的依据的。"成本/效益分析具有实证效用,是一个实证主义的工具,可以用来预测国际海上货物运输承运人责任基础规则制定所带来的经济后果,辅助我们在涉及船货双方重大利益时作出复杂的判断。但把它作为立法中的一个输入量使用时,可以提高立法质量,是有价值的。然而成本/收益分析不可能是立法的唯一决策规则,船货双方利益共同体效用最大化对于船货双方应该具有什么权利并无任何立场,但基于效用最大化的责任基础制度削弱了国际海上货物运输法律制度的价值基础,从而说明了承运人基础规则的实践服务于某个未在道德上得到证明的经济目标。"②这种观点与理论的根本错误之处在于追求船货双方整体效用最大化的时候,没有顾及船货双方利益之间的平衡和符合正义的风险分配。

从船方与货方的风险分配来看,风险应分配于最适合于控制风险的一方。船货双方相比较而言,显然,船方对海上航行的风险进行控制要比货方可行。将航海过失免责废除,有利于船方更加谨慎地驾驶、管理船舶,尽可能地避免操作失误,减少海上风险所带来的损失。海上航行特有的风险不能成为保留航海过失免责的理由。一个明显的例证,航空运输所面临的风险并不比航海小,但是正如在第三工作组第十届会议上有代表团指出的那样,《华沙公约》最初曾出现过基于驾驶航空器的偏误免除承运人赔偿责任的条款,但早在 1955 年就已从空运货物的赔偿责任制度中删去。③ 再比如,调整中国沿海和内河货物运输的《国内水路货物运输规则》中,承运人就不能享有航海过失免责,而且,承运人承担的是无过错责任。很难说,沿海货物运输所面临的海上风险就小于国际海上货物运输,甚至,沿海货物运输所面临的海上风险还可能会大于国际海上货物运输,比如,从大连到深圳的沿海货物运输与大连到韩国釜山的相比,其海上航程要远得多,前者所面临

---

① Robert Force, A Comparison of the Hague, Hague-visby, and Hamburg Rules: Much About? *Tulane Law Review*, June 1996, p. 154.

② 胡绪雨:《国际海上货物承运人责任基础立法中的目的论》,载《法学评论》2009年第 5 期。

③ See U. N. Doc. A/CN. 9/525. Paragraph 35.

的海上风险也大于后者。再者,现代航海技术的进步使得承运人抵卸海上风险的能力有了较大提高。自第二次世界大战以来,造船技术不断进步。雷达,全球定位系统(GPS),卫星通讯,船舶自动识别系统(AIS),电子海图等设备、技术的运用,使得如今的海上航行与帆船、蒸汽船时代不可同日而语。这使承运人有理由承担更多的风险。

在公约草案初稿中,航海过失免责规定在第 6.1.2 条的第(a)项,并置于方括号之内,表明该条款是否保留尚需要进一步讨论。在工作组第十届会议上,在与会者普遍认为从国际海上货物运输法中删去航海过失免责是国际运输法向现代化和统一方向迈出的重要一步,并且对于调整"门到门"运输而言,这种变革至关重要。仍有部分代表团认为应当保留航海过失免责,认为删除航海过失免责将改变承运与货方之间的风险负担,会大大加重船方的责任并会对相应的保险产生影响。① 在工作组第十二届会议的讨论当中,航海过失免责是否应该取消依然是一个悬而未决的问题。依然有代表提醒工作组,废除航海过失免责可能会导致意外的结果。例如,如果只是废除航海过失免责,但不相应地调整举证责任,承运人就必须证明由于航海过失所造成的损失与其他属于除外风险中例如"海上风险"的原因所造成的损失各占多大比例,但是这是很难证明的,实际上是一种"无法证明的举证责任"(insuperable burden)。实际结果是,只要出现任何航行过失,承运人在大多数情况下都将对所有损害承担全部责任;而且如果毁损发生在海上,航行过失可能在大多数情况下都将使"除外风险"条款失去意义。针对这种提醒,普遍意见认为,还是应当删除航海过失免责,但是应当在今后有关举证责任问题的讨论中考虑到这一决定的影响。最后,会议达成一致意见,不将航海过失列入"除外风险"。②

在起草过程中,一直有观点主张即使废除航海过失免责,也应该保留"强制引航的引航员在船舶引航方面的行为,疏忽或过失"(act, neglect or default of a compulsory pilot in the navigation of the ship)作为免责条款或除外风险。③ 这种观点认为,承运人因为承担有强制性引航的义务而不得不雇用引航员引航,而承运人雇用的引航员有可能是不称职的。提议者具

---

①　See U. N. Doc. A/CN. 9/525. Paragraphs 35~36.

②　See U. N. Doc. A/CN. 9/544. Paragraph 89,Paragraph127.

③　See U. N. Doc. A/CN. 9/WG. Ⅲ/WP. 21. Paragraph 70.

体给出了三个理由:首先,引航过失不一定纯粹是承运人或其雇用人员的航行过失;其次,规定承运人责任基础的条款并未涉及这一问题;最后,"海上风险"除外情形中也没有涉及这一问题。但是,普遍认为,承运人在驾驶船舶时对引航的依赖不应解除承运人的赔偿责任,因为引航员可以看作是在协助承运人。尽管承运人不得不承担港口当局的强制引航规定或其他强制性规则(比如关于强制性装卸货物的规则)的义务,但要求货方承担此种强制性义务的后果并不公平,因为,与货方不同,承运人实际参与上述过程并保持对这种过程的控制。如果免除承运人的责任,并允许货方在这种情况下向引航员追偿,将会偏离现有实践,过分介入承运人与其服务提供商之间的合同安排。另外一种反对意见认为,公约草案中已经涉及了引航过失问题:在强制引航情况下,承运人可以依据草案第 14 条证明无过失;[①]而在非强制引航的情况下,引航员是作为承运人的代理行事,因此承运人应对引航员的行为承担责任。工作组在第十四届会议上决定不将引航过失列入免责事项。[②]

3. 取消航海过失免责的影响

(1)取消航海过失免责对承运人的影响

取消航海过失免责后,因航海过失而造成的货物的灭失或损坏的免责将不复存在,类似碰撞、搁浅等海损事故造成的货物损失,将基本上由承运人负责赔偿。这样,承运人的义务和责任将会大大加重,对货方比较有利。在整个货物运输过程中,几乎所有的货物灭失或损坏的风险都将由承运人承担。

取消驾驶船舶过失免责,并不会对承运人适航义务产生影响,而取消管理船舶过失免责,将对承运人的适航义务产生较大的影响。但是取消航海过失免责后,对承运人谨慎处理使船舶适航的义务是否应从船舶开航之前和开航当时扩展到整个航程中,观点并不统一。有学者认为,在取消管理船舶过失免责后,承运人谨慎处理使船舶适航的义务在整个航次期间将是连续性的义务。但是,美国《1999 年海上货物运输法(草案)》虽然取消了航海过失免责,但是使船舶适航的义务仍然局限在船舶开航之前和开航当时。

---

① 指公约草案一读文本第 14 条。

② See U. N. Doc. A/CN. 9/525. Paragraphs 43~45; A/CN. 9/572. Paragraphs 65~66.

无论如何,取消管理船舶过失免责后,承运人谨慎处理使船舶适航的义务将更为严格。

取消航海过失免责也会对承运人的营运成本和运费产生影响,可能会导致运费上涨。运费上涨的原因主要有两个:一是承运人因航海过失造成货物损失的责任保险费用将会增加,承运人责任保险费的增加最终会转嫁到运费上。二是承运人诉讼费用的增加,诉讼费用的增加也会转嫁到运费上。在不完全过失责任的体制下,货物因海事而受到的损失,除船舶不适航的情形外,一般根据货主所投的货物保险进行赔偿,保险人不向承运人追偿;但取消航海过失免责后,则要进行追偿,从而增加承运人与货物保险人的诉讼费用。①

(2)取消航海过失免责对其他海事法律制度的影响

是否取消航海过失免责,实质上是船方和货方的风险分担和利益平衡问题,继而转化为货物保险人和保赔协会之间的风险分担和利益平衡问题。对船方而言,如取消航海过失免责,承运人的责任和风险将增加,承运人将不得不将航海过失的风险转向保赔协会投保,继而将增加保险费用,因此承运人将不得不提高运费。对货方而言,从长远角度来看,由于取消了航海过失免责,因航海过失导致的货损货差将可以直接从承运人那里得到赔偿,货物的风险得以降低,从而可以降低货物运输保险费。

取消航海过失免责对共同海损制度也会产生影响。同一航程中的共同危险,有相当比例是由航海过失所引起的,如船舶发生碰撞、搁浅等。共同危险如果是由航海过失造成时,依照现行法律,因船方可以享受航海过失免责,对于这种共同危险采取的有意合理的措施所造成损失和费用依然可以列入共同海损请求受益方分摊。但是,取消航海过失免责之后,如果共同危险是由于航海过失造成的,这种危险对承运人来说是不可免责的,因此,货方有权拒绝分摊船方支付的共同海损费用,或者船方有责任就货方遭受的共同海损分摊予以赔偿。所以,从根本上讲,取消航海过失免责后,因航海过失导致的共同海损事故中,船方将不能要求货方分摊共同海损,使得共同海损的范围大大缩小,也使得提单背面条款的"新杰森条款"失去意义。

按照《海牙规则》、《海牙—维斯比规则》,因航海过失发生碰撞造成本船

---

① 赵月林、胡正良:《论取消航海过失免责对承运人责任、义务和其他海事法律制度的影响》,载《大连海事大学学报》2002 年第 4 期。

货物的损害,承运人免责,碰撞船舶只对对方船舶的船货损失按过失比例承担责任。取消航海过失免责后,承运人不仅要对对方船舶的船货损失按比例承担责任,同时也要对本船所载运的货物损失承担责任。这也使得提单或租船合同中的"互有过失碰撞条款"失去意义。①

（二）火灾免责的变化

火灾在海上货物运输法中有特定的含义。杨良宜先生对火灾的定义是:"火灾指的是明火的燃烧,而不包括没有火焰的高温现象。例如,承运低级煤,经常会发生热现象,船方为此要多花费用或招致其他损失,租船人就不能依靠是火灾而不必对'危险'货物负责,因为这些过热现象是不属于火灾的。"②怀特(Wright)法官在 Tempus Shipping Co. v. Louis Dreyfus 案中曾定义为:"火灾是指有火焰燃烧而不只是发热引起的损害。单纯的发热而没有达到白炽化或点燃的程度,并不属于'火灾'这一专有名词的范畴。"③火灾原因大体上可归纳为以下几种:(1)由于自然灾害或意外事故所致,例如,雷电,因风暴袭击使货物激烈碰撞,摩擦起火;或港内他船失火波及。(2)因承运人高级管理人员、船长、高级船员、船员、引航员过失行为所致,如乱扔烟头,途中管货不当,因过失碰撞等引起火灾。(3)因船舶不适航导致,如船舶疏于维修保养漏电,船员未经适当防火培训操作失误,积载不当所造成。(4)因恶意行为,如船舶所有人、船长、船员纵火。(5)由于货物固有瑕疵、本质特性所致,如具有易燃性,易爆性的各种货物的自燃或自爆。(6)其他原因,如为避免被敌国捕获而故意纵火;船舶因防疫及公共安全计而予焚毁。④ 根据《海牙规则》第 4.2 条第(b)项的规定,只有承运人本人的过失或私谋所引起的火灾,承运人才承担责任,根据该项规定,在上述火灾原因中,只有(1)(2)(4)(6)四种情况下,承运人可能享受免责。(3)(5)(2)之承运人本人,其高级管理人员的过失,(4)之承运人本人的纵火并不能使承运人免责。

① 赵月林、胡正良:《论取消航海过失免责对承运人责任、义务和其他海事法律制度的影响》,载《大连海事大学学报》2002 年第 4 期。
② 杨良宜:《租约》,大连海事大学出版社 1994 年版,第 116 页,转引自郭国汀:《论海上火灾免责》,载《中国海商法年刊》2001 年卷。
③ (1930)1 K.B. 699 at 708,转引自郭国汀:《论海上火灾免责》,载《中国海商法年刊》2001 年卷。
④ 郭国汀:《论海上火灾免责》,载《中国海商法年刊》2001 年卷。

　　关于火灾免责,CMI 提交的公约草案初稿第 6.1.2 条规定:"尽管第 6.1.1 条作了规定,承运人对于下列原因造成的损失、损坏或延误不负责任。(a)……(b)船舶失火,除非由承运人过失或私谋造成(fire on the ship, unless caused by the fault or privity of the carrier.)"。

　　在工作组第十届会议上,有代表指出如果按上述与《海牙规则》和《海牙—维斯比规则》相类似的措辞,①将会为托运人规定过重的举证责任,因为在大多数情况下,托运人根本无法证明火灾是承运人的过失或阴谋造成的,因此强烈表示应当废除传统的基于船舶失火的除外情形。但有的代表团认为有必要同业界进一步协商,以便评价去掉这一除外情形对草案中赔偿责任的总体平衡有何影响。工作组未就删去(b)项达成共识。② 在第十二届和第十三届会议上,关于火灾免责条款的讨论都没有结论。③

　　在第十四届会议上,与会代表就火灾除外条款提出了三种可选择的做法:第一种选择,删去这一具体除外情形,而通过草案第 14 条中确立的一般规则处理火灾风险,④因为承运人最有条件查明火灾原因。根据这种方案,承运人需要对船上发生的火灾负责,除非承运人证明自己及其雇佣人或代理人没有过错。作为一种完全删除火灾免责与保留《海牙规则》中火灾免责的折中方法,第二种选择主张在列举的除外风险中保留火灾除外情形,但将其限制在"船上发生的火灾"这一范围,并删去"除非由承运人过失或私谋造成"。依照这种方案,承运人证明了船上发生有火灾便可以不对火灾产生的损失承担责任。但是货方如果举证证明承运人或其雇佣人、代理人对火灾的发生存在过错,承运人就需要对火灾承担责任。第三种选择,将拟议案文整个纳入并作为一种负责情形放在所列各项之外,采取更接近《海牙—维斯比规则》规定的方法。按照这种方案,对草案中目前火灾免责的条文不需要作文字上的变动,只需要将其从除外风险中拿出来另外进行规定即可。经过讨论,工作组决定采用上述第二种方案。⑤ 这样,在《鹿特丹规则》作准文

---

　　① 初稿的规定与《海牙规则》的区别之处在于初稿的规定明确火灾必须是发生在船舶上的。

　　② See U. N. Doc. A/CN. 9/525. Paragraph 37.

　　③ See U. N. Doc. A/CN. 9/544. Paragraph 126; A/CN. 9/552. Paragraphs 94~95.

　　④ See U. N. Doc. A/CN. 9/WG. Ⅲ/WP. 32. Article 14.

　　⑤ See U. N. Doc. A/CN. 9/572. Paragraphs 59, Paragraphs 61~62.

本中火灾免责被规定为第 17 条第 3 款第(6)项的"船上发生火灾"(fire on the ship)。

《鹿特丹规则》的火灾免责措辞表明,只有发生在船上的火灾,承运人才有可能享受免责。货物装上船舶之前及卸下船舶之后发生火灾,承运人不能以此为由免责,哪怕承运人对火灾的发生没有过错。① 与《海牙规则》相比,《海牙规则》中的火灾免责条文仅规定"火灾,除非……",没有特指船上发生的火灾,这是因为《海牙规则》仅调整提单运输,不涉及其他运输方式,同时,承运人的责任期间为"钩到钩",货物在装前卸后发生火灾不属于承运人责任期间,承运人自然不需要承担责任。因此,没有必要特别指明火灾发生的地点。美国在其提案中提出,应该对《海牙规则》规定的火灾免责条款进行修改以确保该条款的适用范围不会因为《鹿特丹规则》的适用范围从"钩到钩"扩展到"门到门"而实质性地扩大。② 《鹿特丹规则》的规定满足了这一要求,使火灾免责仅适用海上货物运输区段。

"船上发生火灾"是否仅限于船舶的船体与轮机发生的火灾而不包括船上装载货物发生火灾的情形?对此,在工作组第十届会议的讨论中有代表提出货物本身造成火灾的情形是否属于"船上发生火灾",与会者指出,这个问题完全可以由免责条款中的"由于货物固有缺陷、品质或瑕疵而造成的数量或重量损耗或其他任何灭失或损坏"来解决。③ 依照这种解释,当某一集装箱内装载的货物自燃引起火灾造成临近的其他集装箱内货物损失时,承运人可以以"货物固有缺陷"为由免除责任。

(三)承运人免责事项的其他新发展

《鹿特丹规则》下承运人的免责事项除了上述两项变化,亦有其他一些新的发展。这些新发展可以归纳为三个方面。第一,对《海牙规则》中原有免责事项措辞上作一些调整;第二,结合《鹿特丹规则》对承运人、托运人权利义务规定的新变化而设置的免责条款;第三,顺应国际政治经济形势而出现的新的免责事项。

---

① Yvonne Baatz, Charles Debattista, Filippo Lorenzon, Andrew Serdy, Hilton Staniland, Michael Tsimplis, *The Rotterdam Rules: A Practical Annotation*, Informa, 2009, p. 55.

② See U. N. Doc. A/CN. 9/WG. Ⅲ/WP. 34. Paragraph 13.

③ See U. N. Doc. A/CN. 9/525. Paragraph 37.

1. 对《海牙规则》免责条款措辞上的调整

这方面如原来《海牙规则》第 4 条第 2 款第(n)项规定的"包装不足"及第(o)项规定的"标志不足或不准确"在《鹿特丹规则》下被合并在了第 17 条第 3 款第(11)项"非由承运人或代其行事的人所做包装不良或标志欠缺、不清"之中。除了将原有的两个条文进行合并之外,该项规定还表明包装如果是由承运人完成的,那么包装的缺陷就不能使承运人免责。而根据《海牙规则》的规定,则无论包装是由谁完成的,货物的包装有缺陷的话,承运人都可以免责,显然《鹿特丹规则》中的新规定与原有规定相比对货方更为有利。第 4 条第 2 款第(l)项规定的:"救助或企图救助海上人命或财产"在《鹿特丹规则》中被分作两项规定,分别是第 17 条第 3 款第(12)项和第(13)项。第 17 条第 3 款第(12)项规定与原来一致:"海上救助或企图救助人命";第 17 条第 3 款第(13)项规定:"海上救助或试图救助财产的合理措施"。这种规定表明,船方在对财产进行海难救助时,并不是任何救助行为都可以免责,必须是"合理措施"才可以免责。而对人命进行救助的措施却依然是没有限制的。《海牙规则》中的第 4 条第 2 款第(g)项和第(h)项在《鹿特丹规则》中也被合并规定在了第 17 条第 3 款第(4)项中。第 17 条第 3 款第(4)项规定:"检疫限制;政府、公共当局、统治者或民众的干涉或造成的障碍,包括非由承运人或第 18 条述及的任何人所造成的滞留、扣留或扣押。"该项规定对《海牙规则》第 4 条第 2 款第(h)项规定"君主、当权者或人民的扣押或管制,或在法律程序下的羁押"的措辞进行了调整。前者的规定删去了"君主"这一比较陈旧的表述。《鹿特丹规则》该项规定措辞调整带来的一项实质性变化是增加了"非由承运人或第 18 条述及的任何人所造成的"这一限制性条件。这样,举例而言,船员为了向船东索要拖欠的工资向法院申请扣押了船舶,承运人不能就此援引该款规定免责,但在《海牙规则》下,承运人却可以依照该项规定免责。①

2. 结合《鹿特丹规则》有关条款而设置的免责事项

承运人根据《鹿特丹规则》中一些条款的规定也有权免除责任。第 17 条第 3 款第(9)项、第(15)项的规定属于这种情况。当托运人根据《鹿特丹

---

① Yvonne Baatz, Charles Debattista, Filippo Lorenzon, Andrew Serdy, Hilton Staniland, Michael Tsimplis, *The Rotterdam Rules: A Practical Annotation*, *Informa*, 2009, p. 53.

规则》第 13 条第 2 款的规定,与承运人约定由托运人、单证托运人或收货人装载、操作、积载或卸载货物,那么承运人就不必对装载、操作、积载或卸载货物中造成的货物灭失或损坏负责任。承运人根据《鹿特丹规则》第 15 条规定,对于可能形成危险的货物采取卸下、销毁、使之无害的合理措施,根据第 16 条规定采取的共同海损措施也都不必承担责任。

3. 根据政治经济形势为承运人设置的新的除外事项

(1)海盗与恐怖主义

《联合国海洋法公约》第 101 条对海盗行为进行了定义。根据该定义,海盗行为是指私人船舶或飞机的船员、机组成员或乘客为私人目的,在公海上或任何国家管辖范围以外的地方,对另一船舶或飞机、人或财物,从事任何非法的暴力、扣留或掠夺的活动。[①] 海盗是伴随着人类社会征服海洋的过程而产生发展起来的,有了海上贸易,就有了以此为生的海盗出现。历史上很早就出现了海盗,早期希腊文学中,著名的荷马史诗《伊利亚特》(Iliad)与《奥德塞》(Odysseus)中即有对海盗的记载。历史上,海盗的概念一直在发展变化,法律对待海盗的态度也在发展变化。例如,在古希腊人眼中的"海盗行为"其实就是一种生活方式,这样的生活方式就像军队掠夺他人财产再予以分配一样是正当的,而"海盗"只不过是指一群生活方式特异,行径特殊的人,绝非违反法律的罪犯。[②] 在当代,国际法认为海盗是国际罪行,国际社会可以根据普遍管辖权对海盗实施管辖。[③] 各国国内法也将海盗行为规定为犯罪行为进行惩处。然而,海盗行为却依然猖獗。根据国际海事组织海上安全分委会(IMO's Maritime Safety Committee)公布的数字,2007 年向国际海事组织(International Maritime Organization,以下简称 IMO)报告的海盗和武装劫持船舶事件为 282 起,2008 年为 306 起,2009 年的前 4 个月就有 157 起。[④] 索马里自 1991 年以来一直战乱不断,沿海地区海盗活动猖獗,被国际海事局列为世界上最危险的海域之一。2009 年 12

---

① 司玉琢主编:《海商法大辞典》,人民交通出版社 1998 年版,第 706 页。

② 李文沛:《国际海洋法之海盗问题研究》,中国政法大学 2008 年博士学位论文,第 5 页。

③ 余民才主编:《国际法专论》,中信出版社 2003 年版,第 280 页。

④ IMO, Revised Guidance on Combating Piracy Agreed by IMO Maritime Safety Committee[EB/OL]. http://www.imo.org/Newsroom/mainframe.asp? topic_id=110&doc_id=10620,下载日期:2010 年 2 月 3 日。

月,索马里海盗当选为时代周刊 2009 年年度风云人物。[①] 海盗行为在全球的肆虐,使参加《鹿特丹规则》起草的代表感到有必要在《鹿特丹规则》中涉及海盗问题。

关于恐怖主义并没有权威的定义。《简明不列颠百科全书》对恐怖主义的解释是:恐怖主义是对各国政府、公众或个人使用令人莫测的暴力、讹诈或威胁,以达到某种特定目的的政治手段。各种政治组织、民族团体、宗教狂热者、革命者和追求社会正义者,以及军队和秘密警察都可以利用恐怖主义。[②] 1974 年英国《防止恐怖主义法》界定的恐怖主义是“为了政治的目的使用暴力,包括任何为了使公众或其任何部分陷入恐怖而使用暴力”。澳大利亚犯罪学专家格兰特·沃德劳(Grant Wardlaw)指出:“每一个定义都包括三个不同的要素:(1)方法(武力或暴力);(2)目标(政府和民众);(3)目的,是双重的(带来恐惧和政治或社会的变革)。”第一,“方法”即暴力。暴力包括武力,故只提暴力即可。暴力是首要的和最根本的要素,没有暴力就没有恐怖主义。不能把非暴力的事物列为恐怖主义。恐怖主义的暴力,不限于体力上的,而是有所扩张,因为它还可以利用现代化的先进技术和武器。例如,利用炭疽等生化武器,网络等先进技术,而不必倚靠体力。凡是足以危及人的生命财产安全从而引起人们恐怖的行为都是恐怖主义的暴力。第二,恐怖主义属于政治范畴,它是为了达到一种政治目的,是在非理性的社会冲突、民族冲突、宗教冲突、国家冲突中,矛盾双方为了解决矛盾而采取的一种非理性的手段。因此,它总是为了并服从于一定的政治目的。第三,恐怖主义的目标是无辜者。[③] 随着恐怖主义活动的猖獗,海上运输也成为恐怖主义袭击的目标。由于海上恐怖主义出现的历史较短,每年海上

---

① 百度百科:《索马里海盗》,http://baike. baidu. com/view/2001823. htm? fr=ala0_1_1,下载日期:2010 年 2 月 3 日。

② 《简明不列颠百科全书》,中国大百科全书出版社 1985 年版,第 817 页,转引自何秉松:《恐怖主义概念比较研究》,载《比较法研究》2003 年第 4 期。

③ 何秉松:《恐怖主义概念比较研究》,载《比较法研究》2003 年第 4 期。

恐怖主义引起的损失并不大，①因此海上恐怖主义长时间没有得到国际社会的重视，《1958 年日内瓦公海公约》和《联合国海洋法公约》都没有对此进行界定。直到 Achille Lauro 案后国际社会才真正开始重视海上恐怖主义。鉴于该案的恶劣影响，IMO 通过了《制止危及海上航行安全非法行为公约》(*Convention on the Suppression of Unlawful Acts Against the Safety of Maritime Navigation*)以打击海上恐怖主义。② 除此之外，在 2001 年的"9·11"事件之后，国际海事组织于 2001 年 11 月召开的第二十二届大会一致同意对《1974 年国际海上人命安全公约》(以下简称 SOLAS)进行修改，制定关于船舶和港口设施保安的新措施即《国际船舶和港口设施保安规则》(以下简称 ISPS 规则)，由 2002 年 12 月召开的 SOLAS 缔约国政府大会(又称海上保安外交大会)通过。与《制止危及海上航行安全非法行为公约》主要规范缔约国对海上恐怖主义的管辖权不同，ISPS 规则主要从缔约国与航运业合作以应对可能发生的恐怖主义袭击。根据 SOLAS2002 年修订增加的第 XI-2 章第 1 条第 13 项的规定，保安事件系指"威胁船舶(包括海上移动式钻井平台和高速船)，或港口设施或任何船港界面活动或任何船到船活动保安的任何可疑行为或情况"。第 14 项规定："保安等级系指企图造成保安事件或发生保安事件的风险级别划分。"恐怖主义袭击被涵盖在保安事件的概念之中。ISPS 规则规定了不同保安事件等级下缔约国、船公司等应该采取的行动以及船舶持有的《国际船舶保安证书》等内容。

在海盗和恐怖主义对航运业已经产生或可能产生巨大影响和冲击以及治理和打击海盗与恐怖主义的国际法与国内法已经出现和形成的背景下，新制定的运输法公约有必要涉及这一《海牙规则》制定时尚不够严重或者是尚没有出现的问题。在工作组第十二届会议上，与会代表普遍认为应将海盗行为和恐怖主义纳入风险清单。这样海盗和恐怖主义被放在了第 17 条第 3 款第(3)项之中。该项中的其他内容合并了《海牙规则》中的第 4 条第

① Harrington, Caitlin A., 2007, "Heightened Security: The Need to Incorporate Articles 3bis(1)(A) and 8bis(5)(E) of the 2005 Draft SUA Protocol into Part Vii of the United Nations Convention on the Law of the Sea", Pacific Rim Law and Policy Journal Jan，转引自张湘兰、郑雷:《论海上恐怖主义对国际法的挑战与应对》，载《武汉大学学报(哲学社会科学版)》2009 年第 2 期。

② 张湘兰、郑雷:《论海上恐怖主义对国际法的挑战与应对》，载《武汉大学学报(哲学社会科学版)》2009 年第 2 期。

2 款第(e)项与第(k)项的规定。除此之外,还增加了敌对行动(hostilities)
与武装冲突(armed conflict)。这两种状态区别于战争。根据国际法,战争
是国家之间的一种法律状态。而敌对行动特别是武装冲突是一种事实状
态,指两国之间没有宣战而发生的对立或武装冲突。

(2)环境保护

根据《鹿特丹规则》第 17 条第 3 款第(14)项的规定,承运人避免或试图
避免对环境造成危害的合理措施也可以免责。

而今环境保护无论是在国际法中还是在国内法中都是一个重要的议
题。在国际法领域,国际环境法已经成为国际公法的一个分支学科。在货
物运输领域,尤其是海上货物运输领域,环境保护也是一个重要议题。在海
洋环境保护方面,除了《联合国海洋法公约》这样综合性的公约涉及海洋环
境保护外,在海商法领域还有《1969 年国际油污损害民事责任公约》、《1992
年国际油污损害民事责任公约议定书》、《2001 年国际燃油污染损害民事责
任公约》、《1996 年国际海上运输有毒有害物质损害责任和赔偿公约》及
《1989 年国际救助公约》等公约涉及海洋环境保护。其中,《1989 年国际救
助公约》第 14 条规定了救助人对环境构成损害威胁的船舶或货物进行救
助,如果救助人因其救助作业防止或减轻了环境损害,救助人有权获得特别
补偿,从而使传统的海难救助报酬的支付原则"无效果,无补偿"原则被
修改。

《鹿特丹规则》同样涉及了环境保护问题。第 17 条第 3 款第(14)项规
定,承运人避免或试图避免对环境造成危害的合理措施也可以免责。该项
规定体现了鼓励环境保护救助的原则。如果承运人或承运人需要负责的人
没有过错,承运人避免环境受到损害所采取的措施,无论是否成功,都可以
免责。承运人对环境造成污染承担的责任一般为严格责任,即使承运人对
污染损害事实的发生没有过错,依照有关污染损害赔偿的条约,其依然需要
承担损害赔偿责任。依照该条规定,承运人采取避免环境损害的措施对运
输中的货物造成的损坏、灭失或者迟延不需要承担责任。而同时,承运人采
取避免环境损害的措施也会减轻其对环境污染的经济责任。① 因此,该项

---

① Yvonne Baatz, Charles Debattista, Filippo Lorenzon, Andrew Serdy, Hilton
Staniland, Michael Tsimplis, *The Rotterdam Rules : A Practical Annotation*, Informa,
2009, p. 60.

规定对承运人来讲非常有利。

该项规定有若干问题需要明确。对环境造成损害的事实是发生于本船还是发生于其他船舶？笔者认为，无论是本船还是他船发生对环境造成损害情形时，承运人或履约方采取的合理的救助措施都可以免责。该项规定中的环境并没有局限于海洋环境，因此，承运人在运输的全程包括海运段，以及货物装上船舶之前，卸下船舶之后的采用其他运输方式的运输区段采取的避免环境损害的措施都可以不承担责任。避免的环境损害既可以是对海洋环境的损害，也可以是对陆地环境和大气环境的损害。另外，是援引该项除外条款所需要的对环境造成损坏或威胁的程度问题。例如，是不是为了避免任何超量油污排放，承运人都有权绕航以对导致油污损害发生的损坏的船舶设备进行维修？以环境保护主义的眼光来看，任何对国际环境保护标准的违背都是一种违法行为，并构成对环境的损害，因而需要加以避免。但是这种观点从商业和经济的角度考虑是否合理则有待验证，也有待于将来在对该条款进行司法解释时加以明确。①

（四）免责条款变化带来的影响

从形式上看，《鹿特丹规则》第 17 条规定的除外与免责事项比《海牙规则》有了增加，但这并不意味着承运人责任的减轻，实际上，因为取消了航海过失免责，并对火灾免责作了调整，承运人的责任实质性地加重了，免责条款的变化实质性地有利于货方。在过失责任的归责原则之下，只要是承运人可以证明自己没有过失，都不必承担责任，不管导致货物灭失、损坏与迟延的原因是否明确地列举出来，承运人义务与责任的轻重并不取决于形式上明确列举的免责事项的数量。《海牙规则》第 4 条第 2 款第（q）项的规定与《鹿特丹规则》第 17 条第 2 款的规定都表明了这一点。因此，从逻辑上讲，这样一个列举免责事项的条文是没有必要存在的。但是，免责条款对免责事项进行明确列举的意义在于改变当事人之间的举证责任分配。因为下文的分析将表明，对于免责事项之外的其他事项，由承运人承担举证责任，而对于免责事项，由索赔人即货方承担举证责任。

---

① Yvonne Baatz, Charles Debattista, Filippo Lorenzon, Andrew Serdy, Hilton Staniland, Michael Tsimplis, *The Rotterdam Rules: A Practical Annotation*, Informa, 2009, pp. 60~61.

四、举证责任

举证责任是承运人责任制度的重要内容,举证责任所要解决的问题是当没有证据对某一问题进行证明时,举证不能的后果由哪一方承担。就国际海上货物运输而言,证明造成货物损失原因的证据通常难以获得,对于远离事件现场的货方而言尤其如此。在这种背景下,举证责任对于承运人与货方双方的风险分配具有重要意义。① 《鹿特丹规则》下的举证责任与《海牙规则》、《汉堡规则》相比较为复杂,这种制度设计的目的是为了更加精确地平衡承运人与货方之间的利益。

(一)举证顺序

《鹿特丹规则》下货物损失索赔的举证顺序像是打乒乓球一样,从索赔方启动后,在索赔方与承运人之间来回转移。其基本举证顺序如下:第一步,根据第 17 条第 1 款的规定,索赔人(货方)必须首先举证证明有货物灭失、损坏、迟延交付(以下简称货物损失)的发生,其次,索赔人还必须证明货物损失或者造成货物损失的原因发生在承运人责任期间。第二步,根据第 17 条第 2 款和第 3 款的规定,承运人可以对货方的索赔通过以下两个途径进行反驳。首先,承运人可以通过证明承运人本人或者其需要负责的人对于货物的灭失损坏或者迟延的发生没有过失。如果承运人举证成功,承运人即可以免责。其次,承运人可以通过证明是由于第 17 条第 3 款规定的一种或数种免责事项造成了货物的损失来免责。在这种情况下,索赔人尚有进一步进行反驳的机会。第三步,即索赔人的进一步反驳,有三种途径。根据第 17 条第 4 款和第 5 款的规定,当承运人证明了第 17 条第 3 款规定的一种或数种免责事项造成了货物的损失,索赔人的第一个反驳途径是证明承运人所主张的免责事项是承运人或其需要负责的人的过失造成的。例如,当承运人以船舶被法院扣押为由请求免责,索赔人可以证明承运人对该扣押的发生有过失,从而承运人不能依扣押为由免责。第二个反驳途径是证明第 3 款规定的免责事项之外的其他事件或情形造成了货物损失。第三个反驳途径是证明承运人所援引的第 3 款的免责事项是或者可能是由于承运人没有履行船舶适航义务造成的。第四步,承运人作最后的举证证明。

---

① D. Rhidian Thomas, ed., *A New Convention for the Carriage of Goods by Sea-The Rotterdam Rules*, Lawtext Publishing Limited, 2009, p. 140.

当索赔人采用上述第二种进一步的反驳途径证明第 3 款规定之其他事件或情形造成了货物损失时,承运人需要进一步证明其对事件或情形的发生没有过失方能免责。当索赔人采用上述第三种反驳途径时,承运人需要证明船舶不适航并不是导致货物损失的原因或者其已经履行了船舶适航义务。

(二)举证责任分配

举证顺序实际上是与举证责任分配相联系的。通过上述举证顺序,我们可以发现,《鹿特丹规则》对举证责任作以下分配:

第一,在一般情况下,对于法定免责事项之外的其他造成货物损失的原因实行承运人或其需要负责的人有过失的推定。第 17 条第 2 款的规定体现了这一点。

第二,对于法定免责事项实行承运人无过失推定,举证责任由索赔方承担。第 17 条第 4 款第 1 项的规定表明了这一点。

第三,对于船舶适航义务对承运人实行过失推定,举证责任由承运人或是海运履约方承担。第 17 条第 5 款第 2 项的规定表明了这一点。

在《海牙规则》下,根据第 4 条第 2 款第(q)项的规定,承运人要以第 4 条规定明确列举的免责事项之外的原因免责,必须证明损失发生的原因"既非由于承运人的实际过失或私谋,又非由于承运人的代理人或受雇人的实际过失或私谋",这表明在《海牙规则》下,对于法定免责事项之外的其他事项也对承运人作有过失推定,举证责任由承运人承担。[①] 其实,第 4 条第 2 款第(q)项与《鹿特丹规则》第 17 条第 2 款的规定实质上是相同的。只不过《海牙规则》将该规定放到了免责事项条款中进行规定,成为兜底性的免责条款。对于法定免责事项,即第 4 条第 2 款第(a)项—第(p)项规定,从第(q)项的规定反推,应当是由索赔人承担举证责任。所以,《鹿特丹规则》的举证责任安排基本上与《海牙规则》类似。在《汉堡规则》下,除了火灾免责由索赔人承担举证责任外,其他情形下都对承运人实行过错推定,由承运人承担举证责任,承运人承担的举证责任很重。而与《汉堡规则》相比,《鹿特丹规则》相对减轻了承运人的举证责任。这主要表现在,对于法定免责事项,承运人过失的举证责任由索赔人承担。这种举证责任的安排也是为了平衡承运人与货方之间的利益,防止航海过失免责取消之后承运人的义务

---

① D. Rhidian Thomas, ed., *A New Convention for the Carriage of Goods by Sea-The Rotterdam Rules*, Lawtext Publishing Limited, 2009, p.143.

与责任变得过重。①

(三)并存原因导致货物损失下的举证责任分配问题

在实践中,货物的损失可能是由多种原因造成的。例如,船舶不适航与海上风险共同造成了货物损失,货物包装不良与搬运不当共同造成了货物损失。造成货物损失的共同原因可以是同时发生的也可以是相继发生的。导致货物损失发生的多种原因可以分为以下三种类型:(1)导致货物损失发生的多种原因中的每一原因都可以单独地造成全部的货物损失;(2)多种原因各自只造成了部分损失;(3)多种原因各自不足以导致货物损失发生,但是多种原因合并在一起,共同作用导致了货物损失的发生。② 当造成货物损失的并存原因中既有承运人需要承担赔偿责任的事由,又有承运人不必承担赔偿责任的事由时,需要当事方对每一种事由在货物损失发生原因中所占的比例承担举证责任。如果举证责任在索赔方,则索赔方要使承运人对全部货物损失承担责任,就需要证明承运人应承担责任的事由足可以导致损失发生,或者是导致货物损失发生的事由全部都是承运人应承担责任的事由。如果举证责任在承运人一方,则由承运人举证证明导致损失发生的原因中有部分事由是其不必承担赔偿责任的,方能免除其部分责任。由于证明一种事由在货物损失发生中的原因所占的比例通常是很困难的,所以这种情况下举证责任分配对于货方与承运人的风险分配具有重要意义。

很多调整货物运输的公约都涉及了并存原因造成货物损失时的责任承担问题。《汉堡规则》第 5 条第 7 款规定:"如果货物的灭失、损坏或延迟交付是由于承运人、其受雇人或代理人的过失或疏忽连同另一原因所引起,承运人只在能归之于这种过失或疏忽所引起的灭失、损坏或迟延交付的范围内负责。但是承运人须证明不属于这种灭失、损坏或迟延交付的数额。"因此,在《汉堡规则》下,如果有多种原因导致货物损失,承运人被推定对货物损失的发生有过失,对全部损失承担责任,除非他能够证明部分损失的发生不是由于其过失所导致的,则承运人在其能够证明的范围内免除其部分责任。《海牙—维斯比规则》下,并没有明确规定多种原因造成损失的举证责

---

① 司玉琢:《承运人责任基础的新构建——评〈鹿特丹规则〉下承运人责任基础条款》,载《中国海商法年刊》2009 年第 20 卷第 3 期。

② See U. N. Doc. A/CN. 9/572. Paragraph 68.

任问题。但是《海牙—维斯比规则》多年以来的司法实践表明,在《海牙—维斯比规则》下,如果索赔人证明有货物损失发生,承运人被推定对损失的发生有过失,如果没有证据表明承运人对货物损失没有过失,承运人就需要对全部货物损失承担责任。[①]

《鹿特丹规则》同样涉及了多种原因造成货物损失情况下承运人的赔偿责任问题。第 17 条第 6 款规定:"承运人根据本条规定被免除部分赔偿责任的,承运人仅对根据本条应由其负赔偿责任的事件或情形所造成的那部分灭失、损坏或迟延交付负赔偿责任。"根据该款规定,承运人承担的责任是"比例责任"(proportional liability),但与《汉堡规则》第 5 条第 7 款不同,该款没有对举证责任的分配作出明确的规定。虽然第 17 条第 2 款至第 5 款的规定都表明承运人有可能对全部货物损失承担责任,也有可能仅对部分损失承担责任,但并没有涉及承运人承担部分责任时的举证责任问题。对此,有学者认为,《鹿特丹规则》的这种对举证责任规定的"疏漏"与第 17 条第 2 款至第 5 款的规定结合起来会导致意外的后果。《鹿特丹规则》对举证顺序与举证责任的分配与《海牙—维斯比规则》类似,都是"乒乓球型"(ping-pong-type),举证责任在当事人之间来回转移。在第 17 条第 2 款至第 5 款,当承运人举证证明了造成货物损失的原因是多种的,并且其中有原因是其不需要承担责任的,在这种情况下举证责任即转移到索赔人,由索赔人来举证证明各种事由在导致货物损失发生原因中所占的比例,[②]如果索赔人不能举证证明这种比例的大小,承运人即可以免除部分责任。这样,承运人不必证明其不需要承担责任的事由在导致货物损失发生的原因中所占的比例即可以免责。这种规定与现有规定相比有较大变化,会置货方于相对不利的地位。[③]

从条文结构和用语对《鹿特丹规则》第 17 条第 6 款进行分析似乎可以得出上述结论。在条约语句不明的情况下,我们可以借助于条约起草资料对其含义进行解释。第 17 条第 6 款只规定了多种事由导致货物损失时承

---

① D. Rhidian Thomas, ed., *A New Convention for the Carriage of Goods by Sea-The Rotterdam Rules*, Lawtext Publishing Limited,2009,pp.141~143.

② 索赔人的举证肯定是某一承运人需要承担责任的事由在货物损失发生的原因中占有更大的比例或者是仅需要承担责任的事由即可单独导致货物损失的发生。

③ D. Rhidian Thomas, ed., *A New Convention for the Carriage of Goods by Sea-The Rotterdam Rules*, Lawtext Publishing Limited,2009,p.156.

运人按比例承担责任的原则,没有规定对于每一种,尤其是承运人不需要承担责任的事由,在货物损失发生原因中所占比例大小的举证责任,第 17 条的其他条款也没有这种规定。这是不是表明条约制定过程中忽略了这一问题呢? 事实上并非如此。在 CMI 提交的公约草案初稿之中,规定多种事由导致货物损失的第 6.1.4 条有如下两个备选案文:

备选案文一:"[如果造成灭失、损坏或延迟交付的部分原因系承运人不必承担责任的事件,另外部分原因系承运人需承担责任的事件,则承运人对所有损失、损坏或延迟交付都负有责任,除非承运人能够证明部分损失是由其不必承担责任的事件造成的,但以此程度为限。]"

备选案文二:"[如果造成灭失、损坏或延迟交付的部分原因系承运人不必承担责任的事件,另外部分原因系承运人需要承担责任的事件,则承运人(a)对造成的灭失、损坏或延迟交付负有责任,但以索赔方能够证明灭失、损坏或延迟交付系承运人负有责任的一个或多个事件所致的程度为限;及(b)对灭失、损坏或延迟交付不负责任,但以承运人能够证明灭失、损坏或延迟交付系承运人不必承担责任的一个或多个事件所致。如果没有据以确定责任分摊的证据,则承运人对半数灭失、损坏或延迟交付承担责任。]"①

针对这两个案文,秘书处在说明中指出,第一个备选案文与《汉堡规则》第 5 条第 7 款要达到的效果相同,只不过措辞有所简化。有代表指出,与第一条备选案文相类似的现行制度运行的实际效果是由多种原因导致货物损失发生时,基本上由承运人承担全部赔偿责任。第二个备选案文旨在提出

---

① See U. N. Doc. A/CN. 9/WG. Ⅲ/WP. 21. Article 6. 1. 4. ,原文如下:"[If loss, damage or delay in delivery is caused in part by an event for which the carrier is not liable and in part by an event for which the carrier is liable, the carrier is liable for all the loss, damage, or delay in delivery except to the extent that it proves that a specified part of the loss was caused by an event for which it is not liable.][If loss, damage, or delay in delivery is caused in part by an event for which the carrier is not liable and in part by an event for which the carrier is liable, then the carrier is (a) liable for the loss, damage, or delay in delivery to the extent that the party seeking to recover for the loss, damage, or delay proves that it was attributable to one or more events for which the carrier is liable; and (b) not liable for the loss, damage, or delay in delivery to the extent the carrier proves that it is attributable to one or more events for which the carrier is not liable. If there is no evidence on which the overall apportionment can be established, then the carrier is liable for one-half of the loss, damage, or delay in delivery.]"

举证责任分配的全新安排,各当事方均需要承担举证责任。更重要的是,第二个备选案文因为不再有过失推定减轻了承运人的举证责任。第二个备选案文还规定了在缺乏各种事由在货物损失原因中所占比例证据时的处理规则,由承运人和货方各自承担50％的损失。① 工作组第十届、第十二届、第十四届会议上都讨论了这两个备选案文。工作组在讨论中确定了这一条款起草中应该遵循的指导原则:该款规定不涉及赔偿责任问题,因为这一问题已由该条的其他条款解决;该款的用意仅限于在多方当事人之间分配损失,涵盖所有类别的并存原因;有多种原因导致货物损失,承运人对其中某些事由负责对某些事由不负责时,应由法院根据因果关系来划分赔偿责任;该条款的规定应该简洁,法院享有划分赔偿责任的广泛自由并应精确地划分赔偿责任。在讨论中,第二套案文被认为有可能推翻前面几个条款所确立的举证责任规则,其核心是由当事双方共同承担举证责任,这在海上货物运输的现行国际国内法律制度中都是史无前例的,将大大改变承运人与货方之间的风险分配。第二套案文支持者也承认该案文在举证责任安排方面将有利于承运人,但是他们认为选择第二套案文是一种政策选择,因为已经决定要废除航海过失免责,所以作出有利于承运人的举证责任安排是适宜的。例如,在航海过失和其他承运人不需要承担责任的事由(如海上风险)共同造成货物损失的情况下,货方需要举证证明航海过失原因及其在多大程度上造成了货物的损失,如果无法举证证明,将由双方平分损失。在这种情况下,虽然工作组曾十分倾向于采用第一套案文,但是最终还是采纳了第二套案文。第二套案文中的在证据不足情况下,承运人与货方平分货物损失的内容由于有反对意见存在以及上述在讨论中确立的法院应精确地划分赔偿责任的原则而被删去。这样,第二套案文被精简之后最终成了第17条第6款。②

从第17条第6款的起草过程来看,并存原因导致货物损失下的举证责任分配分问题是被起草者考虑在内的。第一套备选案文说明了这一点。但是第17条第6款最终采纳第二套案文没有明确规定举证责任,其用意在于由货方和承运人共同承担对于损失原因比例的举证责任。而背后的政策原

① See U. N. Doc. A/CN. 9/WG. Ⅲ/WP. 21. Paragraphs 89~91.

② See U. N. Doc. A/CN. 9/525. Paragraphs 45~56;A/CN. 9/544. Paragraphs 135~144;A/CN. 9/572. Paragraphs 67~74.

因在于平衡承运人与货方之间的风险分配,避免在取消航海过失免责之后,由并存原因导致货物损失情况下仍然实行过失推定给承运人带来过重的举证责任。因此,对第 17 条第 6 款的正确理解是:在并存原因导致货物损失的情况下,如果承运人举证证明了部分其不需要负责的事由导致了货物损失,则其可以就该部分损失免责。如果索赔人证明了承运人需要承担责任的事由在并存原因中的比例,则承运人需要就该比例的损失承担赔偿责任。承运人是承担全部赔偿责任还是只承担部分赔偿责任最终由法院根据因果关系来划分。这样看来,第 17 条第 6 款虽然有可能对货方不利,但并不绝对,因为举证责任由双方承担,双方都有进攻的机会,最终,承运人承担责任的大小要由法院来划定。

第三节　最小网状责任制之构建

与《海牙规则》《海牙—维斯比规则》《汉堡规则》相比,《鹿特丹规则》适用的时间范围和空间范围均有所扩大,即《鹿特丹规则》适用于包括海运的"门到门"运输。与此相适应,《鹿特丹规则》确立了"最小网状责任制"这种新的多式联运责任制度来调整包括海运在内的多式联运。

一、"门到门"运输的兴起及其法律规制

(一)海上货物运输领域"门到门"运输的兴起

海上货物运输可以分为散装货物运输与一般货物运输。而在一般货物运输中除林木产品和钢铁的运输、使用特制货车/运车船进行的车辆运输以及大型专项货运之外——几乎完全是集装箱运输,至少是在有能力处理此类集装箱的港口之间进行这种运输。由于无须将货物从集装箱中卸出即可改换运输工具转移集装箱货物,所以集装箱贸易的惯例是在离开船边的某个地点收交所运输的货物。该地点可以是托运人的工厂或收货人的仓库,或内陆中转站或港区内的码头。因此,一般而言,"门到门"运输主要存在于集装箱贸易上。根据美国交通运输部海运局收集并作为"美国对外水运统计数字"予以公布的数据显示,集装箱班轮业所运货物的价值占美国 2001年所有对外水运货物价值的 68％,即在价值 7200 亿美元的总额中占 4900

亿美元。① 全世界范围内港口集装箱吞吐量 1965 年从零开始到 2007 年已经达到 48.71 亿标准集装箱(Twenty-foot Equivalent Unit,以下简称 TEU)。②③

"集装箱降低了货物运输的成本,从而改变了世界经济的形态。薪水低、待遇差、靠在各个港口装船和卸船为生的劳工大军已不复存在,他们在码头旁边形成的拥挤社区如今已成为回忆。"④伴随着集装箱运输在全球的兴起,多式联运和"门到门"运输也开始普遍发展。现行海运贸易惯例中"门到门"运输主要适用于集装箱贸易。在 2000 年全世界运送的 6000 万个集装箱中,集装箱班轮经营人使用多式联运方法运送了其中的 50%。有些国家的比例更高,例如美国 75%～80%的集装箱采用多式联运方式运送。集装箱班轮经营人所提供的这些数字彼此有所不同。因此,据某著名班轮公司估计,多式联运在全世界所占比例为 25%,而美国等其他地理区域所占比例估计为 40%～50%。在亚洲贸易中,班轮经营人主要使用"港到港"运营方式;这同样适用于澳洲、印度次大陆、非洲和拉丁美洲的贸易。欧洲比较复杂:在英国,"门到门"运输占 50%,尤其是在运进货物方面,而在德国、奥地利和瑞士,集装箱班轮经营人运送方式中"门到门"所占比例约为 25%。⑤

需要注意的是,利用两种或两种以上运输方式与多式联运的概念并不完全相同。现在的货物运输除了陆路运输之外,其他种类的运输方式恐怕都难以直接到达收货人所在地。因为收货人的仓库很少直接设到码头旁边,大都需要通过陆路运输转运,最终完成运输,送抵收货人处。如果这两

---

① See U. N. Doc. A/CN. 9/WG. III/WP. 29. Paragraph 18.

② The Unctad Secretariat, *Review of Maritime Transport* 2009-*Report by the UNCTAD secretariat*, p. 112.

③ 标准集装箱是以长度为 20 英尺的集装箱为国际计量单位,也称国际标准箱单位。通常用来表示船舶装载集装箱的能力,也是集装箱和港口吞吐量的重要统计、换算单位。

④ [美]莱文森著:《集装箱改变世界》,姜文波等译,机械工业出版社 2008 年版,第 12 页。

⑤ See U. N. Doc. A/CN. 9/WG. III/WP. 29. Paragraph 25. UNCTAD, UNCTAD/SDTE/TLB/2003/1, *Multimodal Transport: The Feasibility of an Interantional Legal Instrument*, p. 4. http://www. unctad. org/en/docs/sdtetlb20031_en. pdf, 下载日期:2009 年 12 月 26 日。

种运输方式由一个承运人去组织完成,托运人只与这个承运人达成了一个运输合同,这种运输就可以称为多式联运。如果托运人分别与海上承运人与陆上承运人达成了两个运输合同,由两个承运人完成两个区段的运输,这种运输只是利用了两种方式的运输并不是多式联运。"门到门"运输也不同于"中转站至中转站"运输(depot-to-depot carriage)。"门到门"运输中所称的"门"不属于承运人,而属于货方。例如,当托运货物时,货物可在生产地点——托运人的"门"——交给承运人;交付货物时,承运人可在仓库或甚至某个配送点——交货人的"门"——交付货物。在这种结构内,还可能存在着各种组合,例如"港到门"和"门到港"运送方式。而"中转站至中转站"运输中的"中转站"是承运人的,"中转站至中转站"运输指的是承运人对特定运输的具体安排而不是货方所需要的运输服务。①

使用"门到门"运输并不只是因为由一个运输合同来规范整个运输更为简洁,更多是由航运市场的供需状况决定的。内陆运输是由远洋承运人来完成还是由货方自己安排完成主要取决于货方所需要的服务以及承运人的运费价格。对于一些大的托运人而言,他们对于货物运输的时间性要求特别高,因此更倾向于签订"门到门"运输合同,而对其他货主而言,如果其认为由自己来安排内陆运输会更便宜,便不会签订"门到门"运输合同。② 针对集装箱"门到门"运输,海运业近 10 年来一直使用"联运提单",这种提单既可用于"港到港"运输也可用于"门到门"运输。波罗的海国际航运公会1971 年就发布有联运提单范本 COMBICONBILL,该范本于 1995 年经过修改重新发布。现如今,大多数航运公司使用的提单都是"联运提单",既可以适用于海运,也可以适用于多式联运。为了能同时适用于海运和多式联运,班轮公司的提单大都将承运人责任分为两条在提单条款中进行规定,一条规定"港到港"运输时承运人的责任,另一条规定多式联运时承运人承担的责任。如果货方选择的是"港到港"货物运输,则承运人按"港到港"条款承担责任,如果选择多式联运方式,则承运人按照多式联运条款承担责任。例如,马士基公司多式联运提单背面条款第 5 条规定了承运人在"港到港"

---

① See U. N. Doc. A/CN. 9/WG. III/WP. 29. Paragraph 22.
② See U. N. Doc. A/CN. 9/WG. III/WP. 29. Paragraph 27.

运输下的责任,第 6 条规定了承运人在多式联运下的责任。[①]

(二)"门到门"运输(多式联运)的法律规制

目前,多式联运的国际立法规制主要采取了以下几种途径。第一,通过制定国际条约来对多式联运进行调整。这方面的尝试可以追溯到 20 世纪 60 年代。1965 年,CMI 开始对多式联运问题进行研究,1969 年通过了《多式联运公约草案》(又称《东京规则》)。《东京规则》与国际统一私法协会(UNIDROIT)制定的另外一个有关多式联运承运人责任体系的一个草案相结合,制定了一个新的公约草案即《关于货物联运的公约草案》(*Draft Convention on the Combined Transport of Goods*,即 T. C. M.),但是因为航运业没有充分参与该公约草案的制定,这个草案最终失败。[②] 为了适应国际多式联运发展的需要,联合国于 1980 年 5 月召开了国际货物多式联运公约会议,在广大发展中国家的斗争和努力下,通过了一部反映发展中国家利益和要求的《1980 年联合国国际货物多式联运公约》。但是,由于《联合国国际货物多式联运公约》采用的是以过失为责任基础的统一责任制,难以为业界所接受,"至今没有生效,估计将来也不会生效"[③]。

对国际多式联运进行规制的第二个途径是制定不具有约束力的示范性规则供当事人选用。这方面的统一规则主要有:联合国贸易与发展会议(United Nations Conference on Trade and Development,以下简称 UNCTAD)制定的《国际多式联运单证统一规则 1975 年版》,UNCTAD 与国际商会共同制定的《UNCTAD/ICC 关于国际多式联运单证统一规则 1992 年版》,以及现在国际海运业界普遍使用的 1975 年修订的由国际商会制定的《1973 年多式联运单证统一规则》。《1973 年多式联运单证统一规则》并不具有法律约束力,供当事人自愿选用作为准据法,并不能成为统一国际货物多式联运法律的理想途径。所以,在多式联运领域一直没有具有约束力的法律文件进行规范。

除了上述两个途径之外,在货物多式联运缺乏广泛接受的国际法律框

---

① 马士基公司:《运输条件与条款》,http://www. maerskline. com/link/? Page＝brochure&path＝/our_services/general_business_terms/bill_of_lading_clauses♯shipp-erpackedcontainers,下载日期:2009 年 11 月 30 日。

② 杨运涛:《国际货物多式联运法律关系研究》,对外经贸大学 2006 年博士学位论文,第 15～17 页。

③ 朱曾杰:《朱曾杰文集》,法律出版社 2008 年版,第 5 页。

架的背景下,在区域层面也有一些关于多式联运规制的法律实践,但是,事
与愿违,各个国家和区域性政府间组织的立法使国际上有关多式联运的立
法变得更加混乱无序。如在拉丁美洲,安第斯共同体(Andean Communi-
ty)、拉美一体化联盟(ALADI)、南部共同市场(MERCOSUR)都制定了多
式联运规则,但内容并不完全统一,在某些重大问题上未能达成一致。在亚
洲,东南亚国家联盟(ASEAN)于2001年3月在泰国曼谷举行的第三届东
南亚联盟运输便利工作组会议上讨论通过了《关于多式联运的框架协议草
案》最后文本。其主要内容来自于联合国1980公约和联合国贸发会/国际
商会1992年《国际多式联运单证规则》。

上述条约或规则在一些重大问题上的明显"差异",使有关多式联运的
法律框架在国际层面上更加不统一,造成法律的不确定性和不可预见性,相
应地增加了国际贸易的交易成本,因为法律的不确定性容易引发诉讼和举
证以及保险费用的提高。特别是对那些发展中国家的中小型托运人来讲,
这些问题就更为突出。法律框架没有可预见性,一些中小型经营者要想公
平地进入市场参与国际贸易就更加困难了。[①]

二、《鹿特丹规则》调整"门到门"运输

(一)"门到门"运输调整范围的确定

《鹿特丹规则》最初起草时只是想制定一部规范海上运输的公约,但是
面对海上货物运输"门到门"运输大量存在的现实以及多式联运立法的欠
缺,起草者不得不改变其立法初衷。[②]

在CMI起草的公约草案初稿中起草者即采取了"门到门"运输的适用
范围。公约草案初稿第3条"适用范围"和第4条"责任期间"都表明了这种
适用范围。在UNCITRAL起草阶段,工作组在第九届会议上对公约草案
的适用范围应否扩展到"门到门"运输进行了讨论,虽然争论很激烈,工作组

---

① 联合国贸易和发展会议秘书处著:《现行国际多式联运法规——多式联运规则
的实施》,朱曾杰、梁宏、徐步译,人民交通出版社2002年版,第18~59页,转引自杨运
涛:《国际货物多式联运法律关系研究》,对外经贸大学2006年博士学位论文,第12页。
② 对此,CMI指出,公约草案的最初设想是统一海上货物运输制度,但后来发现
这种制度必须采取超越"港到港"的模式以适应现代海上货物运输发展的现状。为此,
《鹿特丹规则》通过"合同模式"(contractual approach)来调整"门到门"运输。See U. N.
Doc. A/CN. 9/526,Paragraph 225.

最终决定将公约草案的适用范围确定为"门到门"运输。①

在《鹿特丹规则》起草过程中,"门到门"运输的适用与履约方的处理,公约草案与其他调整单一运输方式公约的关系,采用统一责任制还是网状责任制,公约草案调整的运输合同的种类,赔偿责任限额等问题都被囊括在"适用范围"这一《鹿特丹规则》起草过程中讨论时间最长的议题之中进行讨论。但是,公约草案适用于"门到门"运输这一具体问题争议似乎不是很大,在工作组第十一届会议上,与会代表普遍支持"门到门"适用范围,以适应海上货物运输业发展的现状。② 在第三工作组第十二届会议上,工作组将最初的草案名称"海上货物运输文书草案",调整为"[全程或部分][海上]货物运输文书草案"以反映公约的适用范围。③ 从秘书处向有关非政府组织分发的调查表答复情况来看,除了国际货代联合会(International Federation of Freight Forwarders)、国际公路运输联合会(International Road Transport Union)明确反对将公约草案的适用范围确定为"门到门"运输外,其余的非政府组织租船经纪人协会(Institute of Chartered Shipbrokers)、国际航运商会(International Chamber of Shipping)、北美铁路协会(Association of American Railroads)、国际商会(International Chamber of Commerce)、国际保赔协会(International Group of Protection & Indemnity Clubs)、伊比利亚—美洲海商法学会(Ibero-American Maritime Law Institute)、国际海运保险联合会(International Union of Marine Insurance)都支持或没有反对将公约草案的调整范围扩大为"门到门"。④ 国际多式联运协会则主张应该制定的是一个真正的多式联运公约而不是一项适用范围扩大到港口以外的海运公约。⑤ 支持公约草案适用范围为"门到门"的观点大都认为现如今大多数海运合同包括"门到门"运输,制定一项新的只包含"港至港"运输的海运公约意义不大,只不过是在现有公约中又增加一项海运公约而已。⑥ 工作组在第十一届会议上经过讨论之后,将公约适用的运输方式确定为包

---

① D. Rhidian Thomas, ed., A New Convention for the Carriage of Goods by Sea-The Rotterdam Rules, Lawtext Publishing Limited, 2009, pp. 34~35.

② See U. N. Doc. A/CN. 9/526, Paragraph 233.

③ See U. N. Doc. A/CN. 9/544, Paragraph 19.

④ See U. N. Doc. A/CN. 9/WG. Ⅲ/WP. 28;A/CN. 9/WG. Ⅲ/WP. 28/Add. 1.

⑤ See U. N. Doc. A/CN. 9/WG. Ⅲ/WP. 28/Add. 1. page 4.

⑥ See U. N. Doc. A/CN. 9/WG. Ⅲ/WP. 33. page 2.

括海运在内的任何种类的多式联运(any type of multimodal carriage invol-ving a sea leg),即公约草案适用的运输形式为"海运＋其他"。① 也就是说公约草案调整的运输是使用海运和其他运输方式的多式联运,当然,也可以只是海运这一种运输方式的运输。在"门到门"运输普遍兴起,航运公司大量使用"门到门"提单的背景下,《鹿特丹规则》将适用范围确定为"门到门"是顺应运输业发展潮流的明智之举。

将公约草案的调整范围确定为"海运＋其他"之后,尚还有一些更为细致的问题需要考虑。比如,当多式联运同时使用海运和其他运输方式时,海运与其他运输方式之间的地位有无区别? 海运之外的其他运输方式是否必须处于附属地位? 对此,普遍观点认为,不应在草案中确定海运之外的其他运输方式的附属性。运输方式的重要性不能通过货物运输的路线来判断,而应根据当事人订约时的意愿来进行判断。因为,在某些区域(例如位于亚欧大陆中心区域的中亚国家)海运之前或之后的内陆运输距离平均超过1700 英里。② 此外,未来的公约作为国际条约调整的是国际货物运输,那么运输的国际性应该如何确定? 有观点认为,应采取与《国际铁路货物运输公约》相类似的办法,草案下运输的国际性应由海运来确定,即公约适用于海运段跨越国界运输的情形,其他运输方式是否跨越国界并不决定运输的国际性。对此,与会者普遍认为,运输的国际性不应根据任何个别的单一方式来确定,而是应根据整个运输来确定,只要收货地和交货地不在一个国家就应该是国际的。例如,从温哥华到檀香山的货物运输,草案是否适用不应取决于货物是直接运到檀香山的,还是首先通过陆路转运至西雅图再运送至檀香山的。③ 从《鹿特丹规则》第 5 条第 1 款"本公约适用于收货地和交货地位于不同国家且海上运输装货港和同一海上运输卸货港位于不同国家的运输合同"的表述来看,运输的国际性是由海运和其他运输方式共同决定的。

(二)《鹿特丹规则》与调整单一运输方式公约冲突的处理

《鹿特丹规则》适用于"门到门"运输有可能会与其他调整单一运输方式的国际公约发生冲突。这是因为,现行调整单一运输方式的国际条约在一定条件下也适用于多种方式的运输,这些公约的适用范围与《鹿特丹规则》

---

① See U. N. Doc. A/CN. 9/526, Paragraph 244.

② See U. N. Doc. A/CN. 9/526, Paragraph 233.

③ See U. N. Doc. A/CN. 9/526, Paragraph 233.

的适用范围有重合的可能,从而使两者均适用于同一国际运输,发生《鹿特丹规则》与其他公约的冲突。

1. 《鹿特丹规则》与调整单一运输方式国际公约的冲突

目前,国际上主要的调整单一运输方式的国际条约有调整航空运输的2003生效的《统一国际航空运输某些规则的公约》(以下简称《蒙特利尔公约》),调整国际公路货物运输的 CMR,调整国际铁路货物运输的 1999 年《国际铁路货物运输公约——统一规则》(Uniform Rules concerning the International Carriage of Goods by Rail, Appendix to the Convention concerning International Carriage by Rail, as amended by the Protocol of Modification of 1999,以下简称 COTIF-CIM 1999),2001 年生效的调整国际内河货物运输的《布达佩斯内河货物运输合同公约》(Budapest Convention on the Contract for the Carriage of Goods by Inland Waterway, 2001,以下简称 CMNI)。这四个条约中,除了《蒙特利尔公约》外,其他三个条约的缔约国主要都是欧洲国家。

如果《鹿特丹规则》调整全部或部分海运的"门到门"运输,而调整其他单一运输方式的国际公约只适用其他单一运输方式,而不适用于任何情况的多式联运就不会发生《鹿特丹规则》与其他运输方式公约的冲突问题,因为其适用范围没有重叠的可能。但事实上不是这样,一些调整单一运输方式的国际公约在一定情况下也适用于多式联运。因此,这些公约都有可能与调整海运在内的多式联运的《鹿特丹规则》发生冲突。例如,根据 CMR 第 2 条第 1 款的规定,如果载有货物的车辆通过船舶进行滚装运输时,CMR 依然适用于运输全程,除非有证据证明货方所遭受的灭失和损坏是"由于在其他运输方式承运期间和由于其他运输方式承运的原因而发生的某些事件所造成"。因此,只要货物所遭受的损失和损坏可以确定是发生在公路运输阶段或者是不能确定发生在何种运输方式运输阶段,CMR 就适用于全程运输。而在这种情况下,《鹿特丹规则》也可能适用于该项运输,从而发生条约冲突。举例而言,假如 A 国既是 CMR 缔约国又是《鹿特丹规则》缔约国,甲将货物由公路运至 B 国,然后再由 B 国某一港口将装载货物的车辆滚装运输至 C 国。途中发生货物损失,不能确定导致货损的原因发生在何种运输区段,那么 CMR 将适用这一运输,而这一货物运输也符合《鹿特丹规则》第 5 条规定的适用条件,《鹿特丹规则》也会调整这一货物运输,这样,条约的冲突就发生了。

《蒙特利尔公约》第 38 条第 1 款与第 18 条第 4 款,COTIF-CIM 1999 第 1 条第 4 款,CMNI 第 2 条第 2 款也都在一定条件下将调整范围扩展至其他运输方式,从而使其在一定条件下调整多式联运。而当使用的其他运输方式是海运时,与 CMR 相似,这些条约都有可能与《鹿特丹规则》发生冲突。[①] 事实上,由于公约草案对调整范围主要采用了"合同方法"来进行确定,只要调整其他运输方式的国际公约也采用合同方法,并在一定程度上扩展至其他运输方式,就有可能与公约草案的适用范围相重叠。如果其他公约适用范围的确定采用"单证方法",则适用范围基本上不大可能重叠,因为,适用于某种运输方式的单证通常是独特的,不大可能与公约草案规定的单证种类相同。

2.《鹿特丹规则》第 82 条对条约冲突的处理

《鹿特丹规则》第 82 条是用来处理条约冲突的条文。该条的起草背景十分复杂,UNCITRAL 用两个报告专门讨论了这一问题,[②]而《鹿特丹规则》与其他条约的关系问题在第三工作组第十一届至第十二届,第十八届至第二十一届共 6 次会议上被讨论,足见这一问题的复杂性。而之所以导致这一问题的复杂化,是因为现在的《鹿特丹规则》第 26 条在公约起草过程中被认为是处理条约冲突的条文,而且,一直有意见认为,以第 26 条来处理条约冲突已经足够,不需要有其他处理条约冲突的条文。[③] 在工作组第十八届会议上,有代表重申就 CMR 等其他单种方式运输公约来说,与公约草案没有冲突,因为这些公约适用的运输合同与本公约草案所涵盖的"海运加其他运输方式"运输合同不相同。[④] 但公约草案与《蒙特利尔公约》的冲突问题却被单独提了出来,这样工作组决定删除第 89 条以及与此相关的第 90 条,代之以专门调整航空货物运输公约与公约草案冲突的条文。[⑤] 但是在工作组第二十届会议上,公约草案与其他单一运输方式公约的冲突问题被

---

① D. Rhidian Thomas, ed. , *A New Convention for the Carriage of Goods by Sea-The Rotterdam Rules*, Lawtext Publishing Limited, 2009, pp. 37~39.

② UNCITRAL Secretariat, *General remarks on the sphere of application of the draft instrument* (See U. N. Doc. A/CN. 9/WG. III/WP. 29). UNCITRAL Secretariat, *Relation with other conventions* (See U. N. Doc. A/CN. 9/WG. III/WP. 78).

③ See U. N. Doc. A/CN. 9/526. Paragraph 246.

④ See U. N. Doc. A/CN. 9/616. Paragraph 220.

⑤ See U. N. Doc. A/CN. 9/WG. Ⅲ/WP. 81. Article 84.

重新提出,有代表提出了 CMR 和《国际铁路运输公约》在涉及滚装运输与轮渡运输时可能发生冲突的特殊情形,这样工作组又重新考虑了条约冲突条款的措辞问题。最终采取了与公约草案二读文本第 84 条相类似的措辞,将调整公路、铁路、内河运输方式的国际公约都考虑进来,最终形成了第 82 条现在的措辞。事实上,《鹿特丹规则》中真正解决条约冲突的条款也正是第 82 条,第 26 条并不是解决条约冲突的条款,[①]笔者将在下文对这一问题再作阐述。

《鹿特丹规则》第 82 条(管辖其他运输方式货物运输的国际公约)规定:"本公约的规定概不影响适用在本公约生效时已生效的,规范承运人对货物灭失或损坏的赔偿责任的下列国际公约,包括今后对此种公约的任何修正:(一)任何管辖航空货物运输的公约,此种公约根据其规定适用于运输合同的任何部分;(二)任何管辖公路货物运输的公约,此种公约根据其规定适用于船载车辆不卸货的货物运输;(三)任何管辖铁路货物运输的公约,此种公约根据其规定适用于补充铁路运输的海上货物运输;或(四)任何管辖内河航道货物运输的公约,此种公约根据其规定适用于不在内河航道和海上转船的货物运输。"

第 82 条分为四项内容,第一项暗指《华沙公约》与《蒙特利尔公约》,第二项暗指 CMR,第三项暗指《国际铁路运输公约》及《国际铁路货物运输统一规则》,第四项暗指 CMNI。根据第 82 条的规定,当上述这些公约也适用于《鹿特丹规则》规定的"海运+其他"运输方式时,这些在《鹿特丹规则》生效时已经生效的条约将优先于《鹿特丹规则》而适用。就铁路货物运输而言,现行有效的条约为 COTIF-CIM 1980,如果 COTIF-CIM 1999 没有在《鹿特丹规则》生效之前生效,则将不能优先于《鹿特丹规则》适用。这样《鹿特丹规则》较为圆满地解决了与其他运输公约所可能出现的冲突问题,虽然这些冲突在实践中出现的可能性比较小。

需要明确的是,第 82 条所规定的其他运输方式国际公约优先,是指其他国际公约的条款整体优先适用,[②]而不仅仅是规定赔偿责任的有关条款

---

① D. Rhidian Thomas, ed., *A New Convention for the Carriage of Goods by Sea-The Rotterdam Rules*, Lawtext Publishing Limited, 2009, pp. 37~39.

② D. Rhidian Thomas, ed., *A New Convention for the Carriage of Goods by Sea-The Rotterdam Rules*, Lawtext Publishing Limited, 2009, p. 50.

优先适用。亦即第82条中"规范承运人对货物灭失或损坏的赔偿责任的"仅仅是一种描述性的措辞,而非限定性的措辞。如果认为只是其他公约中赔偿责任的规定优先适用,那么与第26条相比,第82条就显得重复了。

(三)"门到门"运输下承运人的责任期间

《海牙规则》《海牙—维斯比规则》下承运人责任期间为"钩至钩",即《海牙规则》第1条第(e)项所规定的"自货物装上船时起,至卸下船为止的一段期间"。《汉堡规则》下承运人责任期间是"港至港",即《汉堡规则》第4条规定的"货物在装货港、运输途中和卸货港处于承运人掌管之下的期间"。

与《海牙规则》《海牙—维斯比规则》《汉堡规则》不同,《鹿特丹规则》调整的是"门到门"运输,相应的承运人责任期间也会有变化和调整。根据《鹿特丹规则》第12条第1款的规定,承运人责任期间为自承运人或履约方为运输而接收货物时开始,至货物交付时终止。这种规定模式与《汉堡规则》第4条的规定非常类似。当收货地或交货地的法律对收货或交货有强制性规定时,承运人责任期间要服从于这种强制性规定,即当地法律要求将货物交给某当局或其他第三方才算作是收货或是交货时,承运人责任期间自承运人从该当局或从该其他第三方提取货物时开始或者至承运人将货物交给该当局或该其他第三方时终止。在实践中可能会产生争议的是《鹿特丹规则》第48条规定的货物仍未交付的情况下承运人责任期间的终止问题。该条第1款规定了5种货物仍未交付的情形,第2款规定了承运人在货物仍未交付时可以采取的行动和措施,包括将货物存放于任何适合的地方,根据货物当时所在地的法律将货物出售或销毁。当承运人采取了这些措施时,其效果是否等同于交付?《鹿特丹规则》没有明确规定,笔者认为按照第48条规定的本意,应该作这种理解:当承运人采取了第48条第2款规定的措施时,视为承运人已经交付货物,承运人责任期间终止。最小网状责任制并不改变承运人的责任期间。最小网状责任制仅改变特定运输区段下承运人的赔偿责任、赔偿限制以及时效,并不会改变承运人对全程运输所负的责任。承运人与托运人订立有FIO(S)条款的情况下,其责任期间也不发生变化,因为FIO(S)条款仅仅是将货物装卸交由托运人或收货人来完成,承运人的妥善谨慎义务并不因此而解除。①

---

① D. Rhidian Thomas, ed. , *A New Convention for the Carriage of Goods by Sea-The Rotterdam Rules*, Lawtext Publishing Limited, 2009, p. 93.

根据《鹿特丹规则》第 12 条第 3 款的规定,为确定承运人的责任期间,各当事人可以约定接收和交付货物的时间和地点。但是,当事人不能约定接收货物的时间是在根据运输合同开始最初装货之后,或者交付货物的时间是在根据运输合同完成最后卸货之前。之所以如此规定是为了防止承运人滥用这种约定而任意缩短自己的责任期间。在多式联运的情况下,当事人约定的承运人责任期间的开始时间不能晚于货物装载至第一种运输方式的运输工具之后,承运人责任期间的结束时间不能早于货物卸离最后一种运输方式的运输工具之前。在只使用海运一种运输方式的情况下,承运人的责任期间有可能缩短到与《海牙规则》下"钩至钩"相近似的水平。[①] 关于第 12 条第 3 款的这一规定,笔者还会在第四章中进行深入的分析。

虽然当事人之间的约定可以缩短承运人的责任期间,但是整体而言,与《海牙规则》、《海牙—维斯比规则》,甚至与《汉堡规则》相比,《鹿特丹规则》的承运人责任期间有了较大的延长。

(四)强制性体制规制范围之扩展

随着《鹿特丹规则》的调整运输方式确定为"门到门"运输,《鹿特丹规则》下强制性体制的规制范围也相应扩大了。这既表现在承运人的强制性责任与义务扩展适用于海运之外的其他运输方式,也表现在托运人强制性义务与责任相应地扩展到其他运输方式。强制性体制规制运输方式的扩展与承运人责任期间的变化有一定关系但并不是必然联系。因为,《鹿特丹规则》下托运人的义务与责任也被纳入了强制性体制,[②]这意味着从托运人将货物交付给承运人时起,强制性体制便开始发挥其规制作用了。而且,似乎是,在多式联运的情况下,如果托运人与承运人约定将承运人的责任期间根据第 12 条第 3 款的规定缩短,而托运人一开始就承担强制性的义务,反而使托运人处于不公平的位置,即好像是托运人的"责任期间"不能缩短,而承运人的责任期间是可以缩短的。总之,在《鹿特丹规则》下,一般而言,随着《鹿特丹规则》调整范围的扩大,强制性体制规制的时间范围和空间范围也都随之有所扩大。从时间方面讲,强制性体制规制的范围为从接受货物时

---

① Yvonne Baatz, Charles Debattista, Filippo Lorenzon, Andrew Serdy, Hilton Staniland, Michael Tsimplis, *The Rotterdam Rules:A Practical Annotation*, Informa, 2009, p. 35.

② 详见本书第三章。

开始到交付货物时为止。从空间方面讲,以往海上货物运输的强制性体制规制仅限于海运区段,而在《鹿特丹规则》下,强制性体制规制的范围扩展到了海运区段之外的内陆运输。

三、《鹿特丹规则》下的最小网状责任制

(一)多式联运承运人责任可以采取的立法模式

1. 统一责任制

所谓"统一责任制"(uniform liability system),是指无论损坏或灭失发生在哪一个运输区段,经营人都适用合同约定或法律规定的同一种责任条款;区段承运人适用规范货物灭失或损坏发生运输区段的法律。[①] 统一责任制的优点在于其简洁明确,承运人的责任基础与责任限制在整个运输过程中都相同,不随着货物损失发生区段的不同而发生变化。统一责任制的缺点在于对于承运人而言,当货物灭失损害发生时,承运人适用统一责任制向托运人承担赔偿责任之后,转而对区段运输承运人请求赔偿责任时,需要适用调整区段运输的法律,此时承运人可能处于不利地位。以责任限额为例,假如统一责任制的责任限额高于区段运输法律时,承运人向托运人赔偿之后,向区段承运人索赔时,可能不能得到全部赔偿。

《1980 年联合国国际货物多式联运公约》所采用的多式联运承运人责任制度即为统一责任制。但是《1980 年联合国国际货物多式联运公约》至今没有生效。当时在 UNCTAD 占优势地位的发展中国家反对航运业界实施的多式联运经营人的网状责任制,认为多式联运经营人按责任发生运输区段所强制实施的国际公约或国内法规定的责任制度事先是不明确的,而责任区段是由多式联营人确定的,如果责任区段无法确定,即出现所谓的隐蔽损失(concealed damage),按海运区段的责任制度和限额会使索赔人(货方)处于不利地位。他们还担心,航运发达国家的集装箱班轮公司通过这种网状责任制,垄断集装箱多式联运业务,控制发展中国家的内陆运输。因此坚持要求国际货物多式联运公约中多式联运经营人都应按照公约规定的统一责任制承担赔偿责任,只有在货损发生区段适用的国际公约或国内法所

---

① 杨运涛:《国际货物多式联运法律关系研究》,对外经贸大学 2006 年博士学位论文,第 23～24 页。

规定的赔偿责任限额超过多式联运公约规定时,才适用上述较高的限额。[①]但是,《1980 年联合国国际货物多式联运公约》的失败说明了统一责任制的缺陷与不足。

2. 网状责任制

所谓"网状责任制",是指多式联运承运人的赔偿责任适用货物损坏或灭失发生运输区段的法律。[②] 网状责任制下,经营人与区段承运人所适用的法律相同。网状责任制的优点在于其责任制度与每一种运输方式的特性相适应,缺点在于网状责任制导致了法律关系的复杂化,首先,它提供的责任制度是一种拼凑的责任制度,因此,对托运人而言具有不可预见性;其次,并非总是可以把责任归于某种运输方式,结果是还需要一种剩余责任制度来处理隐蔽损失,即损失发生区段不能确定的情况;再次,不同运输方式之间有可能存在法律适用的缺漏。[③] 由国际商会制定的《1973 年多式联运单证统一规则》采用了网状责任制的立法模式。

3. "单一方式加其他"模式

除了以上两种立法模式,一些调整单一运输方式的国际公约还有其他的处理方式。在这种立法模式下,条约除了主要适用于某一单一运输方式外还涉及其他运输方式。例如,《华沙公约》第 31 条规定:"(1)对于部分采用航空运输、部分采用其他运输方式的联合运输,本公约规定仅适用于航空运输,但该航空运输必须符合第 1 条的规定。(2)在联合运输中,在航空运输遵守本公约规定的条件下,本公约不妨碍各方在航空运输凭证上列入有关其他运输方式的条件。"

COTIF-CIM1999 第 1 条第 3 款、第 4 款规定:"3. 当一个调整国际运输的合同在某缔约国内的运输使用了作为铁路运输补充的公路或内河运输时,本《统一规则》适用于该合同。4. 当一个调整国际运输的合同使用了作为铁路运输补充的海运或跨界内河运输时,如果上述海运或跨界内河运输

---

① 朱曾杰:《朱曾杰文集》,法律出版社 2008 年版,第 5 页。

② 杨运涛:《国际货物多式联运法律关系研究》,对外经贸大学 2006 年博士学位论文,第 24 页。

③ See U. N. Doc. A/CN. 9/WG. Ⅲ/WP. 33. Paragraph 16.

使用了《公约》第 24 条第 1 款所列举的服务时,本《统一规则》适用于该合同。"①

上述这些条文都在一定程度上涉及了多式联运,并且 CMR 和 COTIF-CIM 都将公路承运人和铁路承运人的责任在一定条件下延伸至全程,《华沙公约》则规定只有航空运输部分适用公约。上述运输公约的规定反映了运输法领域立法的一种新的发展趋势,即将一种单一运输方式的法律制度在一定条件下扩展到之前或之后的其他运输方式的联运运输。同时,适当承认调整其他种类运输方式法律制度在一定条件下的适用,但尽量统一适用一种责任制度。这种模式可以被概括为"单一方式加其他"的立法模式。这种模式避免了新的责任制度的出现,同时又适当尊重了其他运输方式法律制度在一定条件下的适用,实现了统一责任制与网状责任制之间的妥协。这样的"单一方式加其他方式"制度把网状责任制和统一责任制的优点结合了起来,它的长处是适用已被广泛接受的几套规则,并且避免了网状责任制的缺点:复杂的拼凑,剩余责任,不同运输方式之间可能的缺漏。它的一个不利之处是:必须修订现有的单一方式公约,最好是统一修订。但这个不利之处也是统一责任制和网状责任制所共有的。②

"单一方式加其他"模式的理想状态是每一调整单一运输方式的公约都将其适用范围扩展到其主要适用的单一运输方式之前或之后的其他方式运输,并且每一运输公约的适用范围都明确清晰。这意味着可以有两项公约同时适用于一个多式联运,例如 CMR 可以扩展到其前或其后的铁路运输,而 COTIF-CIM 1999 也可以扩展到之前或之后的公路运输。在实践中,市场会对选择哪项公约作出调节。如果发货人要求一欧洲铁路承运人为多式联运报价,很可能收到按照该铁路承运人熟悉的条件即 COTIF-CIM 提出

---

① 原文如下:"§ 3. When international carriage being the subject of a single contract includes carriage by road or inland waterway in internal traffic of a Member State as a supplement to transfrontier carriage by rail, these Uniform Rules shall apply. When international carriage being the subject of a single contract of carriage includes carriage by sea or transfrontier carriage by inland waterway as a supplement to carriage by rail, these Uniform Rules shall apply if the carriage by sea or inland waterway is performed on services included in the list of services provided for in Article 24 § 1 of the Convention. "

② See U. N. Doc. A/CN. 9/WG. Ⅲ/WP. 33. Paragraph 24.

的报价。同样,欧洲公路承运人可能按照 CMR 的条件提出报价。为了明确哪项公约将得到适用,每项单一方式公约也必须包括一个公约冲突条款。这种机制的好处在于整个运输由一项合同和一项法律来调整。此外,货运代理人可以根据联运适用的不同的法律,提出不同的报价,随着时间的推移,市场将会对公约的适用作出选择。全面采用"单一方式加其他方式"制度的缺点是,它要求修正现行的每项单一方式运输公约。任何修改必须相互协调,并且必须包括一个类似的公约冲突条款。这在目前情况下是不现实的。①

《鹿特丹规则》采用了上述第三种立法模式。《鹿特丹规则》适用的运输形式是"海运+",与此相对应,其责任制度为"单一+"。这种责任制度实质上是一种修正的统一责任制。② 如果海上运输之外的其他方式运输方式没有相应适用的国际条约调整,就将海运承运人的责任制度适用于"门到门"的运输全程。如果有调整其他运输方式的国际公约可以适用于部分区段,则调整其他运输方式的条约规定的责任制度适用于承运人责任,笔者将在下文详述。《鹿特丹规则》采取的这种责任形式被称为"最小网状责任制"。

(二)《鹿特丹规则》下的最小网状责任制

《鹿特丹规则》下承运人的最小网状责任制是通过第 26 条与规定承运人责任的第 5 章、规定承运人赔偿责任限制的第 12 章以及规定诉讼时效的第 13 章共同建立起来的。第 5 章规定了《鹿特丹规则》下承运人责任体制

---

① See U. N. Doc. A/CN. 9/WG. Ⅲ/WP. 29. Paragraphs 133~137.

② 统一责任制又分为"纯粹的统一责任制"和"修正的统一责任制"。前者指无论货损发生在什么运输区段都与经营人的责任没有关系,多式联运承运人的责任只依据合同约定或法律的统一规定;后者指当货物灭失或损坏发生的运输区段确定时,经营人应适用调整该运输区段的法律。除此之外,多式联运承运人的责任适用合同约定或法律的统一规定。网状责任制也可以分为"纯粹的网状责任制"和"修正的网状责任制"。前者指当货物损坏或灭失发生的运输区段可以确定的情况下,经营人和区段承运人都适用规范该运输区段的法律。后者指当货物损坏或灭失发生的运输区段可以确定的情况下,经营人适用该运输区段的法律;如果货物损坏或灭失发生的运输区段不能确定,经营人适用合同约定或有关国际公约或国内法。修正的统一责任制与修正的网状责任制之间的区别在于是以哪一个责任制为主,前者是以统一责任制为主,适用规范货物损坏或灭失发生运输区段的法律为补充;后者指以网状责任制为主,当货损发生区段不能确定时适用合同约定或强制性法律规定为补充。参见杨运涛:《国际货物多式联运法律关系研究》,对外经贸大学 2006 年博士学位论文,第 24 页。

的主要内容包括赔偿责任基础、承运人的代理责任与替代责任、海运履约方
的赔偿责任等内容。第12章规定了承运人的赔偿责任限额以及赔偿责任
限制权利的丧失。第13章规定了当事人之间发生争议时的诉讼时效。在
最小网状责任制下,除非根据第26条的规定,其他公约的责任制度适用于
承运人责任,《鹿特丹规则》规定的承运人责任将适用于"门到门"运输的全
程,即《鹿特丹规则》规定的承运人责任是最大限度的适用,仅有第26条规
定的条件具备时,其他公约的责任制度才能适用。

1. 海运区段外其他公约责任制度的适用

《鹿特丹规则》第26条对海上运输之前或之后的运输区段的承运人责
任作如下规定:

"如果货物灭失、损坏或造成迟延交付的事件或情形发生在承运人的责
任期内,但发生的时间仅在货物装上船舶之前或仅在货物卸离船舶之后,本
公约的规定不得优先于另一国际文书的下述条文,在此种灭失、损坏或造成
迟延交付的事件或情形发生时:(一)根据该国际文书的规定,如果托运人已
就发生货物灭失、损坏或造成货物迟延交付的事件或情形的特定运输阶段
与承运人订有单独和直接的合同,本应适用于承运人全部活动或任何活动
的条文;(二)就承运人的赔偿责任、赔偿责任限制或时效作了具体规定的
条文;和(三)根据该文书,完全不能通过订立合同加以背离的条文,或不能
在损害托运人利益的情况下通过订立合同加以背离的条文。"

第26条首先规定了其他公约适用的条件。第一个条件,也是前提性条
件,即只有导致货物灭失、损坏或造成迟延交付的事件或情形发生的地点可
以确定发生在海上货物运输之前或之后的其他运输区段时,其他公约才有
适用的可能。第二个条件,假如在该运输区段内,托运人与承运人就该运输
区段订立有单独和直接的合同,其他国际公约的条文将适用于该项货物运
输。第二个条件其实等于是在作如下假设:如果全程承运人与单一运输区
段承运人订立有运输合同,其他运输公约将会适用。第三个条件,适用的条
款必须是当事人不能通过订立合同加以背离的条文,或不能在损害托运人
利益的情况下通过订立合同加以背离的条文。即这些条款本身必须是强制
性的。第26条设置的三个条件中,第一个条件具有重要意义。当导致货物
灭失、损坏或造成迟延交付的事件或情形发生的地点不能确定,或者是发生
在海运区段时,其他公约就不能适用。UNCTAD 的 Hans Carl 先生注意到
"大部分货物索赔……都不能确定损害发生地",并且"集装箱运输货物索赔

几乎总是与隐蔽损失有关,通常没有证据证明什么人、什么原因导致货物损失的发生"。[1] Lord Diplock 1974 年评论到:"实践中,几乎所有纠纷的解决都没有运用网状责任制,因为运用网状责任制对于多式联运经营人的责任几乎没有实际效果。"[2]

在具备了这三个条件之后,其他国际公约得以适用的条款范围限于规定承运人赔偿责任、赔偿责任限制或涉及诉讼时效的条款。以 CMR 为例,假如货方与承运人就海上区段之前或之后的运输单独订立有公路运输合同,CMR 将会适用于该运输合同,并且导致货物损失的事件发生在公路运输区段,那么 CMR 关于承运人赔偿责任、赔偿责任限制以及时效的条款将取代《鹿特丹规则》而适用。[3] 但是,此时,海运区段依然适用《鹿特丹规则》。承运人赔偿责任、赔偿责任限制以及时效之外的其他事项也依然会适用《鹿特丹规则》。到底哪些条款才算是"规定承运人赔偿责任、赔偿责任限制或时效"的条款,实践中可能是一个容易产生争议的问题。

2. 第 26 条规定所要解决的问题

《鹿特丹规则》第 26 条规定所要解决的问题是统一责任与区段责任的"责任间隙"问题,而非解决条约冲突的问题。在多式联运中,存在着两个层次的责任。第一个层次,即多式联运承运人对托运人承担的责任,第二个层次,即区段承运人对多式联运承运人承担的责任。第 26 条规定所要解决的是这两个层次的责任之间的"责任间隙"。如前所述,当货物灭失损害发生时,承运人向托运人承担赔偿责任之后,转而对区段运输承运人请求赔偿责任时,需要适用调整区段运输的法律,此时,可能因为适用法律的不同,导致承运人对托运人承担的赔偿责任不能得到全部赔偿。而当区段承运人对多

---

① Betz, "Too Many Cooks Have Intermodal in Stew" Distribution, Chilton Co. Radnor, PA 1989, Vol. 86, No. 1 January 1986, p. 46. See D. Rhidian Thomas, ed., *A New Convention for the Carriage of Goods by Sea-The Rotterdam Rules*, Lawtext Publishing Limited, 2009, p. 44.

② Lord Diplock "The Genoa Seminar on Combined Transport" Universita de Genova, Stabilimento Tipografico, "Pliniana" Selci Umbro(Perngia) 1974, p. 8. See D. Rhidian Thomas, ed., *A New Convention for the Carriage of Goods by Sea-The Rotterdam Rules*, Lawtext Publishing Limited, 2009, p. 44.

③ D. Rhidian Thomas, ed., *A New Convention for the Carriage of Goods by Sea-The Rotterdam Rules*, Lawtext Publishing Limited, 2009, p. 43.

式联运承运人承担的责任有强制适用的国际公约或国内法时,直接将这种国际公约与国内法规定的承运人责任适用于多式联运承运人与托运人之间的关系就可以解决两种责任体制之间的"责任间隙"问题。

在公约的起草过程中,关于第 26 条一直有不同看法。一种广泛的看法是,草案第 4.2.1 条(第 26 条规定前身)所规定的有限网状责任制可有效地确保与单式运输公约或任何未来的区域性多式联运公约不发生重叠。但另一种看法是,第 4.2.1 条并未解决公约冲突的问题,因为该条规定只优先考虑适用调整单一运输方式公约中的某些规定。[①] 一些学者也认为,《鹿特丹规则》第 26 条不是一个成功的"条约冲突条款"。这些学者认为第 26 条仅仅规定了其他公约中的部分条款优先适用,但是其他公约中的强制性条款除了承运人责任条款之外,还有其他强制性条款,例如 CMR,COTIF-CIM 1999 都规定,运输合同中任何与其规定不一致的条款都无效力。这样,《鹿特丹规则》仅规定部分条款优先适用没有彻底解决条约冲突问题。[②]

其实,起草过程中的上述观点与学者的观点都是对第 26 条规定的一种误解。实际上,第 26 条只是假设当托运人与承运人订立有单独和直接的合同时,并不是真实的托运人与承运人单独直接地就特定运输区段订立有运输合同。倒是多式联运承运人与履约方(即区段承运人之间)会订有单独的和直接的运输合同。举例而言,假设 A 国既为 CMR 缔约国,又是《鹿特丹规则》缔约国。甲将货物由 A 国经公路运至 B 国,然后由 B 国一港口经海运(不采用滚装形式)运至 C 国。假设多式联运承运人为一公司乙,公路区段履约方为一公司丙。在这一多式联运中,因其符合《鹿特丹规则》关于适用范围的规定,所以《鹿特丹规则》适用于全程运输。因其不符合 CMR 关于适用范围的规定,所以 CMR 不能适用于全程运输。这样甲与乙之间的权利义务关系适用《鹿特丹规则》,乙与丙之间的权利义务关系为区段运输法律所调整,因 A 国为 CMR 缔约国,A 国至 B 国的公路运输属于 CMR 的调整范围。这样,乙与丙之间的权利义务关系就应当适用 CMR。在这一多式联运中,《鹿特丹规则》与 CMR 因为各有其适用范围,根本不会发生条约

---

① See U. N. Doc. A/CN. 9/526. Paragraph 246.

② Theodora Nikaki, Conflicting Laws in "Wet" Multimodal Carriage of Goods: The UNCITRAL Draft Convention on the Carriage of Goods [Wholly or Partly] [by Sea], *Journal of Maritime Law & Commerce*, 2006, October(37), pp. 532~534.

冲突。换言之,两个条约适用于不同层次不同主体的责任,因而没有发生冲突的可能。但是,假如发生了货物损失,并且是可以确定发生在公路运输区段,那么如果多式联运承运人乙依据《鹿特丹规则》向托运人甲承担赔偿责任后,再向公路区段运输的履约方丙依据 CMR 索赔时,可能得不到赔偿。所以第 26 条规定,此时多式联运承运人乙与甲之间的权利义务关系直接适用 CMR 规定的承运人的赔偿责任、赔偿责任限制或时效的条文。所以,上述从条约冲突的观点来看待第 26 条是一种不正确的理解,不存在责任条款之外的其他强制性条款与《鹿特丹规则》的冲突问题,因为,本来就没有条约冲突存在。

(三)最小网状责任制对国内法的排除

《鹿特丹规则》第 26 条仅规定了其他国际公约中的承运人责任有关条款优先于《鹿特丹规则》适用,却没有规定国内法中关于承运人责任强制规定的优先适用,这意味着,在内陆运输完全是国内运输时,《鹿特丹规则》规定的承运人责任制度将无条件地适用于全程运输。

1.《鹿特丹规则》起草过程中对国内法排除适用的争论

公约草案初稿中,第 4.2 条没有给国内法中的责任制度适用于承运人责任留下适用的空间。在工作组第十一届会议上,有代表表示支持加拿大的提案,在第 4.2.1 条中提及国内法,使国内法也可适用于"门到门"运输下承运人的责任,这种规定将特别适合于那些不是欧洲单一运输方式公约缔约国并且意欲对履约承运人适用本国法律的国家。但是反对意见认为,如果在第 4.2.1 条中允许国内法适用于承运人的责任会影响最小网状责任制的统一性。[①] 美国则认为,为了保护陆运履约方或货主的利益,没有必要在第 4.2.1 条中将"国内法"列入除外情形。[②] 美国在其提案中支持以统一赔偿责任为基础在订约各方之间实行"门到门"制度,但有限分段赔偿责任除外。这意味着缔约承运人对货方的赔偿责任将总是根据公约自身的实质性赔偿责任条款(包括公约自身的责任限制条款和免责条款)来解决,除非适用网状责任制取代这些条款。为了取得最高程度的统一性,应尽量缩小网状责任制例外情形的适用范围。并且,美国代表团主张将履约方的概念进一步划分为海运履约方和非海运履约方或者内陆履约方。对于海运履约方

---

① See U. N. Doc. A/CN. 9/526. Paragraph 235.

② See U. N. Doc. A/CN. 9/526. Paragraph 226.

可以适用草案规定的承运人责任制度,而对于其他履约方,草案不应该改变其现有地位,草案不应当为其设立新的诉讼依据或阻止货方援用现有的诉讼依据。例如,内陆承运人(如卡车公司或铁路公司)的赔偿责任应当根据现行法律确定。在一些国家,这种法律可能是区域性单一运输方式公约,如CMR;在其他一些国家,则可能是规范陆上货物运输的强制性或非强制性国内法,也可能是一般的侵权法。在一些国家,货方不能对内陆履约方提起诉讼。公约既不应当增加,也不应当减少货方所享有的这些现有权利。内陆履约方保持现状还将保留内陆履约方根据适用的国内法所享有的一切权利,使之能够依据"喜马拉雅条款"要求享有公约对订约承运人规定的权利。美国建议公约草案另外增加一项规定明确哪些履约方是"海运"履约方。①

　　在第十二届会议上,与会代表强烈支持美国代表团提案中的这一内容,但也有代表提出应在第8条第(b)项中保留对国内法的援引,②可以通过要求援引与现行公约相类似或以其为基础的国家强制性法律来对国内法的援引加以限定。这些代表团指出,美国的提案并未解决援引国内法可以解决的所有问题,比如,如果第8条第(b)项中不提及国内法,货主就不可能根据管辖公路货物运输的国内法对订约承运人提起诉讼。有代表指出,如果内陆承运人(履约方)被置于公约草案范围之外,就无法保证得以根据适用的国内法向内陆承运人提出索赔,而这将对托运人造成损害。鉴于海运公约规定的赔偿责任限额一般较低,因此托运人根据国内法有可能得到更多的索赔。但有代表认为,海运公约规定有"每包件"限制规则,再加上集装箱运费和高价值/低重量货物的情形,货方适用海运公约的责任制度未必就不能得到足额的赔偿。作为对援引国内法的进一步限定,有与会者建议,只有那种为货主设定了更完善保护的强制性国家制度才可优先于公约草案。但是,有意见指出对国内法的援引设置拟议中这些限定要用什么样的标准来判定不明确,并且会增加法律适用的不确定性。还有反对意见指出,在第8条第(b)项中允许援引国内法,有悖于工作组打算根据公约草案建立一种尽可能统一的制度的初衷。还有意见认为排除内陆承运人的用意是使对国内法的提及变得没有必要。工作组几乎一致支持将非海运履约方排除在美国代表团提案第一节中规定的赔偿责任制度的范围之外。此外,与会者强

---

① 　See U. N. Doc. A/CN. 9/WG. Ⅲ/WP. 34. Paragraphs 5~9.

② 　See U. N. Doc. A/CN. 9/WG. Ⅲ/WP. 32. Article 8(b).

烈支持删除第 8 条第(b)项中的"国内法",认为删除对国内法的援引是美国提案的一个必要组成部分。工作组也认为美国的提案应被视为一个整体一揽子方案,其中包括将非海运缔约方排除在赔偿责任制度范围之外以及删除第 8 条第(b)项中的"国内法"。虽然有代表团反对将内陆履约方排除在公约责任制度适用范围之外,但工作组作出临时决定,即在作出最后决定之前先在方括号中保留第 8 条第(b)项中的"国内法"。①

在第十八届会议的讨论中虽然涉及该问题,但仍然没有就该问题作出决定。在第十九届会议上,仍然有保留及删去两种意见,有代表提出了折中意见,若有国家希望将其强制性国内法适用于在内陆运输中发生货物灭失或损坏的案件,允许其这样做,办法是根据草案第 94 条作出声明。这种声明的效果是允许该国法院对在该国发生且货物损失发生地点确定的内陆运输损坏案件适用国内法。作出声明的国家的法院只能对该国境内发生的损坏适用其国内实体法,对于在该国境外发生的内陆运输灭失或损坏的案件,该声明不为国内法所称的任何域外效力提供依据。这一折中建议在会上获得了广泛支持。工作组决定删去对国内法的援引,并要求秘书处起草一项声明条文,允许缔约国在(公约草案二读文本)第 26 条第 1 款草案中列入其强制性的国内法,但条件是:(1)该国在根据(公约草案二读文本)第 94 条所作的声明中指明有关国内法;(2)作出声明的国家的国内法适用于有关灭失或损坏;(3)损坏系发生在作出声明的国家领土内。②

在第二十届会议上,国内法能否适用于缔约承运人的责任与赔偿责任限制被作为一揽子问题放在一起进行讨论。会议认为,如果为承运人责任确定了较高的赔偿责任限额,就应适当删除某些条文,因为较高限额将会为货主提供充分的保障。在第二十届会议上确定的赔偿责任限额为《汉堡规则》中的限额,即每件 835 特别提款权,每公斤 2.5 特别提款权,算是比较高的责任限额,因此,第十九届会议上拟议的允许缔约国声明保留国内法对承运人责任适用的第 26 条之二草案被删去。③ 在公约的最终文本中,承运人责任限额被确定为每件 875 特别提款权,每公斤 3 特别提款权,比《汉堡规则》规定的责任限额还要略高一些,这样,《鹿特丹规则》最终排除了国内法

---

① See U. N. Doc. A/CN. 9/544. Paragraphs 24~27.
② See U. N. Doc. A/CN. 9/621. Paragraph 189,Paragraph 192.
③ See U. N. Doc. A/CN. 9/642. Paragraphs 162~163.

对承运人责任的适用。

2. 国内法适用排除的影响

国内法适用的排除,意味着除符合《鹿特丹规则》第 26 条规定的其他公约的承运人责任制度在一定条件下适用于缔约承运人外,承运人责任将一律适用《鹿特丹规则》的规定。这与现今的大多数包括海运在内的多式联运的法律适用有所不同。以我国为例,位于我国内地某一地点的托运人与承运人签订经海运的"门到门"运输合同运输货物到国外,从内地该地点到海港这一段运输需要由内陆运输来完成。如果这段运输是使用铁路运输方式来完成的,则这段运输在现有法律制度下要适用《中华人民共和国合同法》与《中华人民共和国铁路法》(以下简称《铁路法》),依据《铁路法》第 17 条、第 18 条的规定,除不可抗力、货物或者包裹、行李中物品本身的自然属性或者合理损耗,托运人、收货人或者旅客的过错外,承运人对货物损失必须承担损害赔偿责任,不以承运人对货物损失有过错为责任承担的要件,因此,承运人依据《铁路法》承担的是严格责任。承运人享有的责任限额依据铁道部 1991 年发布的《铁路货物运输规程》第 56 条第 3 项的规定:"不保价运输的,不按件数只按重量承运的货物,每吨最高赔偿 100 元,按件数和重量承运的货物,每吨最高赔偿 2000 元;个人托运的搬家货物、行李每 10 公斤最高赔偿 30 元,实际损失低于上述赔偿限额的,按货物实际损失的价格赔偿。"如果使用公路完成内陆运输,则适用《中华人民共和国合同法》第 17 章"运输合同"的有关规定。根据该章第 311 条的规定,承运人对货物的灭失损害承担严格责任,并且,公路货物承运人不能享有赔偿责任限制,如果有货损出现,承运人需要按照实际损失进行赔偿。如果是使用航空运输来完成,则应适用《中华人民共和国民用航空法》。依照该法第 125 条及第 126 条的规定,承运人对货物的灭失损害承担的是严格责任,而对于货物的迟延承担的则是过错责任。根据 2006 年发布的《国内航空运输承运人赔偿责任限额规定》第 3 条第 3 项的规定,航空承运人对于国内货物运输中货物损坏灭失的赔偿责任限额,为每公斤人民币 100 元。对于最常见的江海转运,则需要适用《国内水路货物运输规则》。而承运人在《国内水路货物运输规则》下承担的是严格责任,并且,《国内水路货物运输规则》没有为承运人设置赔

第四节　海运履约方之构建及其影响

《鹿特丹规则》构建了以往海上货物运输公约中没有的新概念:履约方与海运履约方。《鹿特丹规则》下的海运履约方是履约方的下位概念,包括了承运人独立合同人与代理人在内。① 由于海运履约方在一定条件下直接适用承运人的义务和赔偿责任,进而,承运人责任体制可以扩展适用于承运人的独立合同人与代理人。这样,可以适用承运人责任制度的主体增加了。

一、履约方与海运履约方的概念

在 CMI 提交的《鹿特丹规则》初稿之中,只有"履约方"(performing party)的定义,后来美国代表团主张将履约方的概念进一步划分为海运履约方和非海运履约方或者内陆履约方,并为其设置不同的责任制度。② 这是一个非常重要的提案,最终对《鹿特丹规则》的基本框架产生了影响。根据美国代表团的提案,在《鹿特丹规则》起草过程中曾经出现了"履约方"、"海运履约方"、"非海运履约方"三个有关履约方的定义。然而,因为工作组决定删去公约草案二读文本第 20 条第 3 款,③由于整个草案中只有该条款涉及非海运履约方,该款的删去使得非海运履约方的定义没有必要存在,于是在第十九届会议上决定删去这一定义。④ 这样,《鹿特丹规则》通过时便只有履约方和海运履约方的定义了。

《鹿特丹规则》第 1 条第 6 款规定:"(一)'履约方'是指承运人以外的,履行或承诺履行承运人在运输合同下有关货物接收、装载、操作、积载、运输、照料、卸载或交付的任何义务的人,以该人直接或间接在承运人的要求、

---

① 由于海运履约方是履约方的下位概念,所以在本节中笔者结合履约方对海运履约方进行分析论述。

② See U. N. Doc. A/CN. 9/WG. Ⅲ/WP. 34. Paragraphs 5~9.

③ See U. N. Doc. A/CN. 9/WG. III/WP. 81. Article 20. 第 20 条第 3 款规定:"索赔人就货物的灭失、损坏或迟延交付从非海运履约方获得赔偿之后,索赔人已经获赔的数额应当在其随后就灭失、损坏或迟延向承运人或海运履约方提出索赔的数额中扣除。"

④ See U. N. Doc. A/CN. 9/621. Paragraph 139.

监督或控制下行事为限。（二）'履约方'不包括不由承运人而由托运人、单证托运人、控制方或收货人直接或间接委托的任何人。"

第 7 款规定："'海运履约方'是指凡在货物到达船舶装货港至货物离开船舶卸货港期间履行或承诺履行承运人任何义务的履约方。内陆承运人仅在履行或承诺履行其完全在港区范围内的服务时方为海运履约方。"

在起草过程中，工作组曾指出，规定履约方的定义是为了解决三个互相独立的问题。首先是为了调整履行了运输合同项下承运人义务的当事方（通常是分合同人），以及这些当事方与订约承运人之间的连带赔偿责任。其次，调整履约方为其受雇人或其他为其服务的人而承担的间接赔偿责任。最后，该定义与草案中其他有关条款一道，向上述受雇人、代理人或分合同人提供所谓"喜马拉雅条款"保护。[①]

（一）履约方与海运履约方的特征

从上述履约方的定义来看，履约方有以下特征。

第一，履约方履行的职能是承运人在运输合同下承担的核心义务。界定履约方主要有两种方法，第一种是"功能方法"（functional approach），第二种是"地理方法"（geographical approach）。履约方定义中"履行或承诺履行承运人在运输合同下有关货物接收、装载、操作、积载、运输、照料、卸载或交付的任何义务"的表述体现了这两种方法中的功能方法，即要求履约方履行的必须是承运人在运输合同项下的核心义务。对履约方定义曾有两种极端的意见，一种意见认为履行了运输合同项下承运人承担的任何义务的主体，只要是其直接或间接为承运人服务的都应该包括在履约方的定义之内。进行这种宽泛定义的好处在于把货物发生灭失损坏时可能成为被告的所有主体都包括在内，这样可以减少在公约之外提起诉讼的情形，从而实现更高程度的统一。而另外一种意见则认为应完全排除履约方的定义，公约草案仅应调整托运人和承运人之间的关系，不应约束托运人与承运人直接或间接雇用的人之间的关系。而中间立场则认为履行承运人在运输合同下核心义务的主体才能成为履约方。[②] 上述规定即体现了这种中间立场的观点。这意味着只有履行了承运人在运输合同项下核心义务的主体才能成为履约方，诸如远洋承运人、内陆承运人、搬运公司、港站经营人将被包括在履约方

---

① See U. N. Doc. A/CN. 9/621. Paragraph 128.

② See U. N. Doc. A/CN. 9/WG. III/WP. 21. Paragraphs 14～16.

的定义之内,而集装箱堆场的保安公司、代表承运人编制单证的中间人,为承运人修理船舶的修船厂则不能被包括在履约方的定义之中。①

第二,履约方既包括实际履行承运人义务的人也包括承诺履行承运人义务的人。在履约方定义的起草过程中,对于亲自履行承运人在运输合同下义务的人应当包括在履约方定义内没有争议,但是对履约方是否应该包括"承诺履行"承运人义务的主体则是有争论的。对于这两种情形的区别,可以举例说明如下:如果某一无船承运人订立运输合同将货物从某个国家的某个港口(如鹿特丹)运到另一个国家的某个内陆城市(如渥太华),就运输合同而言,他就成为"承运人"。假设该无船承运人然后与某一海运承运人订约将货物从鹿特丹运到加拿大某一港口,并与一家汽车运输公司订约进行内陆运输。如果该海运承运人安排属于另一个海运承运人的但已期租给该海运承运人的船舶运输货物,并由独立的装卸人从事该船上货物的装卸,那么,根据包括"承诺履行"承运人义务主体的履约方定义,上述两个海运承运人和两地的装卸人均属于参与履约方,但是根据不包括"承诺履行"承运人义务主体的履约方定义,仅第二个海运承运人和装卸人属于参与履约方。虽然第一个海运承运人"承诺实施"海运,但它并未"亲身"实施海运。同样,如果上述汽车运输公司分承包给一个自己拥有卡车的司机,将货物从加拿大港口运到渥太华,那么,根据较为宽泛的定义,该汽车运输公司和该卡车车主司机均属于参与履约方,但是根据较为狭窄的定义,只有该卡车车主司机属于履约方。虽然汽车运输公司"承诺实施"内陆运输,但它并未"亲自"实施内陆运输。② 支持将"承诺履行"纳入履约方的观点认为,将承诺履行承运人义务的主体纳入履约方的定义会扩展履约方的范围,使得索赔方对于合同链条中每个分包商都可以提起诉讼,有利于保护索赔方的利益。并且,如果不将承诺履行承运人义务的主体纳入履约方的概念会使得已经承诺履行但随后未履行承运人义务或者是将履行义务转托给另一当事方的履约方逃避责任。反对意见认为,将承诺履行承运人义务的主体纳入履约方定义会使索赔人在起诉时难以选择适格被告,导致多重诉讼。工作组最

---

① See U. N. Doc. A/CN. 9/WG. III/WP. 21. Paragraph 17.
② See U. N. Doc. A/CN. 9/WG. III/WP. 21. Paragraph 18,A/CN. 9/621. Paragraph 150,Paragraphs 129~131.

终决定将"承诺履行"承运人义务的主体纳入履约方定义之内。①

第三,履约方不包括由货方直接或间接委托的任何人。履约方仅指直接或间接为订约承运人服务的那些人员。如果货方委托的人履行运输合同项下承运人的义务,这些主体不会因此而成为履约方。这种情况主要存在于承运人与货方签订有 FIO 协议时的情况,例如,当托运人与承运人约定,由托运人完成货物的装载,此时托运人委托的装卸公司就不能成为履约方。

第四,履约方不包括雇员,但包括代理人和独立合同人。履约方定义条款起草过程中,曾将雇员包括在履约方定义之中。② 如果将受雇人也作为履约方的话,会使一个公司的雇员直接承担公司订立的合同中约定的义务与赔偿责任,这样将与很多国家的国内法相冲突。③ 为了避免这种后果,工作组曾将履约方定义中的排除条款改写为"'履约方'不包括:(一)承运人或履约方的受雇人;或(二)……",但是,在考虑拟定修改意见时,有人认为这样一种特殊结构会引起问题。特别是,如果把"受雇人"排除在"履约方"定义之外,可能造成对于海运履约方对其受雇人的作为的责任产生疑问。工作组不如考虑就草案第 4 条(指"喜马拉雅条款"案文)提出的改写案文并在草案第 20 条第 4 款(海运履约方的赔偿责任)中加入新的条文,以体现工作组的政策决定,即根据公约草案不得对履约方的受雇人追究个人赔偿责任。④ 这就是《鹿特丹规则》第 19 条第 4 款"本公约规定概不要求船长或船员、承运人的受雇人或海运履约方的受雇人负赔偿责任"的由来。从履约方的定义条款的变迁过程来看,履约方定义到底包不包括雇员似乎是一个稀里糊涂的问题,因为最终的履约方定义中并没有明确将受雇人排除在外。

笔者认为应当将履约方定义理解为不包括雇员。因为正如起草过程中有的代表团指出的,如果履约方定义包括雇员会导致雇员直接承担合同责任,在履约方普遍采用公司组织形式的今天,这样会导致公司的法律主体资格与雇员作为自然人所拥有的法律主体资格相混淆。此外,如果履约方的定义包括雇员,则《鹿特丹规则》第 18 条第 3 项"履约方的受雇人"(employees of a performing party)以及第 4 条第 1 款第 3 项、第 19 条第 4 款中的

---

① See U. N. Doc. A/CN. 9/544. Paragraph 32, Paragraph 36, Paragraph 42.

② See U. N. Doc. A/CN. 9/WG. III/WP. 81. Article 1, Article 6.

③ See U. N. Doc. A/CN. 9/621. Paragraph 129.

④ See U. N. Doc. A/CN. 9/WG. III/WP. 101. Page 7, Footnote 2.

"海运履约方的受雇人"(employees of a maritime performing party)的表述就会存在逻辑上的错误,既然受雇人是履约方,海运履约方的受雇人也是海运履约方,那么"海运履约方的受雇人"的表述在逻辑上就有问题。其实,上述认为明确将雇员排除在"履约方"定义之外,可能造成对于海运履约方对其受雇人行为的责任产生疑问的担心是多余的,因为即使明确将雇员排除在履约方定义之外,根据雇主替代责任的法理,履约方也要为其雇员承担责任。[①] 履约方包括承运人的代理人和独立合同人。这里的代理人指的是狭义的代理人,如果是英美法上广义的代理人,[②]则雇员也将会被包括在内,如上所述,雇员是被排除在履约方的定义之外的。而履约方的概念包括代理人可以从第18条第3项的修改中看得出来。第18条第3项曾经表述为"承运人或者履约方的受雇人或者代理人"(employees or agents of the carrier or a performing party)[③]。第十九届会议上有代表指出,"代理人"已经被包括在"履约方"定义之内,因此"履约方"的代理人这种重复的表述变得不再必要,所以"代理人"一词被最终删去。[④] 履约方包括独立合同人则是不言而喻的,并且,独立合同人是最主要的履约方。例如,作为最重要的一种履约方,分合同人(Sub-contractor)就是一种独立合同人。港站经营人、装卸公司等也都是作为独立合同人而存在的。

海运履约方属于履约方的下位概念,因此海运履约方也具有履约方所具备的上述特征。此外,海运履约方独有的特征在于海运履约方有地理位置的限制。海运履约方仅指"在货物到达船舶装货港至货物离开船舶卸货港期间履行或承诺履行承运人任何义务的履约方。内陆承运人仅在履行或承诺履行其完全在港区范围内的服务时方为海运履约方"。因此,海运履约方存在的地理位置被限制在了海运区段,以装货港和卸货港为界。当货物需要往内陆转运时,完成转运任务的铁路公司、公路运输公司、内河驳船等不属于海运履约方。在海运履约方定义的最初文本中并没有现有定义的后一句。在工作组第十九届会议上有代表团提出,铁路承运人即使在港口内

---

① 第19条第4款的规定也使雇员无论是否包括在履约方概念之内都只是逻辑上的问题,在实际效果上并没有区别。

② 关于履约方与代理人概念之间的区别笔者将在下文详述。

③ See U. N. Doc. A/CN. 9/WG. III/WP. 101. Article 19(c).

④ See U. N. Doc. A/CN. 9/621. Paragraph 150.

提供了服务也应该被排除在海运履约方概念之外的建议。这种建议得到了支持并且延伸到了公路承运人与内陆驳船,从而形成了定义的后一句。之所以排除这些内陆承运人是因为虽然内陆承运人也在港口内交货或收货,但是其目的是将货物远距离地运入或运出港口,而不是在港口之内将货物从一个地方运输到另外一个地方。[1][2] 实践中,"完全在港区范围内"可能是一个不易确定的问题。有些港口港区范围很大,而且有些港口在地理位置上十分接近,[3]或者是由一个主管机关管理的不同港口内,在上述这些情况下,"完全在港区范围内"就不易确定,从而也不易确定"海运履约方"。工作组商定将如何确定"港口"范围的问题留给国内主管机关和司法机构解决,因为由于地理环境的不同,在这一问题上观点差别很大。公约草案也无法对每个术语都作出定义,进行明确的回答。《汉堡规则》也提到了"港口",但也没有对其进行定义。[4]

(二)履约方及海运履约方与相关概念的辨析

1. 实际承运人

(1)实际承运人的概念

实际承运人的概念和法律关系早已存在于海上货物运输活动之中,但是在《海牙规则》、《海牙—维斯比规则》中并没有直接出现这一用语。《海牙规则》、《海牙—维斯比规则》明确规定将承运人的抗辩和免责利益扩展至一定范围内的第三人,但第三人的范围是有限的,与承运人订约的独立合同人被明确排除在第三人的范围之外。无论独立合同人是以独立合同人、受雇人还是代理人的身份行事,他们均不能援引《海牙—维斯比规则》规定来进行抗辩。[5] 因此,实际承运人在《海牙规则》、《海牙—维斯比规则》中没有任何存在的制度空间。

《汉堡规则》为了解决货物转船运输的法律问题,借鉴了其他运输方式

---

① 　See U. N. Doc. A/CN. 9/621. Paragraphs 132~137.

② 　"内陆承运人"这一用语并不严谨,因为公约已对"承运人"作了定义。上述所排除的主体可能是承运人,也可能不是承运人。这一问题虽然在起草过程中被提出过,但是没有解决。See U. N. Doc. A/CN. 9/621. Paragraph 145.

③ 　例如,深圳的赤湾集装箱码头与妈湾港、蛇口国际集装箱码头距离都十分接近。

④ 　See U. N. Doc. A/CN. 9/621. Paragraph 148.

⑤ 　袁绍春:《实际承运人法律制度研究》,法律出版社 2009 年版,第 12 页。

国际公约的规定设置了实际承运人制度。在海上货物运输中,承运人为了实现其船舶经营航线的最大灵活性,同时将其对货损、货差的赔偿责任限制在最小的区间范围内,常常依照提单中的自由转船条款将货物转船运输。承运人仅对其以自有船舶运输期间的货损承担责任。在这种情况下,如果货损货差发生在接运承运人运输区段或是转运港口,承运人索赔将非常困难。① 而如果将接运承运人纳入海上货物运输的调整范围,规定其与承运人共同对货方承担责任将会解决这个问题。这就是实际承运人制度出现的背景。

《汉堡规则》第1条第2项对实际承运人定义如下:"'实际承运人',是指受承运人委托从事货物运输或部分货物运输的人,包括受托从事此类运输的任何其他人。"从该定义来看,首先,实际承运人不是海上货物运输合同的缔约方,只有承运人才是海上货物运输合同的缔约方。其次,实际承运人是实际完成全部或部分货物运输的人。因此,接受承运人委托的中间人,没有实际进行货物运输,又将货物运输委托其他人完成的人不是实际承运人。② 在实践中,实际承运人主要包括两种情况下的主体:①由于转船运输,货物由一程船公司(承运人)交给接运船公司运输时的所有接运船公司;②当与托运人订约的承运人不是用自己的船舶,而是通过租船合同安排其他船公司来具体完成运输时,实际完成货物运输的船公司。③ 从上述定义和实际承运人在实践中存在形态来看,只有船公司才能成为《汉堡规则》下的实际承运人。港口经营人等主体不能成为实际承运人。④

（2）履约方、海运履约方与实际承运人概念的差异

《汉堡规则》下的实际承运人是完成全部或部分货物运输的人,并且因为《汉堡规则》仅适用于海上货物运输,因此实际承运人只能是船公司。而同样适用于海上货物运输的海运履约方与实际承运人相比,范围要大,涵盖

---

① 袁绍春:《实际承运人法律制度研究》,法律出版社2009年版,第14～17页。

② 1978年3月,在汉堡由联合国主持召开的海上货物运输会议上,澳大利亚提出将公约第10条第2款规定的"实际承运人对其所履行的运输的责任"改为"对委托其运输的责任",但大会投票表决时,以20票赞成、30票反对而未获通过。因此,如果认为受承运人委托的中间人也是定义中的实际承运人,则与公约第10条第2款的规定无法衔接。袁绍春:《实际承运人法律制度研究》,法律出版社2009年版,第29页。

③ 袁绍春:《实际承运人法律制度研究》,法律出版社2009年版,第28页。

④ 也有观点认为实际承运人可以包括港口经营人。

的主体要多。首先,从实现的功能来看,实际承运人只能是完成全部或部分货物运输的人,而海运履约方只要是完成承运人在运输合同项下核心义务的人即可,这使得不能成为实际承运人的主体可以成为《鹿特丹规则》下的海运履约方。这不仅因为履约方还包括非海运履约方,履约方除了包括船公司外,还包括装卸公司、港站经营人等等。其次,海运履约方还包括承诺履行承运人在运输合同项下有关义务的主体,即"中间人",而实际承运人不能包括"中间人"。履约方与实际承运人相比,范围更大,还包括了完成承运人内陆运输职责的非海运履约方。

2. 履约承运人

"履约承运人"是美国《1999 年海上货物运输法(草案)》下的一个概念。该法第 2 条第 1 款第 3 项规定:

"'履约承运人'系指:(1)一般规定——'履约承运人'系指:(i)履行,承诺履行,或组织履行运输合同项下契约承运人的任何义务的人;但是(ii)仅限于本项(i)中所述的该人,直接或间接地应契约承运人的要求或受其监督或其控制而行为这一范围,不论该人是否为该运输合同的一方,或是否被列明于该运输合同中,或是否负有该运输合同项下的法定义务。(2)除外——尽管有第 1 项的规定,但是'履约承运人'不包括以下的任何人(契约承运人除外):(i)托运人或收货人雇用的人;或者(ii)托运人或收货人雇用的人的受雇人、工作人员、代理人、承包商或分包商。"

该规定的定义方法与《鹿特丹规则》相似,先对履约承运人进行定义,然后再对不属于履约承运人的主体进行排除。从上述定义中履约承运人包括"履行,承诺履行,或组织履行运输合同项下契约承运人的任何义务的人"来看,履约承运人的涵盖范围要大于履约方,因为其使用了"履行运输合同项下契约承运人的任何义务的人"的用语,从而根据这个定义,并非履行承运人核心义务的主体也有可能被包括在内。当然,美国《1999 年海上货物运输法(草案)》因为只适用于海上货物运输,履约承运人不可能包括内陆履行承运人义务的人。

二、海运履约方与承运人责任制度适用主体之扩展

《鹿特丹规则》规定了履约方与海运履约方的概念,不仅如此,还设置了海运履约方的责任制度。《鹿特丹规则》第 19 条规定:

"符合下列条件的,海运履约方必须承担本公约对承运人规定的义务和

赔偿责任，且有权享有本公约对承运人规定的抗辩和赔偿责任限制：（一）海运履约方在一缔约国为运输而接收了货物或在一缔约国交付了货物，或在一缔约国某一港口履行了与货物有关的各种活动；并且（二）造成灭失、损坏或迟延交付的事件发生在：1、货物到达船舶装货港至货物离开船舶卸货港的期间内；2、货物在海运履约方掌管期间；或 3、海运履约方参与履行运输合同所载列任何活动的其他任何时间内。"

所以，在《鹿特丹规则》下，承运人责任义务体制不仅适用于承运人也在一定条件下适用于海运履约方。《海牙规则》第 1 条第（a）项仅对承运人作了规定，第 3 条和第 4 条规定的承运人义务与责任也只能适用于承运人。《汉堡规则》除了规定了承运人的定义，还规定了实际承运人的定义，并在第 10 条第 2 款规定"本公约制约承运人责任的所有规定，也适用于实际承运人对他所履行的运输的责任"。因此，在《汉堡规则》下，适用承运人义务与责任规定的主体比《海牙规则》中增加了实际承运人。根据我们前述对海运履约方和实际承运人概念所作的比较，海运履约方所涵盖的主体范围要大于实际承运人。海运履约方除了包括实际承运人外还包括港口经营人、装卸公司等独立合同人和代理人。在《鹿特丹规则》下，这些独立合同人和代理人也要适用承运人责任有关规定。这就导致了《鹿特丹规则》下适用承运人义务与责任制度主体的扩展。

独立合同人法律地位的变化可以从以下两个方面进行分析。第一，这些独立合同人能不能适用承运人的义务与赔偿责任体制。第二，独立合同人是否可以享受承运人单位赔偿责任限制以及通过何种途径享有。这两个方面并不是完全分离开来的，如果一个主体可以适用承运人的义务与赔偿责任体制，当然可以享有承运人的单位赔偿责任限制。但是因为有"喜马拉雅条款"的存在，一些主体虽然不适用承运人义务与赔偿责任却依然可以享受承运人的单位赔偿责任限制，所以有必要从这一角度另外进行讨论。

（一）独立合同人与代理人的概念

1. 独立合同人

《布莱克法律词典》对独立合同人作如下解释：独立合同人是受托以自己的意志，自己选择工作方法完成特定受托任务的人。任务的完成是有偿还是无偿则在所不问。与受雇人不同，独立合同人并不对委托人就完成任务中所犯的错误承担责任。① 独立合同人是一个英美法上的概念,与大陆法系中的承揽人概念大体类似。② 在海上货物运输领域,典型的独立合同人如装卸公司、港口经营人、拖轮公司、修船人等等。

　　独立合同人与雇员的区别主要有:(1)从事事业的方式不同。雇员一般依赖于某个雇主从事一定的事业或职业,其活动纳入雇主的正常营业中,是雇主事业的组成部分。而独立合同人是独立自主地从事一定事业的人。独立合同人的特征在于独立执行业务,不纳入他人的组织而受其监督,但是并不排除其须受一定范围的指示。(2)工资福利待遇不同。雇员一般有与雇主订立雇佣合同,在合同中会含有雇员工作的具体事项、时间地点及报酬。雇员享有社会保险等各种福利待遇,按月或者按周获得劳动报酬,享有国家法定节假日的休息权。独立合同人的协议比较简单,有时口头协议报酬即可,并且是一次性支付。独立合同人完全自由地安排工作。(3)工作地点及工具。雇主为雇员提供工作场所及劳动工具,负责劳动安全责任,而独立合同人自己安排工作场所及劳动工具,自负劳动生产的风险。(4)在控制与被控制上。雇员的工作受雇主的指挥与控制,雇员要遵守雇主的劳动纪律及一切规章制度;独立合同人自己有权组织生产过程,不受他人的指挥与控制。(5)经营风险承担不同。独立合同人在生产经营的过程中,因其不法行为给他人造成损失,由其自己负责,而雇员在雇佣过程中,因其不法行为给他人造成损害的,由雇主承担替代责任。③

　　事实上,雇员或者独立合同人的确定是一个事实和法律混杂的问题,需要依据案件具体情况来确定。例如,假设 Bogart 雇佣 Bacall 来修剪他的庭院。依赖于双方关系的具体事实,Bacall 可以是雇员也可以是独立合同人。

---

　　① Bryan A. Garner, Editor in Chief, *Black's Law Dictionary*(8th ed. 2004), http://international. westlaw. com, 2010-2-19. Independent Contractor. One who is entrusted to undertake a specific project but who is left free to do the assigned work and to choose the method for accomplishing it. It does not matter whether the work is done for pay or gratuitously. Unlike an employee, an independent contractor who commits a wrong while carrying out the work does not create liability for the one who did the hiring.

　　② 吴焕宁主编:《海上货物运输三公约释义》,中国商务出版社 2007 年版,第 79 页。

　　③ 曹艳春:《雇主替代责任研究》,法律出版社 2008 年版,第 22～23 页。

假如 Bogart 提供所有的工具,按照小时数来支付工资,决定 Bacall 什么时候工作和他具体应该干什么,Bacall 就具有雇员的特征。相反,假如 Bacall 用他自己的卡车和工具工作,由他自己选择什么时候来,按季节获得支付,自己提供保险,自己决定什么时候浇花园,他就具有独立合同人的特征。[①]

2. 代理人

相比于独立合同人,代理人的概念因两大法系代理论的差异以及商务实践中对"代理"一词的随意使用而不是很容易认识。

美国《第二次代理法重述》第 1 章第 1 节第 1 条"代理、本人、代理人"对这三个互相联系的概念分别作如下定义:"(1)代理是一种源于一方表示同意由另一方代表自己行为,并受自己控制,另一方表示同意实施该行为的信任关系;(2)行为的承担人为本人;(3)行为的实施者为代理人。"

关于代理关系及代理人与雇员、独立合同人之间的区别,美国法学会在《第三次代理法重述》对"§ 1.01 代理定义"的评述中有较为详尽的论述:

"代理包含有很多种具体形态的社会关系。普通法上的代理存在于雇主与雇员,公司与职员,当事人与律师,合伙与合伙人等社会关系之中。……有些代理人没有缔结合同约束本人的权限(authority),却有权限代理本人与第三人谈判,从第三人那里获得信息。……并不是所有的一个人为另一个人提供服务的关系都满足代理关系的定义。代理包括三方关系:本人、代理人以及与代理人进行交易的第三人。对'交易'(deal)的概念进行比较宽松的界定很重要。例如,本人可以请一个代理人代表其从第三方获取信息,但并不在与第三方达成一个具体项目(transaction)的概念上进行交易。相比较而言,如果一个服务人只是单纯地提供信息但并不代表信息接收人与第三人接触,这种服务人就不是代理人。……然而,普通法上的代理还包括雇佣关系,即使是雇主没有授权雇员与雇主企业之外的第三方接洽交易。比较之下,普通用语独立合同人的含义和用法都比较模糊,因为一部分独立合同人是代理人,另外一些独立合同人却只是非代理人的服务提供者。独立合同人的反义词的概念同样模糊,因为不是独立合同人的人可

---

① Joseph W. Glannon, *The Law of Torts: Examples and Explanation*, Aspen Publishers, 2005, p. 478.

能是雇主的雇员,也可能是非代理人的服务提供者。"①

从以上评述,我们可以看出:在美国法中,雇员可以成为雇主企业的代理人。实际上,《第三次代理法重述》第7.07条规定了雇主对雇员的"代理责任"(vicarious liability)。该条第3款规定:"为了本条目的:受雇人是代理人,其本人有权控制其完成任务的工作方式和方法;工作任务是无偿完成的并不免除本人的责任。"独立合同人可以成为代理人,也可以是一般的服务提供者。代理人与雇员存在着交叉的可能,也与独立合同人存在着交叉的可能,但是雇员与独立合同人之间没有交叉的可能。

以上是美国法学会在《第三次代理法重述》中主张的观点。实际上,英美法学者对代理人、雇员、独立合同人这三者之间的逻辑关系有不同的认识。第一种观点为萨尔蒙德(Salmond)和何斯顿(Heuuston)所提倡。这种观点认为,代理是种概念,雇员和独立合同人是子概念。代理人要么表现为雇员,要么表现为独立合同人。雇员和独立合同人的区别在于所受的控制程度不同。萨尔蒙德和何斯顿是从侵权法的角度提出这一观点的。第二种观点为莱特(Wright)主张。该观点认为,代理人和雇员可以归为一类,统称为代理人。其中,狭义的代理人与雇员的区别在于:代理人代表被代理人和第三人订立合同,而雇员不能代表雇主和第三人订立合同。广义的代理人和独立合同人接受被代理人或委托人的控制程度不同。这样,广义的代理人就与独立合同人成了两个相互并列的概念。第三种观点为英国法官厄尔(Erle C.J.)主张。该观点认为,广义的雇员应当一分为二:狭义的雇员与代理人。广义的雇员与独立合同人构成了两个相互并列的概念。在广义的雇员概念中,狭义的雇员与代理人的区别在于雇佣的性质不同。具体来说,狭义雇员的雇佣期限具有连续性;而代理人的雇佣期限具有临时性,或者仅仅限于某一特定场合。除了上述观点之外,还有一种观点与以上三种观点截然不同。弗理德曼反对把雇员和独立合同人视为代理人。他认为,雇员和独立合同人尽管在侵权法上非常重要,但在代理法上却无足轻重。而代理是一种在合同法与财产法上都具有重要意义的法律关系,因为代理关系的通常目的是由代理人为了被代理人的利益订立合同或处分财产。②

---

① American Law Institute, *Restatement (Third) of Agency*, http://www.west-law.com,下载日期:2010年2月19日。

② 徐海燕:《英美代理法研究》,法律出版社2000年版,第33~34页。

在上述几种观点中,笔者倾向于最后一种观点。英美法中的广义代理人之所以把雇员、独立合同人都包括进去,更多地是为了用于侵权法上解决雇员与独立合同人在完成雇主或委托人任务的过程中侵害第三人时的责任承担问题,即雇主要对雇员或独立合同人对第三人的损害承担"代理责任"(vicarious liability)。而在大陆法系国家,代理人有着较为严格的定义。侵权法上雇主对雇员承担责任由雇主的替代责任制度去解决,不需要借助于代理理论。因此,在大陆法系国家,代理人的范围要小于英美法系中的代理人。例如,雇员只是受雇主委托与第三人进行接洽处理事务,但并不代表雇主为法律行为,雇员不会被认为是代理人。而上述美国法学会在《第三次代理法重述》的评论中,可以看出,在英美法中,这样的雇员就可以被认为是代理人。在《鹿特丹规则》中,代理人的概念更多地是被作为大陆法系中较为狭窄的定义去处理的,笔者在下文会有涉及。

(二)国际条约中承运人之独立合同人、代理人的法律地位

1.《海牙规则》、《海牙—维斯比规则》下承运人之独立合同人、代理人的法律地位

《海牙规则》只规定了承运人,没有涉及独立合同人与代理人。《海牙规则》所设计的制度也都是为承运人设计的。因此,独立合同人与代理人没有适用《海牙规则》的可能,也就谈不上有什么法律地位的问题。

《维斯比规则》对《海牙规则》作了适当的修改,但独立合同人仍然没有适用的空间。《维斯比规则》与《海牙规则》相比,一个重要修改是增加了"喜马拉雅条款"的有关规定,明确了承运人之受雇人、代理人的法律地位。1953年英国"喜马拉雅轮案"后,航运公司纷纷在运输合同中加上一条所谓的"喜马拉雅条款",规定承运人的受雇人、代理人、独立合同人等都可以享受运输合同条款的保护。但是由于"喜马拉雅条款"是以合同条款的形式规定了合同当事人以外的其他人的权利义务,有违各国一般都承认的合同相对性原则,因此当时对此类条款的效力如何存在着不同看法。《维斯比规则》解决了这个问题。《维斯比规则》第3条第2款部分采用了"喜玛拉雅条款"。之所以说是部分采用是因为《维斯比规则》只允许承运人的雇用人、代理人,而不允许独立合同人享有承运人根据公约所享有的各项免责或责任

限制。① 这样,独立合同人依然被排除在海牙体系之外。只是在《维斯比规则》下,因为"喜马拉雅条款"的部分采纳,承运人的代理人可以限制其赔偿责任。

2.《汉堡规则》下独立合同人、代理人的地位

《汉堡规则》虽然规定了实际承运人的定义,并规定实际承运人适用承运人责任的有关规定,但实际承运人之外的其他独立合同人以及代理人并不能适用承运人责任体制。

《汉堡规则》第7条第2款也采纳了"喜马拉雅条款"。但与《维斯比规则》有所不同,该条没有明确将独立合同人排除在外。② 承运人的代理人在《汉堡规则》下可以享受赔偿责任限制确定无疑,独立合同人在《汉堡规则》下能不能享受承运人的单位赔偿责任限制却是一个不无疑问的问题。虽然实际承运人之外的其他独立合同人不能适用承运人责任体制,不能直接适用承运人的单位赔偿责任限制,但是在《汉堡规则》下,独立合同人却有适用"喜马拉雅条款"的可能。

有观点认为,《汉堡规则》第7条第2款规定的受雇人或者代理人是指"受雇于承运人的船长、船员、装卸工人、港站经营人、修船人等和其他为了履行海上货物运输合同而由承运人委托的代理人或受托人等"③。日本学者樱井玲二认为此删除表明《维斯比规则》排除独立承包人(即独立合同人)援引承运人抗辩和责任限制的规定已被取消,所以可解释为独立承包人也可以同样援引,并认为此款具有重要意义。④ 有的学者认为实际承运人的定义中已包括港口经营人,如加拿大 William Tetley 教授认为:"《汉堡规

① 吴焕宁主编:《海上货物运输三公约释义》,中国商务出版社 2007 年版,第 78~79 页。《维斯比规则》第 3 条第 2 款规定:"如果这种诉讼是对承运人的受雇人员或代理人(而该雇佣人员或代理人不是独立的合同人)提出的,则该雇佣人员或代理人适用按照本公约承运人所可援引的各项答辩和责任限制。"

② 《汉堡规则》第 7 条第 2 款规定:"如果这种诉讼是对承运人的受雇人或代理人提起,而且该受雇人或代理人证明他是在其受雇的范围内行事,他便有权援用承运人根据本公约有权提出的抗辩和责任限额。"

③ 吴焕宁主编:《海上货物运输三公约释义》,中国商务出版社 2007 年版,第 135~136 页。

④ 〔日〕樱井玲二著:《汉堡规则的成立及其条款的解释》,张既义等译,对外贸易教育出版社 1986 年版,第 291 页。

则》第 4 条将承运人的责任扩展至港口到港口,从而解决了'喜马拉雅条款'的问题。同时,第 10 条规定承运人对实际承运人的行为负责,根据《汉堡规则》第 1 条第 2 款的规定,实际承运人应当包括装卸工人及港站经营人。"① 我国司玉琢教授也持相同观点。②《汉堡规则》因各国适用的案例较少,这种观点难以为司法实践所检验,如果这种观点成立,则独立合同人作为承运人的受雇人、代理人从而被纳入《汉堡规则》,享有承运人在《汉堡规则》下的权利义务,当然也可以适用第 7 条第 2 款。

《汉堡规则》起草过程中也没有详细地讨论"独立合同人"的取消问题。《汉堡规则》更多体现了大陆法系的观念和用语。从若干大陆法系国家和地区国内法中采用的与《汉堡规则》相类似的没有明确排除独立合同人的国内法中的"喜马拉雅条款"来看,这些国家《海商法》中"喜马拉雅条款"规定的"受雇人"、"代理人"用语都没有包括独立合同人在内。③ 而且,还有观点认为《汉堡规则》第 7 条第 2 款没有如《海牙—维斯比规则》那样提到独立合同人,看来是起草者有意而为。因为《汉堡规则》第 10 条已经规定实际承运人作为一种独立合同人可以享有承运人的免责与责任限制,无法在"喜马拉雅条款"中将独立合同人完全排除在外。④ 这样看来,似乎又可以认为《汉堡规则》第 7 条第 2 款的规定与《海牙—维斯比规则》的规定实质上是相一致的。总之,独立合同人在《汉堡规则》下的能否依据"喜马拉雅条款"享受单位赔偿责任限制并不明确。

(三)国内法中承运人之独立合同人、代理人的法律地位

有些国家的国内法规定了实际承运人的概念,并且移植了《汉堡规则》中的实际承运人责任制度,规定实际承运人适用承运人责任体制。例如,我国《海商法》第 42 条规定了实际承运人的概念,第 61 条规定实际承运人适用承运人责任体制。在没有规定实际承运人概念的国家,实际承运人仍然作为承运人的受雇人、代理人而存在。

---

① William Tetley, *The Himalaya Clauses-Revisited*, http://www.mcgill.ca/files/maritimelaw/himalaya.pdf,下载日期:2010 年 9 月 7 日。

② 司玉琢:《海商法专论》,中国人民大学出版社 2007 年版,第 221 页。

③ 袁绍春:《实际承运人法律制度研究》,法律出版社 2009 年版,第 111~113 页。

④ Chen Liang, Benefits and Burdens of Third Parties under Exception Clauses in Bills of Lading, 24 Mar. Law. 225, 转引自袁绍春:《实际承运人法律制度研究》,法律出版社 2009 年版,第 111 页。

承运人的其他独立合同人与代理人在国内法中不能直接适用承运人责任体制。这是由合同法中的合同相对性原理决定的。然而承运人其他独立合同人代理人能否限制赔偿责任,各国的做法并不相同。在目前的国内法中,一些国家允许部分承运人的独立合同人或是代理人享有赔偿责任限制。例如,加拿大在《2001 年海事责任法》第 30 条"责任限制"中专门规定了码头、运河或港口所有人的责任限制。[①] 1996 年《新加坡海事及港口当局法》第 14 部分专门规定了港口经营人的责任。该法案第 91 条第(1)项规定:"对非港务局的实际错误或私谋造成任何船舶、货物或在船上的任何其他东西的任何损失、损坏或破坏,对不超过相当于注册船舶吨位每吨 1000 金法郎的新加坡货币累计金额之外的损坏,港务局不负责赔偿。"[②]在这些国家中,当货方对这些主体依据侵权法进行索赔时,他们确定地可以享受赔偿责任限制。但是,在很多成文法中没有对承运人之独立合同人、代理人责任限制进行规定的国家,是否允许当事人依据合同中"喜马拉雅条款"为承运人、代理人,特别是独立合同人提供保护是由法官逐案决定的。例如,在美国法院审理的案件中既有允许装卸公司享有责任限制的案例,也有不允许其享受责任限制的案例;既有允许港站经营人享有赔偿责任限制的案例,也有不允许其享受赔偿责任限制的案例。[③]

(四)《鹿特丹规则》下海运区段承运人之独立合同人、代理人法律地位的变化

如前所述,海运履约方概念将承运人之独立合同人和代理人包括在内,而符合《鹿特丹规则》第 19 条规定的海运履约方要适用承运人责任体制。与在现行法下上述独立合同人、代理人的法律地位相比,其法律地位有以下变化:

1.由于海运履约方在符合一定条件时适用承运人的赔偿责任,属于海运履约方的承运人的独立合同人和代理人也将在一定条件下适用承运人的

---

① 韩立新、王秀芬编译:《各国(地区)海商法汇编(下卷)》(中英文对照),大连海事大学出版社 2003 年版,第 579 页。

② *Maritime and Port Authority of Singapore Act*,http://www.mpa.gov.sg./sites/port_and_shipping/maritime_legislation_of_singapore/maritime_and_port_authority_of_singapore_act.page,下载日期:2010 年 5 月 26 日。

③ Joseph C. Sweeney, Crossing the Himalayas: Exculpatory Clauses in Global Transport, *Journal of Maritime Law & Commerce*, 2005, April(36), pp. 173~182.

赔偿责任。而在以往的法律制度中,除了《汉堡规则》中的实际承运人外,其他独立合同人与代理人都不具有这种法律地位。

2.当海运履约方适用承运人的义务与责任时,货方可以依据《鹿特丹规则》对海运履约方提起诉讼。而在《海牙规则》、《海牙—维斯比规则》下,由于其没有规定对类似于海运履约方的主体提起诉讼的基础,货方要对这些主体提起诉讼,只能依据侵权法或信托法对其提起诉讼。[①]

3.由于属于海运履约方的承运人的独立合同人和代理人在一定条件下适用承运人责任体制,这样他们将可以直接依据《鹿特丹规则》第12章赔偿责任限额的规定去限制其赔偿责任,而不再是依据"喜马拉雅条款"的保护,间接地享有承运人单位责任限制。并且,只要这些独立合同人和代理人被认定为海运履约方,他们享有这种责任限制的地位就是确定无疑的。

三、承运人之独立合同人、代理人法律地位变化对货方利益的影响

海运履约方概念的引入带来了承运人的独立合同人与代理人法律地位的变化,这种变化相应地会对货方利益产生影响。对货方而言,一方面,履约方概念的引入意味着有更多的主体适用货物运输法。因而,可以依据海上货物运输法提起诉讼的对象增加了,并且海上履约方与承运人承担的是连带责任,这样,更有利于保障货方的利益。但是,另外一方面,承运人的独立合同人、代理人适用《鹿特丹规则》后就可以享受承运人的单位赔偿责任限制,这反而又可能使货方处于不利地位。

(一)适用侵权责任法与适用《鹿特丹规则》举证责任的比较

依照大陆法系国家侵权责任法对侵权行为的分类,承运人的独立合同人、代理人造成运输过程中货物损失的行为属于一般侵权行为。对于一般侵权行为各国通常采取的归责原则是过错责任。而在英美法系侵权责任法中,承运人独立合同人、代理人对运输过程中货物损失所承担的侵权责任也属于过错责任。虽然19世纪下半叶以来,侵权责任法上严格责任开始出现并逐渐发展,但无论是在大陆法系还是在英美法系,侵权法上的严格责任大

---

① Yvonne Baatz, Charles Debattista, Filippo Lorenzon, Andrew Serdy, Hilton Staniland, Michael Tsimplis, *The Rotterdam Rules: A Practical Annotation*, Informa, 2009, p. 66.

多适用于产品责任、危险物致害责任、动物致害责任、替代责任、雇主工伤事故责任、异常危险活动责任等领域。① 承运人及其独立合同人、代理人对货物运输中的损失承担的责任依据侵权法属于过错责任。这与《鹿特丹规则》规定的承运人责任基础相比较没有区别。

依据侵权责任法,受害人要想索赔成功,需要完成两项举证责任。首先,作为货方的受害人要举证证明承运人之独立合同人、代理人对侵权行为的发生有过错。"在侵权之诉中,对一般侵权行为而言,侵权行为人通常无须证明自己不具有过错,而受害人必须证明加害人的过错。只是特殊侵权行为中,对过错实行举证责任倒置。"②"无论是在大陆法系国家还是英美法系国家抑或是我国,侵权法学家均认可这样的规则即在过错侵权诉讼中,过错的举证责任应当由那些宣称被告的行为具有过错的原告来承担,被告并不承担举证责任,以证明侵害事件的发生是不可避免的,是不能归责于其过错行为的。除非原告能够证明他所遭受的损害是由被告的过错行为所导致的,否则,被告不对原告承担侵权损害赔偿责任。"③

原告如何证明被告的行为是一种过错行为? 不同的过错分析方法要求原告证明的具体内容不同。如果对过错采取主观性分析方法,认为过错是一种应受责难的主观心理状态,则原告在证明被告有过错时,必须证明两个方面的内容:一方面,原告必须证明被告在实施致害行为时具有追求此种损害的主观愿望或虽无此种主观愿望但他放松自己的主观意志,并深入行为人的内心证明他对致害行为所抱的各种不同程度的心理状态;另一方面,原告还必须证明被告的行为在道德上具有缺陷和应受谴责性,此时,原告必须证明被告的行为与其个人的性格、知识、经验和能力不相协调,没有达到其个人技能和知识所能达到的程度。如果对过错采取客观性分析方法,则原告可以通过分析被告行为性质的方式来证明其行为是否有过错,无须分析被告的内在心理活动方式,也无须去证明被告的行为同其个人的知识、经验和技能不相协调。因此,对过错采取客观性分析方法时,原告应当通过两个

---

① 胡艳香:《外国侵权法中严格责任地位研究——兼论中国的相关问题》,厦门大学 2007 年博士学位论文,第 64～98 页。

② 王利明:《侵权行为法研究(上卷)》,中国人民大学出版社 2004 年版,第 48 页。

③ 张民安:《过错侵权责任制度研究》,中国社会科学院 2002 年博士学位论文,第 206 页。

方面来证明被告对侵权行为的发生有过错,即被告对原告承担了某种注意义务,被告违反了该种民事义务。①

无论采用哪种过错分析方法,原告对侵权人的过错都是不易证明的。各国法律均采取一定的法律技术手段以保护受害人的利益,这种法律技术手段就是过错推定理论和事实自证(res ipsa loquitur)理论。然而,无论是在大陆法系还是在英美法系,对货物索赔适用过错推定都很罕见。② 过错的举证责任一般由索赔人来承担。

原告除了证明被告的行为是过错行为以外,还必须证明被告的过错行为与自己所遭受的损害之间有因果关系。此种证明有时也极其困难,尤其是当原告诉称被告违反义务的行为是没有采取制定法所规定的某些措施时,更是如此。③

相比较之下,《鹿特丹规则》下索赔人的举证责任会轻很多。在《鹿特丹规则》下,除了第 17 条第 3 款规定的免责事项外,对承运人实行过错推定。根据《鹿特丹规则》第 17 条第 1 款的规定,索赔人只要证明货物灭失、损坏或迟延交付,或造成、促成了灭失、损坏或迟延交付的事件或情形是在第 4 章规定的承运人责任期内发生的,如果承运人不能举证证明其没有过失,索赔人便可要求承运人与海运履约方承担赔偿责任。所以,适用《鹿特丹规则》货方的举证责任一般情况下要轻于适用侵权责任法下的举证责任。并且,海运履约方与承运人承担连带责任,货方起诉时,可将二者列为共同被告。

(二)独立合同人、代理人享受责任限制是否会对货方利益带来较大损害

在《鹿特丹规则》下,属于海运履约方的承运人的独立合同人、代理人可以享有单位赔偿责任限制。相对于一些国内法中没有对承运人之独立合同人、代理人享有单位赔偿责任限制进行明确规定的国家,适用《鹿特丹规则》对货方而言可能比适用国内法更处于不利地位。这要看《鹿特丹规则》确定

---

① 张民安:《过错侵权责任制度研究》,中国社会科学院 2002 年博士学位论文,第 206～207 页。

② 在大陆法系,过错推定主要适用于一些特殊侵权行为;在英美法系,事实自证理论主要适用于那些没有侵权人的过错,损害不会发生的场合。货物运输中的独立合同人、代理人导致货物损失很少属于这些情形。

③ 张民安:《过错侵权责任制度研究》,中国社会科学院 2002 年博士学位论文,第 207 页。

的承运人的单位赔偿责任限额是否能够满足货方的索赔要求。美国代表团
在其提案中指出,绝大多数货物索赔都在《海牙—维斯比规则》限额之内,而
且平均索赔额也大大低于"海牙—维斯比"限额。2001 年(最近可获数据
年),出入美国的货物平均价值为每公斤 0.44 特别提款权。而且,所谓的
"集装箱条款"实际上确保了在集装箱运输中,除了最特殊的"包件"之外,所
有包件的价值都低于 666.67 特别提款权。① 而《鹿特丹规则》第 59 条确立
的单位责任赔偿责任限制是"每件或每个其他货运单位 875 个计算单位,或
按照索赔或争议所涉货物的毛重计算,每公斤 3 个计算单位,以两者中较高
限额为准",这个责任限额比《海牙—维斯比规则》确立的责任限额要高,因
此一般货物索赔数额都能够按照实际损失情况足额赔偿。所以,虽然适用
《鹿特丹规则》时,港站经营人、装卸公司等独立合同人可以享受承运人的单
位赔偿责任限制,但是因为《鹿特丹规则》确定的赔偿限额较高,货方的索赔
要求在一般情况下都能得到满足,单位赔偿责任限制的存在基本上不会损
害货方的利益。

综上所述,海运履约方概念的引入,总体上来讲有利于货方在货物发生
损失时向独立合同人进行索赔,因而对货方而言是一个有利的制度变化。

第五节　适航义务之变化

"适航"一词无论是在各国的法律规定之中,还是在航运实践中都是一
个出现频率颇高的词汇。正如 William Tetley 教授所言:"适航就如一条
线,以各种形式贯穿整个海商和海事法。"②适航可以解释为船舶符合一定
条件的状态,即满足某种条件的装备,配备合格的船长和船员,在预计的航
次中,货物通常能妥善而安全地装载、运输、照料和卸载。适航有广泛的内
涵:船体和舱口水密,正常的泵浦、阀门和锅炉系统,主机、发电机和制冷设
备都处于良好状态;船舶配备有最新的海图,航海通告以及有效标识的助航
设备;船员必须在船舶操纵和船舶特性方面受到妥当的培训指导;船舶为航

---

① See U. N. Doc. A/CN. 9/WG. III/WP. 34. Paragraph 10. Footnote 2.

② William Tetley, *International Maritime And Admiralty Law*, Les Éditions
Yvon Blais Inc. ,2002,p. 52.

程添加燃料和配备供应品等等。① 不过,"适航"一词的含义是相对的,"一艘船舶在船舶所有人与保险人之间可能是适航的,然而在货物托运人与船舶所有人之间却完全可能是不适航的。"②"适航义务三方面的内容都是针对特定航次的,航次不同、装载的货物不同,运输中的风险不同,这三方面要求的标准也不同。"③《鹿特丹规则》调整的运输方式为全程或部分途程经过海运的货物运输,因此,承运人在《鹿特丹规则》下承担的适航义务只适用于其中的海运区段。《鹿特丹规则》下承运人适航义务有新的变化与发展。

一、适航义务概述

(一)承运人适航义务:从普通法到《汉堡规则》

1. 普通法上的适航义务

在英美法系国家,国内有关成文立法出现之前,海上货物运输主要由普通法来调整。在普通法上,公共承运人对运输合同项下承担的义务负严格责任。"公共承运人的义务在普通法中是严格责任性质的,除了其缔结合同中的特别约定,公共承运人对其承运货物的安全负绝对责任。"④在普通法的这一背景之下,公共承运人的适航义务自然也是严格责任性质的,即船舶所有人或承运人必须绝对保证船舶从航次开始时适于全程运送船上的货物,并能安全地抵御该航次在该季节中合理预期可能遭遇的任何风险。即使船舶所有人或承运人采取了一切合理的措施,他仍须对于船舶事实上的不适航负责。如果船舶在开航时存在缺陷,应根据下列标准判断是否仍然满足适航要求:假如一名谨慎的船舶所有人或承运人在船舶开航前知道缺陷的存在,是否会要求排除这种缺陷,如果回答是肯定的,则该缺陷的存在

---

① William Tetley, *Marine Cargo Claims* (4th ed.), Les Éditions Yvon Blais Inc., 2008, pp. 877~878.

② Ivamy, Hardy (ed.), Chamer's Marine Insurance Act 1906 (9th ed. Butterworth London 1983) p. 60,转引自 Sze Ping-Fat, *Carrier's Liability under the Hague*, *Hague-Visby and Hamburg Rules*, Kluwer Law International, 2002, p. 36.

③ 尹东年、郭瑜:《海上货物运输法》,人民法院出版社 2000 年版,第 79 页。

④ Colinvaux (ed.), Carver's Carriage by Sea (13th ed. Stevens & Sons London 1982) vol. 1 sect. 2, citing Coggs v. Bernard(below),转引自 Sze Ping-Fat, *Carrier's Liability under the Hague*, *Hague-Visby and Hamburg Rules*, Kluwer Law International, 2002, p. 36.

就构成船舶不适航,而不论船舶所有人或承运人是否实际知道其存在。① 在这种情况下,适航义务的判断标准是客观的,然而却是可以变化的,要依据航次的性质,货物的种类,航线上所可能遇到的情况来进行判断。需要注意的是,谨慎船舶所有人中的"谨慎"不是用来描述所有人在寻找船舶缺陷时的心理状态,而是船舶所有人在面对一项已经(不论是通过何种手段)发现的船舶缺陷时的心理状态。② 因此,绝对适航义务加予船舶所有人或承运人的是一种严格责任,它不免除船舶所有人或承运人对船舶中存在的通过仔细检查仍不能发现的缺陷,即潜在缺陷所负的责任。对这一繁重的义务,在成文法规出现以前,船舶所有人或承运人都企图在合同中列入限制或免责条款来进行逃避。③

2.《海牙规则》、《海牙—维斯比规则》下的适航义务

与普通法上承运人适航义务相比,《海牙规则》、《海牙—维斯比规则》下的承运人适航义务发生了一些变化。一是承运人的适航义务从严格责任性质的义务变化为"合理谨慎"的义务,即从绝对的适航义务改变为相对的适航义务。但是"谨慎处理"的实际含义并不明确。④ William Tetley 教授认为合理谨慎意味着"真实的、相称的、合理的努力"⑤。所付出的谨慎与努力需要结合具体情形下要求的注意义务的性质和程度来确定,因而是一个抽象的、相对的概念。"合理谨慎"在一些情况下可能被解释为需要承运人付出最高程度的勤勉或是超出一般的勤勉,或者是一个非常谨慎的人在照管

---

① McFadden v. Blue Star Line,[1905] K. B. D. 706, See also Bradley v. Federal Steam Navigation Co. (ibid.), per Scrutton L. J., at 454, referred to in The Liepaya [1999] 1 Lloyd's Rep. 649, per Rix J. at 648-649.

② Chen Liang, *Seaworthiness in Charter Parties*, Journal of Business Law, 2000, Jan, p. 3.

③ 胡正良:《船舶适航若干法律问题的研究》,载《大连海运学院学报》1989 年第 15 卷第 4 期。

④ 胡正良:《船舶适航若干法律问题的研究》,载《大连海运学院学报》1989 年第 15 卷第 4 期。

⑤ [加]威廉·泰特雷著:《海上货物索赔》,张永坚、胡正良、傅延忠译,大连海运学院出版社 1993 年第 3 版,第 291 页。Willam Tetley, *Marine Cargo Claims*, 3rd ed., International Shipping Publications,1988,pp. 369~370.

自己的财产或处理自己事务时候的那种勤勉。①绝对适航义务与相对适航义务的区别主要表现在对船舶开航前和开航时存在的潜在缺陷,承运人承担责任的不同。在相对适航义务之下,承运人通过谨慎的勤勉仍不能发现船舶存在的潜在缺陷不负违反适航义务的责任。而在严格适航义务下,承运人需要对通过谨慎的勤勉不能发现的潜在缺陷承担违反适航义务的责任。由此看来,在相对适航义务之下,承运人的义务要轻一些。

《海牙规则》、《海牙—维斯比规则》下承运人承担谨慎处理使船舶适航义务的时间为开航前到开航时的一段时间。William Tetley 教授指出"这是关于这种义务(指适航义务,笔者注)并非绝对的表达方式"②。亦即,承运人仅在船舶开航前到开航时承担谨慎处理使船舶适航的义务。开航的确切时刻是很难确定的,一般认为,当船舱全被封妥,来访者已离船上岸,并且从驾驶台发出命令以使船舶自行或靠拖轮协助或者二者兼用实际移动时,即为该轮开航之时。权威判例表明,开航前到开航时的这段时间自船舶开始装货开始之前直到船舶起锚或收缆时。当船舶适航的某些措施已经妥善地安排在海上实施时,尽管这些措施可以在海上也可以在该船开航之前实施,但在船舶没有实施措施的情况下开航,也不能认为船舶是不适航的。③

实际上,适航的概念有两种理解:一种是事实意义上的适航,主要针对的是船舶的状态,是一个事实问题。另一种是法律意义上的适航,只要船东在开航前和开航时尽了谨慎处理的义务,即使船舶存在经过合理努力不能发现的潜在缺陷,仍然认为船东已经履行了适航义务,不需要承担不适航的责任。④普通法对船东施加的是一种事实意义上的适航义务即要求船舶保持事实上的适航状态,《海牙规则》为船东施加的却只是一种法律意义上的适航义务。

---

① Scottish Metropolitan Assurance Co. v. Canada SS Lines Ltd. (1928) 46 QueKB 305 at 314-315 per Greenshield J.

② [加]威廉·泰特雷著:《海上货物索赔》,张永坚、胡正良、傅延忠译,大连海运学院出版社 1993 年第 3 版,第 298 页。

③ [加]威廉·泰特雷著:《海上货物索赔》,张永坚、胡正良、傅延忠译,大连海运学院出版社 1993 年第 3 版,第 298 页。

④ 杨树明、郭东:《事实与法律之间——论船舶适航义务的含义及判断标准》,载《法学杂志》2006 年第 5 期。

3. 汉堡规则下的适航义务

《汉堡规则》没有直接规定承运人的适航义务,所以在《汉堡规则》下承运人的适航义务不很明确。我们可以从《汉堡规则》中的一些规定来推理出承运人在《汉堡规则》适航义务的若干端倪。

《汉堡规则》第5条"责任基础"第1款规定:"如果引起货物的灭失、损坏或迟延交付的事故发生在第4条定义的承运人掌管货物的期间,承运人对由于货物的灭失、损坏以及延迟交付所造成的损失负赔偿责任,除非承运人证明,其本人、其受雇人或代理人已为避免事故的发生及其后果采取一切所能合理要求的措施。"根据该条的规定,承运人需要在其"掌管货物的期间"对货物负责。《汉堡规则》第4条规定的承运人的责任期间为"货物在装货港、运输途中和卸货港处于承运人掌管之下的期间"。该"掌管货物期间"总体上可以划分为三个阶段,即在装货港期间、海上运输期间以及在卸货港期间。[①] 承运人在它掌管货物的期间内需要采取一切所能合理要求的措施避免货物的灭失、损坏以及迟延交付,这其中就包括采取合理措施使船舶适航。[②] 但是承运人提供适航船舶的义务期间是否也应该按照该条规定去理解呢?

按照上述"掌管货物期间"的规定,在装货港,如果船舶尚未到港,承运人事先接收了托运人的货物,堆放在承运人的堆场之内,这段时间也应该算承运人掌管货物的时间,按照上述"掌管货物期间"的理解,则在这段时间,承运人也需要承担适航义务,即船舶没有到达装货港而承运人需要对该批货物承担适航义务。而在卸货港,货物虽已卸下船,收货人来提货之前仍然在承运人掌握中,所以承运人仍然需要承担船舶适航义务。这种理解似乎有点过于严苛,毕竟,海上货物运输法中的"适航"是表征船舶状态与风险之间关系的一个概念,而此时货物尚未装载于船舶之上,对于这批货物而言,此时就要求承运人承担适航义务似乎有点过于苛刻。而在卸货港,货物卸下船之后,理所当然应该解除承运人就该批货物的适航义务。所以,《汉堡规则》下承运人承担适航义务的时间不应按"掌管货物期间去理解"。

---

① 吴焕宁主编:《海上货物运输三公约释义》,中国商务出版社2007年版,第113页。

② 韩传华:《论海上货物承运人恪尽职责使船舶适航原则》,厦门大学1985年硕士学位论文,第53页。

笔者认为《汉堡规则》下承运人提供适航船舶的义务时间应理解为"开航前,开航时和航行途中",即依照船舶在海上航行的时间去理解而不是依承运人掌管货物的时间去理解。至于"开航前"的起点应从货物开始装船时候起算,这样就可以避免船舶尚未到装货港就需要对尚未装运的货物承担适航义务这种不合理的状况出现。同样,在卸货港,承运人的适航义务应持续至货物卸下船为止。

无论如何,《汉堡规则》下承运人承担适航义务的时间与《海牙规则》、《海牙—维斯比规则》相比有了非常大的变化。同时,《汉堡规则》下承运人对其义务承担的是完全的过错责任,并且是推定过错,承运人就适航义务也承担相同性质的责任。所以,在《汉堡规则》下,适航义务似乎不再是"恪尽职责"的义务,而是一项绝对义务,只要有船舶不适航存在,便推定承运人有过错,由承运人来进行举证。因为《汉堡规则》没有对适航义务进行明确的规定,又很少有适用《汉堡规则》的案例,因此,我们重点比较《海牙规则》、《海牙—维斯比规则》对《鹿特丹规则》下承运人适航义务进行分析。

(二)《鹿特丹规则》下承运人的适航义务

在《鹿特丹规则》下,承运人的适航义务仍是一项恪尽职责,谨慎处理(exercise due diligence)的义务,适航义务的内容仍然包括船体的适航、船员适任与船舶适货这三项内容,这些都与《海牙规则》、《海牙—维斯比规则》相同。但是,《鹿特丹规则》下的承运人适航义务与《海牙规则》、《海牙—维斯比规则》相比有较大变化。主要表现在承运人适航义务扩展至全程,不再限于开航时至开航前。适航义务不再是首要义务,而是一项承运人的普通义务,相应地违反适航义务的后果也就发生了变化,适航义务的举证责任也发生了变化。船舶的适货义务包括集装箱适货在内。

二、适航义务扩展至整个海上航程

《鹿特丹规则》规定承运人适航义务的第14条的引导语用了"开航前、开航当时和海上航程中"的措辞,在规定适航义务的三项内容中也使用了"处于且保持"、"在整个航程中"、"安全接受、运输和保管"等措辞。这些措辞都表明《鹿特丹规则》下承运人的适航义务适用于海上运输区段的全程。第14条没有对海上航程的结束以及在货物从船舶上卸下时,承运人是否需要承担适航义务进行明确规定。关于承运人承担适航义务的开始时间即开航时和开航前,《海牙规则》、《海牙—维斯比规则》和各国国内法已经有大量的案例,但是对于何为海上航程的结束以及承运人适航义务的结束,未来《鹿特丹规则》生效后尚还需要案例进行明确。

(一)适航义务扩展至海运全程对承运人的影响

适航义务扩展至全程后,承运人的义务会大大加重。在《海牙规则》、《海牙—维斯比规则》下,承运人仅在开航时和开航前承担恪尽职责使船舶适航的义务,船舶开航后,承运人的谨慎义务即告结束。此后,在航程中,承运人只承担《海牙规则》第3条第2款规定的与货物有关的谨慎义务。而在《鹿特丹规则》下,承运人在整个海上航程中,除了承担对货物的谨慎义务外,还要承担谨慎处理使船舶适航的义务,承运人的义务无疑大大加重了。

承运人在港口承担的恪尽职责的义务与在大洋上航行时承担的恪尽职责义务应该是不同的。例如,当有货舱发生泄漏时,如果船舶位于港口内,很容易便可以对其进行修理。当船舶航行于大洋上时,恪尽职责的义务是否要求其对船舶修理取决于相关因素的考虑,比如,货舱泄漏的程度,对货物造成损害的可能性有多大,由此可能造成的迟延如何,天气状况,船员自行进行修理的能力等。[①]

1. 对绕航制度的影响

传统的绕航是指船舶偏离约定的或习惯的地理航线的行为。绕航的法律后果是一个复杂的问题。[②] 鉴于绕航问题的复杂性,《鹿特丹规则》第24条将绕航是否违反承运人义务交给国内法去处理,第24条只规定了绕航的法律后果。

承运人适航义务扩展至全程会对绕航制度产生一定的影响。全程的适航义务意味着承运人在整个航程中都要谨慎处理使船舶适航。当船舶出现事实上的不适航状态,需要修理船舶,补充船员等等,可能会更多地发生绕航现象。比如,在航行途中,承运人船舶遭遇风暴导致船舶助航仪器损坏,或者船员发生疾病、死亡等情况。因为承运人承担的是持续性的恪尽职责的适航义务,如果通过绕航采取措施来恢复船舶事实上的适航状态被认为是恪尽职责的适航义务所必需的,那么,承运人就需要挂靠计划航线之外的

---

① Yvonne Baatz, Charles Debattista, Filippo Lorenzon, Andrew Serdy, Hilton Staniland, Michael Tsimplis, *The Rotterdam Rules：A Practical Annotation*, Informa, 2009, p.39.

② 初北平:《绕航法律问题研究》,大连海事大学1999年硕士论文,第1页。

港口以恢复船舶适航状态。那么,这种为了恢复船舶的适航状态而需要进行的必要绕航能否被认为是不合理的绕航呢?

根据《海牙规则》第4条第2款的规定,"救助或企图救助海上人命或财产而发生的绕航以及任何其他合理绕航"被认为是合理的绕航。很多国家的国内法对什么是合理绕航作了与《海牙规则》类似的规定。当船舶出现的不适航的状态危及本船人命和财产安全时,为了恢复这种适航状态,救助本船的人命与财产所作的绕航,英美国家有判例认为这种绕航是合理的。[①]但如果事实上不适航的状态并不危及本船人命和财产安全时,承运人为了恢复适航状态而进行的绕航能否被法院认为是合理的绕航则可能是一个容易引发争议的问题。笔者认为,既然要求承运人承担全程的适航义务,这种绕航就应当被视为合理绕航。因为如果一方面要求承运人承担全程的适航义务,另一方面又不允许船舶为恢复船舶适航状态而绕航,会导致不合理的结果。不过,尽管可以将船舶为恢复适航状态所作的绕航视为合理的绕航,国内法应当对船舶为恢复适航状态所作的绕航进行必要的限制,以防止承运人滥用这一绕航权利去其他港口揽货,损害其他货主的利益。例如,可以要求此种绕航应合理、尽速,绕航挂靠的港口应为类似情形习惯挂靠的港口。

2. 对管货义务的影响

承运人适航义务扩展至全程也会对承运人管货义务产生影响。无论在《海牙规则》、《海牙—维斯比规则》还是在《鹿特丹规则》下,承运人对货物承担的谨慎义务都是持续至整个海上航程的。[②]但在《鹿特丹规则》下,因为适航义务持续至整个航程,而管货义务与适航义务存在关联,所以适航义务会对管货义务产生影响。管货义务与船舶适航之间的关系表现在:第一,不适当的积载可能造成船舶的不稳定性;第二,它可能会对这样积载的货物或者其他货物造成损害。

在《海牙规则》下,承运人在管理货物时没有妥善地对货物进行积载会造成船舶不稳定,从而危及船舶安全,导致船舶不适航。承运人需要对由于船舶的不稳定性对不当积载的货物本身以及同一个港口或下一个港口所装

---

① 初北平:《绕航法律问题研究》,大连海事大学1999年硕士论文,第7~8页。
② 在《鹿特丹规则》下,这种义务持续的时间可能更长,因为《鹿特丹规则》规定,当事人之间如无特别约定,承运人的责任期间点是"门到门"。

载的其他货物所造成的损害承担责任。但是,在后来的港口对货物的不良积载所造成的船舶不稳定性,其对先前港口所装货物产生的损害,将视为管理船舶的行为,而不属于缺乏谨慎处理。因为,《海牙规则》规定的适航义务只是船舶位于装货港在开航前和开航当时承运人所承担的义务,所以对于先前装载的货物产生的损失,此时承运人可以以《海牙规则》第4条第2款第(a)项规定的航海过失免责而不承担责任。[①]

仅导致货物损坏不影响任何其他事项的不当积载只是不当积载,仅此而已;对于该项航程而言,船舶仍然适航,即使该项航程正是运送该项货物也是如此。[②] 但是也有观点认为,造成对装载货物本身以及其他相邻货物直接损害的不良积载,属于未尽谨慎处理使船舶适航之责。因为该船的货舱及其他处所不"适于并安全"接受货物。[③] 如果这种观点成立,则意味着承运人在整个航程中都要对货物积载恪尽职责以避免损及其他货物。而根据第一种观点,承运人不需要在整个航程中恪尽职责履行适航义务。不过这个时候,承运人依然要履行妥善地管理货物的义务。所以,如何去解释这种义务,对承运人不会产生实质性的差别。[④]

不当积载导致船舶不稳定时,在适航义务仅限于开航前和开航时的情况下,船舶开航当时货物积载不当危及船舶安全的时候会导致承运人违反适航义务。但是,在途中装卸货物时,对货物重新进行积载若导致船舶不适航则不需要承担船舶不适航之责任。当适航义务扩展至整个海上航程的情况下,在中途港卸货积载不当导致船舶不稳定,承运人就需要就该不稳定承担船舶不适航的责任。换言之,承运人在整个海上航程中都有恪尽职责地

---

① 〔加〕威廉・泰特雷著:《海上货物索赔》,张永坚、胡正良、傅延忠译,大连海运学院出版社1993年第3版,第306页。

② Per Lord Summer in The Elder Dempster v. Paterson Zochonis〔1924〕A. C. 522;The Thorsa〔1916〕p. 257;Wade v. Cockerline〔1905〕10 Com. Cas. 115;Bond v. Federal S. N. Co.〔1906〕22 T. L. R. 685;Calcuta v. Weir〔1910〕15 Com. Cas. 172;Ingram v. Services Maritime〔1913〕1 K. B. 538 at p. 545,转引自〔英〕Stewart C. Body, Andrew S. Burrows, David Foxton:《SCRUTTON租船合同与提单》,郭国汀译,法律出版社2001年版,第141页。

③ 〔加〕威廉・泰特雷著:《海上货物索赔》,张永坚、胡正良、傅延忠译,大连海运学院出版社1993年第3版,第306~307页。

④ 笔者倾向于第一种观点,即这时候的积载仅是一种管理货物的义务而不是一种适航义务。

积载货物以使船舶保持良好的稳定性,否则,承运人将被视为没有履行适航义务。

(二)承运人适航义务扩展至全程的原因探析

1. 取消航海过失免责

航海过失免责,是指国际海上运输货物的承运人对于船长、船员、引航员或者承运人的其他受雇人员,因驾驶或者管理船舶的过失所造成的货物灭失或者损坏,不负赔偿责任。"航海过失"(nautical fault)包括驾驶船舶的过失和管理船舶的过失。"驾驶船舶的过失",是指船长、船员和引航员等,在船舶航行或者操纵上的过失。"管理船舶的过失",是指船长、船员等在维持船舶性能和有效状态上的过失。[1]

《鹿特丹规则》第17条规定的15项免责事项没有包括航海过失免责。取消航海过失免责的后果之一就是由于航海过失所导致的船舶不适航,承运人将不能免责,而承担责任的具体形式则表现为恢复船舶的适航状态。在实践中,船舶在航行中丧失适航状态,有相当大一部分是由于航海过失所导致的。因此,取消航海过失免责,将使承运人对大部分航程中的不适航状态承担恢复义务。

当然,船舶在开航之后的不适航状态也有还可能由其他原因导致。例如,不在承运人免责范围内的海上风险,货物积载不当都有可能导致船舶丧失适航状态。

2. 承运人承担越来越多的公法义务,使船舶几乎在整个海上航程中都处于事实上的适航状态

航运技术的进步和船舶巨型化导致海上财富和风险空前集中,一次海难所带来的损失难以估量。因此,国际上通过了大量的公法性质的国际条约如SOLAS、《经1978年议定书修订的1973年国际防止船舶造成污染公约》(以下简称MARPOL)从技术的角度对船舶所有人和船舶经营人施加公法上的义务,以保证其航行安全。这些公约拥有广泛的缔约国,如SOLAS缔约国商船吨位占世界商船吨位的99.04%,MARPOL 5个附则的缔约国商船吨位占世界商船吨位的80.75%以上。[2] 这些公约对船舶所有人

---

① 司玉琢主编:《海商法专题研究》,大连海事大学出版社2002年版,第1页。

② IMO, *Summary of Status of Convention*, http://www.imo.org,下载日期:2009年5月10日。

和经营人施加了广泛的极为详尽的技术性法律义务。我们以 SOLAS 第 9 章《国际船舶安全营运和防止污染管理规则》(以下简称 ISM 规则)为例来进行说明。

ISM 规则是国际海事组织第十八届大会于 1993 年 11 月 4 日通过的 A.741(18)号决议的附件。该规则于 1994 年 6 月由 SOLAS 新增第Ⅸ章规定为强制性规则,于 1998 年 7 月 1 日起适用于客船、高速客船,500 总吨及以上油船、化学品船、气体运输船、散货船和高速货船;于 2002 年 7 月 1 日起适用于移动式近海钻井装置和 500 总吨及以上其他货船。上述船舶及其公司应分别在上述日期前取得"安全管理证书"和"符合证明"。在上述日期后,有关当局将对船舶所持的"安全管理证书"和"符合证明"进行监督检查。[①] ISM 规则生效实施后,学者们普遍认为 ISM 规则的实施对适航义务带来了很大的影响。但事实上,ISM 规则通篇都没有提到"适航"这个词,只是 ISM 规则对船公司施加了很多公法上的义务,这些义务有很多可以被解释为涉及适航问题。

ISM 规则对船舶施加的义务有一些可以直接视为适航义务,有一些则可以被解释为有助于确定适航义务。比如,ISM 规则第 6 条"资源和人员"规定了船公司对本公司每艘船舶配备船长和船员的要求。[②] 该条规定无论船舶在什么时候,只要是船舶处于营运状态,就要承担相应的义务。而《海牙规则》、《海牙—维斯比规则》规定承运人承担的适航义务是开航时与开航前。当船舶处于海上航程中时,承运人不需要承担《海牙规则》、《海牙—维斯比规则》规定的谨慎处理使船舶适航的义务。而此时,船舶却要承担 ISM 规则第 6 条规定的义务,而船舶只要承担了该项义务,则会在事实上满足适航义务中的第 2 项内容即船员适任的要求。这使得船舶在人员方面处于事实上的适航状态。ISM 规则第 10 条"船舶和设备的维护"规定了船公司应当建立程序定期对船舶设备进行检修维护并进行记录。当船公司建立起相应的程序,船员按程序进行操作时,船体的适航义务基本上能够实

---

① 张宝晨编著:《ISM 规则与实施》,人民交通出版社 1999 年版,第 3 页。

② ISM 规则第 6.1 条规定:"公司应当保证船长:1. 具有适当的指挥资格;2. 完全熟悉公司的安全管理体系;以及 3. 得到必要的支持,以便可靠地履行其职责。"第 6.2 条规定:"公司应当保证根据本国和国际有关规定,为每艘船舶配备合格、持证并健康的船员。"

现。只要船舶处于营运状态，船公司就要承担该项义务，这使得船体事实上的适航成为一种持续性的状态。

当船舶因承担公法上的义务而基本上在整个航程中都处于事实上的适航状态时，将承运人在运输合同承担的适航义务扩展至整个海上航程便成为一件不是多么不可接受的事情了。起草过程中，与会代表显然注意到了这一事实。在工作组第十二届会议上有代表指出，适航义务成为一项持续义务，有助于海上货物运输法律的现代化并与 ISM 规则以及安全运输的要求保持一致。①

三、适航义务法律地位的改变

《鹿特丹规则》下适航义务的地位已经发生变化，不再像《海牙规则》、《海牙—维斯比规则》中的适航义务那样具有首要义务的地位。

（一）《鹿特丹规则》下的适航义务不再具有首要义务地位

"首要义务原则"首先出现在普通法之中。19 世纪面对承运人滥用合同自由在提单中任意添加免责条款的现象，英美法通过一系列判决创造了"首要义务原则"。普通法上的首要义务原则是指：提单免责条款必须服从两项首要义务，即谨慎照管货物的义务和开始时提供适航船舶的义务，除非提单以非常明确清楚的文字阐明，否则，承运人违反这两项首要义务并"促成"损失的发生，将不再适用承运人据以免责的普通法或提单上的免责规定。② 在《海牙规则》下，普通法建立起来的"首要义务原则"被重新塑造。《海牙规则》首要义务仅指适航义务，管货义务不再属于首要义务。《海牙规则》首要义务原则用来处理以下条款中规定的承运人义务之间的关系：开航前和开航当时，承运人应谨慎处理使船舶适航（第 3 条第 1 款）；承运人负有妥善与谨慎地管理货物的义务（第 3 条第 2 款）；承运人的免责事项（第 4 条第 2 款第 a 项至第 q 项）。承运人责任将最终取决于这三个条款之间的相互作用与影响，举证次序与举证责任亦取决于此，William Tetley 教授曾作了一个形象的比喻：这三个条款类似于杂技演员手中的三个球，规则起草者在这三个"球"中所刻求的平衡至关重要，任何微小的变化或误解都将打破

---

① See U. N. Doc. A/CN. 9/544. Paragraph 147.

② ［美］G. 吉尔摩、C. L. 布莱克著：《海商法》，杨召南等译，中国大百科全书出版社 2000 年版，第 186～188 页。

这种平衡。《海牙规则》下的"首要义务原则"就是诞生于这种微妙的平衡之中。萨姆瓦尔（Somervell）勋爵在 Maxine Footwear v. Canada Government Merchant Marine 一案中曾写过一段经典的判词，他认为："第 3 条第 1 款（指承运人的适航义务），是一项首要义务。如果其未被履行且造成损失，则第 4 条罗列的免责事项就不能被援用。除了第 3 条第 2 款（指承运人的管货义务）的开首语之外，这是合乎情理的解释。第 3 条第 2 款受制于第 4 条规定而第 3 条第 1 款却不受这样条件限制的事实，使得这一结论十分清楚，无可争议。"[①]

Somervell 勋爵在 Maxine Footwear v. Canada Government Merchant Marine 一案中的判词包括如下两层含义。第一，适航义务对于免责事由来说是首要义务。这一点如前所述，比较明确。第二，这种首要义务仅适用于不适航导致货物损失的情形。实践中，承运人并非一旦不适航就无法免责，而是仅当不适航与损失之间具有因果关系时，免责利益才被剥夺。但是，事实上，货损往往是由不适航和其他因素（特别是免责事由）共同造成的。在 Smith，Hogg v. Black Sea and Baltic General Insurance 案中，船舶在开航时存有甲板货不当积载之情形，导致船舶航行不稳，从而构成租约下之不适航。之后船舶在中途港加油时几乎倾覆，导致部分货物的损坏和灭失。货主以不适航为由拒绝分摊共同海损，而船东则主张损失是由船长的管船过失（属于免责事由）造成的，因为在加油时船长没有命令卸载或减少甲板货。怀特（Wright）勋爵在判决中认为，尽管不适航和管船过失只是造成货物损坏与灭失的原因之一，承运人依然必须对此损失负责。在 The Fiona 案与 The Fjord Wind 案中，法官均采纳了 Wright 勋爵的这一意见，认为在《海牙规则》等强行法下，不适航与损失之间的因果关系同样包括近因也包括远因。[②] 所以只要承运人违反适航义务是导致货物损失的原因之一，承运人即丧失援引免责事项的权利。这样，在《海牙规则》下，承运人要享受免责条款，必须首先完成其适航义务，或者虽未完成适航义务，但损害后果与船舶不适航无因果关系；管货义务则没有这种地位，即使承运人未履行管货义务，承运人也有可能享受免责。

[①]   司玉琢：《海商法专论》，中国人民大学出版社 2007 年版，第 204～205 页。

[②]   杨树明、郭东：《违反适航义务的法律后果》，载《河南省政法干部管理学院学报》2006 年第 5 期。

首要义务原则出现的原因在于航海过失免责与火灾免责条款的存在。存在航海过失免责规定的情况下,承运人在开航前至开航当时有谨慎处理使船舶适航的义务,承运人在管理船舶的过失导致船舶不适航,一方面,违背了船舶适航义务,另一方面,根据航海过失免责又可以免除其责任,所以有必要明确这两个条文之间的关系。而船员造成的火灾,既可能是由于违反管货义务造成的,也有可能是因为船舶不适航引起的,所以有必要明确适航义务、管货义务与免责条款之间的关系。在《鹿特丹规则》下,虽然依然有规定承运人适航义务的第 14 条,规定承运人管货义务的第 13 条,以及规定承运人免责事项的第 17 条,但是由于航海过失免责被取消,船长、船员因为过失导致的火灾的免责也被取消,完全过失责任制得以确立,承运人的适航义务扩展至整个航程,这些变化使得首要义务原则不再有存在的空间了。换言之,如果承运人的过失导致承运人违反了适航义务,或者承运人的过失导致了火灾的发生,承运人都将不能免责。承运人承担义务的条款与承运人免责的条款不再有交叉适用的可能,因而也就没有必要处理它们之间的关系了。这样,《鹿特丹规则》下的适航义务也就不再具有首要义务的地位。[①]

（二）适航义务地位改变所带来的影响

1.《鹿特丹规则》下的适航义务举证责任的变化

在《海牙规则》下,适航义务具有首要义务地位。当货物遭受灭失损坏,货方向承运人索赔时,权威观点认为,应由承运人负担举证责任。有观点认为,根据《海牙规则》第 4 条第 1 款最后一句"凡由于船舶不适航所引起的灭失和损害,对于已恪尽职责的举证责任,应由根据本条规定要求免责的承运人或其他人承担"的规定,货物索赔方必须首先证明不适航,以便将上述举证责任转移给承运人。但是 William Tetley 教授认为,为了证明船舶不适航,将初始举证责任加给货物索赔方是不合乎逻辑的。因为,第一,货物索赔方无法得到有关事实情况;承运人拥有全部他可用以证明适航和谨慎处理的事实材料,而货方即使有也少得可怜。第二,承运人必须要证明损失的原因,如果不适航是这种损失的原因的话,那么承运人在证明该原因时就必

---

① 司玉琢教授认为,从理论上讲,因为三个条款规定的过失标准不同,仍有交叉的可能,首要条款仍有存在的空间。参见司玉琢:《海商法专论》,中国人民大学出版社 2007 年版,第 208 页。

然会证明不适航。据此,William Tetley 教授推荐有关适航义务的举证顺序如下:(1)货物索赔方证明他的灭失和损害是在承运人照管期间;(2)承运人必须证明损失的原因;(3)关于该项损失承运人必须证明在开航前和开航当时谨慎处理使船舶适航;(4)承运人必须证明免责事项中的一项;(5)然后货物索赔方设法证明承运人缺乏对货物的照料,或者设法反驳承运人的上述证据,其中包括不适航和没有谨慎处理;(6)接下来,当事方均有机会利用他们可以利用的各种证据。[①] 司玉琢教授也持这种观点。[②]

《鹿特丹规则》关于适航义务的举证责任非常明确。根据第 17 条第 5 款的规定,如果要求承运人就船舶不适航对货物灭失、损坏或迟延交付负担赔偿责任,索赔人必须首先举证证明,造成或可能造成货物灭失、损坏或迟延交付的原因是承运人没有履行适航义务所导致的。也就是说,与《海牙规则》下适航义务举证责任不同,首先要由货方来进行举证。举证的内容就是造成货物的损失是或者"可能是"由于承运人没有履行适航义务所造成的。货方完成举证后,举证责任即转移至承运人。承运人需要举证证明船舶不适航未导致货方损失,或者举证证明承运人已经履行了适航义务。

2.《鹿特丹规则》下违反适航义务法律后果的变化

《海牙规则》下,承运人违反适航义务导致货物灭失损坏的后果是承运人不能就该货物的灭失或损坏援引《海牙规则》规定的承运人免责事项。但是,如果货物发生的灭失和损坏与承运人违反适航义务没有因果关系,承运人依然可以援引免责事项。如船舶途中遭遇剧烈风暴,部分货物遭水浸而腐坏(可免责),同时由于海图不全(不适航),船舶搁浅,导致另外一部分货物因时间耽搁而腐坏。两种损失原因之间没有因果链,不适航并不是水浸腐坏的原因。承运人只需证明货物遭水浸而腐坏与海图不全没有关系,便可以免责。

《鹿特丹规则》下,承运人违反适航义务的后果有所不同。因为适航义务不再具有首要义务地位,承运人违反适航义务与违反管货义务没有区别,都将是导致承运人对货方承担赔偿责任的原因。规定承运人违反适航义务赔偿责任的第 17 条第 5 款的措辞以及该条第 6 款的规定表明,承运人违反

---

① ［加］威廉·泰特雷著:《海上货物索赔》,张永坚、胡正良、傅延忠译,大连海运学院出版社 1993 年第 3 版,第 293～297 页。

② 司玉琢:《海商法专论》,中国人民大学出版社 2007 年版,第 206 页,注①。

适航义务与第 17 条第 3 款规定的免责事项共同导致货物损害发生时,承运人仅就其违反适航义务的那一部分损失承担赔偿责任。由于免责事项导致货物损失的那一部分损失承运人可以免责,①这样,违反适航义务的后果便与《海牙规则》下违反该项义务的后果有了显著的不同。

四、承运人提供集装箱之适货义务

《鹿特丹规则》第 14 条的规定与以往的规定相比还有一处细微然而务实的变化,这就是该条第 3 项中关于承运人提供的集装箱适货义务的明确规定。这一规定是法律规定对航运业技术进步的回应。集装箱自从 20 世纪 60 年代登上历史舞台以来,就开始在海运业尤其是班轮运输中大量使用。2008 年世界海运量为 81.28 亿吨,其中集装箱/班轮完成的海运量为13.18 亿吨,约占当年世界海运量的 16.2%。2009 年世界海运量为 78.5亿吨,其中,集装箱/班轮完成的海运量为 11.98 亿吨,约占当年世界海运量的15.2%。②集装箱在海运中使用如此广泛,使得海上货物运输法不得不作相应调适。《海牙规则》中有关船舶适航的义务需要针对集装箱船舶进行重新解释。③《鹿特丹规则》的这一规定就是对集装箱广泛使用的一种回应。

集装箱运输所使用的集装箱有承运人提供给托运人的,也有托运人通过向集装箱租赁公司租赁自行装货交给承运人运输的。在后一种情况下,托运人自行完成集装箱内货物的积载,然后完成封箱后,将集装箱直接交予承运人运输。因为集装箱并非承运人提供,不能被视为船舶的组成部分,所以集装箱如果不适货导致损失不应当由承运人承担责任。

当运输所使用的集装箱由承运人提供时,承运人需对其提供的集装箱承担适货义务。很多国家的国内法院已经有这方面的案例。1977 年美国纽约州南方地区法院审理的 HOULDEN & CO., LTD., Plaintiff v. S.

---

① 当然,这是指两种原因导致的损失可以分开的情况下,当不适航与其他原因是"混合原因",即没有任何一个原因损失就不会发生时,承运人能否免责则是一个尚待明确的问题。

② 张永坚:《勿以乌托邦看鹿特丹规则》,http://www.iicc.ac.cn/Article/hydt/ywdt/wlys/201002/65580.html,下载日期:2010 年 9 月 22 日。

③ Chia-Lee Wei, *Change in the Sea Carrier's Liability for Cargo as a Result of Containerization and Multimodalism(A thesis for LL. M)*, McGill University, 1999, p. 5.

S. RED JACKET, ET AL., Defendants 一案中就是关于集装箱适货义务的一个典型案例。该案案情如下:1973 年 11 月,托运人 MT 公司从美国的波士顿向日本运送一批斗锡。承运人 AEL 公司向托运人 MT 公司提供了 9 个集装箱用以装运货物。MT 公司装货后,最终被装上了 AEL 公司的船舶 Red Jacket。1973 年 12 月 26 日,Red Jacket 从纽约港开航前往日本。船舶驶离纽约港不久,船长要求船员对一些按照规定应该绑扎而没有绑扎的集装箱进行了绑扎。当船舶航行到北太平洋时,遇到了风暴,风力最大达到 10 级,船舶横倾最大达到了 40 度。1974 年 1 月 10 日 06:24 时,6 号舱的集装箱坍塌,导致 43 个集装箱落水,7 个集装箱受损。船长和大管轮目击证实,因为 MT 公司托运的 CMLU 122590 号集装箱在风暴中损坏变形导致了事故的发生。事故发生后,多个集装箱的托运人或收货人作为原告向承运人提起了诉讼。其中一个原告向 MT 公司提出了诉讼。相关的诉讼一共有 11 个,法院决定合并审理。被告 AEL 公司认为应当由 MT 公司对所有损失负责,因为 MT 公司没有履行集装箱内斗锡的适当积载义务。MT 公司则认为,AEL 公司在一些方面存在过失,船舶不适航,AEL 公司提供的集装箱不适航,损失应由承运人来承担。法院查明,AEL 公司提供给 MT 公司的集装箱已经使用了 8 年之久,其中 CMLU 122590 号集装箱保险价值已经很低,此前已经使用了有 20 个到 30 个航次,并且从未有过维修与保养的记录。证据表明该集装箱交付 MT 公司使用已经遭受有目测即可发现的结构上的损害,这是导致事故发生的近因。法院认为,承运人合理谨慎使船舶适航的义务适用于船舶的所有设备,包括为了完成"门至门"(house to house)运输承运人提供给托运人的集装箱。所以,承运人提供的结构损害的集装箱从理论上讲对将要进行的运输是不适航的。当 AEL 公司已经被告知该集装箱已经有重大的结构上的损害时,AEL 公司仍然没有对该集装箱作进一步的检查和处理。AEL 公司的行为没有达到一个合理谨慎的船东的行为标准。因而,被告 AEL 公司应该对全部损失承担赔偿责任。① 荷兰最高法院在 NDS Provider 一案中也认为承运人应保证其提供的集装箱适货,《海牙规则》第 3 条第 1 款规定的适航义务适用于承运人

---

　　①　HOULDEN & CO., LTD., Plaintiff v. S.S. RED JACKET, ET AL., Defendants. 1977 AMC 1382-1403(US).

提供的集装箱。^① 我国法院也有将集装箱解释为《海牙规则》第 3 条第 1 款第 3 项中的"其他载货处所"而要求承运人提供适载集装箱的案例。^②

上述案例中,法院将集装箱解释为船舶的设备,承运人需要对船舶的所有设备承担适航义务,从而也需要对集装箱承担适航义务。《海牙规则》第 3 条第 1 款第 3 项规定使用了"货舱、冷藏舱和该船其他载货处所"的表述,可以将承运人提供的集装箱理解为其他载货处所。《鹿特丹规则》第 14 条的规定将集装箱的适货义务进一步加以明确,但是《鹿特丹规则》的规定其实并没有从实质上改变承运人的地位。公约起草过程中,与会代表也认为公约的关于集装箱适货的规定与大多数法院所采取的立场是一致的,即当集装箱系由承运人提供时,其作为船舶货舱的一部分应当是适货的,而且一旦集装箱被装载上船,承运人对于船舶的同样义务和对于货舱的照管都应当适用于这些集装箱。并且,规定集装箱的适货义务与公约草案将承运人或其履约方或其代表提供的集装箱排除在"货物"定义之外的概念界定相一致。^③

运输实践中,可能导致集中箱不适航的情形有很多。承运人要保证集装箱清洁,无污染。集装箱由钢铁、铝或者强化塑料制成。在集装箱的底部常常会在交叉的大梁上铺上一层木板,这样就使木板与集装箱底部形成一层空隙。这层空隙不容易清扫,害虫和老鼠都有可能进入这层空隙,从而会造成对货物的虫害而导致集装箱不适航。^④刚刚装运过剧毒货物或是有强烈刺激性气味货物的集装箱未经专业清洁处理不能用来装运茶叶食品等对气味敏感的货物,否则可能发生货物的污染串味。集装箱必须具备良好的水密性,否则,容易导致雨水进入集装箱而发生货物湿损。高温容易腐烂的货物必须选择具备冷藏功能的集装箱。湿度大容易发霉变质的货物则需要

---

① N J Margetson, Liability of the Carrier under the Hague(Visby) Rules for Cargo Damage Caused by Unseaworthiness of Its Containers, *Journal of International Maritime Law*, 2008(14), p. 154.

② 孟于群:《集装箱须适货(上)》,载《中国远洋航务》2007 年第 2 期。

③ 货物的定义将船方提供的集装箱排除在外,说明船方提供的集装箱不是货物,可以将其视为船舶的组成部分。See U. N. Doc. A/CN. 9/544. Paragraph 152.

④ Chia-Lee Wei, *Change in the Sea Carrier's Liability for Cargo as a Result of Containerization and Multimodalism*(A thesis for LL. M), McGill University, 1999, p. 5.

选择具有通风功能的集装箱。集装箱的结构必须足够坚固,能够抵御预定航次中可能出现的风暴带来的船舶剧烈摇摆所可能造成的集装箱扭曲变形。

　　需要注意的是,虽然由承运人提供的集装箱承运人需承担集装箱的适货义务,但是,如果由托运人自行装箱的话,托运人必须根据货物的性质妥善地选择集装箱。承运人不负责货物装载并且从始至终未打开集装箱的情况下,集装箱不适货托运人也需要负担一定的责任,因为承运人根本不知道货物的具体性质。

第六节　单位赔偿责任限制之变化

　　单位赔偿责任限制是承运人享有的一项重要权利。单位赔偿责任限制存在的原因首先在于将承运人的风险控制在一定范围之内以鼓励航运投资。在航海技术获得长足发展的今天,虽然海上风险对于人类航海的威胁已大不如前,但单位赔偿责任限制与海事赔偿责任限制仍有存在的必要,它可以鼓励承运人运输高价货物。其次,通过将赔偿数额限制在一定范围内,使运输的风险可以被控制和计算,有利于承运人投保。单位赔偿责任限制通过调整双方当事人之间的关系来确保风险的明确性和可预见性。[1]　如果没有赔偿责任限制,承运人需要对全部损失负赔偿责任,以集装箱运输为例,因为不知道集装箱内装运货物的内容,承运人会面对很大的不能预期的风险。有了单位赔偿责任限制,风险在承运人和货方之间的分配使托运人和承运人的成本都会有所降低。[2]

一、承运人单位赔偿责任限制概述

(一)承运人单位赔偿责任限制

　　《鹿特丹规则》下的单位赔偿责任限制可以分为承运人违反其义务的赔偿责任限制以及迟延交付的赔偿责任限制。

---

　　[1]　See U. N. Doc. A/CN. 9/526. Paragraph 258.

　　[2]　D. Rhidian Thomas, ed., *A New Convention for the Carriage of Goods by Sea-The Rotterdam Rules*, Lawtext Publishing Limited, 2009, p. 129.

根据第 59 条第 1 款的规定,如果承运人和托运人没有在合同事项中载明货物的价值或者约定了更高的赔偿责任限额,则承运人可以享受公约规定的赔偿责任限制。而对于承运人责任限额的确定,《鹿特丹规则》采用了传统的双层制度。承运人违反《鹿特丹规则》义务的赔偿责任限额的确定途径有两种:第一种建立在货物的包装单位和运输单位的基础上,以包装单位计,承运人责任限额为每个包装单位 875 个计算单位;第二种计算方法是以争议货物的毛重计算,每公斤 3 个计算单位。采用第一种计算方法计算时,如果货物装载于集装箱、货盘或其他装运器具内,以及载于车辆内运输的,包装单位数量的确定取决于提单或其他货运单证中合同事项的记载。如果合同事项未载列货物件数或货运单位数的,载于装运器具内或车辆内的货物视为一个货运单位。《鹿特丹规则》第 1 条第 26 项对"集装箱"作了较为宽泛的定义,"集装箱"是指任何型号的集装箱、运输罐柜或板架、交换式车厢或拼装货物的任何类似货载单元及其附加设备。这个定义只是列举了一些装运器具,并不严谨,甚至在集装箱的定义中还出现了"集装箱"的字样。不过这个定义对于明确货物在运输过程中使用的装运器具中哪些可以算作集装箱有着积极的意义。根据《鹿特丹规则》第 59 条第 2 款的规定,如果货物装于车辆内的,合同事项没有对货物数量进行记载,则车辆内的货物将被视为一个货运单位。在这种情形下,车辆也成了货物的装运工具。《汉堡规则》第 6 条第 2 款第(a)项没有规定车辆为装运工具,《鹿特丹规则》之所以作此规定是因为《鹿特丹规则》调整的运输方式包括了陆路运输。

对于没有包装的货物,没有相应的装运单位,责任限制是每千克 3 个计账单位。损坏或灭失的争议货物,而不是全部货物的重量,是单位赔偿责任限额的计算基础。然而,《鹿特丹规则》没有规定货物重量的获得方法。货物重量是合同中约定的货物重量,但是否必须是规定在提单中的货物重量并不清楚。根据集装箱货物运输的相应安排,争议货物重量的确定可以参照提单中规定的货物重量或者是其他单证中列明的货物重量,无论是否经过承运人的确认。如果合同事项中记载的不是货物重量,而是货物体积等其他计量单位时,责任限额该如何确定,是否允许法院推测出货物重量并不清楚。①

第 59 条第 1 款规定中的"另行约定高于本条所规定的赔偿责任限额"表明,虽然该款规定的赔偿责任限额是强制性的最低限额,但当事人之间可以约定更高的赔偿责任限额。

赔偿责任限额条款曾有一款适用于多式联运背景下的承运人赔偿责任限额的规定即三读草案文本第 62 条第 2 款,该款草案原来打算解决货物损失阶段不明以及海上之前或之后的海上货物运输导致货物损失时赔偿责任限额的法律适用问题,②但该款最终被删除。这样,《鹿特丹规则》规定的单位赔偿责任限制将适用于多式联运的全程,除非在海上运输之前或之后的运输区段有其他国际条约可以适用。国内法中的单位赔偿责任限制将被《鹿特丹规则》规定的单位赔偿责任数额所取代。在本章的第三节笔者对该问题已有论述。

承运人可以享受的单位赔偿责任限制的权利除了货物灭失损坏的赔偿责任限额,还包括迟延交付的赔偿责任限额。迟延交付所造成的损失基本上可以分为三类。第一类,是货物的实际损坏或灭失(例如,水果、蔬菜等易腐品的实际损坏或灭失);第二类,是收货人由于货物在预期交付时间和实际交付时间之间的市场价值下降而蒙受的经济损失,即市场价值损失,也称为直接经济损失;第三类,是收货人蒙受的纯经济损失,也称为间接经济损失,例如,由于某个重要机器的零部件交付迟延而造成工业设备无法运转。迟延造成的第一类损失属于迟延交付造成的货物的有形损害,显然不属于第 60 条规定的经济损失的范围。迟延造成的第二类损失即市场价值损失应当如何适用赔偿责任限额,并不明确。对此,工作组指出,第二类损失的计算应当依据第 22 条的规定进行。③ 这两类损失应当适用第 59 条规定的赔偿责任限额限制赔偿责任。第三类损失即纯经济损失才是可以享受第

---

① Yvonne Baatz, Charles Debattista, Filippo Lorenzon, Andrew Serdy, Hilton Staniland, Michael Tsimplis, *The Rotterdam Rules*: *A Practical Annotation*, Informa, 2009, pp. 182~183.

② See U. N. Doc. A/CN. 9/WG. III/WP. 101. Article 62. Paragraph 2.

③ 由此可以反推,《鹿特丹规则》第 22 条规定的赔偿额计算依据并不适用于迟延导致的纯经济损失。而事实上,纯经济损失的计算也不需要以交货地和交货时的货物价值为基础进行计算。

60 条规定的赔偿责任限额的损失类型。① 如果迟延引起的货物损失与纯经济损失同时发生，承运人总的赔偿责任限额不能超过第 59 条第 1 款的规定。

第 59 条和第 60 条规定的单位赔偿责任限额的单位为 SDR（Special Drawing Rights）即特别提款权。特别提款权是国际货币基金组织所创立的记账单位，其与各国货币的汇率可以在国际货币基金组织网站上查到。

（二）赔偿责任限制权利的丧失

如果索赔人证明，违反《鹿特丹规则》规定的承运人义务所造成的损失或者迟延交付是由于声称有权限制赔偿责任的人本人故意造成此种损失的作为或不作为所导致的，或是明知可能产生此种损失而轻率地作为或不作为所导致的，则承运人或承运人需要负责的人，无权根据第 59 条或者是第 60 条的规定或按照运输合同的约定享受限制赔偿责任的利益。

在《鹿特丹规则》草案中曾规定有赔偿责任限额的修正程序，在工作组第二十一届会议对责任限额达成一致意见后，该条草案最终被删除。②

《鹿特丹规则》第 61 条规定适用的主体为承运人以及第 18 条规定的"任何履约方，船长或船员，承运人的受雇人或履约方的受雇人，或者是履行或承诺履行运输合同规定的承运人义务的其他任何人，以该人按照承运人的要求，或在承运人的监督或控制下直接或间接作为为限"。并且，第 61 条将承运人责任限制权利的丧失与承运人之外的其他人即第 18 条规定的人的责任限制权利的丧失区分开来，亦即如果承运人具备了第 61 条规定的情形，则承运人丧失责任限制的权利，而第 18 条规定的人并不丧失该权利；而如果第 18 条规定的人具备了第 61 条规定的情形，则第 18 条规定的人丧失责任限制的权利。

第 61 条首先要求索赔人对货物的损失或迟延交付承担责任的赔偿人的行为或不行为进行证明。在起草过程中有代表团对该条规定中承运人"本人"的措辞表示关切，有代表团提出，在承运人普遍采用法人形式的情况下，要证明承运人"本人"的故意或过失，就要证明承运人公司某种形式的管理失误。因此，如何证明承运人"本人"的过失可能会有一定的问题。③ 因

---

① See U. N. Doc. A/CN. 9/616. Paragraphs 183~184.

② See U. N. Doc. A/CN. 9/645. Paragraph 281.

③ See U. N. Doc. A/CN. 9/525. Paragraph 86；A/CN. 9/552. Paragraph 59.

此,有代表团提出删去"本人"的提法,而这样做的理由是与《雅典公约》的规定保持一致。① 但是,另有代表团指出,此类"公司实体"通常是以法人的形式建立的,在海商法中已经明确规定了"本人的作为或不作为"的概念,通常认为,此类法人的管理人员的作为或不作为应视为承运人"本人"的作为或不作为。② 最后,工作组决定依然保持"本人"的提法。在《海牙—维斯比规则》下,承运人被认为仅指承运人自己,不包括其普通雇员与代理人,只有构成"公司密友"(alter ego)的雇员才被认为是承运人本人。在第 61 条的规定之下,谁能够代表承运人公司或者是第 18 条规定的其他以公司形式存在的主体需要根据公司的结构以及公司内部责任分担的方法来逐案确定。在海事赔偿责任制度下,公司董事会成员的行为一般被认为是公司的行为,但是也有董事的行为不被认为是公司行为的情况,同样的,一个人拥有对某个公司完全的控制并不意味着他的行为都可以归属为公司的行为。但是,在个别情况下,经过授权的雇员或代理人的行为也可以代表公司。从实际操作的角度看,已经建立起完善的管理机构与管理流程的公司,管理和操作船舶的职员的过失一般情况下不会被认为是公司的过失。例如,一个并不参与公司管理的某条船舶船长的过失,一个公司的海事主管(marine superintendent)的过失不会被认为是公司的过失,但是主管公司技术与投资事务的职员的过失在特定情况下可能被认为是公司的过失。③

二、单位赔偿责任限制适用对象的扩大

(一)现行国际公约的规定

《海牙规则》以及《海牙—维斯比规则》中,承运人或船舶的单位赔偿责任限制所涉及的损失类型被表述为"货物或与货物相关的灭失或损害"(any loss or damage to or in connecton with goods)。如何理解"与货物相关的灭失或损害",规则本身并没有明确的规定,但是很多国家都认为该用语至少包含了迟延交付造成经济损失的赔偿问题。因受这两个国际公约的影

---

① See U. N. Doc. A/CN. 9/526. Paragraph 260.

② See U. N. Doc. A/CN. 9/552. Paragraph 60.

③ Yvonne Baatz, Charles Debattista, Filippo Lorenzon, Andrew Serdy, Hilton Staniland, Michael Tsimplis, *The Rotterdam Rules：A Practical Annotation*, *Informa*, 2009, pp. 191～192.

响,很多国家的法律时至今日都未明文单独规定迟延交付的责任限制,如韩国、挪威等国家。

就承运人单位赔偿责任限制所涵盖的损失类型,《汉堡规则》第6条第1款规定了两种情况:其一,规定了"货物的灭失或损坏所造成损失的"(loss resulting from loss of or damage to goods)责任限制,依据货物件数或货运单位数确定;其二,同时单独规定了"迟延交付货物"的责任限制,为该迟延交付货物应收取运费的2.5倍为限,但不超过根据运输合同应收取全部运费的总额。

(二)《鹿特丹规则》中单位赔偿责任限制的适用对象

在公约草案初稿中,单位赔偿责任限制适用的对象为"货物或与货物有关的灭失或损坏"(loss of or damage to or in connection with the goods)以及"延迟交货造成的损失(并非因所运送货物的损失或损坏所产生,因此不在第6.2条所涵盖的范围以内)"①公约草案一读文本保留了这种规定。但是在公约草案二读合订文本中,单位赔偿责任限额适用的第一个对象"货物或与货物有关的损失或损坏"(loss of or damage to or in connection with the goods)的规定被修改为"承运人对违反本公约对其规定的义务"(the carrier's liability for breaches of its obligations under this Convention)。对此,工作组在三读草案中通过注释作了较为详尽的说明。作出这一修改的原因是,在《海牙规则》和《海牙—维斯比规则》中使用的"货物或与货物相关的灭失或损害"之后曾造成相当大的不确定性,在解释上也缺乏统一性,特别是这一表述是否是包括错交货物和货物信息有误导致损失的情形。货物信息有误,是指承运人在签发的货物运输单证中对货物作不实记载,比如货物包装不良或货物表面看来有明显缺陷,本来应该签发不清洁提单却签发了清洁提单。在《海牙规则》和《海牙—维斯比规则》中,普遍认为错交货物的情形是应当包括的,而关于货物信息误述是否应当包括则难有定论。"承运人对违反本公约对其规定的义务"的措辞更加明确,把一切违反公约草案对承运人规定的义务的情形均包括在赔偿责任限制范围内,其中当然包括错交货物,也包括了货物信息误述。因此,把错交货物包括在赔偿责任限制范围内并不是什么新规定,但是把货物信息有误明确包括在内,应该算

① See U. N. Doc. A/CN. 9/WG. III/WP. 21. Article 6. 7. 1. Article 6. 4. 2.

是对原有案文作出的实质性调整。①

2005 年 11 月,在工作组第十八届会议期间,中国代表团曾就公约草案中的赔偿责任限制散发了非正式调查表。5 个代表团回复了该非正式调查表。在对非正式调查表的答复中,有些代表团反对使用"违反本公约对其规定的义务"的措辞,认为这扩大了承运人的赔偿责任限制范围。对非正式调查表作出答复的另一些代表团认为,工作组应首先讨论除第 6 章和第 7 章规定的赔偿责任外,承运人还有哪些赔偿责任应该加以限制。例如,在货物交付有误、无单放货或运输单证记载错误的情况下,承运人似乎也可限制赔偿责任。只用"货物的灭失或损坏"似乎不可能涵盖上述情况。因此,认为承运人无权限制其赔偿责任可能不合情理,因为在承运人作出上述行为的时候,也许根本不存在"故意"或"明知"的问题。因此,正确的方法可能是使用适当的措辞,将上述情况包括在第 64 条草案所涵盖的责任限制范围内。如果承运人的行为是在"故意"或"明知"的情况下实施的,则承运人是否应丧失赔偿责任限制权应当根据草案第 66 条来断定。② 最终,"承运人对违反本公约对其规定的义务"的规定被保留了下来,成为《鹿特丹规则》第 59 条的表述。

与《海牙规则》和《海牙—维斯比规则》中使用的"货物或与货物相关的灭失或损害"相比,"承运人对违反本公约对其规定的义务"的措辞扩大了承运人可以享受单位赔偿责任限制的内容。一般而言,承运人需要承担的赔偿责任导致货方损失有以下种类:第一,货物自身的灭失和损坏,是指货物在物理形态上发生的改变。货物在物理形态上的改变既有可能是承运人在运输过程中不当操作引起的,也有可能是因为迟延交付造成的,例如,易腐烂货物如蔬菜水果等因迟延交付而腐烂。第二,迟延交付所导致的经济损失。这里的经济损失是广义的经济损失,既包括直接经济损失又包括间接经济损失。直接经济损失,例如,在货物需要在目的地转卖的情况下,因市价下跌,货物迟延导致货方的经济损失。间接经济损失,例如,由于某个重要机器的零部件交付迟延而造成工业设备无法运转所造成的损失。第三,承运人在交付货物中造成的收货人损失,主要是无单放货和错误交货。错误交货常常与无单放货同时发生,错误交货常常是由于承运人无单放货所

---

① See U. N. Doc. A/CN. 9/WG. III/WP. 101. Footnote 169.
② See U. N. Doc. A/CN. 9/WG. III/WP. 72. Paragraph 14.

导致的。第四,单证记载信息错误,是指承运人在运输单证上的信息记载与事实情况不符。这种情况既可能是承运人故意造成的,也可能是承运人疏忽造成的。第五,承运人违反了其与托运人约定的《鹿特丹规则》规定的最低限度义务之外的其他义务而造成货方损失的情况。根据《鹿特丹规则》第79条的规定,承运人不能限制或排除其根据《鹿特丹规则》承担的义务(承运人与托运人订立批量合同除外),亦即《鹿特丹规则》规定的承运人义务是最低限度的义务。但是,承运人可与托运人约定承担更重的义务。当承运人违反了其与托运人约定的更重义务的情形下,当然也会造成货方损失。第六,承运人违反其他实体义务导致对货方承担赔偿责任的情形。例如,《鹿特丹规则》第10章规定了承运人执行控制方货物控制权指示的义务。如果货方按照规定的条件行使货物控制权承运人没有执行,则需要对承运人承担赔偿责任。《鹿特丹规则》第14章和第15章规定了诉讼与仲裁的有关制度,其中有些规定为承运人设置了程序性义务,如第71条第2款为承运人和海运履约方规定了合并诉讼的义务。承运人违反这些程序性义务产生的责任是公法上的责任,并不产生对货方的赔偿责任。

当使用"货物或与货物相关的灭失或损害"时,根据《海牙规则》和《海牙—维斯比规则》适用中的解释,只能够涵盖上述损失类型中的第一种,第二种、第三种、第四种、第五种、第六种是否能够包括则不明确。而使用"承运人对违反本公约对其规定的义务"的措辞则可以明确包括第一种及第三种、第四种、六种情形。[①] 因此,使用"承运人对违反本公约对其规定的义务"的措辞增加了明确性,避免了因使用模糊的表述而导致《鹿特丹规则》将来在适用中的不确定性。同时这种表述扩大了承运人可以享受单位赔偿责任限制的内容,对承运人有利。

三、赔偿责任限额的提高

《鹿特丹规则》单位赔偿责任限制制度另外一个明显的变化是单位赔偿责任限额的提高。在谈判过程中,工作组达成默契,关于赔偿责任限制的任何决定都将被视为公约草案所规定的赔偿责任制度的一个总体平衡要素。[②] 而责任限额无疑是赔偿责任制度的重要组成部分。

---

① 迟延交付用其他条款另外规定。

② See U. N. Doc. A/CN. 9/645. Paragraph 171.

(一)《鹿特丹规则》中责任限额的谈判过程

责任限额的谈判到了《鹿特丹规则》起草的较晚阶段才开始进行。谈判中,关于单位赔偿责任限制的具体数额主要有以下两种观点。

第一种观点主张采用不低于《汉堡规则》所规定的限额。这种观点认为《汉堡规则》中的赔偿责任限额获得采纳已近30年,这些限额现已无法反映商业和国际运输的实际情况,因此,公约草案规定的限额应当比《汉堡规则》所载数额有实质性的提高,最好是把每件的限额提高到1200特别提款权,或至少提高到1980年《联合国国际货物多式联运公约》规定的数额(即按照货物的件数或其他货运单位计算,每件或每个货运单位为920个计算单位;或者按照灭失或损坏货物的毛重计算,每公斤为2.75个计算单位)。这种主张的理由有以下几点:

第一,多式联运赔偿责任限额应高于《海牙规则》和《海牙—维斯比规则》规定的海运限额。有代表解释,对从事多式联运的承运人通常会规定不同的限额(陆运段每公斤8.33特别提款权,空运段甚至为每公斤17特别提款权)。由于公约草案调整"门到门"运输,规定的赔偿责任限额不应明显低于调整其他运输方式所适用的赔偿责任限额。如果草案规定的承运人赔偿责任限额与其他运输方式相比无法接受,会影响某些国家加入公约,除非允许这些国家对本国发生的或未确定事发地的灭失或损坏事故适用更高的限额,而这样做又被认为违背了实现高度统一性目标。

第二,现有海运公约是几十年前谈判达成的,自这些公约通过以来,高价值货物不断增加,而且通货膨胀显然也影响了货物的价值,造成赔偿责任限额实际价值下降。在当今世界,许多高价值货物通过海运来完成运输。其中大宗货物(例如纸卷、汽车、重型机械和工业设备的零部件)的包装并不考虑运输索赔问题,然而,《海牙—维斯比规则》按照装运货物的毛重确定赔偿责任限额又无法确保货方得到充分的赔偿。货物保险商提供的证据表明,他们在多数情况下自行负担保险索赔的费用,而不会寻求向承运人保险商索赔,其原因是,较之于向货主支付的费用,能够通过索赔追回的数额微不足道。通过申报货物实际价值来增加承运人赔偿责任限额的办法,也并非一种可行的选择,因为从价运费费率在有些情况下定得过高,令人不敢问津,对于发展中国家的多数托运人来说,这种运费费率之高是其不堪承受的。

第三,提高赔偿责任限额不会对承运人的赔偿责任保险产生很大影响,因为保险在运费中所占比重相对较小。《汉堡规则》生效时进行的研究表明,实行《汉堡规则》提高赔偿责任限额后,对班轮运费的影响最多仅为总运费的 0.45％。有些国家同时将国内海运段的赔偿责任限额提至每公斤毛重 17 特别提款权,而航运业几乎没有感受到任何负面影响。

第四,20 世纪初就引进了承运人赔偿责任限制原则,该制度其实是一种折中,其目的是禁止承运人单方面免除对货物灭失或损坏的赔偿责任的同时能够将其赔偿责任限制在一定范围之内。除运输业外,很少有其他经济活动享有法定赔偿责任限制。这使得承运人相对于其他商业企业处于特权地位,在审议适当的赔偿责任限额时应考虑到这种情况,不能允许将其停留在于货主有害的水平。

第五,提高承运人的赔偿责任,可以把当前货主购买货物保险所防范的部分风险转移给船舶责任保险的保险人。这样可以在一定程度上避免增加最终由消费者分摊的运输成本,因为船方的责任保险人保赔协会以工作效率高而著名,可能按低于商业保险公司给货主的费率为会员增加保险范围。

第六,为了使公约草案获得广泛接受,在确定赔偿责任限额时应当折中,这样可能要求比以往海运公约的限额水平有所提高。迄今为止,有 33 个国家批准《汉堡规则》,还有许多国家对国内法中规定的赔偿责任限额作了调整,以便与《汉堡规则》规定的限额相一致。要说服这些国家的国内立法者和决策者在拟于 2008 年定稿的一部公约中接受低于 1978 年《汉堡规则》所规定的赔偿限额,将是极为困难的。[①]

而针对上述要求大幅提高赔偿责任限额的观点,另外一部分代表团则主张设定一个与《海牙—维斯比规则》所定限额(即每件 666.67 特别提款权或灭失或损坏货物每公斤毛重 2 特别提款权,以较高者为准)相近的限额,但可以适度提高。这种观点认为赔偿责任限制的目的在于在承运人和货方之间合理分配风险,使双方的成本和费用都降低。最佳的责任限额应该能够激励承运人妥善照管货物,但同时要能阻止过多索赔,并且还要在各商业当事方之间适当分配风险。这种观点的依据有以下几点:

第一,有与会者注意到(二读草案文本)第 62 条第 1 款所载承运人赔偿责任限制允许限额按每件或每公斤计,以较高者为准。《海牙规则》仅载有按每件计的限额,而《海牙—维斯比规则》和《汉堡规则》同时载有按每件和

---

① See U. N. Doc. A/CN. 9/642. Paragraphs 136~143.

每公斤计限额的条款,但这些公约都是在现代集装箱运输之前订立的。而此前,多数货物装在板条箱或大木箱内运输,一个板条箱或大木箱算一件,但随着集装箱的广泛使用,每件限额改为以集装箱内的件数为基础。实务发生这种变化后,与每公斤限额或集装箱出现之前的每件限额相比,可向承运人的索赔金额增加了。还有代表指出,托运人通过选择拟运输货物的包装方法,实质上能够决定灭失或损坏的索赔是按每件计算还是按每公斤计算。

第二,事实证明《海牙规则》或《海牙—维斯比规则》所规定的赔偿责任限额是令人满意的。按照《海牙—维斯比规则》所规定的赔偿限额,根据按件计算的限额或者按公斤计算的限额有 90% 左右的货物灭失可以得到全部赔偿,因为海上运输的大多数货物价值低于《海牙—维斯比规则》规定的责任限额。

第三,《海牙—维斯比规则》中的赔偿责任限额实际上往往比第一眼的印象高出很多,而且由于集装箱运输量和其中规定的"每件"赔偿责任限额,往往比其他单一运输方式法律制度中的赔偿责任限额高出许多。在调整单一运输方式的法律制度中,赔偿责任限额仅按重量计算。例如,1999 年《蒙特利尔公约》所规定的赔偿责任限额为每公斤毛重 17 特别提款权,但由于航空运输货物的价值通常较高,该限额仅为空运货物灭失或损失索赔数额的 60% 左右。CMR 规定的赔偿责任限额为每公斤毛重 8.33 特别提款权,该数额很可能甚至低于货物索赔数额的 60%。这些单式运输公约中的责任限额不能直接与海上运输公约中的限额相比较,因为这些公约仅列有每公斤的限额,虽然每公斤的限额大大高于《海牙—维斯比规则》规定的责任限额额度,但实际上由于《海牙—维斯比规则》允许按件数计算限额,所以实际上其赔偿限额要高得多。还有代表指出,其他一些公约如《蒙特利尔公约》虽然规定的责任限额较高,但其中有一些条款规定即使在发生故意行为或盗窃的情形下也不得超出赔偿责任限制,而且这些运输公约所涵盖的运输方式收取的运费也大大高于海上运输公约下的运费。

第四,自《海牙规则》以来,货物的平均价值并没有大幅提高,而且在班轮运输中,集装箱内货物的平均价值也没有大幅提高。有代表指出,国际贸易中的绝大部分货物目前都适用《海牙—维斯比规则》规定的较低限额,在世界上一些最大的经济体中赔偿限额甚至更低。《汉堡规则》目前仅管辖一小部分世界航运,如果按照《汉堡规则》来规定承运人的赔偿责任限额,则对于国际贸易中的绝大部分货物都意味着责任限额的大幅提高。赔偿限额的提高必然造成运费的上涨，低价值货物即使不能从责任限额的提高中获益也要支付较高的运费，这实际上意味着低价值货物的托运人要为高价值货物的托运人提供补贴。①

在第二十届工作组会议上，工作组决定就赔偿责任限制达成临时的折中。这种折中意见的组成部分之一就是决定单位赔偿责任限制的数额采用《汉堡规则》规定的赔偿责任限制数额。然而，为了促使公约能够得以尽快讨论通过，2008 年初，以美国、法国以及非洲 24 个国家为代表的 32 个国家代表团达成了妥协的一揽子方案。即考虑到该公约在承运人责任基础、免责条款等方面，与《海牙规则》、《海牙—维斯比规则》体系下的规定发生了较大变化，以及考虑到公约增加了对批量合同等适用的新规定，决定删掉与承运人单位赔偿责任限额密切相关的"责任限额修正条款"，并在《汉堡规则》规定限额的基础上作了适当提高。《鹿特丹规则》最终采纳了上述方案。②《鹿特丹规则》的单位赔偿责任限额被最终确定为每货运单位 875 个计算单位或者毛重每公斤 3 个计算单位，二者中以较高者为限。这个责任限额比《海牙—维斯比规则》的限额分别高出了 31％与 50％，比《汉堡规则》规定的责任限额则分别高出了 5％与 20％。

（二）《鹿特丹规则》确定的责任限额是否合适

从现实的角度看，主要航运国家接受的单位赔偿责任限额目前都低于《鹿特丹规则》规定的赔偿责任限额。《海牙—维斯比规则》目前在 48 个国家和地区生效（其中 21 个参加的是该规则的 1979 年议定书），虽然从缔约国的数量看要少于《海牙规则》，但是因为澳大利亚、加拿大、丹麦、法国、德国、希腊、意大利、日本、荷兰、新西兰、挪威、瑞典、英国、韩国等对当今世界航运有着举足轻重影响的国家都参加了该规则，因此该规则在世界航运市场和国际贸易市场中的影响最大。即使一些未加入该公约的国家，也纷纷在国内法中规定了与此相同的责任限额，如中国、冰岛等。③《鹿特丹规则》

---

① See U. N. Doc. A/CN. 9/642. Paragraphs 144～151.

② 郭萍、李晓枫：《海运承运人单位赔偿责任限额问题的国际变革——兼评联合国〈鹿特丹规则〉》，载《国际经济法学刊》2009 年第 2 期。

③ 郭萍、李晓枫：《海运承运人单位赔偿责任限额问题的国际变革——兼评联合国〈鹿特丹规则〉》，载《国际经济法学刊》2009 年第 2 期。

规定的赔偿责任限额难以为这些接受《海牙—维斯比规则》限额的国家所接受，会构成这些国家加入《鹿特丹规则》的障碍。在 UNCITRAL 第四十一届会议上，中国代表团就承运人赔偿责任限额提出意见认为，中国长期的海运贸易（尤其是海上集装箱运输）实践证明，当前海运货物的平均价值仍未超过《海牙—维斯比规则》责任限制设定的水平。在目前和未来可以预见的海上集装箱货物运输中，《鹿特丹规则》第 61 条规定的单位赔偿责任限额将没有实际意义。作为承运人责任的一揽子考虑，鉴于目前《鹿特丹规则》在船舶适航、航海过失免责取消等方面大大加重了承运人的责任，在赔偿责任限额方面不宜规定太高而脱离实际需要，以免承运人与货方之间的利益平衡过度倾斜，防止《鹿特丹规则》重蹈《汉堡规则》的覆辙。中方建议，仍维持《海牙—维斯比规则》单位责任限制标准。即使采用高于《海牙—维斯比规则》的标准，也不能超过《汉堡规则》的标准，即每件 825 提款权或每公斤 2.5 特别提款权，以较高者为准。[①] 韩国、新西兰、希腊等国代表团也都对赔偿责任限额提出了不同看法。

　　不管《鹿特丹规则》规定的责任限额是否合适，责任限额的提高，客观上讲对货方是有利的。但同时，"承运人对违反本公约对其规定的义务"的措辞扩大了承运人可以享受单位赔偿责任限制的内容，也使《鹿特丹规则》下的单位赔偿责任限制制度在一定程度上有利于承运人一方。而《鹿特丹规则》关于迟延交付的定义也对承运人较为有利。《鹿特丹规则》第 21 条规定："未在约定时间内在运输合同约定的目的地交付货物，为迟延交付。"《汉堡规则》除了规定未在约定时间内在运输合同约定的目的地交付货物为迟延外，还规定了未能在合理时间内交付也构成迟延。相较而言，《鹿特丹规则》关于"迟延交付"的界定比较狭窄，如果运输合同没有约定货物的交付时间，则在《鹿特丹规则》下，承运人无须为此承担赔偿责任。[②] 对于这种情况，《鹿特丹规则》将其留给各国国内法解决。我国《海商法》第 50 条对迟延交付作如下定义："货物未能在明确约定的时间内，在约定的卸货港交付的，为迟延交付。"这个定义与《鹿特丹规则》的规定相同。总之，《鹿特丹规则》规定的单位赔偿责任限制，责任限额的提高有利于货方，但关于责任限制适

---

　　① See U. N. Doc. A/CN. 9/658/Add. 7. Paragraphs 13～16.

　　② 运输合同没有约定货物的交付时间时承运人只是依据《鹿特丹规则》不需要承担赔偿责任，承运人是否需要依据国内法承担赔偿责任取决于当事人国内法的规定。

用对象的规定和迟延交付的定义在一定程度上有利于承运人一方。

本章小结

承运人的强制性义务与责任作为强制性体制的核心内容,《鹿特丹规则》用第 4 章至第 6 章 3 个章节共 16 个条文对这一关键性内容作了全面的规定。《鹿特丹规则》下承运人的义务与责任制度较《海牙规则》、《海牙—维斯比规则》有重大的变化发展。

在承运人责任基础方面,关于承运人责任的归责原则,《鹿特丹规则》采用的是过失责任制,航海过失作为一项法律遗产被《鹿特丹规则》取消。承运人受雇人、代理人过失所导致的船上火灾承运人也不再享有免责权利。举证责任的分配略显复杂,在一般情况下,对于法定免责事项之外的其他造成货物损失的原因实行承运人或其需要负责的人有过失的推定,举证责任由承运人一方负担;对于法定免责事项实行承运人无过失推定,举证责任由索赔方承担;对于船舶适航义务对承运人实行过失推定,举证责任由承运人或是海运履约方承担。

为与《鹿特丹规则》"门到门"的适用范围相适应并避免与调整其他运输方式的国际条约相冲突,《鹿特丹规则》建立起了非常独特的最小网状责任制。在最小网状责任制下,《鹿特丹规则》生效之前已经生效的调整公路运输、铁路运输、内河运输、航空运输等其他运输方式的条约将优先于《鹿特丹规则》而适用。但是,最小网状责任制可能会与国内法中的承运人责任制度发生冲突。

《鹿特丹规则》创设了"海运履约方"这一新主体。海运履约方的构建使得《鹿特丹规则》下权利义务主体更加明确,也使得《鹿特丹规则》在兼顾其他运输方式的同时,明确海运区段双方当事人的权利义务。当《鹿特丹规则》适用于海上货物运输时,权利、义务、责任可以直接适用于海运履约方,而不必通过当事人之间合同约定的转承,简化了法律关系。同时,这一概念将承运人独立合同人和代理人包括在内,强制性体制规制的主体也相应扩展到这些主体,使这些主体的法律地位发生了变化。具体表现在:货方索赔人对这些主体提起诉讼时将适用《鹿特丹规则》而不再适用国内法,因而举证责任有所不同;上述主体可以享受《鹿特丹规则》规定的赔偿责任限制。

　　在《鹿特丹规则》下,承运人的适航义务成为贯穿于整个海上航程的全程适航义务,并且,适航义务不再具有首要义务的地位。由此导致适航义务举证责任的变化及承运人违反适航义务法律后果的变化。在《海牙规则》、《海牙—维斯比规则》下,承运人适航义务的举证责任由船方承担,而在《鹿特丹规则》下,船舶适航义务的举证责任由货方承担。在《海牙规则》、《海牙—维斯比规则》下,承运人违反适航义务即不能再援引免责事项,但在《鹿特丹规则》下,承运人违反适航义务时若有免责事项存在承运人仍可以援引以主张免责。

　　《鹿特丹规则》下承运人单位赔偿责任限额分别提高至每件 875 个计算单位或者每公斤 3 个计算单位。作为承运人义务与责任加重的平衡,承运人可以享受单位赔偿责任限制的情形较《海牙规则》、《海牙—维斯比规则》有所增加。

　　总体而言,《鹿特丹规则》强制性体制下的承运人义务与责任制度变革集中表现在以下两个方面。一方面,《鹿特丹规则》构建了"海运履约方"这一新主体,建立了独特的"最小网状责任制",承运人责任期间有所延长。这些制度变革的原因是为了与《鹿特丹规则》"海运＋其他"的适用范围相适应。另一方面,《鹿特丹规则》强制性体制下的承运人义务与责任更为重要的变化在于由于航海过失免责的取消、火灾免责的变化、适航义务扩展至全程以及责任限额有所提高,《鹿特丹规则》下承运人义务与责任有所加重。笔者认为发生这种变化的原因有以下几个方面:

　　航海技术进步使得承运人抵抗海上风险的能力有了较大的提高。自第二次世界大战以来,造船技术不断进步,船舶日益大型化、高速化、智能化、专用化、节能与环保化。[①] 虽然在大自然面前人类依然渺小,但与帆船时代、蒸汽船时代相比,人类抵御海上风险的能力无疑大大增强了。这使得承运人承担更多的海上航行风险具有合理性。

　　实现运输合同中风险的有效率分配。风险分配的基本原则是将风险配置给最佳的风险承担者。风险承担可以采取两种方式:预防和保险。当当事人处于预防风险的有利位置时,该当事人就是最佳的风险承担者,因此应当将风险配置给该当事人。当该当事人没有进行预防时,就认为其存在过失,应当承担对对方的预期违约赔偿责任。这种情形类似于侵权法中的互

---

　　① 　赵刚主编:《国际航运管理》,大连海事大学出版社 2006 年版,第 121 页。

补性单边预防。在互补性单边预防中,尽管当事人双方都可以进行预防并且其中一方的预防足以消除损害的发生,但是由于预防成本有高有低,效率要求成本最低的一方进行预防。在合同关系中,效率原则在风险预防中具有同样的要求。预防并不能全部消除风险发生的可能,保险安排是另一种风险承担安排。按照将风险配置给最佳的风险承担者的基本原则,保险成本最小的一方将是最佳的风险承担者。[①] 就海上货物运输中的航海过失与船舶适航而言,承运人或者是海运履约方处于预防风险的最佳位置,海运技术进步使得船东采取预防措施的成本较以往相比已经大大降低。就保险成本而言,由承运人或海运履约方就上述风险承保,其成本也明显低于货方投保的成本。[②] 如果承运人或海运履约方对航海过失及航行途中的船舶不适航状态导致的货物灭失、损害、迟延不承担责任,而由货方承担这部分损失时,将会导致其防范上述风险成本的外在化。"内在化的好处在于,个体在计算个人利益得失时会将受其行为影响的一切价值都囊括进来,这样,自身利益就迫使他权衡其活动的一切成本和收益。"[③]防范上述风险成本的内在化即由承运人或海运履约方负担上述风险造成的损失可以鼓励其积极地采取预防措施防范上述风险,符合风险分配的效率原则。

更加公平地在承运人与货方之间进行合作剩余分配。促进合作剩余在当事人之间公平合理地分配是强制性体制的基本功能之一。《海牙规则》、《海牙—维斯比规则》的强制性体制虽然在当时的历史条件下改进了货方的地位,但"20世纪后期,国际航运业和航运科学技术的飞速发展,使得《海牙规则》在调整船货双方利益的制度设计上,显得过于偏袒承运人,早已失去了平衡"[④]。所以需要对偏袒承运人利益的制度安排进行变革以实现剩余价值在当事人之间更加公平地分配。

---

① 魏建、周林彬主编:《法经济学》,中国人民大学出版社2008年版,第190页。
② 船舶由于航海过失或不适航导致的货物损失属于保赔保险的承保风险,保赔保险是船东间的互助性保险机构承保的风险,从性质上讲不是商业风险,其保费要低于货方到商业保险机构进行投保的保费。
③ 〔美〕罗伯特·库特著:《整合侵权、合同和财产法:防范模式》,张明译,载于〔美〕唐纳德·A.威特曼编:《法律经济学文献精选》,苏力等译,法律出版社2006年版,第79页。
④ 司玉琢:《〈鹿特丹规则〉的评价与展望》,载《中国海商法年刊》2009年第20卷第1~2期。

　　值得注意的是,与《汉堡规则》不同,《鹿特丹规则》强制性体制并未机械单一地去加重船方的义务与责任,片面地为货方利益提供保护。通过本章的分析可以发现,《鹿特丹规则》在加重承运人义务与责任的同时,也注意承运人利益与货方利益的平衡。例如,关于举证责任的分配,针对一般违约事项、法定免责事项、适航义务三种情形设计了不同规则,同时兼顾了承运人一方与货方的利益。这既体现了《鹿特丹规则》起草者的智慧,也在一定程度上反映了《鹿特丹规则》强制性体制价值取向的变化。

International
Economic Law

第三章　货方义务与责任纳入《鹿特丹规则》强制性体制

与《海牙规则》、《海牙—维斯比规则》相比，《鹿特丹规则》下货方的义务与责任体制有较大的调整变化。《鹿特丹规则》在国际条约中首次对托运人的义务与责任进行了系统全面的明确规定。[①] 而《海牙规则》、《海牙—维斯比规则》仅对托运人托运危险货物时所承担的义务作了规定。为了保护卖方在 FOB 贸易条件下的利益，《鹿特丹规则》设置了一个新的货方主体——单证托运人。托运人责任基础也有较为明显的变化。此外，《鹿特丹规则》还首次明确规定了可转让运输单证持有人的赔偿责任。然而，更为重要的是，《鹿特丹规则》下货方义务与责任被纳入了强制性体制，货方在《鹿特丹规则》下承担的义务与责任是强制性的。这是货方义务与责任制度与《海牙规则》、《海牙—维斯比规则》相比最为重要的变化。

第一节　《鹿特丹规则》下货方义务与责任的强制性

一、《鹿特丹规则》下的货方

(一)货方的概念与形态

1. 货方的概念

货方并不是一个严谨的学术概念，而是一个事实概念。在海上货物运

---

① Anthony Diamond Q. C., The Rotterdam Rules, Lloyd's Maritime and Commercial Law Quarterly, 2009, p. 495.

输领域,人们称呼与承运人相对应的主体时,常常用"货方"这一词语来进行概括。在英文中,货方一般表述为"Cargo Interests"。而在航运实践中,航运公司通常在提单中将货方称为"Merchant"。各个航运公司大都在自己的提单条款中对"货方"作了基本相似的定义。例如,马士基公司多式联运提单对货方作如下描述:"'货方'(Merchant)包括托运人、持有人、收货人、提货人、任何拥有或有资格拥有货物或本提单的人及其代理人。"①航运公司在提单条款中的定义仅是描述性的,没有揭示出货方概念的关键构成要素。

对货方的英文表述"Cargo Interests"作字面上的理解即为对货物拥有利益的人。所以对货物拥有一定的利益是货方概念的第一个构成要素。这种利益表现为货方在法律上对货物拥有一定的权利,或为物权或为债权,可以是所有权,占有权或者是请求权。除此之外,因为货方是存在于运输领域的概念,要想成为货方还必须与完成货物运输的主体承运人发生法律上的关联。因此,货方概念的第二个要素是对承运人存在着法定或约定的权利义务关系。根据上述分析,笔者认为,可以从构成要素的角度对货方作如下定义,货方是指对海上货物运输中的货物拥有法律上的利益并与承运人存在权利义务关系的主体。货方可能是海上货物运输中的托运人,也可能是收货人,在签发可转让运输单证的情况下,还可能是可转让运输单证的中间持有人。

2. 货方在《鹿特丹规则》中的具体形态及相互关系

根据上述我们对货方的界定,《鹿特丹规则》中的货方具体表现为以下形态:托运人、持有人、收货人、控制方以及《鹿特丹规则》构建的一个新主体——单证托运人。事实上,第79条第2款在规定货方义务与责任的强制性时已经将《鹿特丹规则》中的不同种类的货方主体进行了列举。《鹿特丹规则》第1条第8项至第11项、第13项分别对托运人、单证托运人、持有人、收货人、控制方作了定义。单证托运人是《鹿特丹规则》新构建的一个主体,并且有较为特殊的制度背景,笔者将在下文另列标题作详细论述。通过对上述定义进行分析,我们可以发现《鹿特丹规则》上述对货方主体的不同

---

① 马士基公司:《运输条件与条款》,http://www.maerskline.com/link/? page=brochure&path=/our_services/general_business_terms/bill_of_lading_clauses#shipperpackedcontainers,下载日期:2009 年 11 月 30 日。

定义并非完全封闭、互相排斥的,不同种类的货方主体之间存在着重叠和交叉。

(1)托运人与持有人的交叉

根据《鹿特丹规则》第 1 条第 8 项的规定,托运人是指与承运人订立运输合同的人。第 10 项规定:"持有人"是"(一)指持有可转让运输单证的人;以及 1.若单证为指示单证,指该单证所载明的托运人或收货人,或该妥善背书的单证所指明的人;或 2.若单证为空白背书的指示单证或不记名单证,指该单证的持单人;或(二)指根据第 9 条第 1 款述及的程序可转让电子运输记录的接收人或受让人"。该定义将持有人仅限于可转让运输单证,不可转让运输单证不会出现"持有人"概念,这样,记名提单中的记名收货人持有记名提单时也不是持有人。

从上述持有人的定义来看,当托运人从承运人处取得承运人签发的可转让运输单证例如提单时,虽然托运人持有提单的时间非常短暂,托运人可能很快拿提单结汇,但此时的托运人也符合持有人的定义,托运人与持有人的权利义务便处于重叠状态。[①] 笔者认为,此时托运人应当依包括可转让运输单证条款在内的运输合同而不是仅依可转让运输单证的记载承担权利义务,这是因为托运人与承运人是运输合同的原始当事人,在托运人与承运人之间,可转让运输单证仅仅是运输合同的证明而非运输合同本身。以提单为例,在承运人签发提单之前,托运人与承运人之间的运输合同已经口头缔结,合同条款可以通过承运人的船期表(sailing announcements)以及托运人与理货人(loading broker)之间的协商推断出来。而在提单签发之前,托运人交付给承运人的货物发生灭失损坏时,托运人有权依据运输合同请求承运人承担违约责任。当承运人此后签发的提单与此前托运人与承运人之间的口头协议内容不一致时,托运人可以举证证明口头协议的内容来推翻提单条款。[②] 也正是因为托运人的这种运输合同当事人的身份,笔者认为,托运人持有可转让运输单证时,其责任应当依据《鹿特丹规则》第 30 条规定的托运人赔偿责任而不是第 58 条规定的持有人赔偿责任来确定。在

---

① 李志文:《论提单持有人及其权利义务和责任》,载《中国海商法年刊(2001)》,大连海事大学出版社 2001 年版,第 273 页。

② John F. Wilson, *Carriage of Goods by Sea*, 4th ed., Pearson Education Limited, 2001, p.134.

《鹿特丹规则》下,托运人与持有人之间这种概念交叉的瑕疵完全可以通过对持有人定义的进一步明确来消除,例如,可以在持有人的定义中明确将暂时持有可转让提单的托运人排除掉。[①]

(2)收货人与持有人的交叉

《鹿特丹规则》第 1 条第 11 项规定:"收货人"是指根据运输合同或根据运输单证或电子运输记录有提货权的人。这种收货人的定义是一个比较宽泛的定义,根据这种定义,收货人可以包括持有人、记名提单中的记名人、使用海运单等不可转让运输单证时或者不使用任何运输单证时的任何第三方。[②] 而在更常见的使用可转让运输单证的情况下,成为持有人即同时意味着成为了收货人,收货人与持有人的身份出现了交叉。

(3)控制方

与《海牙规则》、《海牙—维斯比规则》、《汉堡规则》相比,货物控制权是《鹿特丹规则》的创新性规定,控制方即货物控制权的主体。根据第 1 条第 13 项的规定,"控制方"是指根据第 51 条的规定有权行使控制权的人。控制方是一个更为广泛的概念。根据《鹿特丹规则》第 51 条的规定,控制方可以是托运人、单证托运人、持有人、收货人或者任何其他人,也就是说,其他任何种类的货方主体都可以成为控制方。

(二)单证托运人

单证托运人是《鹿特丹规则》新创设的一个概念。单证托运人概念所要实现的法律功能与《汉堡规则》中的"交货托运人"类似,都是为了解决当买卖双方采用 FOB 贸易术语时贸易合同中卖方的法律地位与利益保护问题。

1. FOB 贸易术语下发货人面临的困扰

FOB 是国际贸易中最常使用的贸易术语之一。有些国家如美国对 FOB 贸易术语有自己的定义和解释。国际商会制定的《2000 年国际贸易术语解释通则》将使用 FOB 贸易术语的买卖合同双方的责任、风险和费用等主要作了如下规定,卖方必须:(1)提供符合合同规定的货物和单证或相等

---

① 李志文:《论提单持有人及其权利义务和责任》,载《中国海商法年刊(2001)》,大连海事大学出版社 2001 年版,第 274 页。

② 在使用除记名提单外的不可转让运输单证时,根据《鹿特丹规则》第 51 条第 1 款的规定,任何第三人都有可能成为控制方,而成为控制方就很大程度上成为了收货人。

的电子单证;(2)自负费用及风险办理出口许可证及其他货物出口手续,交纳出口税费;(3)按照约定的时间、地点,依照港口惯例将货物装上买方指定的船舶,并给买方以充分的通知;(4)承担在装运港货物越过船舷以前的风险和费用。买方必须:(1)支付货款,并接受卖方提供的交货凭证或相等的电子单证;(2)自负费用及风险取得进口许可证,办理进口手续,交纳进口的各种税费;(3)自费租船,并将船名、装货地点、时间给予卖方以充分的通知;(4)承担在装运港货物越过船舷以后的风险和费用。[①] 当买卖双方使用FOB贸易术语时,卖方需将货物交付运输,但是,因为卖方与承运人没有运输合同关系,卖方与承运人的权利义务关系处于一种不确定的状态。

在英国王后分庭 1954 年审理的 Pyene Co. Ltd. v. Scindia Navigation Co. Ltd. 一案中,原告 Pyene 公司出售一批消防船给印度政府,使用的贸易术语为 FOB 伦敦,运往 Bombay。被告选择了自己的船舶并通过自己的代理完成了所有运输安排。当其中一艘消防船往船上起吊时桅杆损坏,消防船在越过船舷之前坠落到了码头上。卖方为修理消防船花费了 966 英镑。卖方请求船方承担责任,船方承认自己在操作过程中有过失,但是主张享有作为承运人可以享有的 200 英镑赔偿责任限制。Devlin J. 认为卖方虽然不是海上货物运输合同(被告与买方之间订立)的当事人,但卖方参与了该合同。所以这个合同影响到卖方,卖方取得依照合同享有的利益,也应当承担依据合同所应负担的限制,比如赔偿责任限制。Devlin J. 据此认为船方可以享有 200 英镑的赔偿责任限制。[②] 这个案例在一定程度上揭示出了当使用 FOB 贸易术语并且由买方与承运人缔结运输合同时,卖方的尴尬处境。在该案中,法官以卖方参与了运输合同为由,判决卖方可以享有运输合同下的权利并受运输合同的限制。

然而,中国法院一个同样涉及 FOB 贸易术语卖方法律地位问题案例的判决结果却与此不同。在天津海事法院 1993 年审理的"北京温阳公司"案中,原告北京温阳公司(以下简称温阳公司)与新加坡金太平企业(以下简称金太平企业)订立销售确认书,约定温阳公司以 FOB 天津新港的价格向金太平企业出售黑豆,金太平企业通过银行开出受益人为温阳公司的信用证,

---

① 王传丽主编:《国际贸易法学》,法律出版社 2008 年版,第 30～31 页。

② [1954] 2 Q. B. 402. See Leo D'Arcy, Carole Murray, Barbara Cleave, *Schmitthoff's Export Trade*, Sweet & Maxwell, 2000, pp. 19～20.

但信用证中要求提单上须注明托运人为金太平企业。之后,温阳公司将货物交给了上海远洋公司的代理人天津外轮代理公司(以下简称天津外代)。天津外代遂向温阳公司签发了托运人为金太平企业、收货人凭指示提货、装货港为天津新港、卸货港为雅加达的三份正本提单。该批货物运抵目的港后,由于无人凭正本提单提货,港口当局又不允许将豆类货物存放于码头仓库之内,因而只能直接卸至货车上运走。承运人上海远洋公司卸货港的代理人在未收回正本提单的情况下,将货物交给金太平企业。温阳公司将全套单据提交中国银行北京分行时,因提交日期超出了信用证的有效期限,最终被银行拒付。温阳公司遂向天津海事法院起诉,要求上海远洋公司赔偿因无单交货造成的损失。天津海事法院经审理认为,温阳公司虽持有正本提单,但该提单为指示提单,托运人是案外人金太平企业,提单未经托运人背书,原告也未能证明其具有提单合法当事人的地位,因此,原、被告之间不存在权利义务关系,原告对被告没有诉权。据此,天津海事法院作出民事裁定,驳回温阳公司的起诉。[①]

通过以上两个案例可以看出,FOB 贸易术语下卖方的法律地位是一个十分模糊的问题。在第一个案例中,法院允许 FOB 卖方在运输合同下享有一定的权利,并受运输合同的限制,而在第二个案例中,法院没有赋予 FOB 卖方在运输合同下的任何地位。FOB 卖方法律地位的不确定性导致其面临很大的风险。卖方如不谨慎操作,很可能遭遇钱货两空的惨剧。FOB 贸易术语的风险在于:使用 FOB 贸易术语时,FOB 卖方出口商不负责组织运输,由买方进口商租船或订立航次租船合同或货物运输合同成为出口货物托运人。此时外国进口商可能要求,在作为物权凭证的出口货物提单的托运人栏内要填明买方的名称(如上述"北京温阳公司案"),因为买方是国际货物运输合同的托运人。作为卖方的出口商如果接受这种要求,在出口货物送达买方组织的承运人后,从承运人那里取得以买方为托运人的指示提单。货物到达卸货港后,提单往往迟到,买方以保函和提单副本取得承运人或其代理人的无单放货。如果买方心存欺诈,可以借口单证不符,拒绝付款,然后逃之夭夭。如果买方以货物质量或市场跌价要求出口商降价,也会使出口商遭受很大损失。虽然有人认为,物权凭证——提单在出口商手中,

---

① 天津海事法院(1993)津海法商初裁字第 41 号,转引自马得懿:《FOB 条件下卖方风险问题研究——以托运人制度为视角》,载《法商研究》2008 年第 4 期。

可以以提单持有人名义状告承运人无单放货赔偿货款。但是,此时卖方发现:(1)提单上并无卖方的名称,托运人栏内填写的是买方。(2)提单是指示提单,意即必须凭买方(托运人)的背书和指示方能作为合法收货人向承运人要求提货。但是,他们既不是提单上的托运人,又不是收货人。在提单上见不到他们的名字,他们也不是与承运人订立运输合同的人。而且,他们持有的提单没有提单上托运人的背书。因此,他们既不是提单的受让人也不是合法的收货人,无权提取货物,该份提单在卖方手中便没有物权凭证的效力。卖方的起诉往往被法院以没有诉权为由驳回起诉,或者以卖方没有提货权为由判决卖方败诉。[①]

2. 现有国际条约与国内法的解决方案

为了解决 FOB 贸易术语下卖方法律地位不明确所带来的风险,一些国际条约与国内法进行了尝试。

(1)《汉堡规则》

根据《汉堡规则》第 1 条第 3 项对托运人的定义,在海上货物运输法律关系中,托运人可以有两种:①与承运人签订海上货物运输合同的人,即"缔约托运人";②将货物交给与海上货物运输有关的承运人的人,即"实际托运人"或"发货人"。这种规定的思路在于将发货人也纳入托运人的范畴,从而使他有权从承运人那里获取提单,并有权将自己的名字记载于提单上"托运人"一栏,从而使自己的权利得到保障。然而,《汉堡规则》的这种规定并不完善。由于只是简单地设置了两种托运人的概念,在规定托运人权利义务时并没有再对两种托运人的权利义务作更为详尽的区分,无法解决当两种托运人同时存在时,其权利义务该如何划分的问题。因而,《汉堡规则》的规定并没有解决 FOB 贸易术语下卖方的法律地位问题。例如,卖方和买方都以托运人的身份请求承运人签发提单时,承运人该向哪个"托运人"签发提单呢? 两种托运人具体承担哪些义务,是不是没有获得承运人签发的提单的托运人也要承担托运人的义务? 如果是这样,这两个托运人承担的义务是互相独立的义务还是连带义务? 当发货人成为提单持有人时,缔约托运

人是否丧失了诉权?[①] 这些问题如果当事人在贸易合同中作出比较清晰明确的约定,并不难解决。但如果买卖双方在贸易合同中没有约定,就容易引起纠纷。

(2)挪威《海商法》

挪威《海商法》在借鉴《汉堡规则》的基础上,采取了更为合理的解决 FOB 贸易术语下卖方法律地位问题的制度设计。挪威《海商法》在第 4 部分运输合同第 13 章中分别定义了"托运人"(sender)和"发货人"(shipper),规定前者是指"与承运人订立海上货物运输合同的人";后者是指"将货物交付运输的人"。并且,该法对托运人和发货人的权利义务与责任分别进行了相应的规定。该法第 256 条至第 258 条、第 264 条、第 273 条、第 290 条、第 291 条分别规定了托运人如下权利义务责任:①托运人的货物包装义务;②运输危险货物时托运人的标志告知义务;③特殊照顾货物的告知义务;④解约权;⑤运费支付义务;⑥赔偿责任;⑦危险货物运输下的赔偿责任。同时,该法第 255 条、第 259 条、第 294 条、第 301 条规定了发货人的下列权利义务责任:①交付货物的义务;②获取货物收据的权利;③发货人请求承运人签发提单的权利;④发货人就提单中所载的货物资料准确性承担保证义务,并就资料不正确致承运人遭受的损失负赔偿责任。[②]

在挪威《海商法》的上述规定下,当贸易双方采用 CIF 等贸易术语时,托运人和发货人为同一主体,上述对托运人和发货人的规定可以同时适用。当贸易双方使用 FOB 贸易术语时,则上述规定对托运人和发货人的规定分别适用。此时,根据《海商法》第 294 条的规定,发货人享有的一项重要权利是有权要求获得承运人对其签发的提单。这样,在 FOB 贸易术语下,卖方法律地位得以明确,其所面临的风险得以化解。相比较于《汉堡规则》,挪威《海商法》的规定更加明确,妥善地解决了 FOB 术语下卖方的法律地位问题。

---

① Gertjan Van Der Ziel, *The Issue of Transport Documents and the Documentary Shipper under the Rotterdam Rules*,载《2009 年上海海商法国际研讨会论文汇编》,第 6 页。

② 司玉琢、李志文主编:《中国海商法基本理论问题研究》,北京大学出版社 2009 年版,第 272～273 页。

3.《鹿特丹规则》的解决方案

《鹿特丹规则》同样考虑到了 FOB 贸易术语下贸易合同卖方的法律地位问题,并为解决这一问题进行了相应的制度设计。

(1)起草过程中曾出现的"发货人"制度

在《鹿特丹规则》的起草过程中,曾有发货人的概念。公约草案初稿对发货人作如下定义:"发货人"系指将货物交给承运人运输的人。[①] 发货人的定义也将托运人包括在内。公约草案初稿第 7.7 条规定:"如果在合同细则中被认定为'托运人'的人接受运输单证或电子记录,即使该人不是第 1.19 条中所定义的托运人,该人仍应:(a)承担本章和第 11.5 条对托运人规定的责任和赔偿责任;(b)有权享有本章和第 13 章规定的托运人的权利和豁免。"根据该条规定,如果不能构成托运人的发货人接受运输单证或电子记录时,将享有托运人的权利,承担托运人的义务。公约草案初稿第 8.1 条(签发运输单证或电子记录)直接赋予发货人取得货物运输单证的权利。该条第 1 款规定:"在向承运人或参与履约方交付货物时,发货人有权取得一份运输单证或经承运人同意取得一份可证明承运人或参与履约方收到货物的电子记录……"但是,发货人这里取得的"单证"或"电子记录"与托运人有权取得的"单证"或"电子记录"并不相同。CMI 起草该条文的原意是针对托运人和发货人的不同需要,赋予其获得不同种类单证的权利,发货人有权得到的单证仅仅是一份收据,不一定是运输合同的证据,不一定是所有权凭证(document of title),也不一定是可转让的。而托运人作为承运人的合同对应方有权得到的是一份使其能够控制货物(及运输合同履行情况)的运输单证,除非合同中有相反的协议。[②] 这个条文在公约草案的一读文本以及二读文本中没有发生实质性的变化。

针对这种条文设计背后的用意,在工作组第十六届会议之后的非正式讨论期间,约有 2/3 的代表在谈到这一问题时基本上支持草案第 37 条的内容。有人认为,当发货人(卖方)向已经与托运人(买方)签订合同的承运人交货时,发货人(卖方)是将货物交给代表托运人(买方)办事的人——从而把货物控制权交给了托运人(买方)。因此,发货人(卖方)只有权收取一份收据,证明已经完成了交货;但无权获得运输单证而对货物有更进一步的控

① See U. N. Doc. A/CN. 9/WG. III/WP. 21. Article 1. 2
② See U. N. Doc. A/CN. 9/WG. III/WP. 62. Paragraph 6.

制权。①

但是,在公约草案二读文本中增加了单证托运人的定义,在"运输单证或电子运输记录的签发"条款中也增加了"或经托运人同意的单证托运人,有权根据托运人的选择从承运人处获得适当的可转让或不可转让运输单证,或者根据第 8 条第(a)项获得可转让或不可转让电子运输记录……"的规定。这样,《鹿特丹规则》草案中就出现了托运人、单证托运人、发货人三个概念。同时,还需要界定一种单证只有收据的功能而不具备运输合同证明等其他功能。这使得公约草案的托运人制度与单证制度变得非常复杂,并且与现有实践脱钩。

针对这种情况,在工作组第二十一届会议上,意大利、韩国、荷兰代表团在其提案中指出公约草案对运输合同开始履行时货方的三种参与人作了定义:托运人、单证托运人与发货人。从广义上讲,托运人是承运人的合同对应方;单证托运人实际上是 FOB 贸易术语下的卖方,发货人是在货物启运地实际将货物交付承运人的人。实践中发货人甚至可能是卡车司机。是否有必要在公约草案中对这三种主体都作规定呢? 发货人可能是托运人,也可能是单证托运人。如果发货人不是这两种主体,则可能是按照托运人或单证托运人的指示行事或代表托运人或单证托运人行事的其他主体。在这种情况下,发货人履行托运人或单证托运人委托其完成的义务,其作为和不作为应当由托运人或单证托运人负责。此外,公约草案中没有条文规定单独由发货人承担的义务。这意味着,除非发货人是托运人或单证托运人,否则根据公约他没有自己的义务。根据公约草案的规定,发货人享有一项权利,作为实际上向承运人交付货物的人,发货人按照第 37 条有权在向承运人交付货物时取得收据。这似乎是在公约草案中引入"发货人"概念的唯一法律目的。意大利、韩国和荷兰代表团认为,这一目的并没有重要到需要在公约中保留"发货人"这一概念。从公约草案中删去"发货人"概念可以避免其同其他运输公约和某些国内法相混淆。在《蒙特利尔公约》和 COTIF-CIM 1999 中,"发货人"系指承运人的合同对应方。一些国家的国内法也用"发货人"指代承运人的合同对应方,还有一些国家的国内法用"发货人"指代 FOB 贸易术语下卖方。从公约草案中删去"发货人"的概念有利于简化公约条文以及"运输单证"的概念并使其符合海运实践,并将提高公约的整

———————————

① See U. N. Doc. A/CN. 9/WG. III/WP. 62. Paragraph 8.

体质量。① 大多数代表团支持这一提案，"发货人"的定义被最终删除。

从以上《鹿特丹规则》起草过程中"发货人"的定义及其制度设计来看，"发货人"的概念并没有为解决 FOB 贸易术语下卖方的法律地位问题提供有效的解决方案。发货人的定义虽然包括了 FOB 术语下的卖方，但是，发货人只能获得一份表明承运人收到货物的收据，而不是诸如提单之类的货物运输单证，卖方所面临的法律风险依然没有消除。在工作组第十六届会议后的非正式协商中，有代表指出应允许承运人要求先收回按照草案第 37 (a)条签发给发货人的运输单证或电子运输记录，然后才按照草案第 37(b) 条的规定给托运人签发适当的运输单证或电子运输记录。这似乎符合一些国家的现行惯例，按照这些惯例，承运人要求先收到码头收据或大副收据，然后才签发可转让提单。② 这种提议以"发货人"的原有条文安排为基础，为保障 FOB 术语下卖方的利益提供了一种解决方案。但是该提议没有被重视。最终，随着"发货人"被从公约草案中删除，以发货人概念为切入点来解决 FOB 贸易术语下卖方法律风险的思路在《鹿特丹规则》中并没有实现。事实上，公约草案原本也没有打算用发货人的概念来解决这个问题。

(2)单证托运人制度

单证托运人是《鹿特丹规则》为解决 FOB 贸易术语下卖方法律风险问题所作的主要制度安排。《鹿特特规则》主要通过以下条文构建起其单证托运人制度：①第 1 条第 8 项和第 9 项分别规定了"托运人"和"单证托运人"的定义。托运人，是指与承运人订立运输合同的人。单证托运人，是指托运人以外的，同意在运输单证或电子运输记录中记名为"托运人"的人。②第 33 条(单证托运人享有托运人的权利并承担其义务)规定："单证托运人必须承担本章和第 55 条对托运人规定的义务和赔偿责任，且有权享有本章和第 13 章为托运人提供的权利和抗辩。"③第 35 条规定，经托运人同意的单证托运人，有权按照托运人的选择，从承运人处获得不可转让运输单证或适当的可转让运输单证或可转让电子运输记录。

第 35 条的规定是托运人之外的其他主体成为单证托运人的前提条件。其他主体经过托运人同意后，并根据托运人对单证类型的选择从承运人处获得运输单证，将其记载在运输单证之上，才能成为单证托运人。单证托运

---

① See U. N. Doc. A/CN. 9/WG. III/WP. 103. Paragraphs 1～7.

② See U. N. Doc. A/CN. 9/WG. III/WP. 62. Paragraph 10.

人将承担《鹿特丹规则》第 7 章规定的托运人的责任和义务,并且享有第 13 章为托运人提供的权利和抗辩。《鹿特丹规则》第 7 章为托运人设定的义务主要有将货物交付运输的义务,与承运人在提供信息和指示方面合作的义务,提供信息、指示和文件的义务,向承运人提供拟定合同事项所需信息的义务,托运危险货物时的告知义务。这样,FOB 贸易术语下的卖方可以事先与买方在贸易合同中约定,将卖方名称记载于提单上,①由卖方取得提单,这样卖方的法律地位得以明确,其提单持有人的身份得以确定,从而可以有效地控制货物,维护自己的利益。

(3)单证托运人规定之评析

《鹿特丹规则》单证托运人的规定为解决 FOB 贸易术语下卖方的法律风险提供了新的解决方案,但是,《鹿特丹规则》单证托运人的制度设计却并不完美。首先,从上述条款之间的逻辑关系来看,FOB 贸易术语下的卖方要想成为单证托运人必须经过托运人同意。尽管同意包括明示同意和默示同意,相对而言是一个较为宽泛的概念,②但这对 FOB 贸易术语下的卖方获得运输单证设置了一个前提条件。虽然与起草过程中曾经出现过的发货人有权获得承运人收到货物的收据这样的规定相比,单证托运人的地位要改善很多,因为单证托运人有权获得的是"运输单证",但这并没有从根本上解决 FOB 卖方所面临的风险。如果卖方疏忽没有在贸易合同中作出相应的约定,要求托运人同意将单证签发给卖方,或者买方有意欺诈,直接要求承运人向其签发运输单证,卖方仍然可能无法获得运输单证而不能成为单证托运人。《鹿特丹规则》之所以如此规定,是因为起草者追求理论上的完美,认为托运人作为运输合同的当事人,应当确保托运人拥有根据运输合同应当拥有的一切权利,"把运输合同项下的控制权益赋予订立合同的托运人,似乎是合乎逻辑的"③。而托运人与单证托运人之间,谁应当取得运输单证,起草者认为可以由当事人在贸易合同中进行约定。其次,根据《鹿特丹规则》第 33 条的规定,虽然单证托运人必须承担托运人的义务并且享有

---

① 假设贸易双方约定使用可转让提单。

② Gertjan Van Der Ziel, *The issue of transport documents and the documentary shipper under the Rotterdam Rules*,载《2009 年上海海商法国际研讨会论文汇编》,第 7 页。

③ See U. N. Doc. A/CN. 9/WG. III/WP. 21. Paragraph 125.

托运人可以享有的权利与抗辩,但这不影响托运人同时享有有关权利,承担有关义务,也就是说单证托运人的权利义务与托运人的权利义务是平行的。① 这就导致托运人与单证托运人之间权利义务可能出现不明晰的情形。例如,向承运人提供信息指示和文件的义务到底应由托运人完成还是由单证托运人来完成? 如果单证托运人不履行提供信息指示和文件的义务,托运人是否有义务替代单证托运人履行?

　　与挪威《海商法》相比,《鹿特丹规则》关于单证托运人的制度设计略逊一筹。挪威《海商法》将取得运输单证的权利直接赋予发货人,这样 FOB 贸易术语下的卖方有权直接依据法律规定取得运输单证,享有运输单证表彰的权利,运输单证的取得不再取决于托运人的同意。笔者认为,要从根本上解决 FOB 贸易术语下卖方的法律风险问题就应该直接赋予卖方以取得货物运输单证或电子运输记录的权利。《鹿特丹规则》墨守成规,认为托运人作为承运人的合同对应方应享有运输合同下的所有权利,其制度设计虽然保证了理论上的圆满顺畅,但对于实际问题的解决却并不一定理想。挪威《海商法》的规定虽然从理论上进行解释并不圆满,但却很好地解决了实际问题,修改我国《海商法》时可以考虑借鉴挪威《海商法》的规定。

二、货方义务与责任的强制性

　　在《鹿特丹规则》下,不仅承运人义务与责任的有关条款属于强行性规范,第 79 条第 2 款的规定将货方的义务与责任也纳入了强制性体制。根据该款的规定,运输合同中的条款直接或间接排除、限制或增加托运人、收货人、控制方、持有人或单证托运人根据《鹿特丹规则》承担的义务或是违背《鹿特丹规则》义务所承担的赔偿责任的一概无效,亦即货方的义务与责任不容许当事人排除、限制或者增加。《鹿特丹规则》的这种规定模式被称为"双向强制"(two-way mandatory approach),②即不仅承运人的义务和责任是强制性的,货方的义务和责任也是强制性的。

---

　　①　Gertjan Van Der Ziel, *The issue of transport documents and the documentary shipper under the Rotterdam Rules*,载《2009 年上海海商法国际研讨会论文汇编》,第 7 页。

　　②　与此相对应的单向强制模式(one-way mandatory approach)指只将承运人的义务与责任条款设置为强行性规范。

　　货方的义务与责任应否纳入强制性体制在起草过程中是一个有争议的问题。起草过程中关于这个问题的争论又具体包括以下几个方面。第一，应否将货方的义务与责任有关条款设定为强行性规范；第二，是否应当允许增加货方的义务与责任；第三，如果将货方的义务与责任条款规定为强行性条款，应采用逐条规定的形式，还是统一用一个条款进行规定。这几个问题互相关联，而有关争议背后隐藏的根本问题在于是否给予承运人和货方以平等对待和给予哪一方当事人以更多保护。

　　就第一个问题而言，在工作组第十一届会议的讨论中，有观点认为第17条第1款的规定根本不应当涉及货方，①公约草案应当只规定承运人义务与责任的强制性。② 工作组第十四届会议结束后，芬兰代表团曾就公约草案起草中适用范围和合同自由相关问题散发了非正式调查表。在工作组第十五届会议适用范围与合同自由的讨论过程中芬兰代表团非正式散发了Hannu Honka教授就该非正式调查撰写的报告。在对该调查表的回复中，大多数回复意见支持"单向强制"(one-way mandatory approach)的规定模式，认为应当只对承运人的义务与责任进行强制性规定。但是，赞成双向强制规定模式的观点认为自《海牙规则》和《海牙—维斯比规则》以来市场情况已经发生了巨大变化。现在的托运人拥有与承运人一样的影响运输安排的商业能力，有时甚至比承运人的影响更大。③在第十五届会议的讨论中，支持单向强制的意见认为，只对承运人义务责任进行强制性规定符合类似消费者权益保护的法律原则，可以为托运人提供保护，在国际条约中，只有CMR采用了双向强制，而且其效果值得怀疑，因为这一规定妨碍承运人之间的竞争而不利于客户。反对意见则认为，应当采用双向强制，因为这种做法更好地体现了承运人和托运人的经济平衡，采取单向强制只会向托运人提供不必要的保护。④ 第十五届会议上还有意见认为，对于承运人与托运人在强制性规定方面的待遇，不应当做到绝对平等，因为承运人可以限制其

---

① 　指公约草案初稿第17条。
② 　See U. N. Doc. A/CN. 9/526. Paragraph 205.
③ 　See U. N. Doc. A/CN. 9/WG. III/WP. 51. Paragraph 42，Paragraph 44.
④ 　See U. N. Doc. A/CN. 9/576. Paragraphs 45～48.

赔偿责任而托运人则不能。拟议的第 88 条第 1 款的用意是保护小型托运人,[①]但第 2 款的用意则是保护小型承运人和其他货方。第十七届会议上仍有意见主张删除货方义务与责任强制性规定的第 94 条第 2 款,[②]认为强制性体制只是用于保护不具备足够讨价还价能力的当事方,而第 94 条第 2 款提及的(托运人之外的其他)主体不需要这种保护。支持保留该款的意见认为,该条文可以起到适当的平衡作用。而且,不仅托运人和承运人需要得到公约的保护,收货人也应当得到公约提供的保护。

　　笔者认为,对货方义务责任作强制性规定,货方的义务与赔偿责任不能排除、限制首先可以为小承运人提供保护,体现对承运人与托运人的平等对待。个别托运人确实已经具备与承运人平等地进行谈判的实力,因此,应当平等地对待承运人和托运人。笔者将在第五章批量合同的有关论述中涉及这一问题。工作组第十七届会议的意见认为第 2 款中提到的主体不需要强制性体制的保护因而主张删除第 2 款的观点实际上是一种认识上的错误,因为货方是第 2 款强制性规定的主体却并不意味着它是第 2 款规定提供保护的主体,实际上,小承运人才是第 2 款规定保护的主体。其次,对托运人的义务与责任作强制性规定也具有其他现实意义。由于《鹿特丹规则》与以往公约相比对托运人的义务也进行了更为详细的规定,同时,确保这些义务以及因此而产生的责任的强制性,对于保障运输安全,保护环境不受损害

---

①　第十五届会议上拟议的规定强制性体制的第 88 条第 1 款、第 2 款如下:"1. 除非本文书另有规定,下列内容的条款一概无效:(a)直接或间接排除或限制承运人或海运履约方在本文书下的义务的;(b)直接或间接排除或限制承运人或海运履约方在违反本文书下的义务时而应负的赔偿责任的;或(c)将货物的保险收益转移给承运人或第 14 条之二提及的某人的。[2.除非本文书另有规定,下列内容的条款一概无效:(a)直接或间接排除、限制、[或增加]托运人、发货人、收货人、控制人、持单人或第 31 条提及的人在第 7 章下的义务的;或(b)直接或间接排除、限制、[或增加]托运人、发货人、收货人、控制人、持单人或第 31 条提及的人在违反第 7 章下各自任何义务时应负的赔偿责任的。"]先前规定强制性条款的一读草案文本第 88 条前两款规定如下:"1.除非本文书另有规定,任何偏离本文书的合同条款,其用意或效果是直接地或间接地排除、[或]限制、[或增加]承运人,履约方,托运人,控制方或收货人对违反本文书规定项下的任何义务的责任的,在此范围内一概无效。2.虽有第 1 款的规定,承运人或履约方仍可增加其在本文书项下的责任和义务。"

②　指公约草案二读合订文本(U. N. Doc. A/CN.9/WG.III/WP.56.)第 94 条第 2 款。

等,具有积极作用。例如,在托运危险货物的情况下,将托运人告知义务规定为强制性的,要求其对危险货物进行及时告知,有利于承运人采取妥当措施,避免在运输途中对其他货物、船舶、环境可能造成的损害。

关于第二个问题,主张允许当事人在合同中约定增加托运人义务与责任的观点认为,为了确保平等地对待托运人和承运人,应当将允许承运人增加其义务与责任的传统做法延伸适用至托运人,没有任何理由禁止托运人增加其责任。[1][2] 也有人认为,托运人在公约下目前承担的是无限赔偿责任,因此增加其数额是不可能的,所以没有必要规定不允许增加托运人责任。[3] 但是大多数意见则认为,在处理托运人与承运人之间的权利义务平衡时,应当注意的是除了个别实力雄厚的托运人外,托运人讨价还价的能力通常比较弱,因此应该为托运人提供保护,禁止当事人约定增加托运人的义务与责任,使其免受提单中有关增加其赔偿责任条款的不利影响。[4] 例如,应当防止承运人将托运人已经承担的无限制的过失赔偿责任在合同约定中改变为严格责任。[5]工作组在第十九届会议上决定采纳第二种意见,为货方提供保护,不允许当事人在合同中增加货方的义务与责任。[6]

笔者认为应当禁止当事人约定增加托运人的义务与责任。传统上,与承运人相比,托运人处于弱势地位,即使在货方势力有所增强的今天,这种情况依然没有根本的改变。禁止增加托运人的义务与责任符合强制性体制对托运人进行保护的传统价值取向。

禁止增加货方义务与责任同时还意味着为货方主体中除了托运人之外的可转让单证持有人、收货人、控制方等提供保护,避免托运人在提单中加入对持有人和收货人不利的条文。从海上货物运输的角度看,货方是一个利益一致的群体,因为他们都对承运人享有一定的权利,承担一定的义务,不存在利益上的矛盾与冲突。但是从贸易的角度看,货方并不是一个利益一致的群体。因为货物贸易至少会存在着买方和卖方,买方和卖方作为买卖合同的当事人利益显然不一致。除了存在着买方和卖方之外,在国际贸易中尚还有支

---

① See U. N. Doc. A/CN. 9/526. Paragraph 205.

② See U. N. Doc. A/CN. 9/576. Paragraph 78.

③ See U. N. Doc. A/CN. 9/594. Paragraph 151.

④ See U. N. Doc. A/CN. 9/526. Paragraph 205.

⑤ See U. N. Doc. A/CN. 9/594. Paragraph 151.

⑥ See U. N. Doc. A/CN. 9/621. Paragraph 159.

付环节为买卖双方提供融资和信用的银行。在签发可转让运输单证的情况下,银行成为可转让运输单证的持有人后,也有可能成为货方。在托运人和其他货方主体之间存在着利益冲突和对立的背景下,通过禁止增加托运人之外的其他货方主体的义务可以为其他货方主体提供保护。

在与第二个问题有关的讨论中,有代表认为不应当允许增加托运人的义务,因而,应当逐条对托运人的义务与责任进行审查以确定是否允许增加其义务和责任。① 这样,就产生了第三个问题,即是否应当采用一个条文抽象地规定货方义务与责任的强制性。在工作组第十五届会议上有意见认为,公约草案(指一读文本 WP.32.)第 7 章规定了托运人的义务,对托运人承担的诸如第 25 条规定的备妥货物这样的义务应否是强制性义务应该在该章中逐条述及,而不应当在拟议的第 88 条第 2 款中用一般性条文抽象地加以规定。但反对意见认为,从起草的角度看,与逐条审查托运人的义务相比,起草一条一般性条文更加方便。所以这种意见建议应在对草案第 7 章托运人的义务进行审查之后再作进一步讨论决定,工作组接受了这种意见。② 在第十七届会议上这一问题仍被提及。工作组的决定仍然是审议完托运人义务章节后再作决定。③ 但是第十八届会议审议规定托运人义务与责任的第 8 章时并没有就该问题作出决定。④ 而在第十九届会议上,有意见认为,第 2 款关于货方义务责任强制性的规定应当采用与第 1 款相类似的措辞,以便作为第 1 款的对应条文。这种意见似乎被采纳了,以后的会议没有就该问题再进行讨论。

《鹿特丹规则》最终对货方义务与责任采取了统一规定的方法来确立其强行性规范的地位。而对于承运人的义务与责任也采取了《海牙规则》的统一规定方式。笔者认为,该问题虽然在起草过程中没有引起太多关注,但是对于设置有强制性体制的条约而言比较关键。《鹿特丹规则》条文众多,纷繁复杂,采用统一规定方式,可能会把一些不应该是强行性义务的内容也规定为强行性的。所以第 79 条两款的起首语都使用了"除非本公约另有规定外"的措辞,表明《鹿特丹规则》下的强制性体制并不是绝对的。

① See U. N. Doc. A/CN.9/576. Paragraph 47.
② See U. N. Doc. A/CN.9/576. Paragraph 79.
③ See U. N. Doc. A/CN.9/594. Paragraph 149.
④ See U. N. Doc. A/CN.9/616. Paragraphs 83～113.

有关货方义务与责任是否应当为强制性的上述三个问题都解决之后，货方的义务与责任最终通过《鹿特丹规则》第 79 条第 2 款的规定纳入了强制性体制。从第 79 条第 2 款起草过程中三个问题的争论可以看到将货方义务与责任纳入强制性体制的目的有三个：首先，不允许排除、限制货方的义务与责任意在为小承运人提供保护。其次，不允许增加托运人的义务和赔偿责任可以为托运人提供保护。这种保护是相对于承运人而言的，因为运输合同存在于托运人与承运人之间。最后，禁止增加托运人之外的其他货方主体的义务与赔偿责任，可以避免托运人在提单等可转让运输单证中插入加重持有人、收货人、控制方等其他货方主体义务与赔偿责任的条款，从而为托运人之外的其他货方提供保护。这种保护是其他货方主体相对于托运人而言的。

三、《鹿特丹规则》下强制性体制价值取向的变化

(一)传统强制性体制的价值取向

1. 传统强制性体制主要规制承运人的义务与责任

传统上强制性体制主要规制承运人的义务与责任。美国 1893 年《哈特法》第一节与第二节规定免除"船舶的所有人、船长、代理人或管理人"(the manager, agent, master, or owner of any vessel)适航义务和管货义务的提单条款违法而归于无效。[①] 这里的"船舶的所有人、船长、代理人或管理人"都是承运人一方的主体。《海牙规则》第 3 条第 8 款规范的主体也是"承运人或船舶"。国内法中建立起强制性体制的条款例如德国《海商法》第 662 条"不得以协议免除之责任"、《俄罗斯联邦商船航运法典》第 175 条"免除承运人责任或降低其责任限额的协议"、中国《海商法》第 44 条、美国《1999 年海上货物运输法(草案)》第 7(h)条"减轻责任条款"规范的都是承运人一方的主体。

这方面似乎《汉堡规则》是唯一的例外。《汉堡规则》第 23 条第 1 款仿效 CMR 第 41 条第 1 款的措辞，采用了"海上运输合同、提单或证明海上运输合同的任何其他单证中的任何条款，在其直接或间接违背本公约规定的

---

① See U.S.C. Sec. 190～Sec. 191.

范围内,均属无效"这一更为广泛的提法。[①] 由于《汉堡规则》第 3 部分规定有托运人的责任,似乎可以认为运输合同中背离托运人责任与义务的条款也属无效,即托运人的义务与责任也是强制性的。但是,《汉堡规则》第 23 条第 3 款规定:"在签发提单或作为海上运输合同证明的任何其他单证时,其中必须载有一项声明,说明该运输受本公约各项规定的约束,凡是与此相背离的有损于托运人或收货人的条款,概属无效。"该款规定中"凡是与此相背离的有损于托运人或收货人"的条款无效,似乎又表明,《汉堡规则》中关于托运人或收货人义务与责任的条款是可以违背的,只要不损害托运人或收货人的利益。与第 23 条第 2 款规定结合起来,似乎可以理解为,承运人在《汉堡规则》下的责任与义务是最低限度的义务与责任,而托运人在《汉堡规则》下的义务与责任是最大限度的义务与责任,可以背离却不能增加。但不管这种理解正确与否,可以确定的是,《汉堡规则》强制性体制规制的主体既包括了承运人也包括了托运人。[②]

2. 传统强制性体制的主要功能在于为货方利益提供保护

强制性体制之所以主要规制承运人的义务与责任与强制性体制产生的背景密切相关。从第一章我们对《哈特法》起草背景的分析可以看到,在强制性体制出现之前,承运人利用契约自由,不断地在提单中增加免责条款,使其"享有收取运费的权利外,几乎不承担任何责任"。契约自由成了承运人对货方利益进行宰割的工具。当时,美国作为主要的货主国家,英国作为主要的船东国家,正是为了限制英国船东这种滥用契约自由的行为,美国才制定通过了《哈特法》。因此,《哈特法》中的强制性体制的主要功能在于为承运人设定最低限度的义务与责任,限制其滥用契约自由的行为以保护美国货主的利益。

在海上货物运输中,货方与承运人一方相比,相对而言,处于弱势地位。从企业形态来看,班轮运输中的货方大多为贸易企业,企业实力较差,而从事航运业需要有较强的资金实力作支撑,因此航运业的经营者大多为实力

---

① ［日］樱井玲二著:《汉堡规则的成立及其条款的解释》,张既义、李首春、王义源、陈薇薇译,对外贸易教育出版社 1985 年版,第 202 页。

② 有观点认为,《汉堡规则》规定的强制性义务与责任的主体不包括托运人与货方。See Michael F. Sturley, Tomotaka Fujita, Gertjan Van Der Ziel, *The Rotterdam Rules*, Sweet & Maxwell, 2010, p. 371, p. 384.

雄厚的公司。就行业组织而言,货方的行业组织也不如承运人的行业组织成熟完善。承运人行业组织的代表——班轮公会早在 19 世纪就出现了,而托运人协会到 20 世纪中叶才出现。因为货方企业分属不同的行业,货方的协会组织没有班轮公会那样容易组织和建立。① 行业组织可以充当利益表达的工具,使多个分散的个体团结起来,货方行业组织的不发达也在一定程度上使货方处于弱势地位。在这种背景下,强制性体制主要规定承运人最低限度的义务与责任,确定其最大限度的免责权利具有当然的正当性。所以,《哈特法》之后的《海牙规则》及效仿《海牙规则》的国内立法中建立的强制性体制的基本功能都在于规制承运人的义务与责任,保护货方的利益。虽然《海牙规则》偏袒船方,但是如果没有《海牙规则》,货方的地位会更差,从这个意义上讲,《海牙规则》保护货方。即使是《汉堡规则》将强制性体制扩大适用于托运人的义务与责任,其出发点也是保护货方的利益,因为在《汉堡规则》下,承运人的义务与责任是最低限度的义务与责任,可以增加但不能背离,而托运人的义务与责任是最大限度的义务与责任,可以背离但不能增加。正因为如此,William Tetley 教授在其所著的《海上货物索赔》一书中认为《哈特法》是最早的消费者权益保护法之一。② 而 William Tetley 教授在其另外一本著作《国际海商法》中指出:"19 世纪末的某些成文法,包括 1893 年《哈特法》以及其后加拿大 1910 年《水上货物运输法》,然后是 1924 年《海牙规则》、1968 年《海牙—维斯比规则》以及 1978 年《汉堡规则》等,实际上是为托运人所设的较早的国际消费者保护法。"③

（二）《鹿特丹规则》下强制性体制价值取向的变化

在《鹿特丹规则》下,强制性体制规制的主体扩大到了货方。如前所述,第 79 条第 2 款的目的有三个:一是为小承运人提供保护,二是为托运人提供保护,三是为托运人之外的其他货方提供保护。虽然《汉堡规则》也将托运人的责任纳入了强制性体制,但其出发点却仍然是为货方提供保护,《汉堡规则》第 23 条第 3 款的规定似乎表明,托运人的义务与责任是最高限度

---

① 王杰、王琦编著:《国际航运组织的垄断与竞争》,大连海事大学出版社 2000 年版,第 5 页,第 28~29 页。

② Willam Tetley, *Marine Cargo Claims*(4th ed.), LesÉditions Yvon Blais Inc., 2008, p. 2081.

③ Willam Tetley, *International Maritime And Admiralty Law*, LesÉditions Yvon Blais Inc., 2002, pp. 29~30.

的义务与责任，是可以排除、限制却不能增加的。《鹿特丹规则》下，货方的义务与赔偿责任既不能增加也不能排除、限制。第 79 条第 2 款的目的表明，《鹿特丹规则》下强制性体制的价值取向发生了重大变化，强制性体制虽然仍然保护货方，但已经试图平等地对待承运人与货方，为小承运人提供一定的保护。

《鹿特丹规则》下强制性体制价值取向的变化不仅表现在第 79 条第 2 款，还突出地表现在货方承担的实体性义务与责任与以往海上货物运输公约相比有一定程度的加重。通过笔者在本章第二节中的分析可以发现，在《鹿特丹规则》下，货方承担了备妥货物的义务，提供信息的义务等在原来海上货物运输公约中没有承担的义务，并且，托运人的赔偿责任基础由一般过错责任转变为过错推定责任。[①] 更为重要的是在若干情况下（例如活动物与特殊性质货物运输），承运人的义务与责任可以通过协议排除或限制，或是可以协议变更，而货方的义务与责任却不能通过约定减轻，[②]这些变化与其义务与责任的强制性结合起来使货方的义务与责任明显加重。欧洲托运人协会认为，《鹿特丹规则》下货方承担的义务比原有的海上货物运输公约繁重得多。[③] 这也表明《鹿特丹规则》下的强制性体制与传统的强制性体制有所不同，《鹿特丹规则》下的强制性体制更加平等地规制当事人之间的义务与责任，而不再是单纯地保护货方利益。

第二节　货方强制性义务与责任

一、托运人义务

《海牙规则》、《海牙—维斯比规则》、《汉堡规则》中对托运人义务的规定都非常简单，《鹿特丹规则》对托运人义务进行了全面规定。这种变化发展

---

　　① 　这里指托运人对其承担的危险货物义务及信息准确性保证义务之外的其他义务所负的赔偿责任。

　　② 　见下文第四章第二节。

　　③ 　European Shipper's Council, *View of the European Shipper's Council on the Convention on Contracts for the International Carrying of Goods Wholly or Partly by Sea also known as the "Rotterdam Rules"*, p. 5.

反映了海运实践现状：如今的运输合同已不仅仅是简单的承运人承诺运输货物、托运人为此支付运费，托运人与承运人都承担了更多的公法上的义务，托运人与承运人需要在运输合同的履行中互相合作，以防止对货物或船舶造成损坏。《鹿特丹规则》通过对托运人义务全面细致的规定来体现托运人与承运人之间的合作关系。[①]

(一)将货物交付运输的义务

货物运输合同系承运人承担义务将货物从一地运至另一地，只有托运人将待运输货物交付承运人，承运人才能完成预定运输。因此，托运人将货物交付给承运人乃是其在运输合同下必须承担的一项义务。根据《鹿特丹规则》第 27 条的规定，托运人应将待运货物交付承运人或履约方，除非运输合同另有约定。托运人交付的货物应当处于"备妥"状态。"备妥"是指托运人交付运输的货物应处于能够承受住预定运输的状态，包括货物的装载、操作、积载、绑扎、加固和卸载，且不会对人身或财产造成伤害。集装箱或车辆由托运人装载的情况下，托运人应妥善而谨慎地积载、绑扎和加固集装箱内或车辆内的货物，使之不会对人身或财产造成损害。《海牙规则》、《汉堡规则》都没有明确规定托运人交付货物的义务，也就当然没有涉及托运人将货物交付运输时所承担的将货物备妥的义务。货物由托运人交付运输，托运人可以也最有条件了解货物，因而对托运人设定该项义务具有一定的合理性。[②] 托运人承担该项义务意味着，如果货物在运输途中发生的灭失损坏是由于托运人没有将货物备妥所导致的，承运人将不必承担责任。这将在很大程度上加重托运人的负担，而减轻承运人的赔偿责任。在常见的集装箱运输中，整箱货运输情况下集装箱内货物的积载由托运人负责。当使用轮渡完成货物运输时，装载于车辆内的货物如果由托运人完成，托运人也应当承担备妥货物之义务，使之不会对人身或财产造成损害。在托运人与承运人订有 FIO(S)条款的情况下，托运人应当履行其在 FIO(S)条款下承担的义务。

《鹿特丹规则》也适用于活动物及某些特殊性质货物的运输。根据第

---

① See U. N. Doc. A/CN. 9/591. Paragraph 107.

② European Shipper's Council, *View of the European Shipper's Council on the Convention on Contracts for the International Carrying of Goods Wholly or Partly by Sea also known as the "Rotterdam Rules"*, p. 5.

81条的规定,当运输活动物或特殊性质货物时,运输合同可以排除或限制承运人和海运履约方的义务或赔偿责任,但是托运人的义务与责任是不能背离的,这意味着在这些情况下,托运人交付的货物仍应处于能够承受住预定运输的状态,在这种情况下,该项义务对托运人而言,显得十分繁重。因为活动物由货物特点决定,托运人无法保证使其处于能承受预定运输的状态,活动物如何才算是能承受住预定运输的状态也是一个不无疑问的问题。

我国《海商法》第66条第1款规定:"托运人托运货物,应当妥善包装,……由于包装不良或者……对承运人造成损失的,托运人应当负赔偿责任。"我国《海商法》的上述规定与《鹿特丹规则》的规定的不同之处在于:当托运人将包装完好的货物交付承运人并得到了清洁的已装船提单后,在卸货港发现货物包装破损,内容亦有损坏,如适用《海商法》,则将因货物损坏发生在承运人责任期间而由承运人承担赔偿责任,除非承运人能够提出有效抗辩;如果适用《鹿特丹规则》,则包装破损造成的货损发生系由于托运人未能交付"能够承受住预定运输状态"的货物造成,损失一般应由托运人自行承担。因此,与我国《海商法》第66条第1款的规定相比,《鹿特丹规则》第27条第1款的规定,加重了托运人的义务与责任。[①]

(二)托运人提供信息、指示和文件方面的义务

1. 托运人提供信息和指示方面的合作义务

在货物运输过程中,信息在当事人间的传递对于顺利完成货物运输具有重要的意义。《鹿特丹规则》第28条(托运人与承运人在提供信息和指示方面的合作)规定:"如果有关货物正确操作和运输的信息处于被请求方的占有之下,或有关货物正确操作和运输的指示是在被请求方能够合理提供的范围之内,且请求方无法以其他合理方式获取此种信息和指示,承运人和托运人应就对方提出的提供此种信息和指示的请求作出响应。"该条本来的标题为"承运人提供信息和指示的义务",规定的是承运人为托运人完成货物的交付运输负有提供其所知晓的具有合理必要性或重要性信息和指示的和义务。[②] 在第十六次工作组会议上有代表提出该条草案所规定的承运人的义务已在关于承运人义务的草案第五章中有所涉及,该项义务在第五章

---

① 司玉琢、韩立新主编:《〈鹿特丹规则〉研究》,大连海事大学出版社2009年版,第233页。

② See U. N. Doc. A/CN. 9/WG. III/WP. 56. Article 29.

下至少是一项默示义务。而草案第 29 条过于笼统和主观,难以给承运人已有的默示义务增添新的义务。在这种情况下,有代表提出应删除草案第 29 条,而代之以一个规定各当事人合作进行信息交流沟通以促进运输合同履行的一般义务的条文。[①] 在第十七届会议上,瑞典就第 29 条提出了 A、B、C 三个备选案文,[②]美国也提出了新的案文。[③] 工作组最终决定采用瑞典提出的规定承运人与托运人就提供信息互相合作的一般义务的备选案文 C。这就是第 28 条的起草过程。根据该条的规定,承运人与托运人在提供信息和指示方面互相有善意合作的义务。例如,根据《鹿特丹规则》第 32 条的规定,托运人"应根据货物预定运输任何阶段所适用的公共当局的法律、条例或其他要求,对危险货物加标志或标签",但托运人可能并不了解"预定运输"的具体情况,也可能不了解所适用的"公共当局的法律、条例或其他要求"具体内容为何。因此,为了履行该项义务,托运人有权请求承运人提供预定运输的有关信息。[④] 承运人则有义务提供有关信息。该项义务虽然规定在第七章"托运人对承运人的义务"中,但却是应该由托运人和承运人共同承担的义务。而这项义务也是一项比较抽象的义务,目的在于确保当事人之间诚实守信,善意进行合作,以顺利完成货物运输。

2. 托运人提供信息、指示和文件的义务

《鹿特丹规则》第 29 条规定了托运人提供信息、指示和文件的义务。该项义务中提供信息的义务并不能算作是新义务,托运人提供指示和文件的义务在以往的海上货物运输公约中却没有出现过。该项义务与上述托运人与承运人在提供信息和指示方面的合作义务类似,旨在为托运人规定一定的义务以促使其与承运人诚信地进行合作以便承运人顺利地完成运输。

《鹿特丹规则》第 29 条为托运人规定的义务包括两个方面的内容。第一方面是托运人向承运人提供完成货物的操作和运输所必要的信息的义务。第二个方面是托运人向承运人提供信息和指示以使承运人遵守有关法律法规规定的义务。托运人承担这两个方面的义务都有一定的限制。第一个限制是"承运人无法以其他合理方式获取"。这个限制意味着承运人首先

---

① 　See U. N. Doc. A/CN. 9/591. Paragraph 123.

② 　See U. N. Doc. A/CN. 9/WG. III/WP. 67. Paragraph 14.

③ 　See U. N. Doc. A/CN. 9/WG. III/WP. 69. Paragraph 3.

④ 　See U. N. Doc. A/CN. 9/594. Paragraph 195.

要通过自己的努力来获取相关的信息与文件。只有当承运人无法以合理方式获得有关信息和文件时方能向托运人要求提供。第二个限制是"合理需要的"。这里的两个"合理"都是一种客观的标准，既不采用托运人的标准也不采用承运人的标准为判断依据，而应以一个处于同等情况下的理性人的标准来判定。

托运人承担的这两种义务中，第一项义务托运人为了使承运人或履约方能够正确地操作和运输货物，包括采取预防措施而向承运人提供信息、指示和文件。这种要求对托运人来说并不过分，因为这里要求托运人提供的内容与运输合同的履行密切相关，而且，在一般情况下，托运人比承运人更易于了解和掌握这些信息，要求托运人提供这些信息不会对其造成不合理的负担。第二种义务是应承运人的要求而提供有关信息使承运人满足公共当局有关预定运输的法律、条例或其他要求。在该款的较早文本中，托运人的该项义务除了受句首语中"合理"一词的限定外，再无其他限制条件。对此，瑞典代表认为，托运人的义务过宽且不明确，可能使托运人面临过重的赔偿责任。一个可能的办法是将托运人必须提供的信息、指示和单证局限于承运人通知托运人的、可合理获得的信息、指示和单证，除非政府当局的规则条例规定托运人应提供该信息。[①] 美国代表团认为，期望托运人能够了解不同的法律制度下承运人进行货物运输所应遵循的具体规定和要求是不合理的，建议限制托运人向承运人提供与货物相关信息的义务，将该义务限于承运人及时告知托运人所需要的信息、指示和文件的范围内；并且，如果某类信息或数据是承运人能够合理获得的，则托运人不承担提供该信息的义务。[②] 工作组以美国提案为基础对原有案文进行了修改，承运人要想获得托运人提供的信息、指示或文件需要及时将有关事宜通知托运人。

第55条也规定了托运人向承运人提供信息、指示和文件的义务。这种信息、指示和文件与本条规定的信息、指示和文件并无实质不同。只不过前者是与控制权指示执行有关的，而后者是更为普遍地提供信息、指示和文件的义务。

在运输实践中，托运人除了承担以上两项义务外，还直接对公共管理当局承担一定的义务，该义务是向"公共当局"而非承运人履行的。根据第29

条第 2 款,第 29 条的规定并不影响托运人的上述义务。该款中"预定运输的法律、条例或其他要求"指的是货物启运地、目的地的法律、条例等规定。

(三)托运人承担的提供拟定合同事项所需信息的义务

托运人有义务向承运人提供拟定合同事项以及签发运输单证或电子运输记录所需要的有关信息,例如:货物名称、标志、货物包数、件数或数量、货物重量、托运人名称、收货人名称、指示人名称等。该项义务是托运人在海上货物运输合同下必须承担的一项义务,《汉堡规则》第 17 条第 1 款就规定有托运人提供"有关货物的品类、标志、件数、重量和数量等"的义务。托运人提供的上述合同信息应当及时。托运人应当就其提供的上述信息的准确性给予保证,托运人提供信息不准确导致承运人遭受灭失损坏的,应向承运人承担赔偿责任,而这种赔偿责任是严格责任。

《鹿特丹规则》第 32 条规定的托运人该项义务与第 29 条的规定有相似之处。将托运人承担的相类似的义务分别规定在两个条款之中,似乎没有必要。①

(四)托运人在危险货物运输下承担的义务

危险货物运输由其特殊性质决定,在运输法中具有特殊地位。由于危险货物可能会对人身、财产等带来威胁,所以在危险货物运输中,运输法一般施加给托运人以特别的注意义务并赋予承运人以处置权,使其有权在紧急情况下处置危险货物,以避免或减少危险货物所带来的损害。② 在《鹿特丹规则》起草过程中,公约草案初稿第 5.3 条及第 6.1.3 条即赋予承运人对危险货物的处置权,但是直至公约草案一读文本,尚没有条款规定托运人在托运危险货物时所应当承担的义务。鉴于此,工作组在第十三届会议上决定增加一条关于危险货物运输的规定,该条规定以托运人对货物性质所提供的信息不准确、不充分应承担严格责任为原则。《鹿特丹规则》第 32 条即为该条款。

1.《鹿特丹规则》下的危险货物

(1)普通法上的危险货物

危险货物的含义是一个比较复杂的问题。在普通法上,法院同时采用

---

① 司玉琢、韩立新主编:《〈鹿特丹规则〉研究》,大连海事大学出版社 2009 年版,第 250 页。

② 基本上调整各种运输方式的国际条约都涉及危险货物运输问题,如《海牙规则》《汉堡规则》、COTIF-CIM、CMR、CMNI 等。

两种方法来界定危险货物。第一种方法是将危险货物限于那些经过先例判决认定或由成文法规定的货物。在这种基础上很容易编制一个具有内在危险性比如爆炸放射性的货物清单。比如,英国《1981年(危险货物)商船条例》第1条第2款就规定有危险货物清单。第二种方法采用更为宽泛的概念上使用"危险货物"一语,通过货物在特定情势下呈现出的危险性而不是货物本身的内在性质来界定危险货物。比如,如果将谷物界定为内在危险性的货物可能有失精确,但是如果散装运输的谷物在运输过程中过热就有可能呈现出危险性质。与此类似,液态货物本身是安全的,但是当从集装箱中泄漏并损坏其他货物时就有可能呈现出危险性质。在这些情形中,危险性源于情势整体而非运输的特定货物。① 对此,Muatill J. 在 The Athanasia Comninos 一案中的观点有重要意义。Muatill J. 认为:"当我们发现(确认危险货物的)标准时,关键的是我们这里所关心的并不是货物是被抽象地划分为'危险'货物或'安全'货物而是货物运输过程中出现的危险情势所带来的风险应当如何在当事人之间划分。当然,货物本身属性是导致危险情势出现的一个重要原因,但并非唯一原因。同样重要的是,船东对于货物的危险属性是否知情,并据此采取了一定的措施。"②

普通法上危险货物可以分为两类,一种是有形危险货物(physically dangerous goods),另外一种是法律上危险货物(legally dangerous goods):有形危险货物是因为其内在性质而呈现出危险性的货物,法律上危险货物是指货物的内在属性并不具有危险性,但因其具有一些可以导致纯经济损失的法律特征而被认为是危险货物。③ 在米歇尔·科茨公司诉钢铁兄弟公司案中,承运人运输的货物是并不具有危险属性的大米。大米的托运人没有获得英国政府的进口许可而导致同船的其他货物卸载迟延。Atkin J. 判决托运人需要就迟延负赔偿责任,因为运输非法货物与运输危险货物几乎

---

① John F. Wilson, *Carriage of Goods by Sea*, 4th ed., Pearson Education Limited, 2001, pp. 33~34.

② The Athanasia Comninos [1990] 1 Lloyd's Rep. 277 at p. 282,转引自 John F. Wilson, *Carriage of Goods by Sea*, 4th ed., Pearson Education Limited, 2001, p. 34.

③ D. Rhidian Thomas, ed., *A New Convention for the Carriage of Goods by Sea-The Rotterdam Rules*, Lawtext Publishing Limited, 2009, p. 171.

一样。① 但是这两种概念下的危险货物与前述法院的两种界定方法并不完全重合,特别是依据第二种方法界定出的危险货物一部分为有形危险货物,比如谷物因为过热而成为危险货物,另一部分则是法律上的危险货物,比如上述案例中的大米。②

(2)《鹿特丹规则》危险货物定义的文本分析

在《海牙规则》、《海牙—维斯比规则》中,危险货物被描述为"具有易燃、爆炸或危险性的货物"。《汉堡规则》第13条则直接使用了"危险货物"的表述,没有对危险货物进行任何描述。在《鹿特丹规则》下,第32条将危险货物描述为"本身性质或特性对人身、财产或环境已经形成危险或适度显现有可能形成危险的货物"。③ 从该描述来看,《鹿特丹规则》下危险货物的定义有所扩大。传统上,危险货物危险性危害的对象一般限于对船员、船舶和其他货物。在《鹿特丹规则》下,危险货物危险性的内涵和外延均有所扩大。

首先,第32条用"本身性质或特性"(nature or character)代替了《海牙规则》中"性质"(nature)的措辞,意在针对货物本身性质不具有危险性,但因为污染变质而产生危险的情形。④

其次,"人身"概念的范围要大于"船员"概念的范围,"财产"概念的范围也大于"船舶和其他货物"。《鹿特丹规则》除了调整海运还调整海运之外的其他运输方式,调整运输方式种类的增加客观上要求对危险货物的内涵作出调整。这表现在危险货物对人的危害对象不再限于船员,还应当包括其他种类运输工具的操作人员,而对物的危害对象范围也不再限于船舶和其他货物,而是包括各种交通工具及可能与危险货物有接触的货物在内。所以,《鹿特丹规则》对危险货物危害对象的描述使用了"人身、财产"的措辞。

最后,《鹿特丹规则》下危险货物危害对象新增加了"环境"。当货物因本身性质或特性对环境形成危险或适度显现有可能形成此种危险情形时,

---

① Mitchell Cotts & Co. Ltd. v. Steel Brothers & Co. Ltd. 〔1916〕2 KB 610 (KB). UK.

② 普通法上有关危险货物的权威案例是1998年上议院判决的 The Giannis NK. 一案。〔1998〕1 Lloyd's Rep 337. UK.

③ 第15条对危险货物的描述与第32条的描述实质上相同。

④ Yvonne Baatz, Charles Debattista, Filippo Lorenzon, Andrew Serdy, Hilton Staniland, Michael Tsimplis, *The Rotterdam Rules: A Practical Annotation*, Informa, 2009, p.91.

在《海牙规则》、《海牙—维斯比规则》中的部分普通货物将被划为危险货物，比如原油或其他性质稳定的化学肥料在《鹿特丹规则》下将成为危险货物，托运人因而需要承担危险货物运输的义务。[1] 另外，因为《鹿特丹规则》适用的运输方式包括内陆运输，所以危险货物危害的环境除了海洋环境，还包括对陆地环境、大气环境以及内河水域环境的危胁。对环境产生的危险（danger to the environment）也可以从狭义或广义两个角度进行解释。狭义的解释仅限于因泄漏导致的污染，广义的解释则包括货物对生态系统、物种、基因信息的损坏。[2]

　　"已经形成危险"是指危险已经事实上形成；"适度显现有可能形成危险"是指危险尚未形成，但有合理的可能性会形成危险。该用语的目的是"尽可能扩大对涉及危险货物事故的防范范围，从而把运输之前和运输期间呈现出危险性的货物都包括在内"[3]。所以，运输前尚没有呈现危险性，但运输途中因运输环境、自然因素等条件有可能呈现危险性的货物也将被认为是危险货物。第 32 条没有明确对何种主体而言货物"已经形成危险或适度显现有可能形成危险"，对于同样理智的承运人与托运人而言，货物危险性是否已经形成或是否适度显现形成危险的可能性，其判断可能是不同的。[4] 但是笔者认为，这里应当以承运人的判断为准，因为运输途中货物呈现危险性时处置的主体是承运人，承运人具体负责运输业务，对运输过程中货物的积载环境，运输途经地的气候、温度、风力等自然条件更为了解，由其对货物的危险性进行判断更有利于避免将危险货物当作普通货物进行运输。

---

[1]　Yvonne Baatz, Charles Debattista, Filippo Lorenzon, Andrew Serdy, Hilton Staniland, Michael Tsimplis, *The Rotterdam Rules：A Practical Annotation*, Informa, 2009, pp. 91~92.

[2]　Yvonne Baatz, Charles Debattista, Filippo Lorenzon, Andrew Serdy, Hilton Staniland, Michael Tsimplis, *The Rotterdam Rules：A Practical Annotation*, Informa, 2009, p. 42.

[3]　Yvonne Baatz, Charles Debattista, Filippo Lorenzon, Andrew Serdy, Hilton Staniland, Michael Tsimplis, *The Rotterdam Rules：A Practical Annotation*, Informa, 2009, p. 92.

[4]　See U. N. Doc. A/CN. 9/621. Paragraph 250.

（3）《鹿特丹规则》下的危险货物是否包括法律上的危险货物

一般认为，《海牙规则》第 4 条第 6 款使用的"具有易燃、爆炸或危险性的货物"的措辞表明《海牙规则》不适用于普通法中的法律上危险货物，但是，在英国，承运人依然享有依据普通法赋予其对法律上危险货物所拥有的权利，而托运人也需要承担依据普通法所负担的运输法律上危险货物的义务。①

对于《鹿特丹规则》下的危险货物是否包括普通法中的法律上的危险货物，观点并不一致。一种观点认为第 32 条规定的危险货物将其危险性限于"物理危害"而非"法律危害"，因此，这种观点倾向于认为《鹿特丹规则》中的危险货物不包括法律上的危险货物。② 而另外一种观点认为，第 32 条规定的危险货物包括普通法中法律上危险货物的一部分。因为法律上的危险货物大都由于管制性规定的存在而形成，而第 32 条规定要求托运人依照预定运输阶段所适用的公共当局的法律、条例或其他要求对危险货物进行标识。因而这种义务会使一部分法律上的危险货物适用第 32 条的规定。此外，环境因素的引入也为法律上的危险货物的存在提供了空间。承运人因为运输可能对环境造成威胁的危险货物并有可能因此而承担公法上的责任而产生纯经济损失，这种货物也会因此成为法律上的危险货物。普通法中法律上的危险货物还包括货物没有取得公共当局颁发的有关单证因而造成迟延等导致纯经济损失的情形，第 32 条规定的托运人义务没有涵盖这种情况。这种观点认为，这种法律上的危险货物应当适用第 29 条的规定，在《鹿特丹规则》下为普通货物。③

笔者认为，《鹿特丹规则》第 32 条规定的危险货物不包括普通法中的法律上的危险货物。理由有以下几点：第一，虽然可以将"货物因本身性质或

---

① Yvonne Baatz, Charles Debattista, Filippo Lorenzon, Andrew Serdy, Hilton Staniland, Michael Tsimplis, *The Rotterdam Rules: A Practical Annotation*, Informa, 2009, p. 42. See also D. Rhidian Thomas, ed., *A New Convention for the Carriage of Goods by Sea-The Rotterdam Rules*, Lawtext Publishing Limited, 2009, p. 172.

② Yvonne Baatz, Charles Debattista, Filippo Lorenzon, Andrew Serdy, Hilton Staniland, Michael Tsimplis, *The Rotterdam Rules: A Practical Annotation*, Informa, 2009, p. 91.

③ D. Rhidian Thomas, ed., *A New Convention for the Carriage of Goods by Sea-The Rotterdam Rules*, Lawtext Publishing Limited, 2009, p. 183, p. 189.

特性而已对人身、财产或环境形成危险,或适度显现有可能形成此种危险"中的若干因素解释为法律上危险货物所具有的特点,例如"特性"可以用来描述法律上危险货物的特征,但是,第 32 条两款所规定的托运人赔偿责任都是就没有履行义务所导致的"灭失或损坏"承担赔偿责任。而普通法中的法律上的危险货物所导致的损失主要是纯经济损失,在《鹿特丹规则》第七章中,一般认为"灭失或损坏"不包括迟延等引起的纯经济损失。[①] 第二,从第 32 条的起草过程来看,起草者的本意也没有打算将法律上危险货物包括在内。工作组在第十三届会议上决定在托运人义务部分增加危险货物运输的有关规定后,秘书处即根据工作组第十三届会议报告起草了拟议的这一条文。该条文即采用了 1996 年《海上运输有害和有毒物质造成损害的责任和赔偿国际公约》关于"有害和有毒物质"的定义作为危险货物的定义。该定义采用详细列举的方式将有关国际条约及非强制性规则中的危险品清单

[①] 持这种观点的见 Yvonne Baatz, Charles Debattista, Filippo Lorenzon, Andrew Serdy, Hilton Staniland, Michael Tsimplis, *The Rotterdam Rules*: *A Practical Annotation*, Informa, 2009, pp. 87~88. S BAUGHEN, Obligations of the Shipper to the Carrier, *Journal of International Maritime Law*, 2008(14), p. 555, p. 562. 也有学者持相反观点,见 Anthony Diamond Q. C., The Rotterdam Rules, *Lloyd's Maritime and Commercial Law Quarterly*, 2009, p. 493. 笔者认为第一种观点可取,下文托运人赔偿责任部分会从条约起草过程来对这一观点进行分析论证。

汇总进行列举。① 但在公约草案二读合订文本中,秘书处改用抽象定义的方法代替详尽列举的方法对危险货物进行定义,据称,这种定义可以更好地反映第十三届会议报告第 146 段至第 148 段所载的工作组讨论情况和对工作组的要求。以这种抽象定义方法界定的危险货物经过修改最终成了《鹿特丹规则》第 32 条规定的起首语。从起首语起草的过程来看,起草者的本意并没有打算将英美法系普通法中的法律上危险货物囊括在危险货物中。而工作组之所以以抽象定义的方式取代具体列举的方式来定义危险货物,是因为抽象定义的方式不能将那些本来不具有危险性但因特定情形的出现而呈现出物理危险性的货物列举在内。②

2. 托运人在危险货物运输下承担的两项义务

当托运人托运的货物构成危险货物时,托运人需要承担两项义务。第 32 条的规定主要取自《汉堡规则》第 13 条,因此托运人在第 32 条规定下承担的义务与托运人在《汉堡规则》下承担的义务基本相同。③

第一,通知义务。当托运人托运的货物构成第 32 条所指的危险货物时,托运人须在货物交付给承运人或履约方之前,及时将货物的危险性质或

---

① See U. N. Doc. A/CN. 9/WG. III/WP. 39. Paragraph 19. 秘书处起草的有关危险货物运输条款第 1 款规定:"1. '危险货物'89 系指:(a)文(一)至(七)目中所指作为货物实际载于船舶上的任何物质、材料和物品:(一)经《1978 年议定书》修正案修订的 1973 年《防止船舶造成污染国际公约》附件一附录一所列散装运输的油类;(二)经《1978 年议定书》修正案修订的 1973 年《防止船舶造成污染国际公约》附件二附录二所提及的散装运输的有毒液体物质,以及按该附件二规则 3(4)的规定暂时归入 A、B、C 或 D 类的物质和混合物;(三)经修正的 1983 年《散装危险化学品运输船舶构造和设备国际准则》第 17 章所列散装载运的危险液体物质,以及按该规则第 1.1.3 款的规定已由主管机关及港口管理机关确定为初步适合运载条件的危险品;(四)经修正的《危险货物国际海运准则》所涉及的带包装的危险和有害物质、材料和物品;(五)经修正的 1983 年《散装液化气体运输船舶构造和设备国际准则》第 19 章所列明的液化气体,和按该规则第 1.1.6 款的规定已由主管机关及港口管理机关确定为初步适合运载条件的产品;(六)闪点不超过 60℃的散装运输的液体物质(通过闭杯试验测定);(七)经修正的《固体散装货物安全操作守则》附录 B 所涉及的有化学危害的固体散装材料,而在以包装形式运输时,这些物质还要符合《危险货物国际海运准则》的规定;及(b)上一次散装运载前文(a)(一)至(三)和(五)至(七)中所指物质后的残留物。"

② 比如,在列举式定义中,谷物不能认为是危险货物;在采用抽象定义方式时,谷物适度显现出因为过热而有可能呈现危险性时就可以被归入危险货物。

③ See U. N. Doc. A/CN. 9/WG. III/WP. 39. Footnote 88.

特性通知承运人,通知的形式没有要求。考虑到承运人或履约方准备装载清单和积载计划,托运人的通知应当及时,不能迟于货物交付给承运人或履约方。该项义务与《海牙规则》第4条第6款的规定相比,除了及时性要求外,并无实质性变化。托运人没有进行通知,通知内容不准确或没有及时进行通知时,需要就违反通知义务承担严格责任。但是如果托运人可以证明承运人或履约方以其他方式知道货物的危险性质或特性的,托运人不需要就未履行此项义务承担赔偿责任。[①] 第32条第1款中"未发通知所导致"的措辞表明托运人违反该项义务承担赔偿责任的范围仅限于由于托运人未履行通知义务所引起的灭失和损坏。[②]

第二,标识义务。托运人负有根据货物预定运输险段所适用的公共当局的法律、条例或其他要求对危险货物进行加标志或标签的义务。该项义务是托运人在《鹿特丹规则》下负担的一项新义务,该项义务对托运人来说非常繁重。假如一个托运人托运的集装箱分别使用了公路、海运、铁路三种运输方式,他需要依据适用这三个运输阶段的国内法的要求对集装箱进行标识。[③] 为了根据不同运输区段法律的要求对货物进行标识,托运人可以依据第28条的规定请求承运人提供预定运输适用的管制性法律、条例与要求方面的信息。履行该项义务并没有时间要求,托运人可以在实际可行的时间或者是运输单证签发之前对集装箱进行标识。如果托运人没有履行该项义务则需要就此导致的货物灭失或损坏承担严格责任。[④]

二、托运人赔偿责任

托运人赔偿责任,是指托运人对违反其根据运输合同下承担的义务导

---

① Yvonne Baatz, Charles Debattista, Filippo Lorenzon, Andrew Serdy, Hilton Staniland, Michael Tsimplis, *The Rotterdam Rules: A Practical Annotation*, Informa, 2009, pp. 92~93.

② See U. N. Doc. A/CN. 9/591. Paragraph 168.

③ 需要注意的是,此乃预定运输的"任何阶段",而不仅仅是"卸货港"。参见 D. Rhidian Thomas, ed. , *A New Convention for the Carriage of Goods by Sea-The Rotterdam Rules*, Lawtext Publishing Limited, 2009, 183.

④ Yvonne Baatz, Charles Debattista, Filippo Lorenzon, Andrew Serdy, Hilton Staniland, Michael Tsimplis, *The Rotterdam Rules: A Practical Annotation*, Informa, 2009, p. 93.

致承运人遭受损失时所应负担的赔偿责任。托运人赔偿责任从本质上讲是一种违约责任。《海牙规则》、《海牙—维斯比规则》、《汉堡规则》均有条款对托运人赔偿责任进行规定。《海牙规则》、《海牙—维斯比规则》第 4 条第 3 款规定:"对于非因托运人、托运人的代理人或其受雇人员的行为、过失或疏忽所引起的使承运人或船舶遭受的灭失或损坏,托运人不负责任。"《汉堡规则》第 12 条规定:"托运人对承运人或实际承运人所受损失或船舶所受损坏不负赔偿责任,除非这种损失或损坏是由于托运人、托运人的受雇人或代理人的过失或疏忽所造成。托运人的任何受雇人或代理人对此项损失或损坏也不负赔偿责任,除非这种损失或损坏是由于他的过失或疏忽所造成。"

(一)托运人赔偿责任的主体

托运人赔偿责任的主体为托运人。第三方受托运人委托履行其义务的,托运人需要为第三方承担赔偿责任,此时,责任主体依然为托运人。对此,《鹿特丹规则》第 34 条规定:"托运人委托包括受雇人、代理人和分合同人在内的任何人履行托运人任何义务的,对于此等人的作为或不作为造成违反本公约规定的托运人义务,托运人负赔偿责任,但托运人委托承运人或代表承运人行事的履约方履行托运人义务的,对于此等人的作为或不作为,托运人不负赔偿责任。"由此,托运人需要为其受雇人、代理人和分合同人承担替代赔偿责任。托运人与承运人在运输合同中约定 FIO(S)条款时,由托运人承担货物的装载、积载、卸载等义务,但在实践中存在着这样一种可能,即托运人进而委托承运人实际代为履行该义务,承运人可能会利用本条即"托运人为其他人负赔偿责任"而要求托运人承担自己的不当行为造成的后果。① 所以该条后半句对于这种情况作了明确规定,这种情况下托运人不负赔偿责任。

(二)托运人赔偿责任的对象和范围

托运人违反第七章的规定承担赔偿义务的对象只有承运人。由合同相对性原理决定,其他主体,如履约方,其他货物的所有人因为托运人违反义务遭受损失的,不能根据《鹿特丹规则》对托运人提起诉讼。但从理论上讲,这些主体可以依据国内法对托运人依据侵权法提起诉讼。②

---

① See U. N. Doc. A/CN. 9/510. Paragraph 165.

② D. Rhidian Thomas, ed., *A New Convention for the Carriage of Goods by Sea-The Rotterdam Rules*, Lawtext Publishing Limited, 2009, p. 185.

　　托运人承担赔偿责任的范围为承运人所遭受的"灭失或损坏"。托运人承担赔偿责任的范围是否应当包括因托运人迟延所导致的经济损失,在《鹿特丹规则》起草过程中曾有过争议和讨论。该问题与承运人迟延问题被并称为"迟延问题"。公约草案初稿第 6.4 条规定了承运人对迟延交货所承担的赔偿责任,但是没有涉及托运人迟延的问题。有代表提出,既然承运人根据"运输法公约草案"的规定要对迟延交付承担赔偿责任,托运人也应该对违反本章义务造成的迟延损失承担相应的赔偿责任。根据上述代表的主张,从第十四届会议开始,① 托运人责任基础的条文中关于托运人承担赔偿责任范围(原因)的规定就包括了"迟延"在内。② 托运人对迟延所导致的纯经济损失承担赔偿责任可能存在两种情形。第一种情形是,托运人无法按照运输合同约定的时间在装货港交付备妥待运的货物。在班轮运输中,其后果通常是该托运人的集装箱尚未装船船舶就离港。此时,承运人遭受的损失仅仅是运费收益的损失,托运人需要对承运人承担违约责任。在散装运输中,托运人迟延可能需要对承运人支付滞期费,不过这不属于公约草案的适用范围。第二种情形是,已经装上船的货物造成承运人迟延。例如,如果发现属于某一托运人的集装箱发生虫害,在对货物进行烟熏消毒之前,主管当局可能下令全船不得进入卸货港;如果某些集装箱中货物的相关单证丢失,海关当局会拒绝船舶卸货。此时承运人可能会遭受直接损失,例如烟熏消毒的费用、返回前一个港口卸下某些集装箱的费用、上船检查的费用等。③ 但是,这种情形下可能会产生高额的间接损失。主要表现在,个别集装箱不能卸货进而可能会导致整船货物迟延。如果承运人对其他货主承担了迟延的赔偿责任转而向导致迟延的托运人索赔,托运人承担的赔偿责任将是巨大的,并且是没有限制的。

　　针对托运人迟延所导致的纯经济损失,工作组与各国态度不一。代表观点有以下几种:第一种观点支持在公约草案中同时对承运人和托运人迟延赔偿责任进行规定。这种观点认为,《海牙规则》、《海牙—维斯比规则》中没有关于当事人迟延责任的规定,而及时性在班轮运输和现代各种物流安

---

　　① See U. N. Doc. A/CN. 9/WG. III/WP. 39.

　　② 司玉琢、韩立新主编:《〈鹿特丹规则〉研究》,大连海事大学出版社 2009 年版,第 246 页。

　　③ See U. N. Doc. A/CN. 9/WG. III/WP. 74, Paragraphs 17～18.

排中至关重要,公约草案增加这些规定,有利于其跟上时代的需要。① 第二种观点对在公约草案中规定承运人迟延和托运人迟延所造成的纯经济损失都持反对态度,认为这样将给托运人和承运人都带来巨大的潜在赔偿责任,会不必要地改变大多数国家的现行法律和商业惯例,还会导致托运人和承运人不必要地增加成本。② 第三种观点认为公约草案可以列入托运人迟延赔偿责任,但是,为了保持平衡,考虑到承运人对迟延承担的赔偿责任是有限赔偿责任,因此问题的关键在于列入条文将托运人的赔偿责任限制在合理的限度内。③ 第四种观点认为可以保留对承运人迟延赔偿责任的规定,但是删除对托运人迟延赔偿责任的规定,将这一问题交给国内法去解决。④⑤

　　因为托运人迟延赔偿责任的责任限额很难以合理的方法确定,工作组最终在第十九届会议上决定删去第 30 条第 1 款中"迟延"的措辞,并在可能的情况下列入条文澄清"灭失"一词不包括迟延造成的灭失,但是公约的规定不影响准据法的适用。⑥ 但是,这样的条文没有出现在《鹿特丹规则》之中。对此,参与《鹿特丹规则》起草谈判的专家在题为《鹿特丹规则——若干关切的澄清》一文中进一步指出,"托运人迟延赔偿责任被排除出了《鹿特丹规则》的适用范围,由准据法去调整"⑦。这个解释从条约起草者本意的角度来看是确切可信的。但是,应该说,《鹿特丹规则》最后关于托运人责任基础的措辞并不令人满意。正如有学者指出的,如果不考虑公约起草过程中

---

① See U. N. Doc. A/CN. 9/594. Paragraph 200.

② See U. N. Doc. A/CN. 9/594. Paragraph 201. A/CN. 9/WG. III/WP. 69. Paragraphs 8～14. A/CN. 9/WG. III/WP. 91.

③ See U. N. Doc. A/CN. 9/594. Paragraph 202.

④ See U. N. Doc. A/CN. 9/WG. III/WP. 67. Paragraph 22.

⑤ 涉及托运人迟延责任的提案有 U. N. Doc. A/CN. 9/WG. III/WP. 67;A/CN. 9/WG. III/WP. 69;A/CN. 9/WG. III/WP. 74;A/CN. 9/WG. III/WP. 85;A/CN. 9/WG. III/WP. 91.

⑥ See U. N. Doc. A/CN. 9/621. Paragraph 237.

⑦ Francesco Berlingieri, Philippe Delebecque, Tomotaka Fujita, Rafael Illescas, Michael Sturley, Gertjan Van Der Ziel, Alexander Von Ziegler, Stefano Zunarelli, *The Rotterdam Rules*, *An Attempt to Clarify Certain Concerns that Have Emerged*, p. 15. http://www. uncitral. org/pdf/english/texts/transport/rotterdam_rules/ExpertPaper. pdf. 2009-11-6.

的争论,仅从第 30 条的字面意思来看,完全可以认为"灭失或损坏"包括所有种类的灭失和损坏,包括迟延所引起的灭失和损坏,不仅因为第 30 条所使用的"灭失和损坏"(loss and damage)是非常宽泛的用语,还因为第 29 条第 1 款、第 32 条第 1 款规定的托运人义务都有时间要求,即托运人应"及时"履行上述义务。[①]

(三)托运人赔偿责任的责任基础

托运人赔偿责任从其性质上讲是一种违约责任,违约责任的归责原则有过错责任与严格责任两种。在《鹿特丹规则》下,托运人的赔偿责任既有过错责任又有严格责任。《鹿特丹规则》第 30 条规定:

"一、对于承运人遭受的灭失或损坏,如果承运人证明,此种灭失或损坏是由于违反本公约规定的托运人义务而造成的,托运人应负赔偿责任。

二、灭失或损坏的原因或原因之一不能归责于托运人本人的过失或第 34 条述及的任何人的过失的,免除托运人的全部或部分赔偿责任,但托运人违反第 31 条第 2 款和第 32 条对其规定的义务所造成的灭失或损坏,不在此列。

……"

上述规定表明,托运人就第 31 条第 2 款规定的信息准确保证义务以及第 32 条规定的危险货物运输义务承担严格责任,而对第七章规定的其他义务承担的是过错责任。

关于托运人的赔偿责任基础,一个值得注意的问题时,对于托运人承担的过错责任,托运人过错由何方当事人举证,第 30 条的规定不够清晰明确。对此,有学者认为,第 30 条的规定实际上使托运人承担了过错的举证责任。因为第 30 条第 2 款是以除外条款的形式出现的,在没有明确举证责任分配规定的情况下,根据"谁主张谁举证"的一般原则,证明自己没有过错的举证责任应当由托运人而不是承运人承担。[②] 实际上,起草过程中对于托运人

---

① Anthony Diamond Q. C. , The Rotterdam Rules, *Lloyd's Maritime and Commercial Law Quarterly*, 2009, p. 493.

② D. Rhidian Thomas, ed. , *A New Convention for the Carriage of Goods by Sea-The Rotterdam Rules*, Lawtext Publishing Limited, 2009, p. 163. See also Anthony Diamond Q. C. , The Rotterdam Rules, *Lloyd's Maritime and Commercial Law Quarterly*, 2009, p. 494,司玉琢、韩立新主编:《〈鹿特丹规则〉研究》,大连海事大学出版社 2009 年版,第 246 页。

过错的举证责任分配曾有争论。在工作组第十六届会议上,有代表团对托运人责任基础采取推定过错表示关切。这些代表团指出,由托运人承担过错的举证责任在现行海运制度中绝无仅有。一般来说,过错的举证责任由承运人承担。承运人是货物的占有者因而通常更加能够确定在运输期间究竟发生了什么情况。这些代表团认为应保留《汉堡规则》第 12 条和《海牙—维斯比规则》第 4 条第 3 款所规定的一般过错作为托运人赔偿责任制度的基础,并在个别情况下采取严格责任。但是,相反意见认为,对托运人责任基础采取过错推定的方法是合适的,《海牙—维斯比规则》与《汉堡规则》所采取的做法对承运人不一定公平,其原因是,在现代运输中,大多数集装箱都是由托运人装箱的,因此承运人很难证明货物灭失损坏的原因。[①] 工作组最终决定采用折中的方案,不明确规定何方就过错承担举证责任。[②] 但是,根据举证责任分配的一般原则,当承运人依照第 30 条第 1 款的规定举证证明其所遭受的灭失或损坏是由于托运人违反公约规定义务而造成之后,自然应当由托运人就其没有过错承担举证责任,只有托运人成功证明其没有过错,才可以不承担赔偿责任,否则就要承担赔偿责任。承运人承担的只是托运人违反公约规定义务的举证责任,而不是托运人存在过错的举证责任,过错的举证责任要由托运人来承担。所以,笔者认为,第 30 条的措辞整体来看其实还是采用推定过错作为托运人赔偿责任的基础。这样,在《鹿特丹规则》下,托运人的责任基础与《海牙规则》和《汉堡规则》的规定相比有了相当显著的变化。在《海牙规则》第 4 条第 3 款及《汉堡规则》第 12 条的规定中,托运人过错的举证责任都由承运人承担。

　　在民法上,过错推定(亦称过失推定)是指若原告能证明其所受的损害是由被告所致,而被告不能证明自己没有过错,法律上就应推定被告有过错并应负民事责任。[③]对托运人责任实行过错推定后,当承运人对托运人起诉时,托运人将承担举证责任。这在个别情况下无关紧要,但是在大部分情况下,没有过错的举证都是非常困难的。[④]举证责任倒置的目的是通过将举证

---

① See U. N. Doc. A/CN. 9/591. Paragraphs 138~139.

② Michael F. Sturley, Tomotaka Fujita, Gertjan Van Der Ziel, *The Rotterdam Rules*, Sweet & Maxwell, 2010, p. 188.

③ 佟柔:《中国民法》,法律出版社 1990 年版,第 570 页。

④ D. Rhidian Thomas, ed., *A New Convention for the Carriage of Goods by Sea-The Rotterdam Rules*, Lawtext Publishing Limited, 2009, p. 163.

责任转移至实力较强的一方当事人以维护社会最基本的公平、正义等价值，维护社会弱势方的合法权益。[①] 而在托运人与承运人之间，除了在个别情况下托运人实力比较强大外，一般情况下，在托运人与承运人之间，托运人仍然属于弱者，所以对托运人实行举证责任倒置并无太充分的理由。在《鹿特丹规则》下实行举证责任倒置主要出于承运人与货方之间的利益平衡考虑，原因在于第 30 条第 2 款实际上是模仿第 17 条第 2 款起草的，[②] 而第 30 条第 2 款模仿后者的原因在于，如此规定，承运人责任基础便与托运人的责任基础就过错的举证责任而言相一致。在《鹿特丹规则》下，承运人义务与责任因为航海过失免责取消，适航义务扩展至全程等制度变革而大大加重，起草者可能是想通过托运人过错推定来平衡承运人与货方之间的利益。

（四）多种原因致损时举证责任分配问题

在第七章的规定之下，托运人就不同的义务分别承担过错责任与严格责任。由于《鹿特丹规则》下承运人的责任基础是完全过失责任（完全过错责任），当由于托运人违反其承担过错责任的义务与承运人违反其义务共同导致灭失和损坏发生时，第 30 条第 3 款与第 17 条第 6 款可以同时适用，双方当事人可依过错的不同程度各自承担相应的责任。但是，托运人承担严格责任的义务（比如第 32 条规定的危险货物运输义务）与承运人的过错（比如违反第 14 条规定的适航义务）共同导致灭失和损坏发生时，第 30 条第 2 款与第 3 款的规定将不适用，此时举证责任应当如何承担就成为一个问题。依照一般的解释规则，只要托运人违反了第 32 条规定的义务且导致了损失，就需要就损失承担全部责任。但是这与基本法律原则相悖。关于法律责任的基本法律原则是没有免责条款存在的情况下，法律主体违反义务（例如承运人违反适航义务）导致损失就应当承担责任。Asariotis 先生认为，根据谁主张谁举证的一般原则，承运人要对托运人提出索赔必须首先证明灭失、损坏的发生及托运人违反义务，然后，托运人要想避免承担全部责任，就必须举证证明船舶不适航，船舶不适航导致损失，以及承运人没有尽到合

---

① 曹晖：《民事诉讼中的举证责任倒置》，载《武汉大学学报》2009 年第 5 期。

② D. Rhidian Thomas, ed. , *A New Convention for the Carriage of Goods by Sea-The Rotterdam Rules*, Lawtext Publishing Limited，2009，p. 163.

理谨慎义务,否则,托运人就要承担全部赔偿责任。① 当然,这只是一种理论上的分析。《鹿特丹规则》生效后,各国法院到底如何处理可能会有很大的区别。要消除这种条款之间的模糊与冲突从而实现法的明确,需要有大量的司法实践。②

多种原因导致损害的发生还存在一种情况,就是托运人承担过错责任的义务与承担严格责任的义务共同导致损害的发生。比如托运人违反第27条规定的义务与违反第32条第1款规定的危险货物通知义务共同导致损害的发生。此时,第30条第2款的规定只适用于前者而不适用于后者。但是,这种情形下的问题并不复杂,无论如何,过错的举证责任都由托运人承担。承运人可以选择任何一个条款进行起诉。③

三、持有人赔偿责任

《鹿特丹规则》除对托运人赔偿责任进行明确规定之外,还明确规定了持有人的赔偿责任。持有人的赔偿责任(liability of holder)这一用语实际上包括了持有人的义务与责任两层含义。因为"liability"同时有义务和责任两层含义。持有人的赔偿责任与持有人的权利紧密相连。持有人的权利、义务、责任在很多国家的国内法中都是一个棘手的问题。该问题又具体涉及两个方面:第一个方面,是可转让运输单证的第三方持有人是否受运输合同条款的约束,各国法律对此有不同的规定;第二个方面,是转让人是否以及在何种程度上免于承担责任。例如,根据英国《1992年海上货物运输法》(Carriage of Goods by Sea Act 1992,以下简称COGSA1992)第3条第(1)款的规定,不仅可转让提单持有人,而且海运单下的收货人,船舶交货单下的收货人在附着一定条件时都要"像合同当事人那样承担合同下的义务与责任"(subject to the same liability under that contract as if he had been a party to that contract);第3条第(3)款则规定,上述主体根据第3条第(1)款的规定承担责任与义务的,不影响合同原始当事人即托运人与承运人

① D. Rhidian Thomas, ed., *A New Convention for the Carriage of Goods by Sea-The Rotterdam Rules*, Lawtext Publishing Limited, 2009, pp.165~167.

② D. Rhidian Thomas, ed., *A New Convention for the Carriage of Goods by Sea-The Rotterdam Rules*, Lawtext Publishing Limited, 2009, p.168.

③ Anthony Diamond Q.C., The Rotterdam Rules, *Lloyd's Maritime and Commercial Law Quarterly*, 2009, p.494.

之间的权利义务。在我国,《海商法》第 78 条规定:"承运人同收货人、提单持有人之间的权利、义务关系,依据提单的规定确定。收货人、提单持有人不承担在装货港发生的滞期费、亏舱费和其他与装货有关的费用,但是提单中明确载明上述费用由收货人、提单持有人承担的除外。"该条规定只是解决了提单持有人的权利义务问题,提单持有人承担提单义务与责任后,原合同托运人是否依然承担合同义务,《海商法》并没有涉及。荷兰代表团在其提案中指出持有人赔偿责任问题不够成熟,还需要进行更多的思考和讨论,并且这一问题更适合制定示范法而非有约束力的公约,所以不宜纳入公约草案。[①] 工作组中也有人主张删除关于单证持有人赔偿责任的条款,认为该款内容有太多争议,如果保留该条款可能会影响公约草案的及时完成。但是工作组中也有人认为持有人赔偿责任的规定在公约草案中提供了更高程度的统一,因而有保留下来的价值。在第二十届工作组会议上,工作组最终决定保留该条款。[②]

《鹿特丹规则》关于持有人赔偿责任的规定与 COGSA1992 第 3 条的规定大体上相似。但是前者仅适用于可转让运输单证或电子运输记录的持有人,[③]而后者不仅可以适用于提单持有人,还适用于使用海运单或船舶交货单情况下的收货人。

(一)持有人承担赔偿责任的条件

在《鹿特丹规则》下,只有在当事人使用可转让运输单证的情况下,第三人才有可能成为《鹿特丹规则》第 1 条第 10 项定义的"持有人",从而有可能涉及持有人的赔偿责任问题。当事人使用可转让运输单证时,持有人的赔偿责任与可转让电子运输记录、可转让运输单证所包含权利义务的转让及其立法模式有着直接的关系。关于权利义务转让的立法模式,世界各国并非完全相同,且存在大陆法系和英美法系国家的差异,大陆法系国家多采用权利和义务同时转让的模式,只要符合权利转让的条件,单证持有人同时负有运输单证上的义务,权利和义务转让的条件一致。英美法系国家如英国和美国则采用权利义务分别转让的立法模式,权利转让和义务转让分别设

[①]　See U. N. Doc. A/CN. 9/WG. III/WP. 96. Paragraphs 4~5.

[②]　See U. N. Doc. A/CN. 9/642. Paragraph 125, Paragraph 126, Paragraph 129.

[③]　虽然第 58 条没有出现"可转让运输单证"的字样,但是第 1 条关于持有人的定义表明了这一点。

有不同的条件。《鹿特丹规则》采用了权利义务分别转让的立法模式。在这种模式下,可转让运输单证的转让仅是权利转让的条件,而非义务或者责任承担的条件,在权利转让外,另行规定了持单人承担责任的条件以及承担责任的范围。① 这样规定的用意是为银行、中间商等中间持单人提供保护。银行仅对贸易当事人在贸易中起到融资或者支付的作用,他们并不想提取货物,当然更加不愿意因此而承担提单所载的义务或责任。中间商仅在贸易环节中存在,其目的是为了转卖货物赚取差价获利,他们想要面对和实际面对的往往是后手提单受让人(转买人),他们并不想自己向承运人提取货物,并进而与承运人形成一定的权利义务关系。这种立法模式使得银行和中间商等可转让运输单证的中间持有人享有充分的自由选择权,而当他们选择转手货物时,可以不必担心其会在运输合同中承担责任。②

在《鹿特丹规则》下,非托运人的持有人承担运输合同下赔偿责任的条件为持有人行使了运输合同下的任何权利。比如,持有人向承运人行使了货物控制权,持有人请求承运人交付货物。第 58 条规定的承担责任的条件与英国 COGSA1992 第 3 条第 1 款相比更为抽象。COGSA1992 第 3 条第 1 款明确列举了三种持有人需要承担赔偿责任的情形。③ 所以,与 COGSA1992 的规定相比,《鹿特丹规则》下的持有人更容易被要求承担赔偿责任。

根据第 58 条第 3 款的规定,持有人以可转让电子运输记录替代可转让运输单证或者以可转让运输单证替代可转让电子运输记录,或者是持有人

---

① 司玉琢、韩立新主编:《〈鹿特丹规则〉研究》,大连海事大学出版社 2009 年版,第 361 页。

② 大连海事大学运输法课题组:《联合国统一海上货物运输公约研究(2006 年中期研究报告)》,第 231～232 页。

③ COGSA1992 第 3 条"航运单证项下的责任"规定:"(1)当本法第 2 条第(1)款对本法所适用的任何单证生效时且按该款被赋予权利的任何人:(a)向承运人提取或要求提取任何该单证下的货物时;(b)就任何此项货物向承运人按运输合同提出索赔时;或(c)在其被赋予这些权利之前,即是向承运人提取或要求提取任何此项货物的人时,则该(因其提货或要求提货或提起索赔,或在上述 C 段范围内,因其被赋予了权利)须像该合同原缔约人一样,承担该合同项下的同样责任。(2)当船舶交货单项下货物仅是运输合同项下货物的一部分时,因本条对该交货单的生效而致任何人所承担的责任,将不包括任何不属于该货单项下的货物。(3)本条一旦按其规定使任何人承担了任何合同项下之责任,均不得妨碍作为该合同项下原缔约方的任何人所承担的责任。"

依据第 57 条的规定转让其权利的,不视为持有人行使运输合同下的权利。这两种情况中的第一种仅仅是纸质单证与电子运输记录的互换的技术问题,因此不能被认为是持有人行使了运输合同下的权利,而第二种情形持有人行使的是其处分权,如果行使该权利也需要承担责任的话,持有人将无法脱离其与承运人之间的权利义务关系,显然不符合逻辑,也不符合运输单证流转的要求。此外,第 58 条第 1 款的措辞表明,第 58 条规定的持有人的赔偿责任排除了对控制方、托运人、单证托运人依据第 55 条的规定向承运人提供补充信息、指示或文件行为的适用,亦即在第 55 条规定的情况下,相关主体不承担第 58 条规定的持有人的赔偿责任。①

(二)持有人承担赔偿责任的范围

持有人赔偿责任问题的焦点在于持有人承担赔偿责任的范围。就此,公约草案初稿第 12.2.2 条规定"任何不是托运人而行使运输合同项下的任何权利的持单人承担运输合同对其规定的任何责任,但以此种责任已列入可转让的运输单证或可转让的电子记录之中或可从中加以确定的程度为限"。

针对草案初稿中的这种表述,在工作组第十一届会议上,有代表团对上述措辞提出了保留意见,认为承运人有可能通过在运输合同中列入扩大托运人赔偿责任的标准条款,从而大幅度扩大本条文所规定的持单人的赔偿责任。有与会者还表示关切,担心一些可能被视为不公正的具体赔偿责任有可能被纳入合同,从而由持单人加以承担。例如,承运人有可能将滞期费求偿权纳入运输合同,由作为持单人的收货人负责支付费用。② 因此,工作组请秘书处就单证持有人赔偿责任范围编写了一条新的案文载于公约草案一读草案中供进一步审议。该备选案文明确列举了单证持有人需要承担哪些赔偿责任:"任何不是托运人但行使运输合同项下任何权利的持单人,承担第 11 章对控制方规定的责任以及对托运人规定的支付运费、空舱费、滞期费和滞留赔偿费的责任,但以此种责任已载入可转让运输单证或可转让电子记录为限。"

─────────────

① Yvonne Baatz, Charles Debattista, Filippo Lorenzon, Andrew Serdy, Hilton Staniland, Michael Tsimplis, *The Rotterdam Rules: A Practical Annotation*, Informa, 2009, p.176.

② See U. N. Doc. A/CN.9/526. Paragraph 137, Paragraph 139, Paragraph 140.

　　欧洲托运人理事会则在第十七届会议上提出如果按照现有形式保留（公约草案二读合订文本）第 62 条（持有人的赔偿责任）第 2 款,则应对第 62 条进行重新考虑,因为该条款的规定可能使收货人不得不承担发货人所承担的背离性合同承诺。如果托运人与承运人协商,由托运人承担（公约草案二读合订文本）第 14 条规定的本应通常由承运人承担的某些义务而获得的更低的运费费率后,把该义务记载于运输单证上转移给持有人,持有人将可能不得不承担这些义务与责任。①

　　在工作组第十九届会议上,国际海运局、海事理事会和保赔协会国际集团提交了提案,针对单证持有人的赔偿责任范围,认为公约草案初稿中的案文更为可取。理由是这些措辞更加明确、全面。此外,由于这些赔偿责任是实际载入运输单证或者可以从中查明的责任,因此相对于通过持有人或许并不知晓的公约规定来确定其赔偿责任而言,对持有人更公平。② 尼日利亚代表团也在提案中支持公约草案初稿中的措辞。③ 在第二十届会议上,工作组得出的结论一致认为,无论该款予以保留还是删除,公约草案初稿的案文都更为可取。④《鹿特丹规则》第 58 条第 2 款规定:"非托运人的持有人行使运输合同下任何权利的,则承担运输合同项下的任何责任,但该责任以载入可转让运输单证或者可转让电子运输记录或者可以从其中查明为限。"基本采用了公约草案初稿中的措辞。这样持单人承担的赔偿责任只限于那些载入可转让运输单证或者可转让电子运输记录中或者可以从其中查明的赔偿责任。

　　笔者认为,《鹿特丹规则》关于单证持有人赔偿责任的规定基本可取。《海牙规则》、《海牙—维斯比规则》、《汉堡规则》都没有对这一问题进行明确规定,单证持有人的赔偿责任问题主要由国内法来解决,在国际条约中规定这一问题可以增加法律的统一性与明确性。由于可转让运输单证的持有人行使运输合同下权利的才需要承担运输合同下的义务与责任,不想介入运输领域的银行等中间持有人只要不行使运输合同下的权利就可以避免被牵扯进运输领域,从而有利于其经营,履行其在贸易领域的职能。《鹿特丹规

---

① See U. N. Doc. A/CN. 9/WG. III/WP. 64. Paragraphs 61～63.

② See U. N. Doc. A/CN. 9/WG. III/WP. 87. p. 6.

③ See U. N. Doc. A/CN. 9/WG. III/WP. 93. Paragraph 29.

④ See U. N. Doc. A/CN. 9/642. Paragraph 128.

则》第 79 条规定了双向强制性体制,该条第 2 款禁止运输合同的条款直接或间接增加收货人、控制方、持有人或单证托运人在公约下的义务与赔偿责任。当托运人与承运人达成的是有背离条件的合同(例如批量合同)时,根据《鹿特丹规则》第 80 条第 5 款的规定,其背离只有在具备一定条件时方能在承运人与单证持有人之间适用。因此,不必担心单证持有人会承担过重的赔偿责任,《鹿特丹规则》已经提供了相应的保护措施。事实上,提单很少针对持有人特别规定义务与责任,第 58 条的措辞使得承运人对持有人索赔的权利很有限,事实上仅限于承运人特别在运输单证中施加给持有人的义务与责任。[①] 无论如何,第 58 条规定的单证持有人赔偿责任的范围与 COGSA1992 第 3 条第 1 款的规定相比,范围要小,后者规定的承担责任的范围是"像合同当事人那样承担合同下的义务与责任"。至于托运人有可能将本来应由其承担的义务(例如在装货港发生的滞期费等费用)约定由持有人承担的情况,第三人在与托运人进行交易时应仔细辨认,以决定是否接受提单。而且,这种条款依据《鹿特丹规则》第 79 条第 2 款的规定无效。

四、其他货方主体的义务与赔偿责任

(一)单证托运人、收货人、控制方

在《鹿特丹规则》下,单证托运人具有与托运人相同的法律地位。《鹿特丹规则》第 33 条规定,单证托运人享有托运人的权利和抗辩,承担托运人的义务和赔偿责任。因此,当非运输合同当事人的其他主体于运输单证或电子运输记录中记名为"托运人"而成为单证托运人时,应当承担与托运人相同的义务与赔偿责任。当单证托运人或托运人违反其承担的义务时,二者应承担连带赔偿责任。在本章起草过程中,瑞典代表团曾向各代表团发出问题单,征询各国对于托运人责任义务有关条款起草的意见。在对瑞典代表团问题单的答复中,有代表团提出,如果合同托运人或实际托运人违反义务时,合同托运人与实际托运人应承担连带赔偿责任;但是也有代表团提出,如果单证托运人被认定负有赔偿责任,则合同托运人的相应责任即应中止。在第十六届会议上,经过各国代表的讨论后,工作组倾向于采取连带责

---

① Yvonne Baatz, Charles Debattista, Filippo Lorenzon, Andrew Serdy, Hilton Staniland, Michael Tsimplis, *The Rotterdam Rules: A Practical Annotation*, Informa, 2009, p. 178.

任的方式确定实际托运人与合同托运人之间的关系。中国代表团认为,合同托运人应根据运输合同向承运人承担约定的及法定的义务和责任,这一点是毋庸置疑的,即使单证托运人具体履行了合同托运人运输合同下的某项义务,也不能解除合同托运人应向承运人承担的相应的责任与义务。这与承运人与海运履约方之间的责任关系是一致的,因此,合同托运人与单证托运人之间应为连带责任关系,单证托运人负有赔偿责任时,合同托运人的责任并不中止。这种意见最终为工作组所采纳。[①]

收货人在《鹿特丹规则》下承担的义务主要有两项:接受交货的义务与确认收到的义务。这两项义务由于接受交货义务附有"要求交付货物"的条件而在实际上不属于强制性的义务与责任,因此,笔者将其归入"强制性体制的缓和",在第四章中进行分析论述。

控制方承担的义务主要表现为偿还承运人勤勉执行其指示而可能承担的合理的额外费用及补偿承运人由于此种执行而遭受的灭失或损坏,以及为此种费用、灭失或损坏提供担保的义务。这种义务由于第55条的规定也表现为非强制性的义务,笔者也将其归入"强制性体制的缓和",在第四章中的货物控制权部分进行分析论述。

(二)《鹿特丹规则》没有规定的货方义务与责任的法律适用问题

《鹿特丹规则》没有规定的问题,例如持有人赔偿责任的责任基础,收货人违反其义务的赔偿责任及责任基础,控制方的赔偿责任及其责任基础,应该如何适用法律? 国内法是否可以适用于这些问题? 这里涉及一个更为宏观的问题即《鹿特丹规则》与国内法之间的关系。

《鹿特丹规则》中并没有条文专门处理其与国内法之间的关系。就运输法方面的其他条约而言,有学者认为《华沙公约》、《蒙特利尔公约》虽然均为统一法公约,但这两个公约并未彻底排除国内法的适用,相反,还为国内法的适用保留了相当大的空间。这两个公约的全称均为"统一国际航空运输某些规则的公约",其实公约的名称已经表明,公约只对国际航空运输中的某些规则进行调整,而其他的问题则可以由各当事国国内法来加以调整。具体而言,《华沙公约》、《蒙特利尔公约》中的一些问题,如国际航空运输的确认、国际航空运输承运人责任制度问题等,由条款性质决定应适用该公约

---

① 司玉琢、韩立新主编:《〈鹿特丹规则〉研究》,大连海事大学出版社2009年版,第257～258页。也见 U. N. Doc. A/CN. 9/WG. III/WP. 39. Paragraph 18.

中的规定;有一些问题,如关于诉讼费用、诉讼时效期间的计算方法等,公约明确规定应适用国内法。除此之外,还有大量与国际航空运输有关的《华沙公约》《蒙特利尔公约》没有规定的问题,如运输合同问题、承运人不履行航空运输合同时应承担的责任等,对于这些问题可以适用国内法。[①] 同样作为运输领域的公约,从一定意义上讲,《海牙规则》与《华沙公约》《蒙特利尔公约》相似。《海牙规则》全称为《统一提单的若干法律规则的国际公约》,其名称也表明《海牙规则》只是对使用提单的国际海上货物运输中的某些问题统一进行调整,而《海牙规则》没有涉及的问题则交由国内法去处理。在The Giannis NK 一案中,托运人认为《海牙规则》第 4 条第 6 款包含了危险货物运输的全部合同条款,只要货物不构成该款规定的危险货物,托运人便不必承担危险货物运输的义务与责任。托运人的这种主张为 Longmore J. 所拒绝。"正确的认识是即使《海牙规则》只调整有形危险货物,根本不涉及非有形的危险货物,也不能否认当事人依据合同准据法所享有的危险货物有关的权利……"[②]这也表明,《海牙规则》没有规定的问题,合同准据法依然可以发挥其调整作用。

事实上,从国际私法的角度看,就调整民商事领域法律关系的国际条约而言,国际条约没有规定的问题国内法都可以通过冲突规范的指引或者当事人的选用成为准据法而补充适用。同样,作为调整民商事法律关系的国际条约,国内法可以通过冲突规范的指引或当事人的选择而成为合同准据法调整《鹿特丹规则》没有规定的问题,所以,对于《鹿特丹规则》没有规定的货方义务与责任有关问题应当根据国际私法的指引适用有关国内法。

本章小结

《鹿特丹规则》下的货方包括托运人、持有人、收货人、控制方和单证托运人。单证托运人是为了解决 FOB 贸易术语下贸易合同中卖方的法律地

---

① 黄力华:《国际航空运输法律制度研究》,法律出版社 2007 年版,第 49~51 页。

② [1994] 2 Lloyd's Rep 171 (QB)(n 12)at 180-1. UK. See D. Rhidian Thomas, ed., *A New Convention for the Carriage of Goods by Sea-The Rotterdam Rules*, Lawtext Publishing Limited,2009, p.184.

位与利益保护问题而创设的一个概念。然而,根据《鹿特丹规则》的规定,FOB 贸易术语下的卖方要想成为单证托运人必须经过托运人的同意。如果卖方疏忽没有在贸易合同中作出相应约定,要求托运人同意将单证签发给卖方,或者买方有意欺诈,直接要求承运人向其签发运输单证,卖方仍然可能有不能获得运输单证而不能成为单证托运人的风险。所以,"单证托运人"这一概念并没有从根本上解决 FOB 卖方所面临的风险和问题。相比之下,挪威《海商法》对托运人和发货人的权利、义务与责任分别进行规定的模式更为可取。

《鹿特丹规则》下,托运人承担的义务有将货物交付运输的义务,提供信息、文件和指示的义务,合作义务,危险货物运输下的标识与告知义务。托运人提供信息的准确性及托运危险货物时的义务为严格责任的义务,其他义务则为过错责任义务。《鹿特丹规则》下货方承担的义务与责任有所加重,这表现在托运人承担的备妥货物的义务,提供信息、指示、文件等义务是新的义务,还表现在托运人承担的信息准确的保证义务及危险货物有关义务之外的其他义务的责任基础由《海牙规则》、《海牙—维斯比规则》、《汉堡规则》中的一般过错转变为推定过错。《鹿特丹规则》还规定了持有人的赔偿责任。持有人赔偿责任的责任基础及其他《鹿特丹规则》没有规定的货方主体的赔偿责任应当适用国内法。

在《鹿特丹规则》下,货方义务与责任亦被纳入了强制性体制,《鹿特丹规则》下的强制性体制为"双向强制"。将货方义务与责任纳入强制性体制的目的有三个:不允许排除、限制货方的义务与责任意在为小承运人提供保护;不能增加托运人的义务和赔偿责任可以为托运人提供保护;禁止增加托运人之外的其他货方主体的义务与赔偿责任,可以避免托运人在提单等可转让运输单证中插入加重持有人、收货人、控制方等其他货方主体义务与赔偿责任的条款,从而为托运人之外的其他货方提供保护。所以,《鹿特丹规则》下的强制性体制既为货方提供保护,也在一定程度上为承运人提供保护。

通过本章的分析我们可以看到,《鹿特丹规则》下托运人的义务及责任与以往海上货物运输公约相比有所加重。强制性体制既保护货方的利益也保护承运人的利益。而传统的海上货物运输法中的强制性体制主要以保护货方利益为目的。这表明《鹿特丹规则》下强制性体制的取向与传统强制性体制相比有所变化,从侧重于货方利益的保护,到对当事人利益的平等保护与规制。而这与我们在第二章分析的《鹿特丹规则》强制性体制适当加重承运人义务与责任的精神是一致的,都是为了公平合理地在当事人之间进行货物运输合同的合作剩余分配。

International
Economic Law

第四章　《鹿特丹规则》下强制性体制之缓和

　　《鹿特丹规则》第79条的两款规定都在起首语使用了"除非本公约另有规定外"的措辞,从而为强制性体制框架下任意性规范的存在留下了空间。强制性体制框架下的任意性规范主要由货物控制权制度下的任意性规范以及其他个别零散存在的任意性规范组成。之所以说这些规范是"强制性体制框架下"的任意性规范,是因为它们只是个别地、局部地改变了运输合同下当事人义务与责任的强制性,允许当事人就个别条款进行自由约定,强制性体制对运输合同的整体依然发挥着其调整规制作用。这些任意性规范的存在使强制性体制不再那么机械僵硬,从而构成了强制性体制的缓和。

第一节　货物控制权制度下的任意性规范

　　《鹿特丹规则》从调整其他运输方式的法律制度中引入了货物控制权制度,衔接了贸易法与海上货物运输法,为国际贸易中的卖方保护自己利益,控制运输中的货物提供了便捷的法律保障。依照第79条的规定,货物控制权制度下承运人与货方的义务与责任应当是强制性的,但是,《鹿特丹规则》第56条允许当事人协议变更货物控制权制度下的部分内容,这使得货物控制度的主要内容都成为任意性规则。[1][2] 货物控制权一章因而在《鹿特丹规则》中主要作为示范性规则而存在。

一、货物控制权的引入与辨析

(一)货物控制权引入海运领域

《鹿特丹规则》引入货物控制权制度的背景一方面在于贸易法中中途停运权的存在需要海上货物运输法领域中相应权利的配合,需要有一种权利衔接贸易法与海上货物运输法。另一方面,不可转让单证使用的增加以及电子商务的发展也需要海上货物运输法有相应的制度变革作出回应。

1. 贸易法与运输法的脱节

中途停运权是为了保护未获付款卖方的一项救济措施,最初起源于英国大法官法庭(English Chancery Courts),该项权利建立在衡平原则基础上,受益所有人可以向受信托人或受托人追踪其财产,即使是财产所有权已经转让。[3] 根据《布莱克法律词典》(第 8 版)的规定,中途停运权(stoppage in transitu,also termed stoppage in transit)是指在买卖合同的履行过程中,当没有实际占有货物的买方可能丧失支付能力或者明示或默示其将不履行付款义务时,在买方实际占有货物之前,未收到货款的卖方享有的要求

---

① Anthony Diamond Qc,The Rotterdam Rules,*Lloyd's Maritime and Commercial Law Quarterly*,2009,p. 495.

② 《鹿特丹规则》第 56 条规定:"运输合同当事人可以协议变更第五十条第一款第二项和第三项、第五十条第二款和第五十二条的效力。当事人还可以限制或排除第五十一条第一款第二项所述及的控制权的可转让性。"

③ Caslav Pejovic,Stoppage in Transit and Right of Control:"Conflict of Rules"? *Pace International Law Review*,Spring,2008(20),p. 132. See *Re Hallett's Estate*,(1880) 13 *Ch. D.* 696 (A. C.) (U. K.); Nippon Yusen Kaisha v. Ramjiban Serowjee,[1938] A. C. 429,450 (P. C. 1938) (appeal taken from Calcutta H. C.) (U. K.).

承运人中止运输并重新占有货物的权利。① 中途停运权是贸易法领域对卖方利益进行保护的一项制度。在远距离贸易中,买卖双方空间位置的距离决定了在大多数情况下卖方并不直接将货物交付给买方,货物的交付通常要由承运人来完成。当货物交付承运人运输之后,双方约定解除买卖合同,买方预期违约,以及合同履行过程中遇有不可抗力,情势变更等情况时,货物再由承运人完成运输交付买方已经没有意义。这时候卖方可以依据贸易法中中途停运权的规定,指示承运人将货物交付他人,或运回发货地等以及时采取应对措施,减少交易不成所带来的损失。

中途停运权为很多国内与国际立法所确认。在国内法方面,英国《1979年货物买卖法》在第五章"未获支付卖方对货物的权利"第 44 条至第 46 条对中途停运权用三个条文进行了细致规定。美国《统一商法典》第 75-2-705(1)条也规定了中途停运权。在国际条约中,一般认为,CISG 第 71 条的规定赋予了卖方以中途停运权。②③

中途停运权是买卖法或买卖合同中的一项权利。根据合同相对性原则,只有合同当事人才能享受基于合同所产生的权利并承担根据合同所产

---

① Bryan A. Garner, Editor in Chief, *Black's Law Dictionary*(8th), 2004 West, a Thomson business, stoppage *in transitu* (in tran-si-t[y]oo *or* tranz-i-t[y]oo). The right of a seller of goods to regain possession of those goods from a common carrier under certain circumstances, even though the seller has already parted with them under a contract for sale. This right traditionally applies when goods are consigned wholly or partly on credit from one person to another, and the consignee becomes bankrupt or insolvent before the goods arrive—in which event the consignor may direct the carrier to deliver the goods to someone other than the consignee (who can no longer pay for them)—Also termed *stoppage in transit*.

② Karl-Johan Gombrii, Background Paper on Right of Control, page 2. http://www.comitemaritime.org/year/2003/pdfiles/b_paper_Gombrii.pdf,下载日期:2009 年 10 月 9 日。

③ 该条规定:"(1)如果订立合同后,另一方当事人由于下列原因显然将不履行其大部分重要义务,一方当事人可以中止履行义务:(a)他履行义务的能力或他的信用有严重缺陷;或(b)他在准备履行合同或履行合同中的行为。(2)如果卖方在上一款所述的理由明显化以前已将货物发运,他可以阻止将货物交付给买方,即使买方持有其有权获得货物的单据。本款规定只与买方和卖方间对货物的权利有关。(3)任何一方无论是在发送货物之前或之后中止履行,应通知另一方。若另一方为其履行合同提供充分担保,则中止履行一方应继续履行合同。"

生的义务,而当事人一方只能向对方行使权利并要求其承担义务,不能请求第三人承担合同上的义务,第三人也不得向合同当事人主张合同上的权利和承担合同上的义务。[①] 买方与卖方根据买卖合同或买卖法所享有的权利并不能约束非买卖合同当事人的承运人。承运人作为运输合同当事人,其权利义务应当依据运输合同或运输法来确定。否则,便会导致当事人不合理地对第三人承担义务情形的发生。例如,依照 CISG 第 71 条的规定,卖方在交付提单后,仍可以阻止承运人将货物交付给收货人。但是依据《海牙规则》,承运人负有向提单持有人交付货物的义务。因此,如果中途停运权可以直接对作为运输合同当事人的承运人行使会导致其无所适从。如果运输法中有与贸易法中中途停运权相对应的权利来弥补这种空缺,则这种局面就可以缓解。这种权利就是货物控制权。

货物控制权并非是一个新概念,调整其他运输方式的国际条约对货物控制权早就有规定。《华沙公约》、《蒙特利尔公约》、CMR、COTIF-CIM、CMNI 中都有关于货物控制权的规定。[②] 然而,在海上货物运输领域,《海牙规则》、《海牙—维斯比规则》、《汉堡规则》都没有关于海运货物控制权的内容。只有 1990 年 CMI 制定的《CMI 海运单统一规则》与《CMI 电子提单规则》虽然分别在其第 6 条与第 7 条规定了货物控制权的内容。在国内法方面,很多国家的国内法都在普通运输法中规定了货物控制权,[③]但是,由于海上货物运输的特殊性,国内普通运输法中有关货物控制权的规定适用于海上货物运输时存在一定的冲突。

海上货物运输领域欠缺货物控制权的有关规定给买卖合同的卖方带来了相当大的困扰。"非运输合同当事人的主体行使其对运输途中货物所拥有的权利时常常面临困难,即使是运输合同的当事人行使其对货物的权利时,其对运输途中的货物拥有多大程度的控制(如果有的话)法律规定也是

---

① 王利明、崔建远:《合同法新论·总则》,中国政法大学出版社 2000 年版,第 235~236 页。

② Karl-Johan Gombrii, Background Paper on Right of Control, page 2. http://www.comitemaritime.org/year/2003/pdfiles/b_paper_Gombrii.pdf,下载日期:2009 年 10 月 9 日。

③ 例如,我国《合同法》第 308 条规定了货物控制权。德国 1900 年《商法典》、葡萄牙 1888 年《商法典》也是在普通运输法中规定了货物控制权。参见赵亮:《〈鹿特丹规则〉之控制权的中国司法实践和立法反思》,载《中国海商法年刊》2009 年第 1~2 期。

模糊不清。"① Gertjan Van Der Ziel 教授指出:"运输法中的货物控制权与买卖法和财产法中当事人对货物所拥有的权利之间的关系是前者为后者提供便利。"②虽然,在海上货物运输法没有就货物控制权进行规定的情况下,运输合同的当事方可以在运输合同中对此作出约定,但毕竟,货物控制权涉及双方利益平衡的复杂问题,由双方当事人进行约定难以穷尽实践中所可能遇到的各种情形,交易成本甚高。所以,最好的方法是由海上货物运输法引入货物控制权制度,为货物控制权统一设定规则。这样,货方通过货物控制权可以有效控制运输途中的货物,及时应对贸易合同履行过程中可能发生的不测和意外,有效地保护其利益。

2. 不可转让运输单证使用的增加

除了贸易法领域内的权利需要运输法领域内的货物控制权与之相对应外,海上货物运输领域不可转让运输单证使用的增加也需要货物控制权制度的支持。

海上货物运输领域之所以一直没有发展出货物控制权制度与其使用的单证类型具有一定关系。传统上,可转让提单是海上货物运输中使用的主要单证。在使用可转让提单的情况下,一般认为,(托运人或)提单持有人持有提单即控制了运输途中的货物,提单持有人对货物所拥有的权利中包含了货物处置权(the right of disposal over the goods),③不需要另外进行制度安排来保障其对货物所拥有的权利。但是,在其他运输方式下使用的运输单证如货运单等不具备提单的"物权凭证"(document of title)的功能,所以货物交付运输后,当事人难以通过持有运输单证来控制运输途中的货物,此时,货物控制权制度可以有效地弥补这一漏洞。现如今,海上货物运输的情形已经与以往有所不同,许多种类贸易的海上货物运输使用可转让运输

---

① Gertjan Van Der Ziel, Chapter 10 of the Rotterdam Rules: Control of Goods in Transit[J]. *Texas International Law Journal*, 2009, Spring(44), p.376.

② D. Rhidian Thomas, ed., *A New Convention for the Carriage of Goods by Sea-The Rotterdam Rules*, Lawtext Publishing Limited, 2009, p.246.

③ Anthony Diamond Q.C., The Rotterdam Rules, *Lloyd's Maritime and Commercial Law Quarterly*, 2009, p.525. 也正因为这一点,Anthony Diamond 先生认为,《鹿特丹规则》没有必要规定当事人使用可转让运输单证时的货物控制权规则。See also D. Rhidian Thomas, ed., *A New Convention for the Carriage of Goods by Sea-The Rotterdam Rules*, Lawtext Publishing Limited, 2009, p.246.

单证的情形在迅速减少或者已完全消失。不可转让运输单证在海上货物运输领域使用的增加使得货物控制权制度在一定程度上成为必要。

此外,引入货物控制权的规定,利用货物控制权代表权利人对运输中货物的拟制占有可以为海运领域电子商务的发展奠定基础。①

(二)货物控制权的若干分析

1. 控制权与控制方的概念

在 CMI 起草阶段,未来的运输法公约是否应包括货物控制权的内容曾是一个有争议的问题,但由于来自荷兰的 Gertjan Van Der Ziel 教授的坚持,货物控制权有关内容最终得以保留。②《鹿特丹规则》第 1 条第 12 项对货物控制权进行了定义,第 10 章"控制方的权利"具体规定了货物控制权制度的内容。根据《鹿特丹规则》第 1 条第 12 项的规定,货物控制权是指根据第十章按运输合同向承运人发出有关货物的指示的权利。这是援引第十章作的一个非常简单的定义,没有对货物控制权的内涵作进一步的实质性说明。定义中之所以载明"按运输合同"是因为货物控制权制度的基本内容是"示范性"的,当事人可以依据《鹿特丹规则》第 56 条对货物控制权制度下的部分规则协议变更。当事人在合同中进行这种约定的,以约定为准。《鹿特丹规则》第 1 条第 13 项规定,"控制方"是指根据第 51 条有权行使控制权的人。该定义与货物控制权定义类似,援引第 51 条规定对控制方作了一个简单的描述性定义。因而,控制方的定义只是一个"功能性短语"。③ 控制方即控制权的主体,笔者将在下文详细分析论述使用不同运输单证情形下的控制方。

2. 货物控制权的性质

(1)主要观点

货物控制权的性质即货物控制权是一种什么样的权利,国内关于货物控制权的研究对此讨论甚多,比较有代表性的观点有:货物控制权从权利内

---

① See U. N. Doc. A/CN. 9/WG. III/WP. 21. Paragraph 185.

② CMI,Report of the Third Meeting of the International Sub-Committee on Issues of Transport Law,http://www. comitemaritime. org/singapore/issue/report3. pdf,下载日期:2009 年 5 月 12 日。

③ D. Rhidian Thomas,ed.,A New Convention for the Carriage of Goods by Sea-The Rotterdam Rules,Lawtext Publishing Limited,2009,p. 249.

容来看是债权,从权利作用来看为债权请求权;①货物控制权从权利内容来看是债权,从权利作用来看是形成权;②有观点只从权利内容的角度认为货物控制权是债权,③货物控制权具有物权性;④有观点仅从权利作用划分的角度认为货物控制权为形成权。⑤

关于货物控制权性质的分析路径,笔者认为从权利内容和权利作用两个民事权利分类的不同角度进行认识更为全面、科学,有利于更为准确地把握货物控制权的性质。从权利内容划分的角度来看,货物控制权应属债权而非物权,因为货物控制权存在于运输法之中,而运输法并不涉及货物的物权。⑥《鹿特丹规则》起草者的本意也没有要将货物控制权与物权联系起来,虽然货物控制权这一存在于运输法中的制度客观上会便利物权人控制运输中的货物。⑦货物控制权具有物权性只是少数学者的观点,货物控制权为债权争议不是很大,笔者对此不再作展开论述。争议最大之处在于依照权利的作用来划分,货物控制权是形成权还是请求权。

(2)货物控制权不具备形成权的特征

关于形成权,德国当代学者拉伦茨先生宣称"我们把形成权理解为某个特定的人所有的权利,这个人可以通过单方的形成行为来实现或改变抑或撤销这种法律关系"⑧。马俊驹、余廷满先生认为"形成权是指依照权利人

① 陈波:《货物控制权的概念及其法律性质》,载《中国海商法年刊》2006年卷。
② 吴熙、司玉琢:《〈鹿特丹规则〉中货物控制权之法律性质》,载《中国海商法年刊》2011年第22卷第1期;李晓霞:《海运货物控制权研究》,中国政法大学2006年硕士学位论文,第16~17页。
③ 赵亮:《海运货物控制权之研究》,载《世界海运》2003年第10期。
④ 郑肇芳、英振坤:《提单运输与货物控制权问题》,载李小年主编:《国际海商法前沿问题文萃》,中国法制出版社2008年版,第60~62页。
⑤ 刘昕:《海运货物控制权问题研究——兼评UNCITRAL运输法草案第11章的规定》,载《江苏社会科学》2004年第2期;郝静:《国际海运货物控制权研究》,载《西南政法大学》2007年硕士学位论文,第12~14页。
⑥ Caslav Pejovic, Stoppage in Transit and Right of Control:"Conflict of Rules?" *Pace International Law Review*,2008(Spring),p.145.
⑦ Gertjan Van Der Ziel, Chapter 10 of the Rotterdam Rules:Control of Goods in Transit, *Texas International Law Journal*, 2009 Spring(44), p.384.
⑧ 〔德〕卡尔·拉伦茨著:《德国民法通论(上)》,王晓晔、邵建东、程建英等译,法律出版社2003年版,第289页。

单方意思表示就能使权利发生、变更或消灭的权利"①。形成权具有如下特征:形成权的客体为民事法律关系;形成权的实现无须相对人行为的介入;形成权无被侵害的可能;形成权不可单独让与他人;②形成权不可附期限或条件。③

对比上述形成权的特征来看,货物控制权不是形成权。

第一,货物控制权的行使需要符合一定的条件,并非"依照权利人单方意思表示就能使权利发生、变更或消灭"的"单方面"的权利。《鹿特丹规则》第 52 条第 1 款为承运人执行控制方的指示设置了一定的条件。而调整其他运输方式的国际公约如 CMR 第 12 条第 5 款,《华沙公约》第 12 条也都为货物控制权的行使设定了一定的条件。既然承运人执行控制方的指示需要具备一定的条件,这就说明,货物控制权并非一种依控制权单方意志就可以行使的权利。而形成权的典型特征即在于其单方意志性。货物控制权并不具备这一典型特征,当然无法成为形成权。

控制权的行使因为需要具备一定条件是因为货物控制权虽然是为货方利益而存在,但亦应考虑承运人之利益,不至于使承运人因执行控制方的指示而影响其正常营运,体现的是承运人与货方之间的利益平衡。虽然起草文件中多处提到控制方发出的指示应该是一种"单方面性质"(the unilateral nature of any instruction)的,④但笔者认为"单方面"这里并不能理解为"无条件的"。在起草文件中出现的"单方面的",使用的是"unilateral"一词。该词义为"单方面的,单边的"。但是同样是该词在法律英语中有着特定的含义,更多的时候,其含义应是"单边的"而不是"单方面的"。而"unilateral"在合同法领域主要用于"unilateral contract",汉译为"单边合同"。《布莱克法律词典》对单边合同作如下定义:"只有合同一方当事人做出允诺

---

① 马俊驹、余廷满:《民法原论(上)》,法律出版社 1998 年版,第 83 页。
② 汪渊智:《形成权理论初探》,载《中国法学》2003 年第 3 期。
③ 刘得宽:《民法总则》,中国政法大学出版社 2006 年增订第 4 版,第 255 页。
④ See U. N. Doc. A/CN. 9/526. Paragraph 103; U. N. Doc. A/CN. 9/594. Paragraph 10.

或负担一定履行义务,相对人没有对允诺人的允诺提出允诺作为对价的合同。"①杨桢先生认为:"单方契约系一方为意思表示,而他方以行为之作为或不作为而为完成之契约。"②在单边合同中,双方当事人没有允诺的交换,只有允诺人提出允诺,而合同相对人直接履行合同。笔者认为,这里控制方发出指示的"unilateral"也应该是这个含义,即控制方发出指示,承运人直接执行,而没有允诺的交换。所以,"unilateral"一词描述的只是从形式上看,双方不需要意思表示的交换,并不是说控制方的指示承运人必须执行,如果控制方发出的指示不符合《鹿特丹规则》规定的条件,承运人完全可以拒绝执行控制方的指示。只有如此解释,才能够理解为什么公约起草过程中,很多代表团提出控制权应该是"单方面性质的",但另一方面公约草案又为控制权的行使设置了诸多限制条件,正确地认识货物控制权的性质。

第二,货物控制权的行使需要承运人行为的介入。在形成权法律关系中,相对人不负任何义务,即形成权的实现无须相对人行为的介入,只要权利人将变动法律关系的意思表达于对方,按照法律的规定即可自动产生相应的效果,既不需要相对人的行为或不行为,也不需要相对人对该意思表示同意或不同意。如我国《合同法》第 47 条规定的法定代理人对限制行为能力人所定合同的追认权,只要法定代理人追认的意思表示到达相对人,合同即为有效,不需要相对人为一定的行为来实现意思表示的内容。而货物控制权的行使却有着明确的义务主体——承运人,控制方货物控制权的行使需要承运人以一定的执行行为来完成,这与形成权行使的方式有着明显的不同。同时,也因为货物控制权的行使需要承运人行为的介入而有被侵害的可能。

第三,货物控制权可以单独进行转让。货物控制权可以转让是不言而喻的。《鹿特丹规则》用第 51 条对货物控制权的转让进行规定。在签发不可转让运输单证或者没有签发任何运输单证的情况下,货物控制权可以单独地转让。之所以说是"单独地"是因为此时,在托运人与收货人之间,运输

---

① Bryan A. Garner, Editor in Chief, *Black's Law Dictionary*(8th), 2004 West, a Thomson business *unilateral contract*, A contract in which only one party makes a promise or undertakes a performance; a contract in which no promisor receives a promise as consideration for the promise given.

② 杨桢:《英美契约法论》,北京大学出版社 2000 年版,第 11 页。

合同的主体并没有发生变化,运输合同并没有发生转让,托运人可以将货物控制权从运输合同中剥离出来转让给收货人。

第四,货物控制权的行使并不一定带来法律关系的变更。形成权行使的结果是使法律关系发生(如法定代理人对限制行为能力人所订立契约的承认),或使法律关系内容变更(如选择之债的选择权),或使法律关系消灭(如撤销权)。[①] 但是,《鹿特丹规则》第 50 条第 1 款规定的货物控制权的内容并不构成对运输合同的变更,与上述三者皆没有关系。根据货物控制权一章主要起草人 Gertjan Van Der Ziel 先生的观点,第 50 条第 1 款规定的指示是运输合同下的"普通指示"(normal instructions),比如,"请保持货物在−6℃","请在下午三点钟之前交货"[②]。控制方发出的上述有关货物的指示主要是操作性的,不能构成对运输合同的变更,并不带来法律关系的改变。主张货物控制权为形成权的学者也承认这一点,[③]但是,货物控制权的这一特点是与形成权相悖的。

(3)货物控制权为合同请求权

请求权是指权利主体可以要求他人为一定行为或不为一定行为的权利。请求权的特征如下:第一,权利人和义务人都是特定的,权利人只能向特定的义务人请求履行。第二,权利人的权利的实现必须要义务人的协助。请求权的权利人不能对权利标的为直接支配,只能对义务人为请求。[④] 货物控制权的权利人和义务人都是特定的,权利人为控制方,义务人为承运人,控制方只能向承运人而不能向他人发出行使控制权的指示。控制方实现控制权需要承运人的协助,没有承运人的协助,控制权无从实现。从货物控制权的行使过程来看,控制方向承运人发出行使货物控制权的指示,虽然名为"指示",其实是"请求"承运人执行其指示,因为承运人可以根据第 52 条规定的行使条件进行判断,只有控制方发出的指示符合上述条件,承运人才会执行控制方的指示。控制方请求的内容可以是积极地请求承运人为一定行为,比如请求承运人以一定的条件运输货物,也可以是消极地请求承运

---

① 王泽鉴:《民法总则》,中国政法大学出版社 2001 年增订版,第 97~98 页。

② Gertjan Van Der Ziel, Chapter 10 of the Rotterdam Rules: Control of Goods in Transit, *Texas International Law Journal*, 2009 Spring(44), p. 378.

③ 吴熙、司玉琢:《〈鹿特丹规则〉中货物控制权之法律性质》,载《中国海商法年刊》2011 年第 22 卷第 1 期。

④ 段厚省:《民法请求权论》,人民法院出版社 2006 年版,第 20 页。

人不为一定行为,比如请求承运人不交货给收货人。货物控制权的这些特征都符合请求权的特点,因而是一种请求权。

请求权必须依赖于一定的基础权利而存在。依其所产生的权利基础不同,可以分为债上请求权、物上请求权、人格权上的请求权、身份权上的请求权等。因此请求权与债权不同,虽然债权的核心是给付请求权,但债权是基础权利,请求权是基于债权而产生的。在债权清偿期届至以前,并不发生给付请求权;而且,债权不仅产生请求权,也可能产生选择权、变更权、撤销权、解除权等。[①]债权的种类有合同之债、无因管理之债、不当得利之债、侵权之债,认为货物控制权为债权的观点虽然正确但没有对货物控制权的基础权利作进一步的说明。笔者认为,根据《鹿特丹规则》第 1 条第 12 项的规定,货物控制权是指根据第十章按运输合同向承运人发出有关货物的指示的权利。定义中的"按运输合同"意味着货物控制权是以运输合同为基础而存在的权利。一方面,货物控制权的三项内容与运输合同密切相关,或者是变更运输合同,或者涉及运输合同的实际履行;另一方面,运输合同又可以对货物控制权进行协议变更。因此,货物控制权是一项依据运输合同即合同之债而存在的请求权,将其定性为合同请求权比较合适。

3. 货物控制权与合同变更之间的关系

控制权与运输合同的变更有着密切的关系。在 CMI 完成的公约草案初稿中,运输合同的修改被规定为货物控制权内容的一部分。公约草案初稿第 11.1 条规定:"货物控制权意味着运输合同项下在第 4.1.1 条所规定的责任期内就这些货物向承运人下达指示的权利。这种向承运人下达指示的权利包括以下几种权利:(一)就该货物下达或更改不构成对运输合同进行修改的指示;(二)要求在货物到达目的地以前交货;(三)用其他任何一个人,包括控制方,来替代收货人;(四)与承运人就修改运输合同达成协议。"在这一条款中规定的货物控制权的四项内容之中,除了第一项内容不能够成对运输合同的修改之外,其余三项都构成对运输合同变更。这种立法模式一直持续到工作组第十一届会议。其中有争议的是第四项控制方与承运人协议变更合同的权利应否规定为货物控制权的内容。规定这一项内容的目的在于明确货物运输过程中,控制方是承运人的对应方(counterpart)。[②]

---

① 段厚省:《民法请求权论》,人民法院出版社 2006 年版,第 27 页。

② See U. N. Doc. A/CN. 9/WG. III/WP. 21. Paragraph 186.

也就是讲控制方是运输合同的对应当事人,只有控制方有权与承运人协商对运输合同进行变更,这样有利于明确控制权的定义。 在工作组第十一次会议上,有代表提出应该删除货物控制权内容中的第四项,以保证控制方可能对承运人下达任何指示的"单方面性质"。 为了避免货物控制权与协议变更合同权利的混淆,最终工作组接受了反对意见,将第四项内容独立出去作为一个条文——就是协议变更合同,规定在了《鹿特丹规则》的第 54 条中。这样变更合同在《鹿特丹规则》中有了两种不同的处理。第 50 条第 1 款第 2 项、第 3 项的内容成为货物控制权的内容,只要具备货物控制权行使的条件,承运人就必须执行,而除此之外的合同变更则需要控制方与承运人协商,经承运人同意之后方可变更合同。

根据第 54 条的规定,控制方是唯一可以与承运人约定对运输合同变更的人。这样,在签发不可转让运输单证或电子运输记录的情况下,一般而言,托运人是有权与承运人协商进行合同修改的人。在签发可转让运输单证的情况下,可转让运输单证或电子记录的持有人是有权与承运人协商变更货物运输合同的人。之所以如此规定是为了保护控制方的利益。尤其是签发了可转让运输单证(一般是可转让提单)或电子记录时,当托运人将运输单证或电子记录转让给第三人时,货物控制权也相应地转让给该第三人,此时如果托运人仍有权利与承运人协商对运输合同进行变更,将严重威胁控制方的利益,也会给承运人带来困扰。

承运人须将对运输合同的变更,包括行使第 50 条第 1 款第 2 项、第 3 项规定的控制权而引起的合同变更进行记载。具体记载情况因运输单证或电子运输记录的具体类型而有所不同。对于可转让运输单证以及需要收回的不可转让运输单证,承运人须将合同变更情况进行记载。对于可转让的电子运输记录,承运人须将合同变更并入。对于不可转让的运输单证或不可转让电子运输记录而言,如果控制方请求进行记载或并入,承运人须将合同变更记载于不可转让的运输单证或并入电子运输记录。

从一定意义上讲,控制方与承运人协商变更合同的权利是比货物控制

① See U. N. Doc. A/CN. 9/526. Paragraph 103.
② See U. N. Doc. A/CN. 9/526. Paragraph 103.

权更为重要的权利。① 因为第 52 条为货物控制权的行使设置了很多条件，同时，由于第 56 条允许控制方与承运人对货物控制权制度的主要内容进行协议变更，货物控制权的部分内容可以为承运人所排除，货物控制权在实际运作中效果未必理想，所以协商变更合同对控制方而言可能是更有意义的权利。

4. 控制方的法律地位——控制方变更合同的进一步思考

从《鹿特丹规则》的起草文件来看，《鹿特丹规则》将控制方视为承运人的"对应方"，控制方是"唯一"有权与承运人协商变更运输合同的人。② 控制方的这种定位只是一种事实上的说明。从权利主体的角度看，控制方在《鹿特丹规则》中的地位比较简单，即控制方是货物控制权和合同变更请求权的主体。但是如果从运输合同的角度看，控制方的法律地位是一个较为复杂的问题。这个问题可以作如下归纳：既然控制方有权变更运输合同，那么控制方是不是运输合同的当事人？货物控制权制度的主要设计者 Gert-jan Van Der Ziel 教授认为《鹿特丹规则》并没有涉及这一问题。③ 但是笔者认为通过对《鹿特丹规则》第 58 条规定进行分析，可以对控制方能否成为运输合同的当事人得出一些结论。笔者依照当事人使用运输单证的不同种类对这一问题展开分析。④

（1）当托运人作为控制方时

当托运人作为控制方时，因为运输合同是托运人与承运人之间缔结的合同，而托运人作为运输合同的当事人，当然可以享有运输合同内的所有权利。

---

① Yvonne Baatz, Charles Debattista, Filippo Lorenzon, Andrew Serdy, Hilton Staniland, Michael Tsimplis, *The Rotterdam Rules*: *A Practical Annotation*, Informa, 2009, p. 167.

② See U. N. Doc. A/CN. 9/WG. III/WP. 21. Paragraph 186.

③ D. Rhidian Thomas, ed., *A New Convention for the Carriage of Goods by Sea-The Rotterdam Rules*, Lawtext Publishing Limited, 2009, p. 249. Footnote 18.

④ 在对这个问题展开讨论之前需要明确，托运人与承运人之间缔结的合同与托运人之外的其他主体成为控制方时与承运人之间的"合同"是两个不同的合同。依照《鹿特丹规则》第 1 条第 14 项对"运输单证"的定义，运输单证证明或包含一项运输合同。托运人之外的其他主体成为控制方时，其是否为运输合同当事人中的"运输合同"应当指的是运输单证证明或包含的"运输合同"，而非托运人与承运人缔结的运输合同。

（2）当单证托运人作为控制方时

单证托运人经托运人的指定可以成为控制方。根据《鹿特丹规则》第33条的规定，单证托运人享有托运人的权利并承担其义务和赔偿责任。因为《鹿特丹规则》第七章规定的权利、义务和赔偿责任是只有合同当事人才可以享有和承担的，单证托运人可以享有这些权利，并承担相应义务和赔偿责任表明其即为运输单证所证明的运输合同的当事人。所以，单证托运人作为控制方时，其当然为运输合同的当事人，不以其根据第58条行使运输合同下的权利包括货物控制权为条件。

（3）可转让运输单证持有人作为控制方时

可转让运输单证项下持有人作为控制方时，持有人拥有对运输合同进行修改的权利。根据合同相对性原则，只有合同当事人才享有对合同进行修改的权利。所以从这个角度来看，控制方应当是运输合同的当事人，如果不是运输合同的当事人，又如何对运输合同进行修改呢？但是《鹿特丹规则》第58条似乎又否认了这种观点。该条规定，在签发可转让运输单证或可转让电子运输记录的情况下，非托运人的持有人，未行使运输合同下任何权利的，不能只因为是持有人而负有运输合同下的任何赔偿责任，亦即《鹿特丹规则》采用权利义务转让异步的立法模式。当可转让运输单证或可转让电子运输记录的持有人成为控制方时，如果他不行使运输合同下的权利的话，就不负有运输合同下的赔偿责任。这里涉及持有人对运输合同进行修改的权利的逻辑起点问题。如果作为控制方的持有人是运输合同的当事人的话，承担运输合同下的赔偿责任是不需要附加任何条件的，即使是他不行使运输合同下的权利，也应该承担运输合同下的赔偿责任。但是，在第58条的规定之下，修改运输合同以及行使货物控制权都被视为行使运输合同下权利的一种情况，因为持有人以控制方的身份行使了修改运输合同的权利，所以持有人需要承担运输合同下的责任。这么看来，还不能只因为作为控制方的持有人"拥有"修改运输合同的权利就将其视为运输合同的当事人，似乎是，只有持有人"行使"了修改运输合同的权利或是货物控制权，他才成为运输合同的当事人，进而需要承担运输合同下的责任。所以，结论是，控制方并不当然是运输合同的当事人，只有行使了修改运输合同权利或者货物控制权的控制方才成为运输合同的当事人。

（4）其他情况下的控制方

当签发了不可转让运输单证（包括必须提交的不可转让运输单证）时，

托运人之外的其他主体即收货人成为控制方时,他们也享有修改运输合同的权利。传统上,在承运人签发海运单或是记名提单的情况下,收货人是运输合同的第三人,不能享有修改运输合同的权利。但是在《鹿特丹规则》下,托运人将货物控制权转让给收货人,收货人就拥有修改运输合同的权利。因为在使用不可转让运输单证的情况下,收货人并非第 58 条规定的持有人,所以其承担运输合同的义务与责任不需要以"行使运输合同下任何权利"为条件。所以,可以认为,收货人只要获得了货物控制权就相应地取得了运输合同当事人的身份。因而,在签发不可转让运输单证的情况下,收货人成为运输合同当事人反而较签发可转让运输单证要容易一些。

分析什么情况下控制方可以成为运输合同的当事人,对于明确货物控制权获得和货物控制权行使的法律后果有重要意义。对于不想成为运输合同当事人的可转让运输单证的中间持单人而言,应当谨慎行使货物控制权,因为一旦行使货物控制权就要依照《鹿特丹规则》第 58 条的规定承担运输合同下的责任。而在签发不可转让运输单证(包括必须提交的不可转让运输单证)时,收货人一旦获得了货物控制权,就成了运输合同的当事人。

二、货物控制权制度的基本内容及任意性规则

允许当事人对货物控制权制度下的若干规则进行协议变更的规定在公约草案初稿中就存在。对此,起草者认为,该规定意在强调货物控制权制度的基本内容不应该是强制性的。例如,一个控制方可能认为其控制权是不可转让的,承运人则可能希望排除控制方在运输期间要求交货的权利。[①] 起草过程中,各国代表与工作组对该条款规定普遍表示支持。[②] 在第十二届会议上,甚至有代表提出,考虑到公约草案的商务性质,除非需要拟定保护某些当事人的强制性规定,应当增加货物控制权制度下允许当事人协议变更的非强制性规定,但是反对意见认为,对增加货物控制权制度下的非强制性规定应采取谨慎态度,因为收货人或单证持有人可能需要得到强制性规定提供的保护。[③] 这样,该条款的内容直至《鹿特丹规则》最终通过,并没

---

　　① See U. N. Doc. A/CN. 9/WG. III/WP. 21. Paragraph 197.

　　② See U. N. Doc. A/CN. 9/526. Paragraph 124；A/CN. 9/WG. III/WP. 50/Rev. 1. Paragraph 22；A/CN. 9/594. Paragraph 65；A/CN. 9/642. Paragraph 114.

　　③ See U. N. Doc. A/CN. 9/594. Paragraph 65.

有发生实质性变化。根据《鹿特丹规则》第 56 条的规定,规定货物控制权内容的第 50 条第 1 款第 1 项和第 3 项,规定货物控制权存续期间的第 50 条第 2 款以及规定货物控制权行使的第 52 条可以由当事人协议变更。第 51 条第 1 款所规定的货物控制权的可转让性也可以由当事人协议进行变更。这些可以由当事人协议变更的条款构成了货物控制权制度下的任意性规定。笔者在本节中将结合货物控制权制度的基本内容对货物控制权下的任意性规则加以分析介绍。

(一)货物控制权的主体

根据《鹿特丹规则》第 1 条第 13 项的规定,"控制方"是指根据第 51 条的规定有权行使控制权的人。控制方即为货物控制权的权利主体。

1. 一般情况下货物控制权的权利主体

根据第 51 条第 1 款的规定,在一般情况下,托运人是控制方,除非托运人在订立运输合同时指定收货人、单证托运人或其他人为控制方。该款规定是关于货物控制权主体的主要规则,第 2 款、第 3 款、第 4 款可以视为第 1 款的例外情况。该款规定不仅适用于签发不可转让单证或不可转让电子运输记录的情况,[①]也适用于没有签发任何运输单证的情况。[②] 并且,该款也适用于当事人在电子商务环境下使用了电子数据,但是这种电子数据尚不能构成《鹿特丹规则》第 1 条第 18 项所定义的电子运输记录的情况。[③] 第 51 条第 1 款实质上为货物控制权确立了两项原则:第一,托运人是"初始"控制方;第二,货物控制权是一项可转让的权利。[④]

托运人指定单证托运人为控制方主要存在于买卖双方使用 FOB 贸易术语的情况。在 FOB 贸易术语下,货物的买方负责订立运输合同,所以买方为运输合同中的托运人,而货物的卖方仅仅是发货人。此时,若作为买方的托运人为控制方显然不合常理,将置货物卖方于严重不利的地位,无法保护其利益。[⑤] 因此该款规定,托运人可以指定单证托运人为控制方。卖方

---

① 在实践中也包括签发了不需要凭单提货的记名提单的情况。在《鹿特丹规则》中,这种记名提单被看作不可转让运输单证的一种。

② 在短途的接驳运输中有可能存在这种情况。

③ Gertjan Van Der Ziel, Chapter 10 of the Rotterdam Rules:Control of Goods in Transit,*Texas International Law Journal*,2009,Spring(44),p. 380.

④ See U. N. Doc. A/CN. 9/WG. III/WP. 21. Paragraph 187.

⑤ See U. N. Doc. A/CN. 9/594. Paragraph 24.

通过将自己的名称记载在运输单证或电子记录之上成为单证托运人,并要求托运人指定其为控制方以保护其利益。托运人也可以指定收货人或其他第三方为控制方。但这种指定要如何进行才能生效,是不是必须在托运人与承运人缔结的运输合同中进行指定而不记录在签发的运输单证上,是不是只能通过已签发的运输单证来指定其他人为控制方,《鹿特丹规则》都没有规定。如果是通过已签发的运输单证来指定其他人为控制方,则海运单或是不需要凭单提货的记名提单上就需要增加一栏来识别控制方,并且,这一栏对于买方和为货物提供担保的银行而言都至关重要。[①]

2. 签发可转让运输单证或可转让电子运输记录时

在签发可转让运输单证或可转让电子运输记录时,可转让运输单证或可转让电子运输记录的持有人为控制方。根据第 1 条第 10 项的规定,"持有人"是:"(一)指持有可转让运输单证的人;以及 1. 若单证为指示单证,指该单证所载明的托运人或收货人,或该妥善背书的单证所指明的人;或 2. 若单证为空白背书的指示单证或不记名单证,指该单证的持单人;或(二)指根据第 9 条第 1 款述及的程序可转让电子运输记录的接收人或受让人。"在运输实践尤其是海上货物运输实践中,可转让运输单证主要是指可转让提单。当承运人签发的是指示提单时,提单上记载的托运人或收货人或者被背书人为持有人。当签发空白背书的指示提单或不记名提单时,持单人即为持有人。而在使用可转让电子运输记录的情况下,可转让电子运输记录的接收人或受让人为持有人。

3. 签发载明必须交单提货的不可转让运输单证时

所谓"必须交单提货的不可转让运输单证"实际上即指记名提单。在《鹿特丹规则》草案中,原本没有记名提单的内容,海上货物运输单证被划分为"可转让运输单证"或"不可转让运输单证",记名提单被归入不可转让运输单证之中。但是荷兰代表团提出,很多国家在实践中使用一种介于可转让与不可转让之间的运输单证,这种运输单证就是"记名收货人提单"(the bill of lading consigned to a named person)。很多国家认为"记名收货人提单"是一种特殊的不可转让运输单证,也有些国家认为该种提单是一种特殊

---

① Yvonne Baatz, Charles Debattista, Filippo Lorenzon, Andrew Serdy, Hilton Staniland, Michael Tsimplis, *The Rotterdam Rules: A Practical Annotation*, Informa, 2009, p. 157.

的可转让运输单证。在不同的国家,"记名收货人提单"有不同的名称,比如,"直交提单"(straight bill of lading)、"记名提单"(nominative bill of lading)"直接提单"(recta bill of lading)等等。

荷兰代表团指出,各国调整"记名收货人提单"的法律差别很大,[①]法律冲突的存在导致实践中可能出现平行诉讼。而有关记名提单的案例法对于解决这种法律冲突没有多少帮助。虽然有人认为记名提单所要完成的商业功能如货物交付,货物控制权的行使以及权利转让在运输法草案下可以通过普通的不可转让单证(如海运单)或者通过普通的可转让运输单证(如指示提单)来完成,但是对于已经习惯使用记名提单的当事人而言,即使将来公约生效,他们很有可能会继续使用这些提单。然而,根据公约草案的规定,这些提单将被识别为不可转让运输单证,这将与当事人的初衷相违背,并且将导致一些混乱。例如,依照公约草案规定,签发不可转让运输单证时,当事人交付货物时不需要提交单证,但是当承运人签发记名提单时,承运人可能要求当事人交回提单。虽然也可以在合同中对单证作出与公约草案规定不同的约定,但是当事人恐怕一般不会这么做。这样,公约草案的规定只能加剧现有的法律冲突。所以荷兰代表团提出,为了法律的统一性和确定性应将记名收货人提单作为单独一类单证来处理并为其设定规则。荷兰代表团针对涉及记名提单的货物交付、货物控制权的分配与转让、记名提单的证明效果、权利转让等几个方面分别拟定了相应的案文。工作组在第十七届会议上决定接受荷兰代表团的提案,在控制权部分增加了记名提单有关的案文。[②] 根据《鹿特丹规则》第 51 条第 2 款的规定,签发载明必须交单提货的不可转让运输单证的,托运人为控制方。托运人可以将货物控制权不经背书转让给运输单证上的记名收货人。

(二)货物控制权的内容

《鹿特丹规则》第 50 条规定了控制方享有的货物控制权的内容。根据第 50 条第 1 款的规定,货物控制权的内容有以下几项:就货物发出指示及

---

① 这种法律差别主要表现在对以下问题上各国立法并不统一:收货人向承运人请求交付货物时是否必须交付提单? 这种提单是物权凭证吗? 对收货人来讲,提单上记载的内容是最终证据吗? 这种提单包含的权利是对承运人享有的权利吗? 托运人向收货人转让这种提单时应该采用何种方式?

② See U. N. Doc. A/CN.9/WG. III/WP. 68.; A/CN.9/594. Paragraph 211.

变更指示的权利,中途提货的权利以及变更收货人的权利。

1. 就货物发出指示及变更指示的权利

该项权利具体又包括两项内容:一是指控制方就货物发出指示的权利,二是对已经发出的指示进行变更的权利。该项权利是指就货物在运输合同的"正常"范围内对承运人作出的指示。例如,"请保持货物在-6℃","请在下午三点钟之前交货"①②。控制方对承运人发出指示后还可以发出新的指示取代原来的指示。根据第50条第1款的规定,控制方发出的上述指示不能是构成对运输合同进行"修改"的指示。

从CMI提出的草案到《鹿特丹规则》最后通过,货物控制权这一规定的文字表述基本没有变化。在工作组第十一届会议上,有代表指出该项规定的文字表述不够明确,可能导致自相矛盾的理解。应该对两种情况从实质上加以明确区分:一种是就货物(例如就货物储存温度)而下达的指示作略微的或"正常的"变更,另一种是对运输合同进行更为实质性的修改。③ 这种意见没有被采纳。

该项规定实际上与承运人对货物的照顾保管义务相关。《鹿特丹规则》第13条第1款规定:"在第12条规定的责任期内,除须遵循第26条的规定外,承运人应妥善而谨慎地接收、装载、操作、积载、运输、保管、照料、卸载并交付货物。"承运人上述义务都处于承运人责任期间之内,亦即都是在货物控制权的行使期间之内,因此,控制方都可以针对货物发出指示行使上述权利。

控制方发出的上述有关货物的指示不能构成对运输合同的变更。从工作组第十一届会议代表们的发言来看,该项规定中"不构成对运输合同的变更"应当指的是不构成对运输合同的实质性变更。这种指示除个别情况外主要是操作性的,比如常见的控制方对承运人的指示:"请在实际交付之前联系确认",此时控制方想确保及时收到货款,在收到货款之前不交付货物。④

---

① See U. N. Doc. A/CN. 9/WG. III/WP. 21. Paragraph 186.

② Gertjan Van Der Ziel, Chapter 10 of the Rotterdam Rules: Control of Goods in Transit, *Texas International Law Journal*, 2009, Spring(44), p. 378.

③ See U. N. Doc. A/CN. 9/526. Paragraph 102.

④ Gertjan Van Der Ziel, Chapter 10 of the Rotterdam Rules: Control of Goods in Transit, *Texas International Law Journal*, 2009, Spring(44), p. 378.

根据以上分析,如果控制方发出的指示构成对上述运输合同明示或默示条款的修改就构成对运输合同的修改,则不应该适用该款规定,应适用《鹿特丹规则》第 54 条的规定。至于哪些指示不构成对运输合同修改的指示,笔者认为关于货物特性、储存方法、操作注意事项等的指示属于不构成对运输合同修改的指示。

2. 中途提货的权利

货物控制权的第二项内容是中途提取货物的权利。中途提取货物中的"中途"就海运而言是指在"计划挂靠港"提取货物,就内陆运输而言在"运输途中的任何地点"提取货物。这一规定首先体现了《鹿特丹规则》适用范围"海运+其他"的特点,除了考虑海运运输方式之外,还考虑到连接海运之外的其他内陆中转运输。江河运输等水路运输方式在这里属于内陆运输。货物控制权人中途提取货物将改变货物的目的港(目的地),因此构成了对运输合同的变更。但货物控制权人行使该项权利并不适用第 54 条关于合同修改的规定,也就说控制权人这种修改合同的权利是"单方面的"。

在起草过程中,该项规定曾引起争议。有代表主张删去该条文,理由有两点:第一,请求在中途港或途中地交付货物会构成运输合同的变更,这种变更会给承运人带来很大的负担,增加承运人额外承担的费用,例如卸下装在舱底的集装箱的相关费用,因此不宜规定为单方面性质的,而应该作为合同修改的一种情况由双方协商解决。①② 第二,中途提取货物总是会干扰承运人的正常作业,这与公约草案中"承运人执行指示"的第 57 条(公约草案二读合订文本)规定的承运人执行控制方指示的条件相冲突。③ 另一些代表团认为,这样一种下达指示的权利是必不可少的。例如,对于向买方提供融资的银行来说,在没有签发可转让运输记录的情况下,可能要求控制方下达这种指示以作为向银行提供的一种担保,假如买方无法履行其对银行的义务,可以阻止货物运往违约买方所在地。从挪威代表团在 2005 年 2 月 25 日伦敦讨论货物控制权的非正式圆桌会议之后分发的关于控制权的非正式调查表收到的答复来看,大部分代表团认为能够在货物到达目的地之前要求交付货物对控制方而言非常重要,并且这种交货地点不一定是在到

---

① See U. N. Doc. A/CN. 9/WG. III/WP. 50/Rev. 1. Paragraph 5.

② See U. N. Doc. A/CN. 9/594. Paragraphs 14~15.

③ See U. N. Doc. A/CN. 9/594. Paragraph 14.

原定目的地的路途上,但始终需满足第 57 条(公约草案二读合订文本)中提出的各项条件。①

　　但是,如果允许控制方请求在计划航线之外的港口或地点交货将给承运人造成不合理的负担。在这种情况下,就海运而言,承运人要么通过绕航来完成控制方的指示,要么通过转船运输来完成控制方的指示。绕航是指船舶偏离约定的或习惯的地理航线的行为。传统上,船舶绕航将会产生极为严重的法律后果,《鹿特丹规则》并不处理绕航问题。② 在集装箱班轮运输的情况下,一艘班轮上装载货物的货主可能多达上千个,因此承运人只因为其中某一单货物的控制方去绕航无疑是不可能的。所以对承运人而言,为执行控制方的指示而绕航无疑会干扰承运人的正常营运,与货物控制权的行使条件相冲突。就转船运输而言,承运人需要作为控制方的代理人为其订立新的运输合同,这对承运人而言也颇为不便。所以,在第十七届会议上,工作组决定删去第 54 条(b)项中"在货物到达目的地之前"的备选案文,③因为如果控制权的这一项内容是"在货物到达目的地之前要求交货的权利",控制方提出在预定航线外的其他港口交付货物,承运人将不得不绕航。同时,有代表提出,"中途港或途中地"的提法也并不足以保护承运人不会因为控制方的请求而绕航。因为如果中途港仍可能是计划停靠港口之外的其他港口,而仍有可能构成绕航。所以工作组决定用"计划挂靠港"(a scheduled port of call)取代了第二个备选案文中的"中途港"(an intermediate port)。④

　　3. 变更收货人的权利

　　货物控制权的另外一项核心内容是变更收货人的权利。由于控制方行使控制权的原因很多情况下是由于买卖合同履行过程中出现障碍,通常表现为买方不支付货款,这时,卖方会考虑将货物转卖或将货物运回,而此时,

---

　　①　See U. N. Doc. A/CN. 9/WG. III/WP. 50/Rev. 1. Paragraphs 5~6.

　　②　根据《鹿特丹规则》第 24 条的规定,绕航是否违反承运人义务由国内法的规定去处理。

　　③　See U. N. Doc. A/CN. 9/WG. III/WP. 56 第 54 条(b)项规定如下:"货物控制权[系指][是]在第 11(1)条所指明的责任期内根据运输合同就这些货物向承运人下达指示的权利。此种权利包括并局限于下列权利:……(b)[在货物到达目的地之前][在中途港或途中地]要求交货的权利……"

　　④　See U. N. Doc. A/CN. 9/594. Paragraph 15.

在运输合同下变更收货人也就成为非常必要的救济措施了。货物控制权的该项内容对于对货物享有担保物权的银行而言也是非常必要的。[①] 在起草过程中没有代表团对货物控制权的这一内容提出异议,从 CMI 提出的草案到《鹿特丹规则》最终通过的文本对这一内容的规定没有变化,足以说明该项内容对于货物控制权是不言而喻的。

收货人作为货物运输合同中的第三人,是货物运输合同的重要构成要素,变更收货人当然意味着运输合同的变更。在签发不可转让运输单证或电子运输记录的情况下,控制方向承运人发出变更收货人的指示就可以变更收货人。当签发可转让运输单证或电子记录时,情况比较特殊。根据《鹿特丹规则》第 1 条第 11 项的规定,"收货人"是指根据运输合同或根据运输单证或电子运输记录有提货权的人。第 1 条第 13 项规定,"控制方"是指根据第 51 条有权行使控制权的人。而根据第 51 条第 3 款及第 4 款的规定,在签发可转让运输单证或电子运输记录的情况下,可转让运输单证或可转让电子运输记录的持有人为控制方,这时控制方与收货人为同一人。在这种情况下,变更收货人需要通过转让运输单证或电子运输记录的方式来实现,而转让运输单证或电子运输记录同时也是转让货物控制权的一种方式,所以变更收货人的同时意味着货物控制权的转让。

4. 货物控制权内容的协议变更

第 50 条第 1 款关于货物控制权内容的列举是"穷尽的"(exhaustive),不允许当事人再增加新的内容。[②] 但是根据第 56 条协议变更货物控制权的规定,控制方可以与承运人协议变更货物控制权内容中的第 2 项与第 3 项内容的效力。这应该是考虑到第 2 项与第 3 项内容构成对运输合同的修改,无论如何对承运人都会产生较大影响,从而给承运人以机会对这种货方的单方面权利进行变更。

(三)货物控制权的行使

货物控制权的行使在《鹿特丹规则》中是由第 52 条和第 50 条第 2 款构建起来的。根据第 56 条的规定,这两个条文都可以由当事人协议变更。而货物控制权制度的核心内容即在于承运人执行控制方发出的指示。这两个

---

① Gertjan Van Der Ziel, Chapter 10 of the Rotterdam Rules: Control of Goods in Transit, *Texas International Law Journal*, 2009, Spring(44), p.378.

② See U. N. Doc. A/CN. 9/526. Paragraph 124.

条文的任意性意味着货物控制权制度的基本内容都是任意性的。

1. 货物控制权的义务主体

货物控制权虽然具有"单方面"的性质,但其实现,尚赖于承运人的配合与合作,即货物控制权的义务主体为承运人。

履约方不应成为货物控制权的义务主体。有观点认为《鹿特丹规则》下履约方的范围很广,若泛泛地将履约方规定为控制权的义务主体,必将导致控制权义务主体的泛化,但是,海运履约方通常是实际执行承运人货物运输义务的当事人,当他实际掌握着货物的占有时,规定海运履约方也是控制权的义务主体应是合理的。[①]

对此,笔者持不同看法。虽然,在海上货物运输阶段,海运履约方直接占有货物,由其作为控制权的义务主体最为方便,可以最大限度地实现保护控制方对于货物所拥有之利益,但是,由于海上货物运输单证由承运人签发,承运人对于货物控制方而言具有相当于合同相对方的地位,反观海运履约方只是实际履行海上货物运输的人,与控制方并无直接的合同关系和单证关系。在无船承运人的场合,控制方持有的单证是无船承运人签发的,但同时还会存在海上货物运输经营人即履约方向无船承运人签发的另外一套单证。此时若允许控制方直接向履约方进行指示,无疑会带来单证关系的错位和混乱。所以工作组在起草"承运人执行指示"这一条文时,刻意避免出现履约方及其他当事方的字眼。该条第2款曾规定为"在任何情况下,控制方均必须偿还承运人、履约方以及同一航次或途程运输的其他任何货权方所可能支付的任何额外费用,并赔偿其因执行本条规定的任何指示而可能遭受的任何损失或损害"[②]。但是,出于上述考虑,在第十七届会议上,工作组删去了第57条第1款备选案文B中第(c)项中提及的"履约方",第57条第2款草案中的"履约方以及其他与货物有关的利害关系方",以避免出现这种混乱。[③] 在这种情况下,海运履约方以及其他货方若因实际执行指示造成损失,可以向承运人请求补偿,承运人再向控制方请求补偿此种损失。

---

① 张清姬:《海运货物控制权之研究》,厦门大学 2006 年硕士学位论文,第 28~29 页。

② 见 U. N. Doc. A/CN. 9/WG. III/WP. 56. 第 57 条第 2 款。

③ See U. N. Doc. A/CN. 9/594. Paragraph 48,Paragraph 50.

2. 货物控制权的行使条件

第 52 条第 1 款在句首用"应执行"(shall execute)表明承运人有义务执行控制方的指示。但是,承运人执行控制方的指示并不是无条件的。货物控制权的行使需要具备下列条件:

第一,发出指示的人有权行使货物控制权。为了保证承运人不执行错误的指示,控制方必须表明自己的身份才能向承运人下达指示。发出指示的人有权行使货物控制权通过控制方的识别来证明。第 51 条第 1 款第 3 项、第 2 款第 2 项、第 3 款第 3 项、第 4 款第 3 项都规定了控制方应当适当表明其身份以请求承运人执行指示。控制方表明身份的方法因承运人签发单证的类型不同而有所区别。在第 51 条第 1 款规定的一般情况下,因为签发的是不可转让运输单证或者是没有签发任何运输单证,控制方不需要通过出示全套正本单证的办法来表明身份。在这种情况下,承运人已经知晓何人为控制方,因此控制方只要提供能证明自己身份的证据就可以了。[①]

在签发可转让运输单证的情况下,控制方需要提交全套正本运输单证,如果持有人是第 1 条第 10 款第 1 项第 1 目的人,持有人还需要表明自己的身份。依照现有的海运实践,持有提单就意味着可以行使提单所载明的相应权利,不需要再采用其他方法来表明身份。[②] 另外,第 1 条第 10 款第 1 项第 1 目"持有人"的定义将托运人也包括在内,不够妥当,因为,托运人是与承运人订立运输合同的人,托运人对承运人所享有的权利,以运输合同为准;也就是说,对托运人而言,单证并非其享有相应权利的最终证据,因此将托运人也包括在单证持有人范围内不够妥当。[③] 当托运人是控制方时,托运人来行使货物控制权,提交单证与表明身份的要求就显得多余了,因为托运人是承运人的合同相对人,承运人理应知晓。在签发可转让电子运输记

---

① Yvonne Baatz, Charles Debattista, Filippo Lorenzon, Andrew Serdy, Hilton Staniland, Michael Tsimplis, *The Rotterdam Rules: A Practical Annotation*, Informa, 2009, p.158.

② Yvonne Baatz, Charles Debattista, Filippo Lorenzon, Andrew Serdy, Hilton Staniland, Michael Tsimplis, *The Rotterdam Rules: A Practical Annotation*, Informa, 2009, p.162.

③ 我国学者多主张将托运人排除在提单持有人的概念之外。参见李志文:《论提单持有人及其权利义务和责任》,载《中国海商法年刊(2001)》,大连海事大学出版社 2001 年版,第 274~275 页。见笔者第三章第一节的论述。

录的情况下,持有人应按照《鹿特丹规则》规定的程序证明其为持有人。

使用必须交单提货的不可转让运输单证的情况下,持有人应向承运人除了提交运输单证之外,尚需要用其他方法来适当表明自己的身份。这里要求用其他方法来表身份也显得多余。在托运人是控制方的情况下,承运人当然知道谁为托运人,托运人只要能够出示单证,证明其没有将单证"转让"给记名收货人即应该有权行使货物控制权。而当收货人为控制方时,收货人如果能够出示单证也应该就已经足够表明其有权行使控制权,此时要求收货人再证明自己的身份,那么这种单证与海运单还有什么区别?换句话说,记名提单与海运单还有什么区别?从另外一个角度来看,在《鹿特丹规则》中,承运人签发的如果是必须交单提货的不可转让运输单证,收货人提取货物时,根据《鹿特丹规则》第 46 条第 1 项的规定表明身份也只是一个选择性的条件,当收货人不能适当表明身份时,承运人只是"可以"(may)拒绝交付货物,而不是"应当"(shall)拒绝交付货物。在国内法中,我国《海商法》第 71 条规定"提单中载明的向记名收货人交付货物……构成承运人据以交付货物的保证"没有要求提货人表明身份。在英国法中,如果收货人能够出示记名提单就不再需要表明身份,表明身份只是收货人不能出示记名提单的替代方法。[①]

对货方而言,提货权是比货物控制权更为重要的权利。而根据《鹿特丹规则》第 46 条、第 47 条的规定,收货人请求交货时表明身份后,提交不可转让运输单证或是可转让运输单证即可,并没有要求收货人提交全套运输单证。但是货方行使货物控制权时,对于可转让运输单证及必须交单提货的不可转让单证而言,货方需要适当表明身份并提交"所有正本单证"。提货权的行使条件反而比货物控制权的行使条件要宽松,所以,《鹿特丹规则》为货物控制权设置的行使条件"虽然与实践一致但却不很合理"[②]。适当的表明身份的要求,可以帮助承运人准确识别货物控制权的主体,保证发出指示的主体拥有货物控制权,确保交易安全,但是过多的表明身份的要求会降低

---

① Yvonne Baatz, Charles Debattista, Filippo Lorenzon, Andrew Serdy, Hilton Staniland, Michael Tsimplis, *The Rotterdam Rules: A Practical Annotation*, Informa, 2009, p. 136.

② Anthony Diamond Q. C. , The Rotterdam Rules, *Lloyd's Maritime and Commercial Law Quarterly*, 2009, p. 526.

效率,带来不必要的麻烦。

第二,指示送达承运人时即能按照其中的条件合理地执行。该条款旨在避免承运人执行过于困难的指示而承担过重的义务。什么样的指示是可以"合理"执行的是一个模糊的概念,要根据指示的具体内容以及承运人的经营情况综合判断。该条款还有时间要素的要求,即指示在"送达承运人时"能够按其中的条件合理地执行。这是因为在一些情况下,控制权行使的时间比较重要。比方说,控制方要在中途港提货,集装箱班轮在一个港口挂靠通常只有几个小时,因此指示的时刻就非常重要。从该款的字面意思来看,这就意味着,指示人给出的指示必须是能够立即合理执行的,如果不是可以立即合理执行的,承运人就可以拒绝执行。①

第三,指示不会干扰承运人的正常营运,包括其交付作业。这是承运人执行控制方指示最主要的一个条件。② 但是这个条件同样容易产生争议。怎么样才算是干扰承运人的正常营运或者是交付作业没有任何客观的标准可以借鉴。

第四,控制方应当为承运人合理估计的因执行指示将产生的额外费用、灭失或者损坏的数额提供担保。担保的形式有人的担保、物的担保以及权利担保。人的担保表现为保证,物的担保表现为抵押、质押、留置,权利担保表现为质押。担保形式问题由适用的国内法去解决。就海上货物运输而言,实践中最常采用的担保形式是保函。根据第 52 条第 3 款的规定,控制方提供担保的数额是承运人"合理预期"(reasonably expect)的额外支出与损失的数额,所以承运人不能通过提出高出合理预期的损失数额的担保来阻止控制方行使控制权。③

在承运人执行控制方指示的条件中曾经有一项"不会对承运人、履约方或同一航次运输的其他任何货物利益方造成任何额外的费用、损失或损害"

---

① Yvonne Baatz, Charles Debattista, Filippo Lorenzon, Andrew Serdy, Hilton Staniland, Michael Tsimplis, *The Rotterdam Rules*:*A Practical Annotation*, Informa, 2009, p. 164.

② Gertjan Van Der Ziel, Chapter 10 of the Rotterdam Rules:Control of Goods in Transit, *Texas International Law Journal*, 2009, Spring(44), p. 381.

③ Yvonne Baatz, Charles Debattista, Filippo Lorenzon, Andrew Serdy, Hilton Staniland, Michael Tsimplis, *The Rotterdam Rules*:*A Practical Annotation*, Informa, 2009, p. 165.

的规定。有代表团指出该项条件与货物控制权内容中的中途提货权有矛盾,因为中途提货不可能不给承运人带来额外的费用。该条件最后被删除。①

3. 控制方的义务

(1)补偿承运人的额外费用与损失

控制方货物控制权的行使在一定情况下,会使承运人产生额外费用和损失。承运人执行控制方的指示是为控制方的利益而行为,因此,控制方应当补偿承运人因此而产生的费用与损失。《鹿特丹规则》第52条第2款规定了控制方的这种义务。根据第52条第2款的规定,控制方均应偿还承运人根据本条勤勉执行任何指示而可能承担的合理的额外费用,补偿承运人可能由于此种执行而遭受的损失。在该款原来的草案中曾使用"赔偿"(indemnify)的表述,在工作组第九届会议上,有人提出,使用"赔偿"一词不合适,因为"赔偿"可能给人造成控制方行使控制权是一种有过失的行为因而负有赔偿责任的印象,可以用"补偿"(remuneration)一词取代"赔偿"。② 这种意见最终得到了采纳。该条款使用的"在任何情况下"(in any event)意味着承运人只要执行了控制方的指示,哪怕是在有可能妨碍承运人正常营运的情况下或是代价十分高昂的情况下,承运人执行了控制方的指示,控制方就要承担相应的补偿义务,这种义务是自动附加的,除非当事人根据第56条进行协议变更。③

控制方承担的补偿义务的对象包括两个部分。第一部分是"勤勉执行指示而可能承担的合理的额外费用"。承运人因执行控制方的指示而产生额外费用可以以货物控制方中途提货为例。现代班轮运输多为集装箱运输。集装箱的合理积载对于提高货物装卸效率,保持船舶稳性,保证船舶适航都具有重要意义,因此,在每一航次开始时,集装箱班轮的大副会对航次装卸货物进行预配,以合理安排货物积载位置。集装箱班轮的中途挂靠港很多,中途挂靠的装卸也比较频繁,跨洋航行和环球航行的集装箱班轮更是

---

① 　See U. N. Doc. A/CN. 9/526. Paragraph 114.

② 　See U. N. Doc. A/CN. 9/510. Paragraph 56.

③ 　Yvonne Baatz, Charles Debattista, Filippo Lorenzon, Andrew Serdy, Hilton Staniland, Michael Tsimplis, *The Rotterdam Rules*:*A Practical Annotation*, Informa, 2009, p. 165.

如此。大副在进行预配时,一般会从整条航线考虑作统筹安排,按照班轮挂靠港口的顺序以及各挂靠港口的货源情况,进行综合考虑,避免产生后港集装箱压前港集装箱的现象,否则会产生倒箱,从而降低装卸速度,增加费用,造成损失。[①] 控制方中途提货无疑会打乱船舶的积载计划,使本来在计划航线上后港卸货的集装箱提前卸货,从而为承运人带来额外的费用和支出。这些费用和支出具体表现为集装箱的装卸费用,因倒箱而延长靠泊码头时间所发生的泊位费等等。承运人为此支出的额外费用要受"合理"标准的限制,因此,承运人享有的费用补偿请求权并不是任意的。但什么样的额外费用才是合理的是一个依据个案才能作出判断的问题。通常要看航线上的习惯做法或是停靠港口的习惯做法。

控制方承担的补偿义务的第二部分是承运人所遭受的损坏或灭失。承运人所遭受的灭失或损害也最终表现为一定的费用。所以这里的损坏或灭失与承运人承担的"额外费用"似乎不太容易区分。笔者认为,灭失和损坏是承运人在执行控制方指示过程中意外发生的承运人需要承担相应违约责任或侵权责任而产生的费用的情况,比如,控制方中途提货,承运人在因倒箱延长了靠泊时间,影响了下一港的到港时间,因而造成了其他货主的货物迟延交付,承运人须向这些货主承担的赔偿责任即应该属于"灭失和损坏"而不属于"额外费用"。第3款也明确规定了承运人可能对所载运的其他货主的货物灭失或损坏而作出赔偿的情况。实践中,承运人为了保证自己可能遭受的损失得到及时有效的补偿,可以在执行控制方的指示之前根据52条第3款的规定,要求控制方提供担保。如果控制方不能提供担保,承运人可以拒绝执行指示。[②]

(2)向承运人提供补充信息、指示或文件

《鹿特丹规则》第55条"向承运人提供补充信息、指示或文件"规定:"一、控制方应按照承运人或履约方的要求,及时提供承运人履行其在运输合同下义务而可能合理需要的有关货物的信息、指示或文件,此种信息、指示或文件尚未由托运人提供,且承运人无法以其他方式合理获得。二、承运人经合理努力无法确定控制方,或控制方无法向承运人提供适当信息、指示

---

① 李锡蔚:《集装箱船舶积载》,人民交通出版社1997年版,第15页。

② 所以,笔者认为,将控制方提供担保解释成为承运人执行指示的条件,控制方的补偿义务解释为控制方的事后义务更符合逻辑。

或文件的,应由托运人提供此种信息、指示或文件。承运人经合理努力无法确定托运人的,应由单证托运人提供此种信息、指示或文件。"秘书处针对该条的立法原意在公约草案初稿中作如下说明:

"规定所涉及的问题是承运人在运输期间需要从货物的有关方得到指示。例如:货物不能如预期那样交货,为照管货物需要额外的指示等。给承运人指示的主要主体是控制方,因为该方可被假定对货物有利益关系。提供指示的义务也适用于中间持单人,如果其是控制方的话。第 11.2(c)条规定这种中间持单人一旦不再是持单人时即被免除这种义务。

然而,一个控制方可能并不总是存在或者并不总是为承运人所知。于是,义务就由托运人或第 7.7 条提及的个人承担。如果控制方决定不发出(合适的)指示,那么该方可能会因为不提供这种指示而对承运人负有责任。"[①]

从秘书处的说明来看,该款的立法原意是为了解决承运人在履行运输合同的时候遇到障碍,如目的港无人提货等,情况需要控制方进行协助而进行规定的。其目的并不是给货主增加额外义务,而是提供一种机制,使承运人不仅可以从控制方那里收到指示,而且使承运人还可进一步根据该条规定请求控制方提供运输过程中所必要的额外信息、指示和文件。这种规定在实践中也是非常必要的,例如承运人为了执行控制方发出的指示,但随后发生了意外,如卸货港发生罢工或需要采取特别措施来保存货物等等。该条规定虽然与《鹿特丹规则》第 29 条"托运人提供信息、指示和文件的义务"类似,但其涉及的是不同的义务,第 29 条规定的托运人有义务提供信息、指示和文件是承运人进行货物运输的先决条件,而该条规定是承运人已经开始履行货物运输合同,但在履行运输合同过程中遇到障碍,因而需要提供额外信息、指示和文件。[②] 由于承运人才是合同主体,所以只有承运人才有权请求控制方、托运人或单证托运人提供帮助,履约方则无该项权利。

控制方根据第 55 条承担的"义务"在一定程度上是宽泛的:承运人可以泛泛地请求提供与货物有关的信息,还可以请求具体的指示以及特定的单证,从内容上讲则可以是货物的目的地,货物积载,运输安全以及交付货物等等。从另一个方面来讲,承运人请求帮助的权利仅限于三个方面,即信

---

① See U. N. Doc. A/CN. 9/WG. Ⅲ/WP. 21. Paragraph 195,Paragraph 196.

② See U. N. Doc. A/CN. 9/642. Paragraphs 109~111.

息、指示、单证。考虑到托运人已经根据第 28 条、第 29 条承担了提供信息、指示、单证的义务,此处需要控制方进一步提供的内容应该是此前托运人没有提供的。① 当买卖双方使用信用证付款方式时,银行成为可转让运输单证的持单人从而成为控制方时,若承运人请求其提供补充信息、指示或文件,对其来说是难以完成的。因为银行在国际贸易中只是国际支付结算环节的一个中间人,它并不真正打算购买货物而成为收货人。银行并不是贸易商,对货物的有关信息也不太了解,因此银行成为控制方时情况比较特殊。考虑到作为控制方的银行等运输单证的中间持有人可能对货物并不享有利益,可能并不拥有有关"信息、指示、文件",因此该条规定承运人无法从控制方处获得有关上述信息、指示或文件时,托运人有义务提供,托运人无法提供时,单证托运人有义务提供。控制方、托运人或单证托运人未能向承运人提供补充信息、指示或文件时,根据《鹿特丹规则》第 17 条第 3 款第(8)项的规定,承运人将被免除因此而导致的货物损害或交付迟延的赔偿责任。②

第 55 条第 2 款的规定在一定程度上"稀释"了货物控制权,③承运人经过合理努力无法确定控制方,或控制方不能提供信息、指示或文件时,承运人可以依次向托运人和单证托运人请求提供。也就是说控制方并不是承运人的绝对的唯一的对应方。从货物交付的角度看,该款规定是对第 45 条第 3 项、第 46 条第 2 项、第 47 条第 2 款第 1 项规定的配合。上述条款中都规定了承运人经过合理努力无法确定收货人或可转让运输单证的持有人时,承运人可以通知托运人,请求就货物的交付发出指示。承运人经合理努力无法确定托运人的,承运人应当通知单证托运人,请求就货物的交付发出指示。但是,在签发可转让运输单证的情况下,托运人之外的第三人成为控制方时一般意味着可转让运输单证已为其持有。此时,托运人对运输合同而言已经不再拥有利益。④ 若承运人无法确定控制方而向托运人请求发出货

---

① Yvonne Baatz, Charles Debattista, Filippo Lorenzon, Andrew Serdy, Hilton Staniland, Michael Tsimplis, *The Rotterdam Rules*: *A Practical Annotation*, Informa, 2009, p.170.

② See U. N. Doc. A/CN.9/594. Paragraphs 60~64.

③ Anthony Diamond Q. C. , The Rotterdam Rules, *Lloyd's Maritime and Commercial Law Quarterly*, 2009, p.527.

④ See U. N. Doc. A/CN.9/594. Paragraphs 60~64.

物交付的指示,则会置控制方利益于不安全状态。传统上承运人在可转让提单下承担的凭单交货义务也将因此而改变。

(3)控制方的赔偿责任问题

控制方违反上述两项义务是否需要承担责任以及承担什么样的责任,《鹿特丹规则》没有设条文专门进行规定。就提供补充信息、指示或文件而言,第55条第2款明确规定,控制方没有向承运人提供适当信息、指示或文件的,应当由托运人或单证托运人承担提供信息、指示或文件。这意味着控制方不能提供信息、指示或文件的不需要承担责任。就控制方承担的补偿承运人的额外费用与损失义务而言,当承运人执行了控制方指示后,控制方没有履行其补偿承运人额外费用与损失义务肯定需要承担相应的责任。但是,这种责任应该是什么样的赔偿责任? 当托运人是控制方时,似乎是托运人应当依据第30条的规定去承担责任。当可转让运输单证的持有人是控制方时,似乎持有人应当依据第58条的规定去承担责任。但当其他主体,例如使用不可转让运输单证时的收货人成为控制方时,应当如何承担赔偿责任则是一个不明确的问题,笔者认为对于《鹿特丹规则》没有规定的其他主体承担的赔偿责任问题应当依据国际私法的规定,适用相关国内法。①

4. 承运人不执行指示的责任

承运人不执行指示的责任规定在第52条第4款。在公约草案初稿中,并没有该款条文。在工作组第十一届会议上,有代表就承运人根据第11条第3款所承担的义务为结果义务还是行为义务提出疑问。②③ 这些代表建议公约草案对承运人未履行控制方指示的后果作出了更具体的规定。④ 为了回应这些观点,工作组在原有案文上增加了一则新的条款——第4款。从挪威代表团分发的关于货物控制权的非正式调查表来看,大部分国家明确支持不遵守指示的义务应该是一种合理谨慎的义务并且应该享有货物灭

---

① 详见本书第三章第二节有关持有人赔偿责任的论述。

② 指公约草案初稿第11条第3款,即后来的《鹿特丹规则》第52条"承运人执行指示"。

③ 结果义务拉丁文为"*obligation de résultat*"即实现结果的义务。行为义务拉丁文为"*obligation de moyens*",是指采取措施执行的义务,即指承运人只负有义务尽最大努力执行控制方下达的指示,但并不保证结果。结果义务要比行为义务更为严格。

④ See U. N. Doc. A/CN. 9/526. Paragraph 116.

失与损害的赔偿责任限制。[1]

承运人承担的这种责任可能是货物物理损失导致的责任,但在更多的情况下是经济损失产生的责任。例如,控制方由于无法在中途港提货致使随后销售获利减少而造成的损失。而因为处理承运人违反义务导致经济损失的责任需要非常复杂的条文,工作组打算在承运人责任部分仅规定物理损失导致的责任,而将经济损失的责任交由国内法处理。[2] 第52条第4款最终援引了《鹿特丹规则》关于承运人责任的一般规定来确定承运人没有执行控制方指示所应承担的责任。根据第4款的规定,承运人不遵守控制方指示的赔偿责任应该依照第17条至第23条即《鹿特丹规则》第五章的规定来确认。第17条至第23条规定的是"承运人对灭失、损坏或迟延所负的赔偿责任",由此看来,承运人未遵守控制方指示而造成货物灭失、损坏或迟延交付的责任与第五章规定的承运人责任并无不同。同时,承运人对该项赔偿责任有权享有《鹿特丹规则》第59条至第61条规定的单位赔偿责任限制。

5. 货物控制权的行使期间

货物控制权的行使期间为承运人的责任期间。《鹿特丹规则》第12条规定的承运人的责任期间为"为运输而接收货物时开始,至货物交付时终止"。根据第12条第3款的规定,承运人的责任期间可以由双方当事人进行约定,因此是否由承运人实际占有货物并不是货物控制权能否行使的关键,收货人请求交付货物也并不必然意味着货物控制权已经终止。[3] 第56条也规定了控制方可以与承运人协议变更货物控制权的行使时间。关于承运人的责任期间,笔者将在本章第二节详细分析。

(四)货物控制权的转让

货物控制权是一种可转让的权利,货物控制权的转让依据承运人签发的单证不同而采取不同的方式。

1. 一般情况下

根据第51条第1款第2项的规定,货物控制权是一项可以转让的权

① See U. N. Doc. A/CN. 9/WG. III/WP. 50/Rev. 1. Paragraph 20.

② See U. N. Doc. A/CN. 9/594. Paragraph 56.

③ Gertjan Van Der Ziel, Chapter 10 of the Rotterdam Rules: Control of Goods in Transit, *Texas International Law Journal*, 2009, Spring(44), p. 378.

利。《鹿特丹规则》虽然规定了控制权的转让需要通知承运人,但是《鹿特丹规则》并没有对货物控制权转让的具体方式作进一步的规定,而是交由准据法去处理。①

控制方对货物控制权的转让在转让人向承运人发出转让通知时对承运人产生效力,受让人于是成为控制方。根据《鹿特丹规则》第 3 条的规定,这种通知应该采用书面形式,双方当事人还可以约定使用电子通信的形式。在一般情况下,也就是签发不可转让单证或不可转让电子运输记录时,或者是签发不需要凭单提货的记名提单,以及没有签发任何运输单证的情况下,货物控制权的转让都适用该规定。在这种情况下,控制权人在货物交付之前一直控制着货物,而非货物到达交货地点,控制权就自动转让给收货人,因为,实践中托运人最常见的指示是要求承运人在收到托运人货款支付确认通知后再交货给收货人,若货物控制权可以自动转让给收货人将会对控制权人十分不利。② 有代表团提出在签发不可转让运输单证的情况下,《鹿特丹规则》的规定应与《CMI 海运单统一规则》保持一致,规定货物到达交付地点,货物控制权自动转让给收货人。但是出于上述考虑,这种意见没有被采纳。③ 同时与 CMR 不同,在第 51 条第 1 款之下,运输单证对于货物控制权的转让不起任何作用,④而根据 CMR 第 12 条第 2 款的规定,控制权人要将控制权转让给收货人,需要将货运单的第二联转让给收货人。关于货物控制权转让的通知,最初的案文是由"转让人或受让人"将这种转让通知承运人,⑤后来工作组普遍认为如果同时允许转让人或受让人将控制权的转让通知承运人,会导致一些不确定性。而且由受让人来进行通知有潜在的风险,因为承运人并不知道控制权人将控制权转让给哪一个第三人,所以无法核实第三人的身份是否为真实的受让人。而由承运人知晓的控制方即控制权转让人来进行通知,承运人就比较容易核实。因此《鹿特丹规则》规定,货物控制权转让的通知由转让方来完成。

根据《鹿特丹规则》第 56 的规定,这种情况下,货物控制权的可转让性

---

① Gertjan Van Der Ziel, Chapter 10 of the Rotterdam Rules: Control of Goods in Transit, *Texas International Law Journal*, 2009, Spring(44), p. 380.

② See U. N. Doc. A/CN. 9/ WP. 21. Paragraph 188.

③ See U. N. Doc. A/CN. 9/526. Paragraph 106, Paragraph 108.

④ See U. N. Doc. A/CN. 9/ WP. 21. Paragraph 188.

⑤ See U. N. Doc. A/CN. 9/ WP. 21. Art. 11.2 (a) (ii).

可由当事人通过协议限制或排除。

2. 签发载明必须交单提货的不可转让运输单证时的控制权转让

在签发必须交单提货的不可转让运输单证时,通常情况下托运人是控制方。托运人可以不经背书直接将该单证转让给记名收货人从而将货物控制权转让给该人。所签发的单证有一份以上正本的应将所有正本单证转让给受让人方能实现控制权的转让。该款是根据荷兰代表团的提案而纳入的,主要针对记名提单这种情况。[①]根据现有的实践,记名提单在托运人与记名收货人之间的转让一般无须背书。

3. 签发可转让运输单证时货物控制权的转让

当签发可转让运输单证时,依签发的运输单证的不同种类,控制方可以采用不同的方式来完成货物控制权的转让。《鹿特丹规则》第57条规定了签发可转让运输单证情况下权利转让的方式。当签发的是指示单证时,转让人可以通过背书的方法将包含于单证上的权利转让。当签发的是不记名单证或是空白背书单证时,权利的转让无须背书。签发凭记名人指示单证时,第一持有人(一般是托运人)将单证转让给记名持有人时也无须背书即可实现权利的转让。在签发可转让运输单证时,货物控制权的转让同时也是货物控制权的行使。因为货物控制权的3项内容中的第3项是"由包括控制方在内的其他任何人取代收货人的权利"。在签发可转让运输单证的情况下,持有单证的人才拥有向承运人请求交付货物的权利,变更收货人意味着可转让运输单证的转让,而在转让单证的同时,货物控制权也随之转让。

4. 签发可转让电子运输记录时的货物控制权转让

在《鹿特丹规则》中,可转让电子运输记录是与可转让运输单证对应存在的。因此,与签发可转让运输单证时相类似,在签发可转让电子运输记录的情况下,货物控制权的转让也要通过电子运输记录的转让来实现,只不过电子运输记录的转让方式比较特殊而已,要符合《鹿特丹规则》第9条第1款规定的程序。

---

① See U. N. Doc. A/CN. 9/WG. III/WP. 68. 见本节前文货物控制权主体部分必须交单提货的不可转让运输单证背景情况介绍。

三、任意性规则对货物控制权制度的影响

货物控制权制度设计的目的首先在于使控制方方便地控制处于运输途中的货物,减少其因贸易合同在履行过程中发生的意外而可能产生的进一步扩大的损失,配合卖方在贸易法等其他法律制度中的权利。其次,根据 Gertjan Van Der Ziel 教授的设想,货物控制权的制度设计有更为深远的立法目的。货物控制权可以实现拟制占有的法律效果,控制方通过货物控制权可以对运输中的货物进行有效的法律控制,而这种法律控制对于处于运输状态中的货物的所有权、抵押权的行使都具有重要意义。如果卖方想在货物运输途中将货物的所有权转让给第三人,或者卖方想在收到货款之前保留所有权,或者要为运输中的货物设立抵押权(很多国家的法律要求抵押权人直接占有或拟制占有抵押物),在这两种情况下,权利人都可以通过获得货物控制权来实现对货物的拟制占有,从而满足国内法中权利转让或是权利设立的“占有”要件的要求。传统上,权利人对货物享有的权利是通过对可转让运输单证比如提单的占有来实现的,《鹿特丹规则》肯定了这一传统做法,但是《鹿特丹规则》第十章的创新之处在于控制方对货物拥有的权利通过货物控制权的享有来实现,而并不一定通过持有提单来实现,货物控制权的行使转让可以脱离运输单证而独立存在。这样,通过货物控制权的概念创造出控制方对货物的“拟制占有”(constructive possession),并且使货物控制权的行使与单证的占有相分离,就为货物运输的电子化和无单化奠定了基础。①

《鹿特丹规则》第 56 条的规定使得货物控制权内容中的中途提货的权利,变更目的港的权利,货物控制权的存续期间,承运人执行控制方指示等本应为强行性规则的内容成为任意性的。虽然第十章的规定“并不涉及公共政策的容,在很大程度上属于典型的贸易法的性质”②,但是将货物控制权制度的主要内容都设计为任意性的,在一定程度上会使货物控制权制度目的的实现受到影响。目前,航运公司的提单中大都包含有“合同变更”条

---

① Gertjan Van Der Ziel, Chapter 10 of the Rotterdam Rules: Control of Goods in Transit, *Texas International Law Journal*, 2009, Spring(44), pp. 383~386.

② Gertjan Van Der Ziel, Chapter 10 of the Rotterdam Rules: Control of Goods in Transit, *Texas International Law Journal*, 2009, Spring(44), p. 383.

款,例如,马士基公司多式联运提单背面条款第25条"合同变更"规定:"承运人之任何服务人员或代理均无权自动放弃或变更提单中的任何条款,除非此放弃或变更被付诸以文并特经承运人批准和授权。"①中远集提单背面条款第27条②、APL公司提单背面条款第26条③、长荣公司提单第26条都有类似规定④。为了避免货方货物控制权的行使可能对承运人造成的干扰,航运公司只需将提单中的该项条款稍作修改,增加如下内容——"运输合同的变更需经协商,货方提出的任何运输合同的单方面变更概属无效",便可将货物控制权的大部分内容排除掉。这样,即使控制方发出的中途提货的指示符合公约设定的条件即不会干扰其正常作业,承运人能够合理地执行,并且控制方为承运人所可能遭受的损失提供了担保,承运人仍然可以不执行该指示。在航运公司广泛使用格式条款的背景下,类似条款很容易扩散流传。当航运公司普遍在提单条款中加入上述内容时,《鹿特丹规则》所规定的货物控制权制度将形同虚设。除了个别实力强大的托运人可以通过与承运人协商变更提单条款享有货物控制权,对于数量众多的中小托运人而言,货物控制权的行使在多数情况下都将成为一种幻想。货物控制权便利卖方控制运输途中的货物,配合其在贸易法中享有的权利,通过货物控制权实现对货物的拟制占有进而实现无单化运输的立法目的都将会受到影响,甚至无法实现。

"第10章赋予控制方的权利只是对货方现有权利的适度延伸"⑤,立法者应该是担心货物控制权的引入,赋予货方一项单方面性质的权利会对承运人造成较大影响,所以有意将货物控制权制度下的主要内容设计为任意

① Maersk Line, Multimodal transport bill of lading terms and conditions of carriage, http://www. maerskline. com/link/? page＝brochure&path＝/our_services/general_business_terms/bill_of_lading_clauses#shipperpackedcontainers,2009-11-30.

② COSCO, Terms And Condition, http://www. coscon. com/topic. do? uuid＝50000000000000111,Visited on 2009-12-3.

③ APL, Bill of Lading Terms and Conditions, http://www. apl. com/help_center/documents/blterms. pdf,Visited on 2009-12-3.

④ EVERGREEN MARINE, Bill of Lading Clauses, http://www. evergreen-line. com/static/html/EGLV_BLClause. pdf, Visited on 2009-12-3.

⑤ Anthony Diamond Q. C. , The Rotterdam Rules, *Lloyd's Maritime and Commercial Law Quarterly*, 2009, p. 522.

性的。但是,笔者认为这种担心是多余的。第52条所设定的承运人执行控制方指示的条件已经为承运人利益作了较为充分的考虑,控制方提供担保的要求使承运人执行指示的损失补偿有充分的保障,起草者如此考虑过于保守。规定有货物控制权内容的调整其他运输方式的国际公约中都没有关于托运人与承运人对货物控制权进行协议变更的规定,承运人在货物控制权下承担的义务都是强行性的最低限度的义务。《鹿特丹规则》规定第56条不仅没有必要,反而会降低货物控制权一章在实践中的适用效果,使货物控制权制度设计的目的难以实现,违背了货物控制权制度设计的初衷,这不能不说是货物控制权一章的一个瑕疵。

第二节　强制性体制框架下的其他任意性规范

货物控制权下的任意性规则是强制性体制框架内最主要的任意性规范,除此之外,在强制性体制框架下还存在着其他任意性规范。这些规范主要有关于活动物、特殊性质货物运输的任意性规范,关于承运人责任期间的任意性规范,关于货物装载与卸载义务的任意性规范以及收货人承担的事实上非强制性的接受交货义务。

一、承运人义务与责任制度下的任意性规范

(一)活动物与特殊性质货物运输下的任意性规范

根据《鹿特丹规则》第81条的规定,活动物与特殊性质货物运输下的承运人或海运履约方可以排除或限制其义务或赔偿责任。这样,在活动物与特殊性质货物运输下《鹿特丹规则》关于承运人义务与赔偿责任的规定都将成为任意性规范,[①]强制性体制排除了对活动物与特殊性质货物运输下承运人责任与义务的适用。但笔者没有将活动物与特殊性质货物运输放在第五章进行论述,因为活动物与特殊性质货物运输下货方的义务与责任依然是强制性的,强制性体制依然发挥着其调整规制作用,因而,活动物与特殊性质货物运输下的任意性规范依然属于强制性体制框架内的任意性规范。

---

① 对活动物而言,第81条第1项的规定不允许承运人和海运履约方排除或限制其故意或明知可能而轻率地作为或不作为所导致的货物损失。

1. 活动物运输下承运人与海运履约方的义务与赔偿责任

活动物并没有明确定义,但就运输而言,对于活动物可以有以下理解。首先,动物必须是活的。动物存活的时间至少应当是在《鹿特丹规则》第 12 条规定的承运人责任期间开始时。动物如果是处于冷冻蛰伏状态,待运输结束后即可复活,这种状态下的动物,笔者认为也应当视为活动物。"动物"一词应当依其通常意义去理解。一些简单的生物如水母、昆虫幼体应当视为动物,但是,病毒、细菌、疫苗等即使也处于存活状态,只能视为普通货物。①

活动物对于各种运输方式而言,都是一种非常特殊的货物,其特殊性在于活动物是有生命的。活动物在运输过程中可能会因为对环境不适、饮食失调,以及惊吓、生病、瘟疫、躁动或相互伤害等原因而导致其伤残或死亡,因而在运输过程中需要有针对性地呵护、照料饲养和管理。而对活动物运输质量标准的评价,一般与其在运输过程中的增肥或者减磅无关,而是看其成活率,即以保持其生命状况为标准。②活动物的特殊性决定了其运输存在特殊风险,因此《海牙规则》将活动物排除在货物的定义之外,《海牙规则》、《海牙—维斯比规则》都不适用于活动物的运输。《汉堡规则》虽然在第 1 条第 5 项关于货物的定义中明确将活动物包括在内,但是《汉堡规则》第 5 条第 5 款对于活动物运输下承运人的责任作了特别规定,承运人对于由于运输活动物所固有的特殊风险所造成的灭失、损害或迟延交付不负责任。

《鹿特丹规则》下活动物运输的规定让人费解。从《鹿特丹规则》第 1 条第 24 款对货物的定义来看,活动物应该不包括在该定义之中。③ 但是第 80 条第 1 款又对活动物的运输进行了规定。《鹿特丹规则》是不是适用于活动物运输本身就是一个有疑问的问题,不同的理解会有截然不同的结果。如果认为《鹿特丹规则》适用于活动物运输,那么根据第 80 条第 1 款的规定,

---

① Yvonne Baatz, Charles Debattista, Filippo Lorenzon, Andrew Serdy, Hilton Staniland, Michael Tsimplis, *The Rotterdam Rules*: *A Practical Annotation*, Informa, 2009, pp. 253~254.

② 吴焕宁主编:《海上货物运输三公约释义》,中国商务出版社 2007 年版,第 122~123 页。

③ 《鹿特丹规则》第 1 条第 24 项规定:"'货物'是指承运人根据运输合同承运的任何种类的制品、商品和物件,包括不是由承运人或不是以承运人名义提供的包装以及任何设备和集装箱。"

承运人与海运履约方可以排除或限制其义务与责任，但是货方不能。如果认为《鹿特丹规则》不适用于活动物运输，则双方当事人可以享有完全的缔约自由，不仅仅是承运人一方享有缔约自由了。[①]

从公约起草过程来看，代表们对公约草案中有关活动物运输的条文普遍支持，认为这是一项传统的例外，活动物贸易只是一种很小的贸易，《海牙规则》《海牙—维斯比规则》都将活动物排除在货物定义之外。[②] 但是，有代表对公约草案允许承运人排除或限制对活动物灭失或损坏的赔偿责任提出异议，这些代表认为，如果公约草案不打算适用于活动物运输，更好的办法是删去活动物运输的有关条文，将活动物运输排除在草案范围以外，而不是允许承运人排除或限制其对活动物运输所承担的责任。[③] 但是，这个条文最终还是保存在了公约文本之中，所以，笔者认为，第81条有关活动物运输的规定应当理解为，《鹿特丹规则》依然适用于活动物运输，只是在这种运输下，承运人可以排除或限制其赔偿责任。第81条第1项"货物是活动物"的措辞可以视为《鹿特丹规则》对货物定义的扩大。

承运人与海运履约方在活动物运输情况下可以排除或限制其义务与赔偿责任。但是这种排除或限制附有一定条件，即故意或者是明知可能而轻率地作为或不作为所造成的灭失、损坏或迟延损失，承运人与海运履约方不能限制其赔偿责任。

2. 特殊性质货物运输下承运人与海运履约方的义务与赔偿责任

特殊性质货物也是一个缺乏明确定义的概念。仅仅是货物具有危险性或者是货物需要在甲板上运输并不能使其成为特殊性质的货物运输，但是，这些情况肯定需要加以考虑。一般认为，特殊性质货物是指非常不平常的货物，如特别危险、特别罕见、特别珍贵或有特殊用途。[④] 比如，一艘集装箱船舶发生火灾，其中一部分集装箱被成功救助。集装箱中的货物有可能被火灾所产生的热量或是火灾扑救所用的水损害，但是不可能对其进行检查。

---

① D. Rhidian Thomas, ed., *A New Convention for the Carriage of Goods by Sea-The Rotterdam Rules*, Lawtext Publishing Limited, 2009, p. 82.

② See U. N. Doc. A/CN. 9/510. Paragraph 64.

③ See U. N. Doc. A/CN. 9/510. Paragraph 64. See U. N. Doc. A/CN. 9/594. Paragraph 171.

④ 吴焕宁主编：《海上货物运输三公约释义》，中国商务出版社2007年版，第61页。

替补承运人承担了将救助成功的货物运往原定目的地欧洲的任务。出于对于集装箱中货物的不确定,替补承运人不愿意对货物在航程结束时可能发现所遭受的灭失和损坏承担责任。此时,"货物的性质或状况"允许其与当事人签订一个特殊协议。再比如,承运人承担了一支南极探险队的食物和其他装备的运输任务。由于南极航程的特殊风险,承运人不愿意承诺将货物完好地运至目的地。"进行运输的情况和条件"使得当事人有合理的理由达成特殊的协议。[①] 此外,高价的艺术品[②],绑扎在甲板上进行运输的豪华快艇或许也可以被视为特殊性质货物运输[③]。当一种类型的货物首次由船舶进行运输,对其进行特殊对待是合理的。但当其成为一种"正常贸易过程中所进行的正常商业货运"时,就不应当对其进行特殊对待。[④] 例如,由船舶运输集装箱或公路交通工具在 20 世纪 50 年代末出现时对海上货物运输而言是一种新的运输,但在今天则不能被视为非正常商业运输。[⑤]

特殊性质货物运输排除在强制性体制之外也是一项传统作法。《海牙规则》、《海牙—维斯比规则》第 6 条给予特殊性质货物运输下的当事人以完全的缔约自由,条件是当事人未曾签发或不签发提单。在《鹿特丹规则》下,起草者模仿了《海牙规则》的规定。特殊性质货物运输下承运人与海运履约方可以排除或限制其义务与赔偿责任,但条件是承运人未签发可转让运输单证或者可转让电子运输记录。

3. 活动物与特殊性质货物运输下的"反向单向强制"

如果认为《鹿特丹规则》定义的"货物"包括活动物在内,即《鹿特丹规则》适用于活动物运输,那么跟特殊性质货物运输一样,承运人与海运履约方将享有单方面的缔约自由,可以排除或限制其义务与赔偿责任。而因为第 81 条的规定没有提及托运人等货方主体,也就是说货方依然要依据第

---

① Michael F. Sturley, Tomotaka Fujita, Gertjan Van Der Ziel, *The Rotterdam Rules*, Sweet & Maxwell, 2010, p. 374.

② 吴焕宁主编:《海上货物运输三公约释义》,中国商务出版社 2007 年版,第 61 页。

③ D. Rhidian Thomas, ed., *A New Convention for the Carriage of Goods by Sea-The Rotterdam Rules*, Lawtext Publishing Limited, 2009, p. 84.

④ Michael F. Sturley, Tomotaka Fujita, Gertjan Van Der Ziel, *The Rotterdam Rules*, Sweet & Maxwell, 2010, p. 375.

⑤ See U. N. Doc. A/CN. 9/510. Paragraph 175.

79条第2款的规定承担强行性规范下的义务。这使得活动物运输与特殊性质货物运输下的义务与责任呈现出另外一种类型的"单向强制"。传统上,单向强制指的是承运人义务与责任的强制性,而在活动物运输与特殊性质货物运输下,货方义务与责任呈现出强制性,而承运人的义务与责任却是任意性的。笔者认为可以将这种单向强制概括为"反向单向强制"。

《鹿特丹规则》的这种规定与《海牙规则》、《海牙—维斯比规则》有所不同。因为后者不适用于活动物运输,所以在《海牙规则》、《海牙—维斯比规则》下,活动物运输的货方与承运人都享有完全的缔约自由。就特殊性质货物运输而言,只要承运人没有签发提单,《海牙规则》第6条也赋予当事人以完全的缔约自由。而在《鹿特丹规则》下,这两种货物运输都是只有承运人享有缔约自由,货方不享有缔约自由。货方就活动物或特殊性质货物进行运输时依然需要承担备妥货物的义务,就其向承运人提供的货物信息的准确性以及危险货物运输时货物危险性质的通知、货物标志等承担严格责任。传统上强制性体制对承运人义务与责任作强行性规定是为了保护货方利益,而《鹿特丹规则》关于活动物与特殊性质货物的规定反而使货方承担强制性的义务与责任,承运人却享有单方面的缔约自由,这在货物运输公约中恐怕是绝无仅有的,令人匪夷所思。而在这种情形下,将货方义务与责任设置为强制性很难说有什么必要性。如果承运人认为托运人托运的货物运输风险过大,承运人完全可以拒绝运输,而没有必要通过为托运人设置强制性的义务与责任来实现,因为,承运人一般而言还是处于优势地位的。所以这种反向单向强制不但起不到保护货方利益的目的,反而使承运人处于不适当的优越地位,可以在运输单证中进行广泛的免责约定,这对货方而言很不公平,"可能会严重损害货方的利益"[①]。实际上,笔者认为,活动物运输与特殊性质货物运输因为其特殊性,起草者完全可以将其排除出《鹿特丹规则》的适用范围,从而赋予当事人以完全的缔约自由,也就是说,第81条的规定存在瑕疵。

(二)关于承运人责任期间的任意性规定

根据《鹿特丹规则》第12条第3款的规定,为确定承运人的责任期间,承运人与货方可以就接受和交付货物的时间和地点进行约定。但是,当事

---

①　司玉琢、韩立新主编:《〈鹿特丹规则〉研究》,大连海事大学出版社2009年版,第575页。

人不能约定接收货物的时间是在根据运输合同开始最初装货之后,或者交付货物的时间是在根据运输合同完成最后卸货之前。所以,在《鹿特丹规则》下,承运人责任期间有关规定具有一定的任意性,当事人可以在《鹿特丹规则》关于承运人责任期间设定的最低限度外自由进行约定。在多式联运的情况下,当事人约定的承运人责任期间的开始时间不能晚于货物装载至第一种运输方式的运输工具之后,承运人责任期间的结束时间不能早于货物卸离最后一种运输方式的运输工具之前。在只使用海运一种运输方式的情况下,则《鹿特丹规则》下承运人的责任期间有可能缩短到与《海牙规则》下"钩至钩"相近似的水平。[①]

《鹿特丹规则》第 12 条第 3 款的规定给了当事人以一定的缔约自由。该条文最早出现于公约草案二读合订文本之中。根据该款的注释,之所以提出第 6 款是为了确保承运人不得在运输合同中提出各种理由缩短承运人的责任期间。[②] 但是该款规定招致的批评很多。批评意见认为该项规定会使承运人责任期间短于其实际控制货物的时间(例如在只使用海运一种运输方式时,承运人责任期间限于"钩至钩"),在承运人或其受雇人或代理人保管货物但这些货物未装入运输工具的期间内,免除承运人的赔偿责任,这将对承运人和海运履约方有利而对货方不利。[③] 笔者认为,在这种情况下承运人的责任期间有所缩短,而货方承担的强制性的义务却依然依照公约的规定不能变更。货方自货物交付运输时开始承担将货物备妥的义务,提供信息、指示和文件的义务,直至货物最后卸货之后还要承担接受交货的义务。这样,货方承担强行性义务与责任的"责任期间"要长于承运人的责任期间,这对货方而言很不公平。

除了会对承运人赔偿责任产生影响外,该款规定对承运人义务的影响也十分重大。

1. 对承运人接收与交付货物义务的影响

根据《鹿特丹规则》第 13 条的规定,承运人在《鹿特丹规则》下承担的义

---

① Yvonne Baatz, Charles Debattista, Filippo Lorenzon, Andrew Serdy, Hilton Staniland, Michael Tsimplis, *The Rotterdam Rules: A Practical Annotation*, Informa, 2009, p. 35.

② See U. N. Doc. A/CN. 9/WG. III/WP. 56. Footnote 51.

③ See U. N. Doc. A/CN. 9/658. Paragraph 20-21; A/CN. 9/658/Add. 11. Paragraphs 6~7.

务与以往海上货物运输公约相比多了两项,即接收货物的义务与交付货物的义务。这两项义务根据第 79 条第 1 款的规定也属于强制性义务。但是,如果当事人根据第 12 条第 3 款的规定对承运人责任期间作另外约定,将承运人的责任期间约定为从最初装货到最后卸货,那么承运人接收货物的义务与交付货物的义务都将不再是强制性的义务。第九章关于承运人交付货物的义务可能就不再适用。①

2. 对货物控制权的影响

第 12 条第 3 款的规定也会实质性地改变货物控制权的存续期间。根据《鹿特丹规则》第 50 条第 2 款的规定,控制权存在于第 12 条规定的整个承运人责任期间,责任期间届满则货物控制权终止。如果当事人根据第 12 条第 3 款的规定,将其责任期间缩短为最初装货至最终卸货,则货物的交付不处于承运人责任期间内。然而,卸货直至最终完成交货之前,货物实际上仍然处于承运人或其代理人的占有之下。此时,根据第 50 条第 2 款的规定,控制方的控制权已经终止,控制方无权向承运人发出有关货物控制权的指示,这样就导致货物控制权并不存在于承运人占有货物的全部期间。② 换言之,当事人对承运人责任期间的约定改变了货物控制权的存续时间,使货物控制权的行使实际上受到了限制,特别是控制方不能再发出与货物交付有关的货物控制权指示。当事人使用可转让运输单证(例如可转让提单)时,如果承运人责任期间由于当事人的协议变更而缩短进而导致货物控制权存续时间的缩短,那么此时提单是否还是一个"物权凭证"(document of title)也是一个不确定的问题。③ 因为,此时承运人不再承担强制性的交付货物的义务,作为控制方的提单持有人也无权对承运人发出其他指示。

从以上分析可以看到,第 12 条第 3 款的规定没有达到该款的预期目的,即防止承运人缩短其责任期间,反而使承运人实际上可以缩短其责任期间。事实上,只要存在有第 79 条规定,承运人的责任期间就不能缩短。第 12 条第 3 款的规定只是画蛇添足,适得其反。所以,笔者认为,澳大利亚提

---

① Anthony Diamond Q. C. , The Rotterdam Rules, *Lloyd's Maritime and Commercial Law Quarterly*, 2009, p. 466.

② Anthony Diamond Q. C. , The Rotterdam Rules, *Lloyd's Maritime and Commercial Law Quarterly*, 2009, p. 466, 523.

③ Anthony Diamond Q. C. , The Rotterdam Rules, *Lloyd's Maritime and Commercial Law Quarterly*, 2009, p. 466, 525.

出的删除该款的主张是正确的。①

(三)承运人迟延赔偿责任的任意性规定

《海牙规则》、《海牙—维斯比规则》没有规定承运人迟延的赔偿责任。《汉堡规则》第 5 条第 2 款首次在国际海上货物运输领域引入了迟延交付概念。公约草案初稿第 6.4 条模仿《汉堡规则》第 5 条第 2 款和第 6 条第 1 款第(b)项建立起承运人迟延交付制度的基本框架。第 6.4 条第 1 款规定了迟延交付的定义。该定义与《汉堡规则》规定的承运人迟延的定义类似,包括承运人没有在明确约定的时间内交付货物和合理期间内交付货物两种情形。但是关于迟延交付定义的第二种情形即承运人未在合理期间内交付货物的定义被打上了方括号,表明对于此种"迟延"定义存在争议。第 2 款规定了承运人迟延交付的责任限额。

在起草过程中,关于承运人迟延交付的赔偿责任的争议主要有两点:一是关于迟延的第二种定义是否需要规定,二是《鹿特丹规则》是否应当规定承运人迟延的赔偿责任。承运人迟延定义的第二种定义方法,在公约草案初稿中表述为"如未订立这类协议,则在顾及合同条款、运输特点以及航行具体情况等因素下有合理理由期望认真的承运人能达到的时限内。"这种表述直至草案二读文本也没有发生根本性的变化。根据这种迟延定义,如果当事人未在运输合同中就货物交付的时间进行约定,承运人未在合理时间内交付货物的也将承担迟延的赔偿责任。此种赔偿责任的承担不取决于当事人的约定,这样,承运人对迟延承担的赔偿责任就呈现出了强制性的特征。针对这种定义的反对意见指出,这种定义过于主观,不准确,各国法院可能会对"合理时间"作广义解释,从而导致条约适用的矛盾与冲突。与此出发点类似的观点认为,取消航海过失免责已经打破了承运人与托运人之间的义务平衡,要求承运人承担在"合理时间"内交付货物的义务会进一步打破承运人与托运人之间的义务平衡,对承运人不利。② 在后来的工作组会议中,承运人迟延与托运人迟延问题被放在一起进行讨论。

针对承运人迟延与托运人迟延的多种观点,在第十九届会议上,工作组重点对两种提案进行了讨论。一种提案主张从公约草案案文中删除提及托运人和承运人迟延赔偿责任的内容,将该问题完全交给国内法去处理。另

---

① See U. N. Doc. A/CN. 9/658. Paragraphs 20~21.

② See U. N. Doc. A/CN. 9/552. Paragraph 21.

外一种提案是中国代表团在第十九届会议上口头提出的。中国代表团主张删去托运人迟延的赔偿责任,将承运人迟延限于当事人对货物交付时间进行明确约定的情形,删除第 63 条草案中的"除非另有约定",从而使第 63 条草案具有强制性。针对这两种提案,有意见认为删除承运人和托运人迟延赔偿责任会使为承运人迟延确立了具体规则的国家享有更大的灵活性;还有意见认为公约草案不规定迟延赔偿责任比规定一项不适当的或者不利于适用强制性国内法的规则更为可取。但是与会者普遍认为,中国政府提案兼顾了托运人迟延赔偿责任、承运人迟延赔偿责任、迟延赔偿责任的责任限制三个方面,至少能够使得迟延的有关规则实现一定程度的统一。另外,将迟延的定义限于未能在约定的期限内交付货物的折中方案,与一直有代表团提议的解决迟延赔偿责任问题的"商业路径"相一致。① 在第十九届会议上最终达成一致的是经过修改的中国代表团的提案,除了采纳中国代表团提案内容之外,另外还删除了草案第 21 条中"迟延"定义中的"明确"一词。② 在第二十届会议上,有代表团对第十九届会议是否就迟延问题真正达成共识提出质疑,工作组认为,迟延交付问题已经在前几届会议上进行了多次讨论,根据第十九届会议决定修改后的案文反映的是真正的折中方案,构成整个案文中权利义务微妙平衡的一部分。③ 这样,承运人迟延或者说是《鹿特丹规则》对迟延问题的处理就此确定下来,直至公约通过。

根据工作组第十九届会议决定修订后的公约草案第 22 条规定:"未在约定时间内在运输合同约定的目的地交付货物,为迟延交付。"④该条文最终成为《鹿特丹规则》第 21 条的规定。这样,只有当事人约定有交付时间时,承运人才有可能构成迟延交付,进而根据第 17 条承担迟延的赔偿责任。这同时也意味着,承运人承担的赔偿责任不是一种强制性的责任,而是取决于当事人意思的一种责任。而这里讲的承运人迟延所承担的赔偿责任仅指迟延交付所造成的纯经济损失,迟延交付所造成的有形灭失或损害(例如货物变质)由货物灭失或损害的规定所涵盖,不能为当事人约定所改变。⑤ 笔

---

① 商业路径(commercial approach),指承运人是否需要就迟延承担纯经济损失的赔偿责任取决于当事人的意思。

② See U. N. Doc. A/CN. 9/621. Paragraphs 180～184.

③ See U. N. Doc. A/CN. 9/645. Paragraphs 64～66.

④ See U. N. Doc. A/CN. 9/WG. III /101. Article 22.

⑤ See U. N. Doc. A/CN. 9/621. Paragraph 179.

者认为,将"合理时间"迟延定义排除出《鹿特丹规则》是合适的,首先,由于海上货物运输容易受到天气等不可抗力因素的影响,因此,将迟于"合理时间"交付货物界定为迟延使承运人承担了强行性的及时交货义务,这对海运以及包括海运在内的多式联运而言,不很现实。其次,正如有代表团指出的,"合理时间"是一个非常主观的概念,难以确定,在适用中难以为当事人提供明确统一的规则。

需要注意的是虽然承运人就迟延承担的赔偿责任是一种非强制性的责任,但承运人根据第 60 条享受的迟延赔偿责任限额是强制性的最低限额。根据第 79 条第 1 款的规定,当事人可以约定更高的限额,但不能约定更低的限额。

二、关于货物装卸义务的任意性规定

根据《鹿特丹规则》第 13 条第 1 款的规定,承运人承担"妥善而谨慎地接收、装载、操作、积载、运输、保管、照料、卸载并交付货物"的义务。在货物运输实践中,货物在运输途中的义务诸如运输、保管、照料等义务毫无疑问都要由承运人来完成,但是货物的装载和卸载在海上货物运输实践中却有不同的操作惯例。在海上散货运输中,托运人/收货人因其拥有相关的港站或在货物装卸方面具有特别专业知识通常倾向于自行从事装载和(或)卸载业务。在这种情况下,当事人会在合同中约定"船方不负责装卸(及理舱)费用条款",即 FIO(S)条款。FIO(S)条款的效力是一个有争议的问题,有观点认为 FIO(S)条款在《海牙规则》第 3 条第 8 款规定之下是无效的,相反观点认为,FIO(S)条款有效,因为承运人承担的装货、平舱、卸货义务是一种可以委托的义务。[①]《鹿特丹规则》肯定了这种条款,根据第 13 条第 2 款的规定,承运人可以与托运人约定由托运人、单证托运人或收货人装载、操作、积载或卸载货物。这样,《鹿特丹规则》关于承运人承担装载货物与卸载货物的规定在第 13 条第 2 款之下便成为任意性规定。

当事人根据第 13 条第 2 款的规定进行约定时,这种约定是否改变承运人的责任期间,各国国内法的规定不尽相同。有些国家采用的是 FIO(S)条

---

① Chia-Lee Wei, *Change in the Sea Carrier's Liability for Cargo as a Result of Containerization and Multimodalism (A thesis for LL. M)*, McGill University, 1999, pp. 30~33.

款确定航程范围的理论,假如当事人约定由收货人承担货物的卸载义务,则货物的交付被视为在船舶上进行,承运人对货物的卸载不再承担责任。其他一些国家虽然不改变承运人对装载或卸载所承担的义务和责任,但是援用"托运人的作为或不作为"的除外规定以便使承运人免于承担货物不当积载的后果。还有一种观点认为应该把 FIO(S)条款视为只涉及装载、积载等的费用负担问题,而不影响到承运人对装载和卸载所承担的义务和责任。[①]

公约草案曾采取上述第一种观点,即 FIO(S)条款可以改变承运人的责任期间。在起草过程中,公约草案二读合订文本,公约草案二读文本,公约草案三读文本中规定的承运人责任期间条款中都规定有"为确定承运人的责任期间并在服从于第 14(2)款的前提下,运输合同不得规定:(a)收货时间在根据运输合同开始最初装货之后,或(b)交货时间在根据运输合同完成最后卸货之前"等表述,这表明,承运人与托运人约定的 FIO(S)条款是可以改变承运人责任期间的。但在工作组第二十一届会议上,有代表团提出删除承运人责任期间条款中"服从于第 14(2)款"的提法,该主张被工作组接受。修该后的承运人责任期间条款即《鹿特丹规则》第 12 条"承运人的责任期"第 3 款规定:"为确定承运人的责任期,各当事人可以约定接受和交付货物的时间和地点,但运输合同条款作下述规定的即为无效:(一)接收货物的时间是在根据运输合同开始最初装货之后;或(二)交付货物的时间是在根据运输合同完成最后卸货之前。"该条款与第 30 条第 2 款的规定结合起来进行解读的法律效果是,即使托运人与承运人在运输合同中约定了 FIO(S)条款,由货方所完成的装载、积载、卸载等操作仍然属于运输合同的范围以内,FIO(S)条款并不缩短承运人在货物上的责任期间。[②]《鹿特丹规则》最终采取了上述第三种理论。因此由货方完成的装载、积载和卸载等操作概不影响承运人所承担的包括其合理谨慎义务在内的所有其他义务。虽然 FIO(S)条款不影响承运人的责任期间,但是承运人可以根据《鹿特丹规则》第 17 条第 8 项所规定的"托运人、单证托运人、控制方或根据第 33 条或第 34 条托运人或单证托运人对其作为承担责任的其他任何人的作为或不作为",免除由于托运人、单证托运人所完成的装载、积载、卸载等操作时因

---

① See U. N. Doc. A/CN. 9/WG. III/WP. 57. Paragraph 13.

② See U. N. Doc. A/CN. 9/645. Paragraph 47.

操作不当所导致的赔偿责任。[1]

三、收货人承担的非强行性义务

(一)接受交货的义务

《鹿特丹规则》第 43 条规定了"要求交付货物的"收货人接受交货的义务。一般而言,请求承运人交付货物是收货人的一项权利,第 43 条首次在国际公约中将收货人接受货物的权利规定为一项义务。规定收货人承担接受交货的义务有利于收货人与承运人之间的合作,使承运人顺利完成运输。但是,《鹿特丹规则》同时为收货人接受交货的义务设置了"条件",该项"条件"的存在也使收货人接受交货的义务呈现出非强行性的特点。

在《鹿特丹规则》下,收货人只有"根据运输合同要求交付货物"才会被要求承担接受货物的义务。在起草过程中,收货人承担接受交货义务是否应当附加条件,如果附加,附加什么样的条件曾是该条文较有争议的问题。在公约草案初稿中,接受交货义务是附有条件的,即"行使其在运输合同中任何权利的收货人应当接受货物的交付"[2]。在工作组第十六届会议上,多数国家代表(如瑞士、意大利、日本、瑞典、西班牙、韩国、美国、挪威等)支持收货人的收货义务应当附加条件,但是这些国家认为现有条件("行使运输合同下任何权利")过于广泛和模糊,不易操作,建议予以完善。只有少数国家和组织代表(如丹麦、中国等)认为收货人接受交货义务不应附条件。我国主张该义务不附条件的理由主要有:如果该义务附条件,则意味着只要收货人不行使权利,他就永远没有接受交货的义务,也就不存在违反合同的责任问题,这对承运人不公平。提货是收货人的权利,而按时提货则是收货人的义务。规定收货人无条件提货义务也有利于减少目的港无人提货的现象。在公约草案的三读阶段,工作组倾向于二读中多数代表对收货人的接受交货义务应当附条件的主张,但应对这一条件加以完善。公约草案二读文本中,该义务被加上了"行使运输合同下任何权利的"和"实际参与运输合同的"两个条件,供选择考虑。在公约草案三读文本中,接受交货义务条件的措辞被改为"行使其在运输合同下权利","任何"一词被删除。而在《鹿特丹规则》作准文本中,接受交货义务的条件被改为"根据运输合同要求交付

---

[1] See U. N. Doc. A/CN. 9/WG. III/WP. 57. Paragraphs 13~14.
[2] See U. N. Doc. A/CN. 9/WG. III/WP. 21. Article 10. 1.

货物"(demands delivery of the goods under the contract of carriage)。①

虽然在一般情况下,不需要对收货人施加义务收货人便会主动提取货物,收货人在贸易合同下已经支付了货款当然有动力去提取货物。然而在个别情况下,收货人接受交货并无益处。比如收货人拒绝议付提单,当然也就无法接受交货;进口禁运影响运输中的货物时,收货人不能也没有利益接受交货;买方破产时也可能不会接受交货;银行作为提单持有人时,提单虽然作为待支付货款的担保,但当买方不能议付时,银行通常会通过对买方提起诉讼而不是提取货物的办法来弥补损失。② 在这些情况下,将接受交货规定为一项无条件的义务显然对收货人不太公平。从运输合同的角度来看,在收货人未行使权利的情况下,为非运输合同当事人的收货人设定无条件接受交货义务也不符合法理。另外,该义务应与控制权联系起来考虑,即使在收货人不接受交货,承运人也可以通过控制方指示交货,从而不会对承运人过分不方便。同时,考虑到中间持单人符合收货人的定义,中间持单人不行使权利而要求其提货不合理。③

笔者认为为收货人接受交货义务设置一定条件除了上述考虑外,就《鹿特丹规则》本身条文之间的关系处理而言,如果收货人承担接收货物的义务是一项无条件的义务,收货人不接收货物就需要对承运人承担违约责任,这将与《鹿特丹规则》第 58 条"持有人的赔偿责任"相矛盾。根据第 58 条的规定,可转让运输单证或者可转让电子运输记录的持有人行使运输合同下任何权利的,才会承担运输合同下的赔偿责任,如果托运人与承运人使用了可转让运输单证,而收货人是该可转让运输单证的持有人,如果收货人没有行使运输合同下的有关权利,又没有去提取货物,那么根据第 58 条的规定,收货人不需要承担赔偿责任,而根据第 43 条的规定又需要承担收货义务乃至赔偿责任,这就会导致《鹿特丹规则》条文之间的矛盾与冲突。因此,从条文之间协调的角度考虑,需要为收货人承担收货义务设置一定的条件。但是,

---

① 司玉琢、韩立新主编:《〈鹿特丹规则〉研究》,大连海事大学出版社 2009 年版,第 291～292 页。条约中文作准文本没有译出"根据运输合同",笔者注。

② Yvonne Baatz, Charles Debattista, Filippo Lorenzon, Andrew Serdy, Hilton Staniland, Michael Tsimplis, *The Rotterdam Rules: A Practical Annotation*, Informa, 2009, p.123.

③ 司玉琢、韩立新主编:《〈鹿特丹规则〉研究》,大连海事大学出版社 2009 年版,第 292 页。

因为该义务附加的条件"根据运输合同要求交付货物"可以由收货人依其意思控制,即收货人意欲在运输合同下承担接受交货的义务时才会承担该项义务,反之则不必承担该项义务,所以,收货人接受交货义务实质上是一项非强制性的义务。

(二)确认收到的义务

收货人在《鹿特丹规则》下还承担另外一项义务,即《鹿特丹规则》第44条规定的"确认收到的义务"。收货人应当按承运人或交付货物的履约方的要求,以交货地的习惯方式确认从承运人或履约方处收到了货物。当收货人根据运输合同要求承运人交付货物时才会承担接受交货的义务,而只有收货人承担了接受交货的义务,才会进一步承担确认收到货物的义务。并且,收货人此时依然可以拒绝确认收到货物,当收货人拒绝确认收到货物的,承运人可以拒绝交付。由于收货人接受交货义务的非强行性,收货人承担的确认收到货物的义务也因此成为一项非强制性义务。

本章小结

《鹿特丹规则》强制性体制框架下存在有任性规范,从而构成了强制性体制的例外。强制性体制框架下的任意性规则包括货物控制权制度下的任意性规范,承运人责任制度下的任意性规则以及其他种类的任意性规则。本章对这些任意性规范的分析表明,其中若干条款背离了制度设计的初衷。

货物控制权制度是《鹿特丹规则》的一项创新,但是,货物控制权下的任意性规范使得货物控制权方便货方控制运输中的货物,配合其贸易法中的权利,以及通过货物控制权创造拟制占有的制度初衷的实现受到很大影响,货物控制权一章的主要内容因而成为示范性的。活动物与特殊性质货物运输下承运人与海运履约方的义务与责任基本上为任意性规范,而货方却依然要承担强制性的义务与责任,这对货方而言不很公平,笔者认为这是起草者的疏忽所致。承运人的责任期间由于第12条第3款的规定而成为"相对任意性规范",即承运人对其责任期间实际上享有相对的缔约自由。该款规定的目的在于防止承运人缩短其责任期间,但却实际上使承运人可以相对缩短其责任期间,承运人本应承担的强制性接受与交付货物的义务也可能因此而成为任意性义务,货物控制权的存续期间也会受到影响。并且,承运人责任期间的缩短对货方而言非常不公平。

　　强制性体制框架下任意性规范存在的瑕疵有些是起草者对不同制度安排所可能带来的后果与影响认识不够全面深刻所致,如货物控制权制度,活动物与特殊性质货物运输下的任意性规范,而另外一些则是起草中的疏漏所致,如第 12 条第 3 款关于承运人责任期间的任意性规定。《鹿特丹规则》第 95 条规定了条约的修订和修正程序,任意性规范存在的上述瑕疵未来可以通过条约的修订来解决。①

　　强制性体制框架内的任意性规则并没有改变强制性体制的性质。承运人与货方承担的货物运输合同下的主要义务仍然是强制性的。因为强制性体制框架内的任意性规则并不涉及合作剩余分配的关键,②所以这些规则设定为任意性的并不影响强制性体制功能的发挥及目的的实现。《鹿特丹规则》强制性体制框架内之所以存在任意性规则是因为《鹿特丹规则》条文繁多,对运输合同的规定细致而全面,在众多的义务中,不可能也不必要将所有的义务与责任都设定为强制性的。这与《海牙规则》、《海牙—维斯比规则》及《汉堡规则》仅就运输合同双方当事人的主要义务进行规定有明显的不同。对于并不涉及双方重大利益的义务赋予相对方以缔约自由,可以使《鹿特丹规则》更加适合航运业商务上的实际需要。如果《鹿特丹规则》将所有义务与责任都设定为强制性的,则显得过于僵硬。这也是强制性体制框架内存在任意性规则的具体原因。

---

　　①　需要注意的是,《鹿特丹规则》第 95 条与《维也纳条约法公约》第 39 条至第 41 条规定措辞的区别。《鹿特丹规则》第 95 条将条约内容的变更分为"修订和修正"(Revision and Amendment),而后者则将条约内容的变更分为"修正与修改"(Amendment and Modification)。《维也纳条约法公约》中,条约的修正,是指修正原条约的当事国意在使修正后的条约适用于原条约全体当事国的那种修订,虽然在事实上,可能由于原条约当事国中只有一部分批准修正后的条约,而结果条约只适用于这一部分当事国。修改是指原条约当事国中只一部分从事对该条约的修订,并且他们意在使修改后的条约只适用于它们自己的那种修订。参见李浩培:《条约法概论》,法律出版社 2003 年版,第 378 页。

　　②　活动物与特殊性质货物运输下的任意性规则除外。

International
Economic Law

第五章　　　《鹿特丹规则》下批量合同对强制性体制之背离

　　《鹿特丹规则》中的任意性规则除了笔者在第四章述及的内容之外,还有更为重要的内容,即有关批量合同的任意性规则。在批量合同制度之下,除了公约少数几个条款当事人不得背离外,当事人可以就批量合同的大部分内容自由协商,从而背离强制性体制,游离于强制性体制框架之外。因而,批量合同当事人所享有的缔约自由成为《鹿特丹规则》强制性体制的一个重要特征。

第一节　　批量合同缔约自由的确立

　　《海牙规则》、《海牙—维斯比规则》、《汉堡规则》中规定的强制性体制均不允许当事人排除。与以往海上货物运输公约不同,《鹿特丹规则》构建了批量合同制度,如果当事人采用批量合同来完成货物运输,在符合第80条要求的前提下,便可以自由就批量合同的内容进行约定,从而背离《鹿特丹规则》强制性体制。

一、批量合同概述

　　在国际海上货物运输立法领域,此前的国际条约其实对批量合同已有涉及。《汉堡规则》第 2 条第 4 款规定:"如合同规定将来在一约定期间对货物为一系列的运送,本公约的规定适用于每一次运送。"该款规定的其实就是批量合同,只不过《汉堡规则》并不直接调整批量合同,而只是强制适用于批量合同下的每一次运输。《鹿特丹规则》规定了批量合同的定义,赋予批量合同当事人以一定条件下的缔约自由,构建起完整的批量合同制度。

(一)批量合同的定义

《鹿特丹规则》第 1 条第 2 项对批量合同定义如下:"'批量合同'是指在约定期间内分批装运特定数量货物的运输合同。货物数量可以是最低数量、最高数量或一定范围内的数量。"从上述定义来看,批量合同由三个要素组成:(1)通过一个以上的批次,(2)在约定的一段时间内运输,(3)一定数量的货物。[1]

除了《鹿特丹规则》第 1 条第 2 项对批量合同的定义外,第 80 条第 3 款对批量合同的形式作了限制。根据该款的规定,承运人公开的运价表、运输单证、电子运输记录或类似文件都不是批量合同。但是批量合同可以以提及上述文件的形式将其内容作为批量合同的条款。然而根据第 80 条第 2 款第 4 项的规定,上述文件中不能包含有背离条款。如果包括有背离条款,这些文件将不能被援引入批量合同。[2] 第 80 条第 3 款规定的主要目的在于防止某些允许承运人的运价表中规定有"时间—货量费率"(time-volume rates)的国家的法院错误地将该类运价表解释为批量合同。[3]

批量合同并非《鹿特丹规则》新创造的一个概念。批量合同在散装干货和石油贸易中早已确立,在上述领域中,批量合同常被描述为包运合同或吨位合同。FOB 买方为了满足其运力需求,规避运费风险,就会使用这种批量合同。1982 年,波罗的海国际航运公会为散装干货运输发布了代号为 VOLCOA 的标准包运批量合同,2004 年进行了修订并将代号更改为 GENCOA 重新发布。国际油轮船东协会也于 1980 年发布了代号为 IN-TERCOA80 的标准格式油轮合同。[4]

根据上述批量合同的定义,批量合同当事人的约定期限、装运次数、货物数量都没有任何限制,这使得《鹿特丹规则》下的批量合同可以包括其适

---

[1]　Yvonne Baatz, Charles Debattista, Filippo Lorenzon, Andrew Serdy, Hilton Staniland, Michael Tsimplis, *The Rotterdam Rules: A Practical Annotation*, Informa, 2009, p. 247.

[2]　Yvonne Baatz, Charles Debattista, Filippo Lorenzon, Andrew Serdy, Hilton Staniland, Michael Tsimplis, *The Rotterdam Rules: A Practical Annotation*, Informa, 2009, p. 250.

[3]　Michael F. Sturley, Tomotaka Fujita, Gertjan Van Der Ziel, *The Rotterdam Rules*, Sweet & Maxwell, 2010, p. 381.

[4]　See U. N. Doc. A/CN. 9/WG. III/WP. 66. Paragraph 4.

用范围内的航运公司的几乎所有货物运输。而如此定义的后果是航运实践中将有大量运输合同符合批量合同的特征,因而可以避开《鹿特丹规则》的强制性规定。例如,从理论上讲,把两个集装箱放在一年期间内运输,就构成了公约规定的批量合同,可以适用批量合同的规定。"'批量合同'只不过是一个真正目的在于使承运人和托运人获得一定程度缔约自由的幌子而已。"①一个季度内每月托运两个集装箱碳包的合同将与根据石油供应协议签订的标的巨大的石油包运合同一样不受强制性体制的规制。② 运输合同如此容易成为批量合同,可能导致实践中大量批量合同的出现,使《鹿特丹规则》的强制性规定落空,从而损害中小货主的利益。因此,批量合同的定义在谈判过程中一直是一个有争议的问题。很多国家担心批量合同当事人可以享受的缔约自由可能为承运人所滥用,提议应当对批量合同定义作进一步明确,以限制其使用范围,避免有过多的合同可以成为批量合同,享有缔约自由。澳大利亚、法国、新西兰、丹麦、韩国和德国都曾提出与批量合同定义有关的提案,建议对批量合同的期限,货物数量,运输批次进行限制。③其中,澳大利亚和法国建议将批量合同定义为"'批量合同'系指双方当事人谈判而成的合同,承运人对在不低于一年的指定时期内分批运送指定数量的大批量货物特别运输条款表示同意。当事人可以将数量指定为最低数量、最高数量或某个区间的数量"④。后来,澳大利亚在联合国国际贸易法委员会第四十一届会议上又提出将批量合同定义为"'批量合同'是指规定

---

① Anthony Diamond Q. C. , The Rotterdam Rules, *Lloyd's Maritime and Commercial Law Quarterly*, 2009, p. 487.

② Yvonne Baatz, Charles Debattista, Filippo Lorenzon, Andrew Serdy, Hilton Staniland, Michael Tsimplis, *The Rotterdam Rules*: *A Practical Annotation*, Informa, 2009, p. 248.

③ See U. N. Doc. A/CN. 9/612, Paragraphs 7～15; A/CN. 9/WP. 88; A/CN. 9/621, Paragraph 170; A/CN. 9/645, Paragraphs 250～252; A/CN. 9/658, Paragraph 14; A/CN. 9/658 /Add. 3, Paragraphs 1～3; A/CN. 9/658 /Add. 2, Paragraph 12; A/CN. 9/658 /Add. 5, Paragraphs 10～11; A/CN. 9/658 /Add. 11, Paragraph 21.

④ See U. N. Doc. A/CN. 9/WG. III/WP. 88. 原文如下:"'Volume contract' means a contract of carriage negotiated by the parties by which a carrier agrees to special terms for the carriage of a substantial quantity of cargo, in a series of shipments during a set period of time of no less than one year. The quantity may be specified as a minimum, a maximum or a certain range. "

在不低于一年的指定时期内,分 5 批或者更多批运送至少 500 个集装箱货物(或相应的计费吨)的合同"①。新西兰代表团提议采用以下替代定义:"'批量合同'是指在不少于一年的固定期限内,分 3 批或者更多批,至少装运 500 个集装箱货物或者 7,500 计费吨(1 计费吨相当于 1 立方米或者 1 公吨,以较高者为准)的合同。"②有代表团就上述关于批量合同定义进一步明确的提案提出反对意见,认为在批量合同定义中添加具体数量是危险的,因为这样可能造成不确定性。例如,如果实际上装运的集装箱数量少于批量合同所述数量,该批量合同是否会被追溯为无效? 工作组最终没有采纳关于批量合同定义应进一步明确的提案。UNCITRAL 也没有采纳上述提案。③

　　笔者认为,批量合同的定义过于模糊宽泛导致大量的运输合同可以成为批量合同,增加了承运人利用批量合同损害中小货主利益的可能性,上述国家的担心不无道理。既然批量合同有关制度是为缔约能力相当的当事人之间缔结合同而设计的,而对货物数量、运输批次进行限制可以保证与承运人订立批量合同的托运人是具备有一定经济实力的货主,从根本上避免承运人利用批量合同鱼肉小货主现象的发生,实现《鹿特丹规则》纳入批量合同的初衷。因此,应该对批量合同的合同期限、货物数量、运输批次等设置一定的限制条件,以避免批量合同被滥用。

(二)批量合同的实证考察

　　对实践中实际运作的批量合同进行考察可以对批量合同有更为直观感性的认识。以下是当事人缔结批量合同的四种情形。

---

　　① See U. N. Doc. A/CN. 9/658. Paragraph 14. 原文如下:"'Volume contract' means a contract that provides for the carriage of at least 500 containers of cargo (or equivalent in revenue tons) in a series of 5 or more shipments during a set period of time of no less than one year."

　　② See U. N. Doc. A/CN. 9/658/Add. 2, Paragraph 12. 原文如下:"'Volume contract' means a contract that provides for the carriage of at least 500 containers of cargo or 7,500 revenue tons (1 revenue ton equals 1 cubic metre or 1 metric ton, whichever is the greater) in a series of 3 or more shipments during a set period of time of no less than one year."

　　③ See U. N. Doc. A/CN. 9/645, Paragraph 247, Paragraph 253; A/63/17, Paragraph 246.

1.比利时的一家钢铁厂以 FOB 贸易条件从澳大利亚的矿厂购买了 100 万吨的铁矿石,在下一日历年之内完成运输。比利时的买家通过航运市场询问从澳大利亚 A 港至比利时 B 港之间 1 年之内 6 个航次完成运输的报价。通常,这样的要约邀请会包含一个由很多租船合同条款构成的合同样本。完成全部运输需要 6 个航次的好望角型散货船,每 2 个月 1 个航次。这种合同被称为"包运合同"(Contract of Affreightment,简称 COA)。据估计,几乎所有的原材料运输都通过这种"港到港"的包运合同完成。有时候,单个航次的运输都通过租船合同来完成,另外一些情况下,包运合同本身就是一个租船合同。无论哪种情况,每一个航次的运输都会签发提单。在这种类型的批量合同下,根据《鹿特丹规则》第 6 条第 1 款的规定,《鹿特丹规则》不适用于包运合同或是租船合同,但是,根据《鹿特丹规则》第 7 条的规定,如果根据这种运输签发了提单,提单转让至银行等其他非运输合同原始当事人的持有人时,《鹿特丹规则》将适用于该提单。

2.位于南非的一家大型非消费品生产商将其产品使用到货条件销往世界各地。[1] 出口商就下一日历年往欧洲(预计 2 万 TEU)、美国(预计 3 万 TEU)以及远东(预计 4 万 TEU)的所有运输请航运公司报价。每周运送最低数量或最高数量的货物。这是一个通过班轮运输完成的典型的批量合同。3 个目的地可能会选择不同的承运人,负责远东运输的承运人平均每周需要往远东的不同港口如新加坡、雅加达、马尼拉、香港、上海、釜山和两个日本港口完成 770TEU 的运输。这些合同可能只是"港至港"的海上货物运输,也可能是一端或两端包括其他运输方式的多式联运。这种批量合同可能会对承运人有一些物流方面的特殊要求,比如货物从非航线挂靠港起运,如果收货人没有仓库储存货物,每天向收货人交付货物。这种类型的批量合同,《鹿特丹规则》是否适用取决于其措辞。如果批量合同使用租用舱位的措辞,则根据第 6 条第 1 款第 2 项的规定,《鹿特丹规则》不适用于批量合同本身,但是根据第 7 条的规定,《鹿特丹规则》将适用于承运人与非运输合同当事人的收货人、买方等提单持有人之间的关系。如果批量合同没有使用舱位租用的措辞,《鹿特丹规则》将适用于该批量合同以及该批量合同下的每一批货物运输。因为货物买卖使用的是到货条件,由卖方负担货物运输风险,但是仍然很少见到出口商要求承运人承担比《海牙—维斯比规

---

① 到货条件指 Incoterms 2000 C 组或 D 组术语。

则》低的责任水平。这是因为在使用到货术语情况下，Incoterms 要求卖方签订"通常条款"的运输合同。

3. 第三种类型的批量合同是第二种的变形。位于高成本国家例如美国的生产商，通常会将消费类商品放在低成本国家例如亚洲国家进行生产，然后再将商品大批量地运回高成本地区销售。这种情况下的批量合同通常由生产商的销售中心代表各地子公司与承运人签订，使用 FOB 贸易术语，交货地可能会有多个。提单上的托运人是卖方，即位于低成本国家的商品实际制造商，收货人是位于目的地国家各地的子公司。这种批量合同的物流要求及商业目的与第二种批量合同基本相同。与第二种批量合同类似，《鹿特丹规则》是否对批量合同本身适用取决于其措辞。如果其措辞为舱位租用，则《鹿特丹规则》不适用于批量合同本身，但如果每一次运输都签发提单，并且提单持有人为非运输合同原始当事人时，《鹿特丹规则》适用于提单。如果批量合同措辞为班轮运输，《鹿特丹规则》将适用于该批量合同以及该批量合同下的每一批货物运输。在这种批量合同下，因为使用 FOB 贸易术语，买方负担货物的运输风险，此时，买方会与承运人根据《鹿特丹规则》第 80 条的规定达成任何符合其商业需要的特殊运输条件。而就双方的谈判实力而言，通常货方的实力要强于承运人一方，这使得货方有实力要求承运人同意其提出的交易条件。

4. 一个汽车生产商运输汽车零配件到海外的组装基地。这种情况下的运输合同待运货物数量大，并且需要特殊的物流服务。托运人和收货人往往隶属于同一经济实体，没有银行参与买卖交易。如果批量合同措辞为舱位租用，则《鹿特丹规则》不适用，反之，则适用。这种情形下，只要符合《鹿特丹规则》第 80 条的规定，卖方可能与承运人达成各种特殊的运输条件。与第三种批量合同类似，通常货方的谈判实力要强于承运人。[①]

从以上对批量合同的实证分析可以看到，批量合同已经成为海运实践中常见的交易手段。批量合同的使用提高了经济效率，对托运人来说，可以获得稳定的运力保证和可预见的运费费率，更方便其计算包括运输成本在

---

① Proshanto K. Mukherjee, Abhinayan Basu Bal, A Legal and Economic Analysis of the Volume Contract Concept under the Rotterdam Rules: Selected Issues in Perspective, *Journal of Maritime Law & Commerce*, 2009, October(40), pp. 591~595.

内的货物总成本，从而更加准确地确定自己产品的价格。① 托运人还可以通过批量合同获得在普通货物运输合同下无法获得的特殊物流服务。而对承运人来说，批量合同可以使其获得稳定的货源，更易于安排船期。

(三)批量合同的特征

根据以上批量合同的定义及对批量合同的实证考察，我们可以发现《鹿特丹规则》下的批量合同有如下特点。

第一，批量合同是一种运输合同。《鹿特丹规则》第 1 条第 2 项的定义使用"运输合同"的措辞表明一种合同要成为《鹿特丹规则》调整的批量合同就应该首先是一种运输合同。这意味着费率协议不是批量合同，因为费率协议不是运输合同。② 对此，笔者在下文会有详述。批量合同采取的运输形式既可以是班轮运输也可以是非班轮运输，③ 只要是运输合同即可。就租船合同而言，一般认为，定期租船合同从性质上来讲不是运输合同，所以，通过定期租船完成的批量运输的合同不是《鹿特丹规则》定义的批量合同。而租船合同中航次租船合同及舱位租用合同一般认为其性质为运输合同，因此通过这两种形式的租船合同完成的一段期间内批量货物的运输可以构成批量合同。然而，根据第 6 条第 1 款第 2 项的规定，《鹿特丹规则》不适用于租船合同，所以《鹿特丹规则》不适用于这种情况下的批量合同本身，但是根据第 7 条的规定，《鹿特丹规则》将适用于承运人与非运输合同当事人的收货人、买方等提单持有人之间的关系。其次，《鹿特丹规则》第 1 条第 1 项运输合同的定义规定"'运输合同'是指……此种合同应对海上运输作出规定，且可以对海上运输以外的其他运输方式作出规定"，可见，批量合同也必须使用海运方式，因此，承运人通过陆地运输方式进行的一定期间内多次运输批量货物的合同不是《鹿特丹规则》调整的批量合同。

第二，批量合同的履行期限是"约定期间"。批量合同的履行期间是当事人在合同中约定的一段"期间"。虽然普通的班轮运输合同的履行也要经

---

① Proshanto K. Mukherjee, Abhinayan Basu Bal, A Legal and Economic Analysis of the Volume Contract Concept under the Rotterdam Rules: Selected Issues in Perspective, *Journal of Maritime Law & Commerce*, 2009, October(40), p.593.

② See U. N. Doc. A/CN.9/572. Paragraph 100.

③ Proshanto K. Mukherjee, Abhinayan Basu Bal, A Legal and Economic Analysis of the Volume Contract Concept under the Rotterdam Rules: Selected Issues in Perspective, *Journal of Maritime Law & Commerce*, 2009, October(40), p.590.

过一定的期间,但是批量合同中的期间有着特定的含义,并不同于班轮运输中完成运输所花费的时间。批量合同下的约定期间是"合同期间",在合同期间内,承运人负有以一定费率承运托运人交付运输的货物的义务,而托运人在此期间内有义务将自己的货物交给特定的承运人承运。在批量合同约定的期间内,承运人"分批"装运完成批量合同下的运输任务。批量合同期间的意义还在于,在合同约定期间内,托运人有权享有合同约定的优惠运费费率,因此,在运费上涨时,合同期间对托运人意义更为明显。班轮运输合同的期间只是完成运输所花费的时间,通常情况下只有一个航次。承运人如果没有在约定的期限将货物送达,则构成迟延。而班轮运输合同的这种期间在批量合同下的每一批运输同样存在。批量合同的当事人如果对某批货物的运抵时间作出约定,则当事人没有在此期限前送达货物,同样构成迟延。

第三,承运人装运的货物数量是不确定的。在批量合同下,承运人对待运输货物数量的约定通常不是一个确定的数额,一般采用最低数量或最高数量或一定范围内数量的约定方法。如波罗的海国际航运公会发布的1982年散装干货运输标准包运批量合同 VOLCOA "PART Ⅰ"Box 9 关于货物数量的规定要求当事人列明最低数量和最高数量,由何方当事人来决定。这一点不同于普通班轮运输合同中关于货物数量的约定,普通班轮下货物数量约定通常是确定的。

第四,批量合同的托运人可以获得稳定的费率。批量合同通常会对运费费率作出明确的约定。托运人可以据此获得稳定的费率,避开航运市场波动带来的风险。但是,批量合同的费率一般不同于费率表上的费率。导致这种费率差异的原因有以下几点:(1)批量合同市场作为期货市场不同于现货市场。在期货市场中价格涨或跌的预期取决于现有价格。(2)在现货市场中个别情况下存在着"边际价格"(marginal pricing),价格并不反映真实成本。对于期货市场中的大宗交易而言,边际价格现象不大可能存在,因为价格低于成本会导致承运人破产。(3)大批量运输会带来规模效应,费率可能因此降低。(4)特殊的物流服务要求会增加成本,费率可能因此增加。(5)大批量的运输会带来竞争,费率可能因此降低。这些因素决定了批量合同的费率不同于现货市场普通班轮运输的费率。批量合同的费率是高于还是低于现货市场取决于上述 5 个因素的综合作用。①

(四)批量合同与相关概念的比较

1. 服务合同(Service Contract)

服务合同(Service Contract)因其存在于远洋班轮运输业务之中,因此也称远洋班轮服务合同(Ocean Liner Service Contract)。美国《1998 年航运改革法》第 2 条第 19 项规定:"服务合同是一个或多个托运人与一个远洋公共承运人之间协议订立的除提单或收据以外的书面合同,在该合同中,托运人承诺在一定期间内提供一定数量或一定比例的货物,远洋公共承运人或远洋公共承运人之间协议承诺以一定的费率或费率表收取运费,或提供一定水平的服务,诸如保证舱位、运输时间、挂港顺序或类似的服务项目。服务合同也可以规定一方当事人不履行合同时的违约条款。"②

"服务合同"有以下特点:第一,服务合同在性质上仍然是班轮运输合同,服务合同使用的运输方式为班轮运输。班轮运输合同的特点在于承运人以固定的航线,固定的航期,固定的运费率将托运人托运的货物运至目的地。③ 根据服务合同的定义,服务合同是托运人与远洋公共承运人或班轮公会之间订立的合同,因此,服务合同的运输方式是班轮运输。

第二,服务合同的缔约当事人可以是单个托运人,托运人协会,互不关联的托运人之间组成的团体,单个承运人,班轮公会。普通的班轮运输合同一般由托运人与班轮公司直接签订,而服务合同的当事人有所不同。除了单个托运人与单个承运人缔结服务合同的情形外,服务合同的一方当事人一般都是托运人协会、托运人团体或者是班轮公会。

---

① Proshanto K. Mukherjee, Abhinayan Basu Bal, A Legal and Economic Analysis of the Volume Contract Concept under the Rotterdam Rules: Selected Issues in Perspective, *Journal of Maritime Law & Commerce*, 2009, October(40), pp. 602~603.

② 原文如下:"(19) 'service contract' means a written contract, other than a bill of lading or a receipt, between one or more shippers and an individual ocean common carrier or an agreement between or among ocean common carriers in which the shipper or shippers makes a commitment to provide a certain volume or portion of cargo over a fixed time period, and the ocean common carrier or the agreement commits to a certain rate or rate schedule and a defined service level, such as assured space, transit time, port rotation, or similar service features. The contract may also specify provisions in the event of nonperformance on the part of any party."

③ 张丽英:《海商法学》,高等教育出版社 2006 年版,第 84 页。

第三,从经济角度来看,服务合同的托运人在一定时间内提供一定数量或一定比例的货物,承运人保证以一定的舱位、一定的费率、周转时间、挂靠港口和服务水平为托运人提供运输服务。服务合同因其灵活性有利于托运人获得稳定的运力保障,也有利于承运人获得稳定的货物来源。同时,由于服务合同大多是托运人与承运人通过竞价谈判缔结的,通常承运人会向托运人提供比一般费率更为优惠的费率。

第四,服务合同要接受美国联邦海事委员会(the Federal Maritime Commission,简称 FMC)的监督。服务合同接受联邦海事委员会监督的方式具体表现为服务合同的报备与公开制度。根据《1998 年航运改革法》第 8条第(c)款的规定,①除涉及散装货、林业产品、回收金属、新组装汽车、废纸和纸废料的服务合同外,远洋公共承运人根据该款订立的服务合同或协议应以保密形式向联邦海事委员会备案。向联邦海事委员会报备的服务合同应包括合同完整的条款。例如,港至港之间的运输需包括始发港和目的港,多式联运需包括始发地和目的地的地区范围;所涉及的货品;最低数量或批量;服务承诺事项;全程运费;未履行合同时的损害赔偿;期间(包括生效日期和失效日期);合同当事人的名称和地址;托运人身份的证明等。需要公开的服务合同的基本条款包括:起始港和目的港;所涉及的货品;最低数量或者批量;期间。这些公开的内容应该确定,不得模棱两可,并不得参照在公布的基本条款中没有清楚说明的内容。如果服务合同有多个承运人参与,则根据以下要求公开基本条款:(1)以班轮公会名义订立服务合同的,则

---

①　原文如下:"Section 8 (c)(2)Filing requirements. ——Except for service contracts dealing with bulk cargo, forest products, recycled metal scrap, new assembled motor vehicles, waste paper, or paper waste, each contract entered into under this subsection by an individual ocean common carrier or an agreement shall be filed confidentially with the Commission. Each service contract shall include the following essential terms——(A) the origin and destination port ranges; (B) the origin and destination geographic areas in the case of through intermodal movements; (C) the commodity or commodities involved; (D) the minimum volume or portion; (E) the line-haul rate; (F) the duration; (G) service commitments; and (H) the liquidated damages for nonperformance, if any. (3) Publication of certain terms. ——When a service contract is filed confidentially with the Commission, a concise statement of the essential terms described in Paragraphs 2 (A), (C), (D), and (F) shall be published and made available to the general public in tariff format. "

在班轮公会的自动运价本公开系统中公开;(2)其他协议组织订立服务合同的,由各参与企业在其自己的承运人自动运价本公开系统中公开。①

《鹿特丹规则》中的批量合同的定义范围要大于美国国内法中的服务合同。批量合同并不要承运人提供特定水平的服务或者遵守一定水平的费率或者是一定的费率表,只是要求托运人提供一定数量的货物以供运输。②因此,服务合同包括在批量合同概念之内,但是不构成服务合同的运输合同,只要是一定期限内分批使用班轮完成批量货物运输的仍有可能构成《鹿特丹规则》中的批量合同。

2. 忠诚契约(Loyalty Contract)

忠诚契约是指运输使用人(货主)与承运人或班轮公会签订的协议。根据约定,货主通过将其全部或固定部分货载交由该承运人或班轮公会承运,而获得较低的运价,或获得延期回扣。货主若违反"忠诚"义务,则将被罚款或课以罚金。忠诚契约属于纵向限制协议,它限制了货主选择其他交易承运人的自由,尤其是在100%的忠诚契约下,即货主承诺将其全部货物交给约定的承运人,其实质是独家供应。从货主的角度来讲,总是较大、有实力的货主易与班轮公会签订忠诚契约,这实际上对中小货主构成了一种歧视。从反限制竞争的理论出发,应予以禁止。但忠诚契约的存在对促进航运的发展也有正面作用,如有助于增强承运人的揽货力度,以满足全球化生产方式下的大宗货物运输的需求;通过合理运用弹性运价能够降低边际成本,从而有利于提高大型航运公司的综合竞争力。所以,1974年联合国《班轮公会行动守则公约》和美国《1998年航运改革法》都对符合一定条件的忠诚契约实行反垄断豁免。在运费费率方面,忠诚契约通过采用"合同费率制"和"延期回扣制"给予托运人以较低的运费费率待遇。③

前述远洋班轮运输服务协议与忠诚契约的作用与目标是相同的,都采用合同费率制约定优惠运价,而且在竞争法上的豁免条件也基本一致。两

---

① 於世成、胡正良、郑丙贵:《美国航运政策、法律与管理体制研究》,北京大学出版社2008年版,第82~83页。

② Proshanto K. Mukherjee, Abhinayan Basu Bal, A Legal and Economic Analysis of the Volume Contract Concept under the Rotterdam Rules: Selected Issues in Perspective, *Journal of Maritime Law & Commerce*, 2009, October(40), p.584.

③ 司玉琢主编:《国际海事立法趋势及对策研究》,法律出版社2002年版,第110~111页。

者的区别主要体现在：忠诚契约通常以班轮货物运输合同为基础，但在合同中列入优惠运价或延期回扣的相应条款，对于忠诚履行交付货载义务的托运人给予优惠运价或延期回扣的优惠待遇，并没有增加承运人在传统班轮运输方式下的义务；而海运服务协议是通常的班轮运输合同以外的独立合同，合同中除了列入给托运人以一定的运费优惠的条款外，还列入较高标准的服务承诺条款，从而增加了承运人的义务，并且也不采用任何回扣方式。所以，忠诚契约还是以班轮合同为基础的，即使从广义上也很难将其看成是远洋班轮运输服务协议的一种类型，只是比较注重优惠运价或运费回扣，而不是像服务协议那样突出强调服务承诺和服务质量。[①]

从忠诚契约要求货主将其全部或固定货载交给承运人或班轮公会运输，并且该运输在一定期间内通过多个航次来完成的特点来看，忠诚契约属于批量合同的一种。但是，批量合同的概念范围要大于忠诚契约。

3. 费率协议（Rate Agreements）

在使用费率协议的情况下，托运人请承运人对其未来一段时间内提供的"预计但不确定"数量的待运货物给出报价。如果承运人给出一个报价，这并不是一个关于批量合同的要约，因为货物数量不能确定。即使托运人使用承运人的报价完成了某一航次的货物运输，这种运输依然不是批量合同下的货物运输。在实践中，如果其他承运人提供了更低的费率，托运人就可能将货物交给其他承运人运输，因为托运人没有承诺必须将一定数量的货物交给第一个承运人运输。从经济角度来看，费率协议中约定的费率是一段时间内的最高费率，如果某一时间点的费率低于协议费率，托运人会使用该时间点的实际费率；如果某一时间点的费率高于协议费率，托运人则会使用协议费率。托运人出于自身利益考虑，可能就一定交易与几个承运人签订费率协议。[②] 所以，批量合同与费率协议之间的区别在于批量合同下的托运人确定将要运输一定数量的货物，而费率协议中关于数量的承诺只是可能的数量，并不确定，托运人甚至不将任何货物交给承运人运送。费率

---

① 韦经建：《寻找流失的契约自由——以海上货物运输法为线索》，吉林大学 2007 年博士学位论文，第 144～145 页。

② Proshanto K. Mukherjee, Abhinayan Basu Bal, A Legal and Economic Analysis of the Volume Contract Concept under the Rotterdam Rules: Selected Issues in Perspective, *Journal of Maritime Law & Commerce*, 2009, October(40), p. 591.

协议不是批量合同,甚至也不是运输合同,只是关于费率的约定。虽然不是运输合同,但可以在不指明数量的情况下确定最高的费率,所以,在目前的海运实践中,小托运人往往倾向于使用费率协议,而不是使用批量合同。[1]在美国之外的贸易中,假如托运人基于法律与经济考虑可以自由选择承运人,据估计大约海运货物总量的50%～70%将会通过费率协议来完成运输。即使货物数量很大,相对而言,采用批量合同完成运输的还是少数。只有在运力供给紧张时,批量合同的使用才会增多,因为此时运力保证对托运人而言更为重要。然而,一般情况下,如果班轮的平均货载量占海运货物总量为75%的话,其中约有不超过20%～25%的货物运输是通过批量合同完成的。[2]

二、远洋班轮服务协议的纳入与批量合同缔约自由

在公约草案初稿中即有批量合同的条文。草案初稿第3.3.1条、第3.3.2条规定:“本文书规定不适用于租船合同,[租船契约、批量合同或类似的协议]。尽管有第3.3.1条的规定,如果一项可转让运输单证或可转让电子记录是根据一项租船合同[包运合同、批量合同或类似协议]而发出的,那么本文书的各条款即适用于该单证或该电子记录作为证据的合同或所载的合同,时间从该单证或电子记录管辖承运人和租船人之外的持单人之间关系的时候开始并以此程度为限。”

公约草案一读文本第2条第3款、第4款规定:“本文书的规定不适用于租船合同,[包运合同、批量合同或类似的协议]。虽有第3款的规定,但可转让运输单证或可转让电子记录是根据租船合同[包运合同、批量合同或类似协议]签发的,在该单证或该电子记录调整承运人和租船人之外的持单人之间关系之时并在此调整范围内,本文书的规定适用于该单证或该电子记录所证明包含的合同。”

从上述规定来看,公约草案在其最初文本中即涉及了批量合同(Volume Contracts),但仅仅是涉及,批量合同实际上被公约草案排除出其适用

---

[1] See U. N. Doc. A/CN. 9/572. Paragraph 100.

[2] Proshanto K. Mukherjee, Abhinayan Basu Bal, A Legal and Economic Analysis of the Volume Contract Concept under the Rotterdam Rules: Selected Issues in Perspective, *Journal of Maritime Law & Commerce*, 2009, October(40), pp. 603～604.

范围。但是,如果根据批量合同签发了提单,则公约适用于提单。本书所称的批量合同制度并不指此时公约草案中的上述条款,而是指通过 OLSA 的纳入而建立起来的批量合同有关制度。

针对公约草案初稿第 3.3.1 条规定的评论意见指出,应将租船合同的变种如箱位租船合同(slot charters)和舱位租船合同(space charters)排除在公约适用范围之外,赋予其缔约自由,但是也要赋予成熟当事方之间协商订立的合同如包运合同、批量合同的当事人以另外一种缔约自由。包运合同或者是批量合同应当接受公约的默示管辖,但是合同当事人应有权在合同条款中背离公约规定。这些背离应当仅仅适用于合同原始当事人之间,根据上述合同签发的运输单证并转让给第三人时应当依然适用公约草案。① 由此引发了对成熟当事方之间缔结的合同应否纳入公约适用范围的讨论。

该评论意见所指的“成熟当事方之间协商订立的合同”(negotiated contracts between sophisticated parties)在国内法中被称为“远洋班轮服务协议”(Ocean Liner Service Agreements)、“远洋运输合同”(Ocean Transportation Contract,简称 OTC)、“批量合同”(Volume Contract)、“包运合同”(Contract of Affreightment)、“吨位合同”(Tonnage Contract)、“数量合同”(Quantity Contract)等等,这些术语含义大致相同,具体情况视法律制度而定。此类合同的特征是:承运人承诺履行运送具体数量的货物的“一般性”义务(即以后需要进一步协商明确的义务);在合同中未指明任何船舶;货物数量很大,将在一段时期内由多个航次完成运输;运费根据商定的单位加以计算或按一次性总付计算;承运人承担延迟交货的风险。②

针对这种合同,在工作组第九届会议上即有代表建议工作组审议这种合同安排并将其与其他运输合同区别对待,并对这种合同的制度安排提出了具体建议。③ 美国代表团非常强烈地主张应将 OLSA 纳入公约草案适用范围,并且此种适用原则上应是非强制性的,允许当事人协商改变公约草案规定。美国提案要点包括:第一,班轮运输服务协议的定义。远洋班轮运输服务协议指一个或多个托运人与一个或多个承运人互相协商达成的在特定

---

① See U. N. Doc. A/CN. 9/WG. Ⅲ/WP. 21. Paragraph 41.

② See U. N. Doc. A/CN. 9/526. Paragraph 208.

③ See U. N. Doc. A/CN. 9/510. Paragraphs 65～66.

时间内通过多个航次完成运输的合同。班轮运输服务合同中承运人的义务应该包括海上运输服务,还可以包括其他形式的运输、仓储、物流服务等内容。第二,远洋班轮运输服务协议不能是提单、承运人运价表、货物收据等类似单证,也不能是租用班轮或班轮船舱的合同。第三,远洋班轮运输服务协议可以对公约作出背离规定。第四,做出背离规定的条款必须在合同中写明,不能通过援引其他单证的方法来规定。第五,背离规定条款只对运输合同的当事人有约束力,要对第三人产生约束力,必须经过第三人的明示同意。第六,根据 OLSA 签发的提单,电子单证要想在承运人和持有人或收货人之间产生约束力必须经过持有人或收货人的明示同意。

美国提出上述提案的理由是:(1)自美国《1984 年航运法》和《1998 年航运改革法》允许以自由竞争方式谈判订立 OLSA 以来,OLSA 的使用有了很大的发展,目前,在许多国际班轮航线上,大量的货物都是根据此种协议进行的,将班轮运输中大量使用的合同类型排除在公约的适用范围之外,不利于该领域的法律统一;(2)允许 OLSA 下的各方当事人自由协商条款,可以提高商业效率,有利于促进更适合国际商业具体需要的业务发展;(3)近 20 年的经验表明,在基本运输条款的谈判权方面,承认"契约自由",不会对船方或货方造成特别的不利;(4)尤其是,OLSA 当事人享有较为充分的"契约自由",肯定不会给小型托运人造成伤害,如果任何托运人不满意 OLSA 谈判的结果,它完全可以选择不订立此种合同,而根据通常由班轮承运人提供的标准价目表或费率运送货物,或将货物交给其他有竞争力的承运人运送。能够利用此种标准费率和经常出现的其他有竞争力的机会,是班轮运输与其他海运形式的不同之处。[①]

美国之所以提出上述提案,并在谈判过程中对这个议题一直非常积极,是因为美国国内法中《1984 年航运法》中就已经有了"服务合同"(相当于《鹿特丹规则》中的批量合同)的概念,并且美国已经准备给予"服务合同"以缔约自由。美国《1999 年海上货物运输法(草案)》第 2 条(定义)第 1 款第 10 项规定:"'服务合同'与《1984 年航运法》第 3 条第 21 项所界定的该术语的含义相同[《美国法典》第 46 卷附录 1702(21)]。"该草案第 7 条(运输合同)第 10 款(不适用于服务合同)规定"本条的第 8 款和第 9 款不适用于服

---

① See U. N. Doc. A/CN. 9/WG. III/WP. 34. Paragraphs 18 ~ 29; See U. N. Doc. A/CN. 9/WG. III/WP. 42.

务合同中仅影响服务合同订立方的权利和义务的条款。"该条第 8 款(减轻责任条款)规定:"1.一般规定——运输合同中任何减轻承运人或船舶因疏忽、过失或因未尽到本法所规定的义务和责任而造成的货物灭失、损坏或与该货物有关的责任的条款,或减轻本法未规定的类似责任的条款,均为有悖公共政策的无效条款。2.保险——对承运人有利的保险利益条款或类似条款,应依第 1 项,视为减轻承运人责任的条款。"该款规定的正是传统的强制性体制的内容。第 7 条第 9 款规定的是"外国法院条款",该款规定的主要是美国法院的长臂管辖权。① 根据上述条款的规定,服务合同当事人可以不受第 8 款强制性体制的约束,自由地就服务合同条款进行谈判。但是这些规定还只是草案,并没有生效,但可以由此窥见美国立法者对于服务合同的态度。美国的上述提案不过是《1999 年海上货物运输法(草案)》的翻版而已。美国的提案也符合其尽量将本国的法律制度往外推销的传统作法。

但是,以 UNCTAD 为代表的反对意见认为,公约应当强制性地适用于 OLSA。UNCTAD 认为:(1)如果谈判能力明显不同的当事人之间相互订约,则可能出现滥用"契约自由"的情形,这也正是《海牙规则》与《汉堡规则》强制性责任体制所关注的;(2)目前的做法表明,OLSA 在某些贸易中所涉班轮运输中所占比例超过 80%,这种合同不仅用于大托运人与承运人之间,而且也用于运输非常少量的货物(例如 10 个~20 个 TEU 或甚至 1 个 TEU),在这种情况下,很明显,当事人谈判能力非常不平等。例如,在实践中,托运 2 个集装箱的当事人与世界排位前 25 名(控制全球标准箱运输能力近 80%)的其中一个班轮公司之间缔结的 OLSA,不可能是真正在个别谈判的基础上形成的,而肯定会使用承运人制订的格式合同;(3)在草案中,如果 OLSA 可以偏离公约的规定,而同时又没有任何保障措施来确保小托运人受到有效的保护,使之不受不公平合同条款的损害,那么今后可能出现的情况将是,大多数国际班轮运输都可能根据"标准 OLSA 条款"来进行,从而不受强制性最低限度赔偿责任标准的约束——显然,这将彻底破坏承运人强制责任体制。②

经过几次会议的讨论,在第十四届工作组会议上,工作组形成了关于公

① 韩立新、王秀芬编译:《各国(地区)海商法汇编(下卷)》(中英文对照),大连海事大学出版社 2003 年版,第 391~392 页。
② See U. N. Doc. A/CN.9/WG.Ⅲ/WP46.

约适用范围的广泛的协商一致意见,公约草案应强制适用于使用传统提单和海运单以及使用电子单证的海运。与会者还广泛同意,传统的租船合同、非班轮运输中的批量合同、班轮运输中的箱位租船合同以及拖船和重件货合同均应排除出公约草案的适用范围。工作组认为应当采用单证方法、合同方法、运输形式三种方法来确定公约草案的适用范围。① 就远洋班轮服务协定是否应当纳入公约适用范围,在第十四届会议上,工作组基本达成了一致的意见,不反对将远洋班轮运输业务协定纳入公约草案,但是,需澄清公约草案关于批量合同总的适用范围;应当特别注意远洋班轮运输服务协定的定义与中小托运人、第三方的利益保护,并应进一步考虑审查如果公约草案中要有条款对远洋班轮运输服务协定强制适用,应当是哪些条款;还应当考虑关于远洋班轮运输服务协定的规定放在公约草案的什么位置最合适。②

在第三工作组第十五届会议上,各国代表团将公约适用范围、批量合同、合同自由等议题分为 8 个问题进行了深入的讨论并草拟了案文。针对OLSA,有与会者称不一定需要以单设几款的方式将 OLSA 列入公约草案,因为公约此前的草案中已经有了关于"批量合同"的规定,③而 OLSA 从本质上讲是批量合同的一种,因此有意见主张,将 OLSA 作为批量合同的一种加以规范。这样可以避免单独就 OLSA 进行规定所带来的起草上的困难,因为此前的草案适用于批量合同下签发的单证,以及批量合同下的每一批货运。如果后面的条文另外就 OLSA 进行规定,那么,因 OLSA 本质上作为批量合同的一种会与前面的条文发生冲突。另外采用批量合同概念的好处是,这一概念与 OLSA 相比更具有普遍性,从而可以将其他类型的批量合同(比如忠诚契约)也纳入适用范围。然而,需要注意的是,应当谨慎地措辞以避免将非班轮运输中的批量合同也纳入公约的调整范围。工作组于是决定将 OLSA 作为批量合同的一种来进行规范,并允许批量合同背离公约草案的强制性规定,并且这种背离在符合一定条件时可以适用于第

---

① See U. N. Doc. A/CN. 9/572. Paragraph 89, Paragraph 109.

② See U. N. Doc. A/CN. 9/572. Paragraph 104.

③ See U. N. Doc. A/CN. 9/WG. III/WP. 32. Artilce 2. Variant C of Paragraph 1, Paragraph 4, Paragraph 5.

三方。①

　　在经过上述争议与讨论后,公约草案二读合订文本第 95 条(关于批量合同的特别规则)规定了批量合同制度的有关内容。批量合同制度首次进入公约草案。并且,批量合同下的当事人被赋予了相当大的缔约自由。

　　然而,直至《鹿特丹规则》通过前夕,依然有意见反对赋予批量合同以缔约自由。在 UNCITRAL 第四十一届会议上,新西兰代表团在其提案中指出:"目前新西兰按照《海牙—维斯比规则》运作,这是一套强制性制度,不能背离。新西兰业界在一套统一协调的系统下运作已有 100 多年的历史,从来没有实行过依据背离规定的并行制度。新西兰政府认为,准许批量合同背离公约草案是不可取的,首先,它违背了法律统一这一基本原则,其次,它可能使谈判中的弱势方面临滥用权利的危险……新西兰政府认为应当删除关于背离公约草案的第 82 条……"②不过,这种意见在 UNCITRAL 第四十一届会议上只是少数意见,UNCITRAL 支持此前达成的折中意见,核准了公约草案第 82 条的实质内容。最终,《鹿特丹规则》第 80 条第 1 款规定:"虽有第 79 条的规定,在承运人与托运人之间,本公约所适用的批量合同可以约定增加或减少本公约中规定的权利、义务和赔偿责任。"

　　根据该款的规定,批量合同的当事人可以自由就合同条款进行协商,背离公约第 79 条所设立的强制性规则。

　　笔者认为,将 OLSA 作为批量合同的一种纳入公约适用范围,并赋予当事人以缔约自由,是一种务实并具有创新理念的制度设计。从航运市场的实际情况来看,与承运人签订批量合同的托运人大多是一些大的货主或者有着充沛货源的货代公司,其进口或出口货量充足。双方通过自由协商签订批量合同,对货主而言,可以起到降低费率、保证舱位的作用,对承运人而言,则意味着长期的客户以及稳定的运费收入。通过赋予批量合同当事人以缔约自由符合双方利益最大化的商业诉求。③ 虽然 UNCTAD 等关于赋予批量合同当事人以缔约自由的担心不无道理,但是,《鹿特丹规则》批量合同制度为保护小托运人与第三方的利益作了较为周全的考虑,当事人背

---

　　①　See U. N. Doc. A/CN. 9/576. Paragraphs 12～28.

　　②　See U. N. Doc. A/CN. 9/658/Add. 2, Paragraphs 4～5, Paragraph 11.

　　③　司玉琢、韩立新主编:《〈鹿特丹规则〉研究》,大连海事大学出版社 2009 年版,第 568 页。

离其规定需要符合一定的形式要求,批量合同中的背离条款适用于第三方也需要符合一定的条件。并且,《鹿特丹规则》中有若干"超级强制条款"依然不允许合同当事人背离。所以,笔者认为,《鹿特丹规则》规定的批量合同制度,尊重了当事人在经济活动中的积极性和自主性,有助于提高经济效率,是值得称道的制度设计思路。就合同自由而言,将批量合同纳入《鹿特丹规则》适用范围,实际上不是赋予其合同自由而是限制其合同自由。因为,如果将批量合同排除出《鹿特丹规则》的适用范围,批量合同将像租船合同一样享有不受任何限制的缔约自由。将批量合同纳入《鹿特丹规则》适用范围后,当事人虽然享有缔约自由,但这种缔约自由依然是有限制的,笔者在第二节将重点分析这一问题。

在《鹿特丹规则》将批量合同纳入调整范围并赋予合同自由后,我们可以将批量合同分为两类对其在《海牙规则》、《海牙—维斯比规则》、《汉堡规则》以及《鹿特丹规则》下的不同地位进行比较。第一类是措辞为租船合同如连续航次租船合同或是连续舱位租用合同的批量合同,第二类是措辞为普通班轮运输的批量合同。

对第一类批量合同而言,三个规则下的适用结果相同。就《鹿特丹规则》与《汉堡规则》而言,因其都不适用于租船合同,所以《鹿特丹规则》与《汉堡规则》都不适用于托运人与承运人之间的关系。但是在这种批量合同下如果签发了提单并转让给托运人之外的第三人时,《鹿特丹规则》、《汉堡规则》与《海牙规则》、《海牙—维斯比规则》一样都将强制性地适用于承运人与第三人之间的提单关系。[①]

就第二类批量合同而言,如果承运人就批量合同下的批次运输签发提单,则《海牙规则》、《海牙—维斯比规则》适用于批量合同下签发提单的批次运输,但是,如果当事人使用海运单或其他运输单证,则《海牙规则》、《海牙—维斯比规则》不适用;《汉堡规则》将强制性地适用于批量合同下每一批次的运输,无论当事人使用何种运输单证。而对于这种批量合同,《鹿特丹规则》与《海牙规则》、《海牙—维斯比规则》、《汉堡规则》都不同。《鹿特丹规则》不但适用于批量合同下的每一批运输,还将适用于批量合同整体,即批

---

① 在《鹿特丹规则》下,批量合同可以背离公约的强制性规定,但根据第80条第3款的规定,提单不是批量合同,所以提单条款不能背离强制性体制的规定。《鹿特丹规则》对这种其调整范围之外的批量合同签发的提单应当是强制性地适用。

量合同的缔结、内容、争议解决等《鹿特丹规则》都适用。但是与《汉堡规则》不同,《鹿特丹规则》下当事人享有缔约自由可以背离其强制性规定,第三方只有被通知合同中有此种背离条款并明确对此表示同意才会受这些背离条款的约束。①

有人认为,《鹿特丹规则》下承运人强制性的义务与责任将会被批量合同制度稀释,结果托运人会被拉回到《海牙规则》制定前的混乱时代。② 但这其实是一种错误的理解。因为《海牙规则》、《海牙—维斯比规则》根本不适用于批量合同,所以批量合同的当事人实际上享有完全不受限制的缔约自由。只是批量合同下的每一批运输签发提单,并且提单转让给托运人外的第三人时,《海牙规则》、《海牙—维斯比规则》将会强制性地适用于承运人与第三人之间的提单关系。提单条款不能背离《海牙规则》、《海牙—维斯比规则》规定的承运人最低限度的责任与义务。如果当事人不签发任何运输单证或是签发海运时,《海牙规则》、《海牙—维斯比规则》将完全无法适用于这种合同下的运输。相反,因批量合同被纳入了《鹿特丹规则》的适用范围,《鹿特丹规则》下对批量合同尚有一定的形式限制与实质限制,这样反而会为批量合同下的货方提供一定的保护措施。所以,上述观点是一种错误的认识。

《鹿特丹规则》将批量合同纳入其适用范围后,在其第 1 条第 1 项、第 2 项和第 5 条之下,如果托运人与承运人缔结的合同构成了《鹿特丹规则》下的批量合同,并且当事人有相反约定,《鹿特丹规则》将不再对批量合同强制性地适用。也就是说,如果批量合同当事人有关于双方义务与责任与《鹿特丹规则》不同的约定,则这种约定只要符合《鹿特丹规则》第 80 条的规定,就

① Proshanto K. Mukherjee, Abhinayan Basu Bal, A Legal and Economic Analysis of the Volume Contract Concept under the Rotterdam Rules: Selected Issues in Perspective, *Journal of Maritime Law & Commerce*, 2009, October(40), p. 599.

② ESC, View of the European Shippers' Council on the Convention on Contracts for the International Carrying of Goods Wholly or Partly by Sea also known as the 'Rotterdam Rules', http://www. uncitral. org/pdf/english/texts/transport/rotterdam _rules/ESC_PositionPaper_March2009. pdf, Visited on 2009-11-25. See also CLECAT, The European Voice of Freight Logistics and Customs Representatives, http://www. uncitral. org/pdf/english/texts/transport/rotterdam_rules/CLECATpaper. pdf, Visited on 2009-11-25.

会在当事人之间适用。此时,一方当事人要对背离主张利益必须承担背离已经满足《鹿特丹规则》要求的举证责任。但是,如果当事人没有背离《鹿特丹规则》的约定,《鹿特丹规则》将默示适用。实践中,有可能很多批量合同只是规定运输方面的事项。比如,如果承运人对托运人承诺一定水平的费率,托运人将承诺将一定数量的货物交付给该承运人运输,而不涉及当事人义务与责任方面的约定,其结果是批量合同下的义务与责任仍将适用《鹿特丹规则》。小托运人很有可能会选择缔结这种类型的批量合同。所以,认为只有货物运输的 10% 会落入《鹿特丹规则》的适用范围,而其余 90% 由批量合同完成的运输将不受《鹿特丹规则》管辖的观点是错误的,因为大部分批量合同根本不会有背离《鹿特丹规则》的约定,因此仍属于《鹿特丹规则》的管辖范围。① 笔者认为,即使是批量合同包含有背离条款依然属于《鹿特丹规则》的适用范围,因为批量合同中的背离要受第 80 条规定的限制。

三、批量合同缔约自由与强制性体制缺陷之矫正

在所有私人交易中,当事人最能判断和实现自己的利益。当事人应有权选择交易对象,决定交易条件,从而最大限度地获取各自的利益。只有在当事人自治已经或将要损害公共利益时,政府干预才是必需的。而在大多数国际贸易领域,优先尊重合同自由都得到了验证。在国际货物买卖合同、租船合同、海上保险合同和国际支付合同中,当事人都享有不受强制性立法干预的自由,只有海上货物运输是一个例外。在强制性体制之下,当事人获得了通过强制性规则确立的商业妥协,但代价是合同自由的失去。强制性体制虽然对确定船方和货方之间的风险分配,保护货方利益发挥了重要作用,但不可否认的是强制性体制存在着其固有的缺陷,集中表现在通过强制性规则来固定交易条件,会妨碍当事人实现成本效益。② 例如,对于缔约实力基本相当的托运人和承运人而言,它们可以通过缔结与强制性体制设定的不同的交易条件的合同来获得最大的商业上的收益。但是,强制性体制禁止当事人的这种自由约定,因而会导致一些情况下的低效率。如 Jan

---

① Proshanto K. Mukherjee, Abhinayan Basu Bal, A Legal and Economic Analysis of the Volume Contract Concept under the Rotterdam Rules: Selected Issues in Perspective, *Journal of Maritime Law & Commerce*, 2009, October(40), p.604.

② 余劲松主编:《国际经济法专论》,武汉大学出版社 2003 年版,第 217~218 页。

Ramberg 教授将强制性体制的缺陷概括为增加纠纷解决成本与带来立法方面的问题。[1]

一些学者已经注意到了上述强制性体制的缺陷。基于这种考虑,这些学者主张取消海上货物运输领域的强制性立法。[2] 随着国际海运形势的变化,世界航运市场的经济力量对比已与 19 世纪末不可同日而语。在很多国家,班轮公会一直以来都享有反垄断豁免权而不受竞争法的控制,从 19 世纪末到 20 世纪初,班轮公会有力地保障了承运人拥有强大的谈判力量。但是,到 20 世纪下半叶,越来越多的船舶不再属于任何班轮公会,班轮公会与非班轮公会船舶之间由此产生的竞争大大削弱了班轮公会的谈判力量。晚近,越来越多国家的竞争法开始适用于班轮公会,对其进行控制,进一步削弱了班轮公会的谈判力量。随着集装箱运输的兴起,20 世纪下半叶航运业的缔约实践也发生了巨大变化,运输中介人普遍存在于班轮运输中。过去,小托运人被迫与承运人在一个没有竞争的环境中与其直接缔约,而今,托运人往往通过运输中介人来完成运输合同的缔结。运输中介人为了揽货竞争十分激烈。运输中介人与实际运输货物的船公司谈判时拥有强大的谈判力量。总之,小托运人仍然存在,但由于一系列因素,他们面对的是与《海牙规则》时代不同的缔约环境,原来单纯的"强大承运人 v. 弱小托运人"现如今已越来越少见。[3] 一些托运人已经具备了与承运人进行讨价还价的能力。对这些托运人而言,强制性体制的保护已经不再必要,甚至已经多余。而强制性体制的缺陷正是适用于这些主体时呈现出来的。《鹿特丹规则》正视了强制性体制的上述缺陷,通过批量合同制度赋予当事人以一定的缔约自由,允许批量合同当事人背离强制性体制,排除强制性体制的适用。[4]《鹿特丹规则》在沿袭传统的强制性体制为实力较弱的当事人提供必要保护的同时,又通过批量合同制度赋予当事人以一定的缔约自由,实现了公平与效率的兼顾。因此,批量合同的合同自由从一定程度上讲是强制性体制的自我发

---

[1]　Jan Ramberg, Freedom of contract in maritime law, *Lloyd's Maritime and Commercial Law Quarterly*, 1993, p. 191.

[2]　Jan Ramberg, Freedom of contract in maritime law, *Lloyd's Maritime and Commercial Law Quarterly*, 1993, p. 191.

[3]　Michael F. Sturley, Tomotaka Fujita, Gertjan Van Der Ziel, *The Rotterdam Rules*, Sweet & Maxwell, 2010, pp. 366~367.

[4]　当然,这种排除并不彻底,"超级强制条款"依然适用于批量合同。

展与完善。

第二节　批量合同背离强制性体制之限制

《鹿特丹规则》赋予批量合同当事人以合同自由的同时,批量合同下的小托运人、单证持有人、收货人等货方利益的保护问题也同时成为起草者不得不考虑的问题。事实上,批量合同下的货方利益保护问题在讨论是否将OLSA纳入公约适用范围时就曾被提出。[①] 在工作组第十七届会议上有代表再次对承运人可能滥用批量合同背离公约草案条款问题表示关切。[②] 澳大利亚和法国在其关于批量合同下合同自由的联合提案中指出:"海上货物运输法的历史是逐步制定有关责任的强制性规则的历史。19世纪末,船舶所有人广泛肆意滥用合同自由来不公平地减少其对货物灭失或损害所承担的责任。为了制约船东滥用合同自由的行为,美国于1893年制定了《哈特法》,这是一个管辖与美国之间贸易的强制性制度。后来于1924年签订了《统一提单的若干法律规则的国际公约》,该公约现在成为海上货物运输法的基础。该公约规定'运输合同中的任何条款、约定或协议,凡是解除承运人或船舶对由于疏忽、过失或未履行本条规定的责任和义务,因而引起货物或关于货物的灭失或损害的责任的,或以下同于本公约的规定减轻这种责任的,则一律无效。'如今,在关于不同运输方式的国际公约中也可发现措辞非常相似的强制性责任制度。[③] 目前正在拟订的文书从其现有情况来看,是唯一一个赋予合同当事人以相当大的合同自由的文书。通过批量合同机制,从一个基本上是强制性的制度转化为一个在很大程度上属于背离性的制度,这是一个重大的变化。"[④]

笔者认为,合同自由或曰契约自由是合同法领域的一项重要原则。然而在海上货物运输领域,自从1893美国《哈特法》开始,海上货物运输立法

---

① UNCTAD在工作组第十五届会议上通过提案专门讨论了这一问题。见 U.N. Doc. A/CN.9/WG.Ⅲ/WP46.

② See U.N. Doc. A/CN.9/594. Paragraph 155.

③ 如CMR第41.1条、《蒙特利尔公约》第26条、《华沙公约》第23条、CMNI第25条。

④ See U.N. Doc. A/CN.9/612. Paragraphs 4~6.

便一直排斥契约自由。强制性体制成为货方利益保护的基本工具。公约草案赋予批量合同当事人以合同自由是对以往海上货物运输法律制度乃至整个运输法律制度的重大变革,对于货方尤其是中小货主利益可能构成一定的威胁。人们不会忘记,19 世纪在航运市场上处于优势地位的承运人是如何利用提单中的免责条款使自己"除了享有收取运费的权利外,几乎不承担任何责任"。在批量合同当事人享有缔约自由的情况下,虽然个别大的货主拥有较强的谈判实力,可以与承运人进行较为公平的谈判,压低运费价格,但是,对于大部分中小货主而言,这种缔约自由不见得能有多少益处。相反,承运人却可能以订立批量合同为契机,订入各种各样的免责条款,这样中小货主将重新被置于"丛林法则"之下,"倒退到《海牙规则》制定前的混乱局面"。① 特别是,批量合同的定义如此宽泛,几乎没有任何限制,从理论上讲,把两个集装箱放在一年期间内运输,就构成了公约规定的批量合同,可以适用批量合同的规定。在这种背景下,批量合同下货方利益的保护就显得格外重要了。也正是出于保护货方利益及公共利益的考虑,虽然《鹿特丹规则》赋予批量合同当事人以合同自由,但还是为批量合同当事人背离强制性体制设置了若干限制条件。这些限制条件可以归纳为形式限制与内容限制。形式限制包括《鹿特丹规则》对背离条款缔结的形式要求、批量合同背离适用于第三方的形式要求。内容限制主要指《鹿特丹规则》设置了若干"超级强制条款"不允许批量合同当事人背离。

一、批量合同背离强制性体制的形式限制

虽然《鹿特丹规则》允许批量合同的当事人就合同内容进行自由谈判协商,允许合同的部分内容背离公约的规定,但如果当事人任意背离《鹿特丹规则》的规定,可能会使货方的利益失去保障。所以《鹿特丹规则》第 80 条首先从形式方面对批量合同背离强制性体制进行限制。形式限制包括以下两个方面:一是背离本身的形式限制,二是批量合同中背离条款适用于第三方的形式限制。

(一)背离条款的形式限制

从《鹿特丹规则》第 80 条第 2 款的规定来看,《鹿特丹规则》对背离有以下几点要求。

---

① 朱曾杰:《初评〈鹿特丹规则〉》,载《中国海商法年刊》2009 年第 1~2 卷。

第一，批量合同需要载有合同背离公约的明确声明。声明应该是明确的，也就是不能用含糊的词语表达出来。根据《鹿特丹规则》第 3 条（形式要求）的规定，该款的声明应当采用书面形式。在批量合同采用书面形式缔结的情况下，当事人只需在合同文本中加入该则声明即可。但在实践中可能有批量合同没有专门缔结书面的合同文本，在这种情况下，承运人需要就批量合同背离公约规定作出专门的书面说明。在《鹿特丹规则》的起草过程中，有人提出可以对"明确"（prominent）的含义作出说明，[①]但是这种意见没有被采纳。笔者认为，该项规定只是要求批量合同中有一则声明，声明合同背离公约的规定，并没有要求声明对合同背离公约的内容进行说明，因此，对"明确"的含义进行界定没有太大的必要。

第二，批量合同是单独协商订立的，或明确指出批量合同中载有背离内容的部分。该项规定要求批量合同要么是承运人与托运人单独协商订立的，要么要在批量合同中指出其中背离内容的部分。该项规定的目的在于避免托运人不知道合同规定背离《鹿特丹规则》强制规定内容的情况下缔结批量合同。所以，该项规定提出了两个选择性要求：

第一个要求是批量合同是托运人与承运人个别协商订立的。在这种情况下，因为托运人亲自参与了合同的谈判过程，所以自然会很清楚批量合同中哪些规定背离了《鹿特丹规则》的规定。

第二个要求是批量合同中载有背离内容的部分。该项要求一般针对托运人与承运人没有就合同背离《鹿特丹规则》的规定进行协商的情况，此时，《鹿特丹规则》要求批量合同将合同背离公约规定的内容进行明确记载。在《鹿特丹规则》的起草过程中，曾有代表认为应该删掉后一项要求，从而使所有的批量合同中背离条款都是通过谈判达成的，并且该条款应该为判断当事人之间缔结的批量合同是不是个别协商缔结的提供一些判断标准，比如双方当事人的实力。但是反对的意见认为，第 2 项要求对一些国家而言十分必要。因为在这些国家，小型托运人常常出于经济上的考虑被迫签订格式条款批量合同，鉴于这些标准条款可能背离公约的强制性规定，因此，要求批量合同载明背离公约规定的部分对保护小型托运人的利益而言就非常重要了。再者，虽然该项规定的第一个选择性要求是要求托运人和承运人就批量合同条款进行单独协商，但当事人可能将协商的重点放在合同运费

---

① See U. N. Doc. A/CN. 9/576. Paragraph 84.

上而没有经过协商就接受了背离公约规定的内容。在这种情形下,依第一个要求,虽然单独协商的批量合同可以不记载背离内容,但是批量合同如果对背离内容进行记载也将会对保护托运人利益起到一定的作用。① 所以,笔者认为删掉该项规定中的"或"字似乎对保护托运人利益更为有利。澳大利亚代表团表示澳大利亚政府倾向于第 82 条第(2)款第(b)项的规定,批量合同是单独协商订立的,并且明确指出批量合同中载有背离内容的部分。② 我国代表团也提出:"有关海上货物运输的国际公约的主要宗旨是设立承运人义务和责任的强制性规则,保护货方尤其是第三人收货人的利益,公约草案中批量合同的规定使得背离强制性规则合法化。因此,对这种背离应当严格加以限制,尤其是应当限定这种背离的有效性需建立在合同当事人协商一致的基础上。否则,将有损谈判地位与海上集装箱运输班轮公司相比悬殊的广大中小货主的利益,以及作为第三方之收货人的利益。鉴于公约草案第 82 条第 2 款(b)项(ii)目前的表述没有表明合同当事人协商一致的要求,中方建议,(b)项中'或者'一词应改为'和'。"③

　　第三,承运人曾给托运人机会订立不对公约强制性规定进行任何背离的运输合同的机会,并且向托运人通知了此种机会。这一限制条件是在工作组第二十一届会议上为了向托运人提供充分保护而特意添加的。④ 这一要求的主要目的在于保证托运人有选择缔结对《鹿特丹规则》不加背离的合同的机会。实践中可能的情形是,对《鹿特丹规则》规定进行背离的合同,托运人可能享受到更为优惠的运费价格,而不对《鹿特丹规则》规定背离的合同,其运费价格会相对较高。承运人可以同时向托运人提供与《鹿特丹规则》强制性规定一致的运输合同的报价与另外一个对强制性体制进行背离的报价,这应当视为向托运人提供了缔结不加背离的运输合同的机会。承运人对托运人进行的通知不应当包括在批量合同之中,因为承运人需要在合同缔结之前对托运人发出通知。⑤ 需要注意的是,根据《鹿特丹规则》第 3

① See U. N. Doc. A/CN. 9/576. Paragraph 83.

② See U. N. Doc. A/CN. 9/658. Paragraph 67.

③ See U. N. Doc. A/CN. 9/658/Add7. Paragraphs 19~20.

④ See U. N. Doc. A/CN. 9/645. Paragraphs 243~245.

⑤ Yvonne Baatz, Charles Debattista, Filippo Lorenzon, Andrew Serdy, Hilton Staniland, Michael Tsimplis, *The Rotterdam Rules: A Practical Annotation*, Informa, 2009, p. 248.

条的规定,该通知应该以书面形式为之。

第四,背离不能以提及方式从另一文件并入,也不能包含在不经协商的附合合同中。该项规定中的"背离"指的应当是批量合同中的背离条款。[①]背离不能援引其他文件,亦即背离必须对合同内容直接进行规定而不能是从其他文件中援引过来的。之所以要求背离不能援引其他文件是因为如果背离援引其他文件,则托运人无法直接看到背离条款的内容,这样该类其他文件中可能会有超出《鹿特丹规则》所允许的背离内容,而有可能损害托运人的利益。这就意味着批量合同中双方当事人约定的背离必须明确规定在合同之中。

批量合同的背离"也不能包含在不经协商的附合合同中"是指"背离条款"本身不能包含在附合合同之中。附合合同是一方当事人对于另一方当事人事先已确定的合同条款只能表示全部同意或不同意的合同,亦即一方当事人要么从整体上接受合同条件,要么不订立合同。[②]该项规定要求批量合同中的背离条款不能以附合合同的形式出现,托运人"要么接受,要么走开",也就是说背离条款应该是双方当事人自由协商达成的,在事先由一方当事人拟就的情况下,也应该允许另一方当事人协商修订。该款规定与第 2 项的规定实际上是一致的,第 2 项要求批量合同是个别谈判的,该款实际上要求批量合同中背离《鹿特丹规则》强制性规定的内容是个别谈判达成的。[③]

在租约并入提单的情况下,有观点认为,当《鹿特丹规则》根据该项规定适用于提单时,租约中背离《鹿特丹规则》强制性规定的条款将无效,因为该项规定禁止背离以提及另一文件的方式并入。笔者认为,这种观点有待商榷。根据第 80 条第 3 款的规定,运输单证不是批量合同,所以根据租约签发的提单也不是批量合同。不是批量合同就谈不上背离条款的问题。正确

① Yvonne Baatz, Charles Debattista, Filippo Lorenzon, Andrew Serdy, Hilton Staniland, Michael Tsimplis, *The Rotterdam Rules: A Practical Annotation*, Informa, 2009, p. 250.

② 尹田:《契约自由与社会公正的冲突与平衡》,载梁慧星主编:《民商法论丛》(第 2 卷),法律出版社 1994 年版,第 273 页。

③ Proshanto K. Mukherjee, Abhinayan Basu Bal, A Legal and Economic Analysis of the Volume Contract Concept under the Rotterdam Rules: Selected Issues in Perspective, *Journal of Maritime Law & Commerce*, 2009, October(40), p. 597.

的理解是,根据租约签发的提单,《鹿特丹规则》会强制性地适用,因而并入提单的租约中的背离条款无效。[①]

(二)背离适用于第三方的形式限制

承运人与托运人缔结的批量合同可以对《鹿特丹规则》的强制性规定作出背离。但这种背离是否适用于作为单证持有人(在签发可转证运输单证或电子记录的情况下)或收货人(在签发不可转证运输单证或电子记录的情况下)的第三方? 在公约起草过程中曾有两种相反的意见。一种意见认为批量合同对公约草案的背离不能适用于第三方,而另一种意见则主张批量合同中的背离应无条件地适用于第三方。支持第二种看法的代表团认为第三方应自动受合同背离的约束,因为他们不应比合同的原当事人享有更大的权利。而且,实践中的情况可能是第三方并不完全是局外人,它们可能是同一企业集团的不同成员。最后,《鹿特丹规则》对这两种意见进行了妥协,要求必须有第三方的明确同意,批量合同中的背离才能适用于第三方,从而实现了第三方保护与商业上可行性之间的平衡与兼顾。[②] 同时,《鹿特丹规则》如此规定也可以限制批量合同当事人背离其强制性规定的能力。[③]

在当事人之间签订批量合同并对《鹿特丹规则》规定进行背离的情况下,第三方有两种可能的情形:第一,托运人请求签发不可转证运输单证或电子运输记录的情形。在这种情况下,批量合同只约束托运人与承运人,并不约束作为第三方的收货人,因此,并不发生批量合同背离条款对第三方的适用问题。第二,托运人请求签发可转让运输单证或电子运输记录的情形。在这种情况下,批量合同中的背离条款通过记载于可转让运输单证或电子运输记录之上,从而会发生背离条款对第三方适用的问题。

《鹿特丹规则》规定,批量合同中的背离须符合两项条件才能适用于承运人与托运人之外的第三方:第一,第三方已收到明确记载该批量合同背离公约的信息,且已明确同意受此种背离的约束;第二,第三方的同意不单在承运人的公开运价表和服务表、运输单证或电子运输记录上载明。

---

① Yvonne Baatz, Charles Debattista, Filippo Lorenzon, Andrew Serdy, Hilton Staniland, Michael Tsimplis, *The Rotterdam Rules: A Practical Annotation*, Informa, 2009,250.

② See U. N. Doc. A/CN. 9/576. Paragraph 27, Paragraph 101.

③ See U. N. Doc. A/CN. 9/576. Paragraph 27, Paragraph 25.

根据《鹿特丹规则》的规定,承运人首先应该将批量合同背离公约的信息通知给该第三方。因为第 1 项规定要求第三方收到明确记载该批量合同背离公约的信息。这样就实际上给承运人规定了一个通知的义务,该项通知依《鹿特丹规则》第 3 条的规定应为书面。公约起草过程中曾有人提议应该对"明确同意"的含义进行界定。特别是应该确保这种"明确同意"是第三方直接单独表示的,以避免第三方因为其他人代其表示同意而意外地受到这种背离约束。例如,实践中可能出现一方代表其所有买方同意某项背离。与会代表普遍支持在不给承运人造成过多负担的情况下第三方的同意必须是明示和单独的。[①]

然而,从《鹿特丹规则》最后的条文来看,这种意见并没有在上述规定中体现出来。不过,该款第 2 项规定的要求似乎可以视为是对明确表示同意的进一步澄清。第 2 项规定,第三方的同意不单在承运人的公开运价表和服务表、运输单证或电子运输记录上载明。这其实是对起草过程中认为第三方的同意应该是明示的单独的意见的一个回应,因为如果第三方的同意只记载于承运人的公开运价表、服务表、运输单证或电子运输记录上,则容易产生第三方必须接受此种背离的效果,或是产生一个第三方对合同背离的接受代表了其后的第三方对合同背离接受的效果。所以公约要求第三方的同意不仅仅记载于前述表格或单证上,这意味着第三方要对合同背离亲自表示同意。因此,承运人签发的单证中如有以下条款"接受本单证意味着该人明示同意接受本单证中背离《鹿特丹规则》条款的约束",则违反了《鹿特丹规则》第 80 条第 5 款的规定。[②] 再比如,承运人与托运人缔结的批量合同中将承运人的单位赔偿责任限制金额约定为每件货物 666.67SDR 或每公斤 2SDR,以较高者为准。根据批量合同签发的可转让运输单证中用黑色字体写明:"本单证证明的运输合同所采用的责任限额低于《鹿特丹规则》。"收到可转让运输单证的持有人看到了该声明并且在接受运输单证时没有提出反对。虽然持有人接受运输单证时清楚地知道背离条款的存在,但他不受单证中较低赔偿责任限额的约束,因为他并没有明确表示同意接

---

① See U. N. Doc. A/CN. 9/576. Paragraph 25, Paragraph 102.

② Yvonne Baatz, Charles Debattista, Filippo Lorenzon, Andrew Serdy, Hilton Staniland, Michael Tsimplis, *The Rotterdam Rules: A Practical Annotation*, Informa, 2009, p. 252.

受背离条款的约束。[①]

　　当可转让运输单证或可转让电子记录的受让人并不同意批量合同对《鹿特丹规则》的背离规定时,在该第三方与承运人之间就应该适用《鹿特丹规则》关于运输合同的强制性规定。然而,在商业上,承托双方很可能就该问题在批量合同中作出约定。如在航运市场处于上涨时,可能约定承运人就超出批量合同约定的而向第三方承担的责任有权向托运人追偿;在航运市场下降时,则可能由承运人承担此种风险。[②]

　　《鹿特丹规则》第 80 条第 5 款为批量合同下的第三方适用背离作了较为详尽的考虑。然而,这种考虑在实践中的可行性让人生疑。因为当批量合同项下的一批货物运输在签发可转让运输单证或可转让电子记录的情况下,运输单证或电子记录在货物运输过程中可能会发生多次转让,这样就会有很多个第三方。依照第 80 条 5 款 2 项的规定,第三方应单独亲自对背离表示同意,这在操作上可能带来不便。此外,还有两个问题该条款没有明确。第一,批量合同背离公约信息的通知由谁来完成。从操作可行性的角度来讲,由货物托运人或运输单证的前手持有人来完成最为合理。因为,承运人可能完全不知道单证在谁手上,由他来进行通知无疑不太现实。第二,第三方表示同意受合同背离约束的通知应向谁作出。可转让运输单证与可转让运输电子记录调整持有人与承运人之间的关系,因此,这种同意的通知应由持有人以书面形式向承运人发出。上述要求无疑增加了批量合同下可转让运输单证与可转让电子运输记录转让的成本。因而,在实践中其可行性可能会打折扣。

二、批量合同背离强制性体制的内容限制

　　为了保护公共利益,《鹿特丹规则》除了对批量合同中的背离进行形式上的限制,还对其进行内容上的限制。这种限制体现在,批量合同的当事人虽然享有缔约自由,但由于《鹿特丹规则》中若干条款从性质上讲更多地涉

[①]　Michael F. Sturley, Tomotaka Fujita, Gertjan Van Der Ziel, *The Rotterdam Rules*, Sweet & Maxwell, 2010, p. 382.

[②]　康晨怡:《UNCITRAL〈运输法公约草案〉关于总量合同规定的研究》,载《海大法律评论 2007》,上海社会科学出版社 2008 年版,第 131～132 页。

及公共利益而非当事人之间的风险分配因而仍不允许当事人背离。[①] 这些条款因而被称为"超级强制条款"。

关于公约草案中应不应当有强制性规则不允许当事人背离,起草过程中有两种观点。一种观点认为,在讨论公约草案第 14 条时工作组曾考虑过在公约草案中规定首要义务的想法,[②]但后来放弃了这一想法。这种意见担心如果在公约草案中拟订不得被背离的条文等同于重新创设首要义务的概念。如果给批量合同的当事人提供了充分的保护使其可以背离公约草案的规定,则应当允许批量合同当事人就合同的所有方面,包括船舶适航等进行协商。但相反的观点认为,公约草案的一些规定如第 13 条关于船舶适航的规定在任何情况下都不应当允许当事人背离。[③] 还有观点更笼统地认为,公约草案中海上安全的有关规定当事人都不能背离,但也有观点认为有关安全的问题应当由公法管辖。托运人依据公约草案第 25 条、第 27 条承担的备妥货物的义务,提供信息、指示、单证的义务,以及承运人根据草案第 26 条规定承担的经托运人请求提供信息的义务,被认为是涉及安全的问题。[④] 在第十五届会议上,工作组认为适航义务应成为公约草案中不允许背离的强制性规定。

基于第十五届会议对批量合同有关内容的讨论,公约草案二读合订文本首次出现了专门规定批量合同制度的条文即第 95 条。第 95 条第 5 款列举了批量合同当事人不能背离的条款。这些条款包括:规定承运人适航义务的第 16 条第 1 款第(a)项、第(b)项;规定托运人将货物交付运输的第 28 条;规定承运人提供信息和指示义务的第 29 条;规定托运人提供信息、指示和单证义务的第 30 条;规定危险货物运输的第 33 条;以及规定承运人赔偿责任限制权丧失的第 66 条。[⑤]

在工作组第十七届会议上,芬兰代表团在其提案中建议将规定承运人适航义务的第 16 条第 1 款第(a)项、第(b)项,规定托运人提供信息、指示和

---

① Michael F. Sturley, Tomotaka Fujita, Gertjan Van Der Ziel, *The Rotterdam Rules*, Sweet & Maxwell, 2010, p. 382.

② 指公约草案一读文本 WP. 32. 第 14 条,规定承运人的责任基础。

③ See U. N. Doc. A/CN. 9/576. Paragraphs 20~22.

④ 指公约草案一读文本 WP. 32. 中的条款。

⑤ 见 U. N. Doc. A/CN. 9/WG. III/WP. 56 第 95 条第 5 款。这里提到的条文序号都是该文件中的序号。

单证义务的第 30 条,规定危险货物运输的第 33 条,规定承运人赔偿责任限制权丧失的第 66 条列为不允许批量合同当事人背离的强制性条款。① 经过讨论,工作组决定采纳芬兰代表团的提案。② 此后,在第三工作组第十九届会议上,出于为货方利益提供更多保护的考虑,澳大利亚和法国联合提出公约草案规定的赔偿责任制度及承运人与托运人的基本义务应当都不允许批量合同当事人背离。澳大利亚和法国建议将规定"超级强制条款"的第 95 条第 4 款修改如下:"第 1 款不适用于:(a)第 17 条(承运人的赔偿责任基础)或第 66 条(赔偿责任限制权);(b)第 31 条(托运人的赔偿责任基础);(c)第五章(承运人的义务);或(d)第 28 条至第 30 条和第 33 条(托运人的义务)。"③但是工作组认为既有案文是为了平衡多方面的意见而达成的最佳的平衡,没有接受澳大利亚和法国的建议。④ 这样,"超级强制条款"清单最终确定下来,成为《鹿特丹规则》第 80 条第 4 款的规定。根据该款的规定,批量合同下承运人与托运人不能背离的强制性义务与责任包括承运人的适航义务,托运人提供信息、指示和文件的义务,托运人托运危险货物时承担的告知、标识义务与责任,以及《鹿特丹规则》第 61 条规定的承运人赔偿责任限制权的丧失。这几项义务除了第 61 条的规定之外都与航运安全有关。

适航义务一直以来就是承运人在货物运输合同下应当承担的一项重要义务。《鹿特丹规则》第 14 条规定了承运人 3 项适航义务。笔者已在第二章第五节对《鹿特丹规则》下承运人承担的船舶适航义务作了详细的分析论述。船舶适航义务包括两方面的内容:第一方面是船舶船体、设配必须良好,船员必须适任,能够抵御合同约定的航次中通常出现的或者能合理预见的风险。第二个方面是船舶必须适合载运合同约定的货物。⑤ 第 14 条规

---

① See U. N. Doc. A/CN. 9/WG. Ⅲ/WP. 61. Paragraph 49.芬兰代表团提案原文如下:"4. 第 1 款不适用于第 16(1)条第(a)项和第(b)项、第[30]条和第[33]条中规定的[权利和]义务以及因违反这些权利和义务而产生的赔偿责任,第 1 款也不适用于[有关赔偿责任限制权的丧失]的第[66]条。"

② See U. N. Doc. A/CN. 9/594. Paragraphs 158～162.

③ See U. N. Doc. A/CN. 9/612. Paragraph 14.

④ See U. N. Doc. A/CN. 9/621. Paragraphs 170～172.

⑤ William Tetley, *Marine Cargo Claims* (4th ed.), LesÉditions Yvon Blais Inc. ,
2008,p. 877.

定的承运人的 3 项适航义务中,前两项属于第一个方面,是狭义的船舶适航。第 3 项则属于第二个方面,是广义船舶适航义务的内容。在批量合同下,第 14 条规定的前两项适航义务是强制性的,第 3 项船舶适货义务不是强制性的。这是因为前两项义务直接关系海上航行安全,对船舶的安全航行意义重大。相对而言,第 3 项义务相对而言没有前两项义务重要,因为船舶不适货很多情况下只是危及货物运输,带来货损,并不一定影响航行安全。

对于《鹿特丹规则》第 29 条规定的托运人提供信息、指示和单证的义务与第 32 条规定的托运危险货物时所承担的告知与标识义务,批量合同当事人也不能背离。托运人承担的这两项义务对于船舶航行安全都有重要意义。而且托运人如果不提供货物有关信息,承运人也无法签发运输单证。所以《鹿特丹规则》不允许批量合同下的托运人背离上述义务也自然在情理之中。

批量合同当事人除了不能背离上述义务之外,还不能背离《鹿特丹规则》第 61 条关于承运人赔偿责任限制权丧失条件的规定。与不允许背离前几项义务的原因不同,《鹿特丹规则》禁止批量合同背离第 61 条的规定是因为允许当事人之间约定承运人赔偿责任限制不可因其故意或过失的行为而突破违反公共政策。[①] 很多国家的国内法都有类似的规定,例如我国《合同法》第 53 条规定,“合同中的下列免责条款无效:(一)造成对方人身伤害的;(二)因故意或者重大过失造成对方财产损失的”。而《鹿特丹规则》这样规定完全是出于公共政策方面的考虑。《鹿特丹规则》虽然禁止当事人背离第 61 条却没有禁止当事人背离第 59 条和第 60 条关于赔偿责任限额的规定,因而当事人可以约定更低的赔偿责任限额。[②]

本章小结

批量合同在《鹿特丹规则》起草的较早阶段虽然已有涉及,但当时的公

---

① See U. N. Doc. A/CN. 9/552. Paragraph 56.

② Anthony Diamond Q. C. , The Rotterdam Rules, *Lloyd's Maritime and Commercial Law Quarterly*, 2009, p. 487.

约草案并没有将批量合同纳入其适用范围,公约草案只是强制性地适用于根据批量合同签发的提单。随着起草过程的推进,美国代表团主张将 OL-SA 纳入公约草案并赋予其合同自由。这一建议为工作组所采纳,工作组决定采用包含 OLSA 在内的批量合同的概念进行条文设计。

起草者将批量合同纳入《鹿特丹规则》具有理论上的合理性。在所有私人交易中,当事人最能判断和实现自己的利益。当事人能够发现和界定自身的追求目标,然后按照收益和成本之差最大化原则来尽一切可能措施实现目标。所以,当事人应有权选择交易对象,决定交易条件,从而最大限度地获取各自的利益。只有在当事人自治已经或将要损害公共利益时,政府干预才是必需的。在强制性体制之下,当事人获得了通过强制性规则确立的商业妥协,但代价是合同自由的失去。而合同自由的失去在一些情况下会妨碍当事人作为理性的行为主体追求自身利益的最大化。所以一定情形下的缔约自由是必要的。《鹿特丹规则》构建的批量合同制度即为一定情形下赋予当事人以一定缔约自由的体现。

《鹿特丹规则》允许批量合同的当事人符合一定条件时背离《鹿特丹规则》的强制性规定。出于为小托运人和第三人提供保护的考虑,《鹿特丹规则》为批量合同背离其强制性体制设定了一些限制条件。这些限制条件包括形式限制与内容限制。形式方面的限制包括《鹿特丹规则》对背离条款缔结的形式要求、批量合同背离适用于第三方的形式要求。内容方面的限制主要指《鹿特丹规则》设置了若干"超级强制条款"不允许批量合同当事人背离。通过这些限制条件,批量合同制度实现了经济效率与公平之间的较好平衡。

International
Economic Law

第六章 《鹿特丹规则》强制性体制与中国国内立法

第一节 我国航运业与海上货物运输立法现状

一、我国航运业现状

中国古代航海业素称发达。早在殷商末年已有人横渡太平洋到达美洲。从汉、魏、两晋、南北朝到隋唐,中国人的足迹已遍布日本、朝鲜、爪哇、苏门答腊和锡兰(斯里兰卡)等地。其间三国孙吴曾多次派舰队到达台湾、海南岛、越南、柬埔寨和南海诸岛。唐代在沿海各地设市舶司,其主管称提举市舶使,掌管蕃贺、海舶、征榷、贸易之事,以"来远人,通远物"。广州、泉州、扬州、登州海上贸易特盛,各地有外商侨居我国的约数千人,多来自日本、大食(阿拉伯)、波斯(伊朗)等国。到宋代,海外贸易更加繁盛。南宋时每年海关税收约占全部财政收入的1/5。当时罗盘已用于航海并由阿拉伯人传到西欧,其海上航线经由南洋诸岛沿印度洋直达波斯湾地区。元代的泉州是世界上最大的海港。明初,郑和庞大的船队曾7次下西洋,到过南洋群岛、锡兰(斯里兰卡)、印度、波斯(伊朗),最远抵达非洲东海岸的索马里、肯尼亚等地,可称得上世界航海史上的壮举。上述事例表明,中国古代曾有很长一段时间,在航海技术方面居于领先地位,但从明代中叶倭寇侵扰沿海到清代初年郑成功父子抗清,明、清朝廷厉行海禁,闭关锁国,"寸板不得下海",从此航海事业一落千丈。[①]

---

① 吴焕宁:《海商法》,法律出版社 1996 年版,第 8~9 页。

　　新中国成立以来,特别是改革开放后,我国航海事业获得飞速发展。根据交通运输部发布的《2009 年中国航运发展报告》,截至 2009 年底,我国拥有运输船舶 17.69 万艘、14608.78 万载重吨,载重吨比上年增长 17.7%。海运船队 1.02 亿载重吨,保持世界第四,占世界船队比重为 8.3%。[①]

　　就集装箱船舶而言,截至 2010 年 1 月初,全球前 20 大班轮运输公司船舶总数和总运力分别为 2665 艘和 1010 万箱。其中,中国(包括内地、香港和台湾)主要公司 5 家,经营的船舶数和运力分别为 572 艘和 215.3 万箱,分别占全球前 20 大班轮运输公司船舶总数和总运力的 21.5% 和 21.3%。截至 2010 年 1 月初,中远集运和中海集运两家主要集装箱运输公司的总船舶数为 263 艘,总运力为 95.3 万箱。另外,中国内地其他航运公司的集装箱船数量约为 330 艘,运力合计约 10 万箱。总体来看,中国内地集装箱船队的船舶数量约为 600 艘,运力约为 105 万箱,占全球集装箱船队船舶总数和总运力的比重分别为 13.8% 和 8%,列世界第 4 位。[②]

二、我国海上货物运输的立法现状

　　我国国内法中有关海上货物运输的立法主要有 1993 年 7 月 1 日起施行的《海商法》,1999 年 10 月 1 日起施行的《中华人民共和国合同法》(以下简称《合同法》),2001 年 1 月 1 日起施行的《国内水路货物运输规则》,1987 年 7 月 1 日起施行的《水路货物运输合同实施细则》。

　　我国《海商法》于 1992 年 11 月 7 日第七届全国人大常委会第 28 次会议通过,由中华人民共和国主席令第 64 号予以公布,自 1993 年 7 月 1 日起施行。《海商法》第四章一共用 8 节 66 个条文对海上货物运输合同进行了全面规定,是我国国内法中关于海上货物运输的最重要的立法。该章规定内容包括海上货物运输合同的一般规定、承运人的责任、托运人的责任、运输单证、货物交付、合同的解除、航次租船合同的特别规定、多式联运合同的特别规定等等。《海商法》该章规定以《海牙—维斯比规则》为基础,适当吸收了《汉堡规则》中比较合理和成熟的内容。具体而言,关于承运人谨慎处

---

　　① 人民网:《2009 中国航运发展报告出炉》,http://finance. people. com. cn/GB/12135093. html,下载日期:2010 年 9 月 23 日。

　　② 中国交通,海商法专家张永坚:《勿以乌托邦看鹿特丹规则》,http://www. iicc. ac. cn/Article/hydt/ywdt/wlys/201002/65580. html,下载日期:2010 年 9 月 22 日。

理使船舶适航、妥善和谨慎地管理货物、不进行不合理绕航等义务以及承运人免责和责任限制的内容,基本上采纳了《海牙—维斯比规则》的有关规定；关于承运人责任期间、货物迟延交付、活动物与舱面货的运输、托运人责任、提单、货物灭失或者损坏的通知、非合同之诉、承运人的受雇人或者代理人的法律地位、实际承运人等内容,吸收或者参照了《汉堡规则》的有关规定。①《海商法》第 2 条第 2 款规定:"本法第 4 章海上货物运输合同的规定,不适用于中华人民共和国港口之间的海上货物运输。"这表明第四章的规定只适用于国际海上货物运输。

2001 年 1 月 1 日起原交通部颁布施行的《国内水路货物运输规则》是调整我国沿海及内河货物运输的一个部门规章。该规章一共有 9 章 96 条,对国内水路货物运输合同的订立、当事人的权利义务、运输单证、货物的接收与交付、航次租船运输、集装箱运输、滚装运输等问题进行了规定。该规章适用于我国沿海、江河、湖泊以及其他通航水域中从事的营业性水路货物运输。值得注意的是,《国内水路货物运输规则》中规定的承运人责任是严格责任制,②该规则第 48 条规定的除外条款与免责事项中不包括航海过失。

1999 年 10 月 1 日起施行的《合同法》第十七章"运输合同"从第 228 条至第 321 条对包括旅客运输和货物运输在内的运输合同作了规定。该章关于运输合同的一般规定,关于货运合同及多式联运合同的规定,也可以适用于海上货物运输。并且,《合同法》的有关规定既可以适用于国内水路货物运输,也可以适用于国际海上货物运输。但是,基于一般法与特殊法之间的关系,《海商法》《水路货物运输合同实施细则》《国内水路货物运输规则》如果对海上货物运输合同有规定的,上述法律法规作为特殊法,应当优先适用,《合同法》第十七章及总则的规定一般不予适用;而上述法律法规没有规定的问题,可以适用《合同法》总则及第十七章的规定。③

除了上述三部法律法规之外,《水路货物运输合同实施细则》于 1986 年

---

① 　司玉琢、胡正良等:《中华人民共和国海商法问答》,人民交通出版社 1993 年版,第 36～79 页。

② 　司玉琢主编:《海商法》,法律出版社 2003 年版,第 169 页。

③ 　郭瑜:《海商法的精神——中国的实践和理论》,北京大学出版社 2005 年版,第92 页。

11 月 8 日经国务院批准,1986 年 12 月 1 日由交通部发布,自 1987 年 7 月 1 日起施行。《水路货物运输合同实施细则》系根据 1981 年《经济合同法》制定,《合同法》于 1999 年 10 月 1 日起施行后,《经济合同法》同时被废止,但是该细则没有明文废止,目前依然有效。该实施细则一共 7 章 35 条,内容包括水路货物运输合同的签订、履行、变更和解除、违反货物运输合同的责任、争议处理等内容,适用于我国沿海、江河、湖泊以及其他通航水域中一切营业性的货物运输。其规定内容有浓厚的计划经济色彩,很多内容与《合同法》的规定相抵触。依据法律效力的区分,《合同法》作为法律其效力高于作为行政法规的《水路货物运输合同实施细则》,所以该细则与《合同法》相抵触的内容无效。[①]

三、我国海上货物运输立法中的强制性体制

(一)《海商法》第四章确立的强制性体制

我国《海商法》第 44 条规定:"海上货物运输合同和作为合同凭证的提单或者其他运输单证中的条款,违反本章规定的,无效。此类条款的无效,不影响该合同和提单或者其他运输单证中其他条款的效力。将货物的保险利益转让给承运人的条款或者类似条款,无效。"第 45 条规定:"本法第 44 条的规定不影响承运人在本章规定的承运人责任和义务之外,增加其责任和义务。"

这两条规定与《汉堡规则》第 23 条第 1 款、第 2 款的规定基本相同,这说明,我国《海商法》移植了《汉堡规则》中的强制性体制。虽然《海商法》第四章第七节规定了航次租船合同的有关内容,但是,第 41 条关于"海上货物运输合同"的定义并不包括航次租船合同,所以第四章的强制性规定并不适用于航次租船合同。同理,第四章的强制性规定也不适用于第八节规定的多式联运合同中的非海运区段。

根据这两条规定,《海商法》第四章规定的当事人的义务与责任国际海上货物运输合同的当事人不能背离,但是承运人可以增加其义务与责任。第四章的强制性规定既包括了承运人的义务与责任,又包括了托运人的义务与责任,这说明《海商法》建立的强制性体制是双向强制,强制性体制适用的主体有承运人、实际承运人、托运人、收货人、提单持有人。但是,第 42 条

---

① 司玉琢主编:《海商法》,法律出版社 2003 年版,第 102 页。

的规定只对前四种主体进行了定义,没有对提单持有人定义。在《海商法》强制性体制下,承运人承担的强制性义务包括:谨慎处理使船舶适航,妥善和谨慎地管理货物,船舶不进行不合理绕航,在约定的时间内和在卸货港交付货物;托运人承担的强制性义务包括:提供约定货物、妥善包装和正确申报货物,及时办理货物运输手续,妥善托运危险货物,支付运费及其他费用。[①]

(二)国内水路货物运输立法中不存在强制性体制

《合同法》第十七章与《国内水路货物运输规则》并没有规定强制性义务与责任的条款,《水路货物运输合同实施细则》也没有规定强制性义务与责任的条款,所以,国内水路货物运输立法中不存在强制性体制。但这是否意味着水路货物运输合同的当事人享有完全不受限制的缔约自由呢?经营国内水路货物运输的承运人中不乏中远、中海这样实力强大的船公司,与这些实力雄厚的承运人相比,中小托运人的缔约实力相差悬殊,中小托运人当然需要得到法律保护以实现合同正义。那为什么为较弱的一方当事人提供保护的强制性体制在国内水路货物运输中不存在?强制性体制的缺失是立法者的疏忽还是有其他原因?笔者认为,这是因为我国对水路货物运输合同格式条款的规制并没有采取立法规制的模式,而是主要采用了行政规制的模式。

笔者曾在第一章指出,强制性体制的本质在于通过立法对承运人在运输单证中使用的格式条款进行规制以防止格式条款的滥用,维护合同正义,属于格式条款规制模式中的立法规制模式。强制性体制的这种本质使其可以为其他法律制度所替代。因为格式条款的规制方式除了立法规制方式外,还可以采取行政规制、司法规制以及行业自律、消费者保护组织监督等方式。行政规制是指通过政府行政权力对格式条款的内容予以法律意义上的认可、许可、核准和监督的规制方法。

行政规制的方法总体上可以分为事前审查和事后监督两种。具体又可以分为以下几种方式:(1)条款使用人在使用格式条款之前,先提交相关行政机关进行审核,经核准之后才能作为相对人之间缔约的基础,否则不得根据该条款出售商品或者提供服务。这是各国采用最多的一种方式。(2)由

---

① 司玉琢主编:《海商法》,法律出版社 2003 年版,第 104~110 页,第 119~120 页。

行政机关主动草拟合同范本,或者指导公正中立之第三人拟定合同范本,供企业在制定格式条款时参考,并通过市场竞争法则,以及消费者的压力,使该范本逐渐为企业所乐于采用或者是不得不采用。(3)由主管机关制定格式条款的主要内容,强制企业使用。① (4)由行政机关公告各种格式条款中的应记载事项或者不得记载的事项,作为企业制定格式条款时应当遵守的准则。(5)为了规范企业使用格式条款的行为,行政机关有权监督企业与消费者之间的交易行为,并可以随时检查企业使用的格式条款的内容,在发现有不符合诚信原则的情事时,依行政监督方法,使企业改正,或要求消费者保护机构提起不作为诉讼,请求法院禁止该条款之继续使用。②

通过对国内水路货物运输相关行政立法进行考察可以发现,对于国内水路货物运输合同中的格式条款,我国主要采用行政管理方式对其进行规制。例如,《中华人民共和国水路运输管理条例》第 18 条规定:"营业性水路货物运输的承运方和托运方,必须按照《中华人民共和国经济合同法》和《水路货物运输合同实施细则》的规定,签订运输合同。"第 19 条规定:"水路运输企业和其他从事营业性运输的单位、个人,必须按国家有关规定计收运杂费用,并使用交通部规定的运输票据。"第 22 条规定:"水路运输服务企业不得垄断货源,强行代办服务;不得超出规定的收费标准收取服务费用。"

笔者认为,第 19 条规定即赋予了当事人遵守《中华人民共和国经济合同法》和《水路货物运输合同实施细则》的公法性义务,当事人不能背离上述法规中的条款。第 19 条和第 22 条规定为水路运输企业施加了按规定收取运杂费、服务费的义务,使用规定的运输票据的义务,公平竞争的义务。

一些地方性法规也规定了水路运输企业应当承担的公法性质的义务。比如,《上海市水路运输管理条例》第 26 条规定:"以本市为起点的水路货物运输,经营者应当与托运人签订水路货物运输合同。其中国内水路货物运输合同,应当参照使用市水路运输行政管理部门和工商行政管理部门推荐的合同示范文本。"第 29 条规定:"国内水路货物运输的运价,根据国家规定由国家定价的,执行国家定价;本市定价的,由市水路运输行政管理部门提出方案,经市物价行政管理部门批准后执行;自行定价的,由经营者按照公

---

① 例如《中华人民共和国民用航空法》第 97 条。

② 苏号朋:《格式合同条款研究》,中国人民大学出版社 2004 年版,第 351~353 页。

平、合理的原则自行定价。国际水路货物运输的运价,由从事国际水路货物运输的经营者自行定价,并执行国家有关运价报送备案的规定。"第30条规定:"从事国内水路货物运输的经营者在本市起运货物,应当使用市水路运输行政管理部门规定格式的水路货物运输运单。"第31条规定:"国际水路货物运输提单格式实行报送备案制度。在本市签发国际水路货物运输提单的承运人,应当将其提单的格式样本报市水路运输行政管理部门备案。市水路运输行政管理部门应当将备案的提单格式样本供社会公开查阅。国际水路货物运输提单格式的报送备案实施办法,由市水路运输行政管理部门规定。"

除了格式条款的行政规制外,《合同法》中针对格式条款的一般性规定,也可以在一定程度上避免国内水路货物运输合同的承运人滥用格式条款。《合同法》第40条规定:"格式条款具有本法第52条和第53条规定情形的,或者提供格式条款一方免除其责任、加重对方责任、排除对方主要权利的,该条款无效。"而《合同法》第52条规定的是合同无效的法定情形,第53条规定的是合同免责条款的无效,所以,根据上述规定,国内水路货物运输中,承运人使用的运输单证中免除其责任、加重对方责任、排除对方主要权利的条款无效,从而为水路货物运输中的小托运人提供了一定的保护。

正是因为行政规制方式的存在以及《合同法》中针对格式条款的一般性规定使得国内水路货物运输立法中不必要再设置强制性体制。

第二节 《鹿特丹规则》强制性体制 对我国国内法的借鉴意义

我国国内海上货物运输立法中的强制性体制主要体现在《海商法》第四章的规定之中。《海商法》颁布实施之后,中国航运业发展迅猛。据统计,1998年底,中国共有国际海运船公司260家。到2009年底,中国从事国际航运的企业已达5571家,其中,国际班轮运输经营人约146家,国际船舶代理经营人约1695家,国际船舶运输经营人约216家,无船承运经营人约3514家。中国船队运力规模从改革开放之初的全球第40位,已跃升至当今排名第4位。中国港口货物吞吐量和集装箱吞吐量连续6年位居世界第一。我国航运业发展中出现的诸如无船承运人、国际货运代理人的法律地位和责任问题,无单放货的法律问题,船舶造成海洋污染的损害赔偿问题等,都需要《海商法》给出答案。此外,《海商法》通过后,我国与《海商法》存在密切关系的国内立法如《中华人民共和国保险法》、《中华人民共和国合同法》、《中华人民共和国物权法》、《中华人民共和国侵权责任法》等相继颁布施行,国际海事立法再度活跃,一批国际条约或民间规则相继出现。在这种背景下,修改我国《海商法》的呼声越来越高。[①]《鹿特丹规则》强制性体制下的若干制度可以为立法机关修改《海商法》提供借鉴和参考。

从我国《海商法》的制订过程及我国政府对待《海牙规则》、《海牙—维斯比规则》、《汉堡规则》的态度来看,对国际海上货物运输立法,我国政府的一贯做法是将国际条约的规定转化为国内法,而不是加入相关国际条约。笔者认为,对于《鹿特丹规则》,我国政府很有可能采用相同的处理方式。如果这种推断成立,那么就需要考虑将《鹿特丹规则》中的若干制度转化为国内法。笔者本节的分析论述正是以这种假设为起点。

一、概述

(一)《海商法》第四章与《鹿特丹规则》的差异

《海商法》作为国内法,从形式上看,与《鹿特丹规则》差异相当大。这体现在《鹿特丹规则》有很多作为国际条约所必需的条款,如条约的解释,适用范围,条约的保存,条约的签署、批准、接受、核准或加入,条约的生效,条约的保存,与其他条约之间的关系等。这些条款不可能出现在作为国内法的《海商法》之中,但是在实体内容上,二者本质上是调整同一类社会关系即国际货物运输的法律规范,因此其很多制度具有进行类比和相互参考借鉴的可能性。

就实体内容而言,《海商法》第四章与《鹿特丹规则》规定的不同主要体现在以下几个方面:强制性体制规制的主体不同,强制性义务与责任的不同,强制性体制的例外与排除方面的差异。

1. 强制性体制规制主体的不同

《海商法》第四章规定的主体要比《鹿特丹规则》少。在《鹿特丹规则》下,承运人、海运履约方、托运人、收货人、控制方、持有人或单证托运人承担的义务与责任都是强制性义务与责任。《海商法》第四章规定的强制性义务与责任约束的主体包括承运人、实际承运人、托运人、收货人。①《鹿特丹规则》强制性体制规制的主体比《海商法》多了控制方、持有人。此外,海运履约方与实际承运人是功能与地位类似但《鹿特丹规则》与《海商法》作出不同界定的主体;《鹿特丹规则》所规定的单证托运人实际上被包括在《海商法》所界定的托运人概念之中。②

造成这种主体类型差异的原因有以下几点:第一,《鹿特丹规则》意欲调整规范的主体范围要大于《海商法》第四章调整规范的主体。例如,"海运履约方"所涵盖的主体范围要大于"实际承运人"所涵盖的主体范围。第二,《鹿特丹规则》构建了货物控制权制度,并因此而设计了"控制方"这一主体,《海商法》第四章中没有类似制度,因而也就没有规定"控制方"或是与"控制方"相类似的主体。第三,《海商法》主体设置的不全面。《海商法》第四章的规定实际上已经涉及了"提单持有人"这一主体,③但是第 42 条却没有对"提单持有人"进行界定。这导致提单持有人与托运人、收货人之间的界限不是很清晰。

2. 强制性体制下主体的义务与责任不同

《鹿特丹规则》规定的当事人的义务与责任与《海商法》第四章的规定有诸多不同之处。承运人义务和责任方面的区别和不同主要表现在:第一,《鹿特丹规则》第 17 条规定的承运人的免责与除外事项不包括航海过失,其所建立起来的承运人责任制度是完全的过失责任制。《海商法》第 51 条规定的承运人免责与除外事由中包括了航海过失,因而《海商法》第四章建立起来的承运人责任制度为不完全过失责任制。第二,《鹿特丹规则》规定的承运人适航义务是整个海上航程的适航义务,《海商法》第 47 条规定的承运人适航义务为"船舶开航前和开航当时"。第三,由于《鹿特丹规则》调整的运输方式是海运及包括海运在内的多式联运,因此《鹿特丹规则》下承运人承担的管货义务比《海商法》第 48 条规定的承运人管货义务的内容要多。

---

① 分别参见《鹿特丹规则》第 79 条和《海商法》第 42 条。

② 《海商法》第 42 条第 3 项规定了两种类型的托运人,其中第二种托运人,即"本人或者委托他人以本人名义或者委托他人为本人将货物交给与海上货物运输合同有关的承运人的人"与单证托运人一样,在海运实践中主要是使用 FOB 贸易术语的卖方。

③ 见《海商法》第 78 条。

具体而言,《海商法》第 48 条规定的承运人管货义务包括"装载、搬移、积载、运输、保管、照料和卸载"7 项内容,《鹿特丹规则》第 13 条规定比上述规定多出了"接收、交付"两项内容。第四,《鹿特丹规则》规定的赔偿责任限额要高于《海商法》。《鹿特丹规则》第 59 条规定的承运人单位赔偿责任限额为每件或每个其他货运单位 875 个计算单位,或每公斤 3 个计算单位,以两者中较高限额为准;迟延的赔偿责任限额为迟交货物应付运费两倍半的数额。《海商法》第 56 条规定的单位赔偿责任限额分别为 666.67 个计算单位,或每公斤为 2 个计算单位,以两者中赔偿限额较高的为准;迟延交付赔偿限额为迟延交付货物的运费数额。

货方义务与责任方面,《鹿特丹规则》也与《海商法》的规定有显著的不同。第一,托运人过错的举证责任有所不同。《鹿特丹规则》第 30 条规定的托运人过错赔偿责任由托运人就自己没有过错进行举证,对托运人实行过错推定。《海商法》第 70 条规定的托运人过错赔偿责任,由承运人就托运人有过错负担举证责任。第二,《鹿特丹规则》规定的若干托运人的义务,《海商法》并没有明确要求托运人承担。如《鹿特丹规则》第 28 条规定的托运人与承运人在提供信息和指示方面的合作义务。第三,根据《鹿特丹规则》第 43 条的规定,要求交付货物的收货人承担在运输合同约定的时间或期限内在运输合同约定的地点接受交货的义务。《海商法》(第四章第五节)下收货人并不承担接受交货的义务。

3. 强制性体制例外与排除方面的不同

《鹿特丹规则》的强制性体制却存在着多项缓和与例外,本书第四章、第五章已经对此作过论述,但《海商法》第四章通过第 44 条规定建立起来的强制性体制却不存在任何例外性规定,第四章前 6 节的所有规定都是强制性的。这种"一刀切"的规定模式否定了当事人自由缔约、自由选择交易条件的积极性和可能性,虽然保证了公平,却在一些情况下降低了效率。

4.《鹿特丹规则》强制性体制的借鉴意义

通过以上比较,我们可以看到《鹿特丹规则》强制性体制与《海商法》第四章强制性体制之间的主要区别和差异,这种区别与差异也正是后者可以向前者借鉴学习的地方。笔者认为,除了承运人义务与责任作为强制性体制的核心内容值得我国《海商法》第四章借鉴外,《鹿特丹规则》中集中体现强制性体制缓和与例外的货物控制权制度及批量合同制度也值得我国《海商法》第四章借鉴。强制性体制框架下存在任意性规则,以及在个别情况下排除强制性体制的适用可以使强制性体制不过于僵硬,在保障基本合同正义的同时,为当事人的意思自治预留一定的空间,有利于当事人更加灵活地进行商业安排,提高经济效率。

我国国内海上货物运输立法中,只有《海商法》第四章规定了强制性体制。调整国内内河与沿海货物运输的《合同法》第十七章和《国内水路货物运输规则》并没有规定强制性体制。《合同法》第十七章和《国内水路货物运输规则》需不需要将当事人特别是承运人的义务与责任规定为强制性的从而建立起强制性体制呢? 笔者认为没有必要。如前所述,我国水路货物运输立法之所以没有构建强制性体制是因为已有其他法律规定采取行政规制模式为弱方当事人利益提供了保护,在这种情况下,没有必要在《合同法》第十七章和《国内水路货物运输规则》中通过强制性体制为当事人提供保护。

(二)制度借鉴与移植需要注意的问题

《鹿特丹规则》的借鉴属于法律移植的范畴,我国《海商法》对国际条约的借鉴并不陌生,《海商法》在制定时就大量借鉴了国际公约的规定。例如,《海商法》关于海上货物运输合同中承运人的责任制度,以《海牙规则》、《海牙—维斯比规则》为基础并吸收了《汉堡规则》中行之有效的规定;关于海上旅客和行李运输的规定,参照了《1974 年海上旅客及其行李运输雅典公约》;关于船舶碰撞的规定,参照了《1910 年统一船舶碰撞某些法律规定的国际公约》;关于海难救助的规定,参照了《1989 年国际救助公约》;关于海事赔偿责任限制的规定,参照了《1976 年海事赔偿责任限制公约》等等。[①]

但是,国际条约的借鉴与移植,"捷径也往往是险途",借鉴国际条约的规定可能会带来以下问题。第一,依照公约制定法律容易缺乏完整性和系统性。公约往往只涉及其调整领域内的若干重要问题,它本身并不是一个自足的法律体系,需要国内法的补充和修正。国际公约是分别制定的,彼此之间缺乏协调,但是一个国家的海商法自身各部分之间必须协调。正因为如此,借鉴国际公约的规定容易导致法律条文之间衔接不上。[②] 第二,难以充分保护本国利益。法律除了具有阶级性外,还具有"国籍性"。孟德斯鸠指出:"为一国人民而制定的法律,应该是非常适合于该国人民的,所以如果

---

① 吴焕宁:《海商法》,法律出版社 1996 年版,第 20~21 页。

② 例如,我国《海商法》第 117 条第 1 款与第 211 条第 1 款之间可能存在的矛盾与冲突。

一个国家的法律竟能适合于另外一个国家的话,那只是十分凑巧的事。"①
克利福德·吉尔兹说:"法律是一种地方性知识。"②各国航运业在国民经济
中的重要性及发展水平等的不同,对法律的要求也就不同,各国在制定法律
的时候都会考虑本国的国情,而国际公约在制定的时候却未必有这种考虑。
照搬国际公约,往往不能契合本国的特殊需要,更不能突出本国的国家利
益。第三,公约的规定未必科学合理。公约本身不是真理的化身,甚至未必
是理性的产物。公约是许多国家接受的,但未必是"国际"的,也未必是最先
进的。公约制定过程充满了矛盾斗争。在公约制定的过程中,各国都希望
尽量保护自己的国家利益和推销自己的法律文化,公约的起草往往旷日持
久。为了让各国同意参与,国际公约总是尽可能照顾激烈冲突的不同观点,
在多方博弈之中达成妥协,形成公约的最终文本。这使得国际公约作为法
律先进性的标准不是那么可靠。③

　　《鹿特丹规则》的借鉴与移植也不可避免地会存在上述问题。"移植"在
植物学上的原意为将植株由甲地移往乙地,后被动物学、医学借用,指称器
官在动物或人体之间转移接受。法理学学者将"移植"一词借用于法学,用
来指称法律制度的借鉴与引进。"移植"一词使用的语境虽然不同,但在进
行移植时操作者所面临的问题却是类似的。操作者需要妥善地处理供体与
受体,以使供体能够与受体融为一体,避免排异反应。立法者在进行借鉴
时,也需要妥善地处理《鹿特丹规则》制度与国内法之间的冲突。每一制度
都有其生长的土壤即配套制度,在移植法律制度时需要仔细考察《鹿特丹规
则》中有关制度运作的背景,在国内法中引入相关制度时需要注意同时借鉴
配套制度,使公约中的制度顺利地融入我国国内法之中,为我所用。

二、承运人责任与义务制度的借鉴

　　《鹿特丹规则》下的承运人责任与义务制度有较大的变革调整,笔者认
为,其中一些制度值得中国国内立法学习借鉴。

---

　　①　[法]孟德斯鸠著:《论法的精神(上册)》,张雁深译,商务印书馆 1982 年版,
第 6 页。

　　②　[美]克利福德·吉尔兹:《地方性知识:事实与法律的比较透视》,载梁治平主
编:《法律的文化解释》,三联书店 1994 年版,第 73 页。

　　③　郭瑜:《海商法的精神——中国的实践和理论》,北京大学出版社 2005 年版,第
14~20 页。

(一)《海商法》是否应当取消航海过失免责

国内学者一般认为我国目前保留航海过失的必要性在于:

第一,从航运国家和贸易国家的利益均衡来看,我国《海商法》目前仍应保留航海过失免责。是否取消航海过失免责,实际上是船方和货方的利益平衡问题,也是航运国家和贸易国家的利益均衡问题。主张取消航海过失免责的国家主要是进出口贸易发达而商船吨位相对较少的国家。我国尽管是发展中国家,但既是贸易大国,也是航运大国。我国在 1998 年的进出口额占世界进出口总额的 30.1‰,而 1997 年时商船吨位占世界商船总吨位的 39.8‰(我国商船吨位和世界总计商船吨位中均没有包括油船及矿石船)。因此,从航运国家和贸易国家的利益均衡方面来看,我国还应该保留航海过失免责。另外,由于目前世界上大多数国家还没有取消航海过失免责,如我国在《海商法》中取消航海过失免责,将使我国经济利益受到损害。这是因为,如其他国家没有取消航海过失免责而我国取消航海过失免责,对于进口货物而言,由于提单上规定适用外国的海商法,承运人享受航海过失免责,我国的货物进口方,不能因取消航海过失免责而获得利益;对于出口货物而言,如我国取消航海过失免责,依照我国修改后的《海商法》,如发生货损货差,外国货方将因此可以从我国的承运人手中获得索赔。

第二,从对航运业发展的影响来看,取消航海过失免责将不利于我国航运业的发展。截至 2007 年 7 月 1 日,《汉堡规则》共有 33 个缔约国,其中不少是无船或少船国家,还有近 10 个国家是完全没有出海口的陆锁国。[①] 可以预见,在世界范围内统一承运人的责任基础之前,将少有航运发达国家采用完全过失责任归责原则,取消航海过失免责。我国作为航运大国,如在这方面走得太快,取消航海过失免责,将使我国船方和货方已经达成的平衡发生倾斜,大大加重承运人的责任和义务,我国船东将不得不向保赔协会投保航海过失险,从而导致保赔协会的会费上升,从而提高船舶营运的成本。我国的商船队伍普遍存在船龄长、技术性能差,船员技术水平总体落后等问题,由于航海过失产生的货损、货差的情况要较其他航运强国更为普遍。如其他航运国家仍然保留航海过失免责,其船舶营运成本相对较低,将不利于我国的航运业参与国际竞争,不利于航运业的发展。

---

① 吴焕宁主编:《海上货物运输三公约释义》,中国商务出版社 2007 年版,第 5 页,第 398～400 页。

第三,从对我国保险业发展的影响来看,取消航海过失免责不利于我国保险业的发展。目前,我国的保赔保险并不发达,国内的许多船舶公司直接向国外的保赔协会投保责任险,中国船东互保协会承保的船舶仅仅占了很小的份额,且在超过一定的限额后,向国外的保赔协会分保。如取消航海过失免责,承保的限额将大大提高,从而使中国船东互保协会不得不更多地向国外的保赔协会分保,船舶责任保险并不会因此而增加多少。而对货物保险而言,如取消航海过失免责,我国的货物保险市场将大大缩小。因此,在世界范围内统一承运人的责任制度之前,如我国提前取消航海过失免责,将不利于我国保险业的发展。①

在《鹿特丹规则》谈判过程中,取消航海过失免责并没有引起太多争议,国际海上货物运输立法取消航海过失免责已是大势所趋。② 因此,在考虑到上述我国保留航海过失免责因素的同时,还应当注意到国际海上货物运输立法的发展趋势。而就我国国内立法而言,《合同法》第 311 条规定的承运人责任归责原则为严格责任。从其他运输方式看,1995 年的《中华人民共和国民用航空法》、1990 年的《中华人民共和国铁路法》采取的均是严格责任归责原则,且国际运输和国内运输统一,唯有水路运输,国际、国内采取的是不同的责任归责原则,即对国际海上货物运输,我国现行的《海商法》采取的是不完全过失责任归责原则,而对国内水路运输,我国 2000 年的《国内水路货物运输规则》所采用的是严格责任归责原则。也正是由于《海商法》中保留了航海过失免责,使得我国的国内水上运输和国际海上运输的法律制度得不到统一。因此,从长远利益来看,随着航海技术的发展,海上的特殊风险正在逐步减少,取消航海过失免责,不仅有利于船货双方利益的平衡,而且有利于我国各种货物运输责任制度的统一,并促进货物多式联运的发展。③

综上所述,笔者认为,我国《海商法》是否应当取消航海过失免责可以从近期和长期两个角度考虑。近期来看,保留航海过失免责,我国的国际海上

---

① 赵月林、胡正良:《我国〈海商法〉是否应该取消航海过失免责的研究》,载《大连海事大学学报(社会科学版)》2003 年第 1 期。

② See U. N. Doc. A/CN. 9/525. Paragraphs 35~37;A/CN. 9/544. Paragraphs 117~129.

③ 赵月林、胡正良:《我国〈海商法〉是否应该取消航海过失免责的研究》,载《大连海事大学学报(社会科学版)》2003 年第 1 期。

货物运输法律制度将与世界上大多数航运国家的法律制度保持一致,有利于我国航运业的发展,也有利于我国保险业的发展。从长远来看,取消航海过失免责,适当加重承运人的责任,使得船货双方分担风险更为合理,既是国际海上货物运输法律的发展趋势,也应当是我国海上货物运输承运人责任制度的发展趋势。我国国内法必须做好适应这种制度变革的准备,完善船舶责任保险、货物保险、共同海损等法律制度,保证我国航运业的健康发展,为我国国际贸易提供保障。

(二)适航义务是否扩展至全程

我国《海商法》第47条规定的承运人适航义务与《海牙规则》、《海牙—维斯比规则》相同,承运人承担适航义务的时间限于开航前和开航当时,而承运人根据《鹿特丹规则》第14条承担的适航义务是整个海上航程的适航义务。由于船舶不适航大多因承运人的航海过失所致,取消航海过失免责将使承运人对船舶开航后由航海过失导致的船舶不适航承担责任,我国《海商法》是否应当借鉴《鹿特丹规则》第14条的规定,很大程度上取决于我国《海商法》是否取消航海过失免责。适航义务扩展至全程毫无疑问会加重承运人的义务,改变原有的承运人与货方的风险分担,并影响到船舶双方的保险、共同海损的分担等等。所以,笔者认为,适航义务是否应当扩展至全程所应当考虑的因素与是否取消航海过失免责基本相同。我国《海商法》规定承运人全程适航义务时机的选择也应当与删除航海过失免责相同。

(三)环境保护

《鹿特丹规则》若干条款体现了环境保护这一当代普适的法律原则。如第15条(可能形成危险的货物)、第32条(危险货物特别规则)中危险货物的定义都包括了环境因素在内。对环境形成危险的货物也被《鹿特丹规则》识别为危险货物,适用危险货物有关规则,从而有利于环境的保护。规定承运人责任基础的第17条第3款第14项将承运人避免或试图避免对环境造成危害的合理措施列为免责事项,鼓励承运人为环境保护而采取救助措施。只要承运人或承运人需要负责的人没有过错,承运人避免环境受到损害所采取的措施,无论是否成功,都可以免责。在环境保护日益重要的今天,我国《海商法》也应当将环境因素纳入危险货物的定义,将承运人为避免环境危害采取的合理措施列为免责事项,利用私法性质的规定为环境保护提供一些制度安排。

三、货物控制权制度的借鉴

(一)我国国内法现有规定的欠缺

我国《合同法》第 308 条规定:"在承运人将货物交付收货人之前,托运人可以要求承运人中止运输、返还货物、变更到达地或者将货物交给其他收货人,但应当赔偿承运人因此受到的损失。"有观点认为该条规定是关于中途停运权的规定,[①]这种观点是一种误解,笔者在第四章中已有论述,中途停运权是买卖法或买卖合同中的一项权利,《合同法》第 308 条的规定是关于运输合同中当事人权利义务的规定,因此不应当理解为有关中途停运权的规定。一般认为,《合同法》第 308 条是关于货物控制权的规定。[②]

《合同法》第十七章的规定适用于陆运、海运、水运、空运等各种运输方式的运输合同,因此,第 308 条的规定也适用于各种运输方式。但是该条规定作为一般法可能与调整各种运输方式的特别法发生矛盾冲突。例如,《中华人民共和国民用航空法》第 119 条第 1 款规定:"托运人在履行航空货物运输合同规定的义务的条件下,有权在出发地机场或者目的地机场将货物提回,或者在途中经停时中止运输,或者在目的地点或者途中要求将货物交给非航空货运单上指定的收货人,或者要求将货物运回出发地机场;但是,托运人不得因行使此种权利而使承运人或者其他托运人遭受损失,并应当偿付由此产生的费用。"《中华人民共和国民用航空法》的这一规定即与《合同法》第 308 条的规定略有出入。而《合同法》的上述规定适用于海上运输时带来的法律冲突更为剧烈。《海商法》第 71 条规定:"提单,是指用以证明海上货物运输合同和货物已经由承运人接收或者装船,以及承运人保证据以交付货物的单证。"如果托运人依据《合同法》第 308 条的规定在其转让提单之后仍然享有中止运输、返还货物、变更到达地或者将货物交给其他收货人的权利,承运人将对托运人和提单持有人负有双重义务,从而处于两难境地。因此,《合同法》第 308 条的规定不宜直接适用于海上货物运输,笔者结

---

① 解相滨:《论海运中途停运权之不安抗辩权性质》,载万鄂湘主编:《中国海事审判论文选集》,人民法院出版社 2004 年版,第 533 页。

② 司玉琢、李志文主编:《中国海商法基本理论专题研究》,北京大学出版社 2009年版,第 379 页;张清姬:《海运货物控制权之研究》,厦门大学 2006 年硕士学位论文,第 42 页。

合两个案例对《合同法》第308条规定在海上货物运输领域的适用情况加以实证分析。

案例一:原告浙江中大纺织品有限公司与被告川崎汽船(中国)有限公司海上货物运输合同退运纠纷案

2002年2月2日,被告接受原告委托,承运586捆尼龙制品自上海港至雅加达,并签发了一式三份的正本提单交于原告。提单载明,托运人是原告,收货人是PT. HINDIA CITRA AGUNG JAKARTA-INDONESIA。货物运抵雅加达后,因原告的贸易对家未付款赎单,原告于2002年4月2日致函要求被告立即将货物退运回上海港,未果。同年7月15日,原告向被告发出索赔函,要求其赔偿货物损失。同年8月13日,被告告知原告,该事件已交由印尼警察局调查处理,调查结果将通知原告,但未予理赔。

上海海事法院一审认为,原告以海上货物运输合同退运纠纷提起诉讼,应当适用《海商法》。原告没有证据证明货物确已灭失以及货物的实际损失,其诉请缺乏事实和法律依据。据此判决对原告的诉讼请求不予支持。原告不服一审判决,提起上诉。上海市高级人民法院经审理认为,被告在本案中应对外承担承运人的法律责任,应当适用调整海上运输关系的《海商法》之规定,原告作为托运人在涉案货物已运抵目的港后,无权单方面变更合同,据此判决驳回上诉,维持原判。

针对浙江中大关于本案应当适用《合同法》的主张,上海市高级人民法院在二审中认为,《合同法》有关运输合同的规定是对所有运输方式的合同作出规范,《海商法》调整的有关海上运输关系,是指海江之间、江海之间的海上货物运输和海上旅客运输。显然,《海商法》相对于《合同法》而言是调整海上货物运输合同的特别法,《合同法》是普通法。本案中,基于川崎汽船(中国)向托运人浙江中大签发了涉案提单,双方当事人之间形成了海上货物运输合同法律关系,现承运人川崎汽船(中国)已按约将涉案货物运抵目的港,浙江中大在承运人将货物交付收货人之前,又要求川崎汽船(中国)将货物退运回起运港,由于双方当事人未就有关退运事宜作出特别约定,浙江中大的上述行为实质上是要求承运人变更涉案海上货物运输合同。根据《合同法》的相关规定,托运人行使合同的变更权和解除权的前提条件是在承运人将货物交付给收货人之前。按照我国《海商法》的规定,要解除海上货物运输合同,托运人应当在船舶在装货港开航前提出。比较而言,《合同法》有关运输合同条文所设定的托运人享有对运输合同变更权和解除权的条件相对宽松,对解除合同与变更合同也未作区分。而《海商法》作为调整海上运输关系的专门法律,规定托运人解除合同的条件更为严格和具体化。依据特别法优于普通法的法律适用原则,本案应适用《海商法》。依照《海商法》的规定,浙江中大作为托运人,在涉案货物已运抵合同约定的目的港后,无权单方变更合同。浙江中大亦未举证证明川崎汽船(中国)同意将涉案货物退运回起运港,即同意变更涉案海上货物运输合同。故,双方就涉案海上货物运输合同的变更并未达成约定。综上所述,浙江中大无权要求川崎汽船(中国)将涉案货物退运回起运港或在不能退运的情况下赔偿货物损失。①

案例二:黑龙江省进出口总公司诉汕头粤东国际货运代理有限公司、江苏环球国际货运公司深圳分公司、博联国际货运公司海上货物运输合同货物交付纠纷案

原告于1999年10月9日委托粤东国际货运代理有限公司运送一货柜绢花。粤东货代又与江苏环球国际货运公司深圳分公司签署了"货物托运单"。环球公司又委托博联公司运输该批货物。10月18日,博联公司签发指示提单,目的港为巴尔的摩,提单正面载明了该提单为一式三份,承运人一旦收回其中一份,其余三份自动失效的条款。11月29日,原告通知三被告要求在提单不全或未得到原告书面同意的情况下不得放货,被告同意。12月3日,被告根据指示,在收到收货人的两份正本提单后将货物放给提单持有人。12月16日,原告要求将货物转运到洛杉矶。2000年1月11日,被告通知原告货物已经交付。原告向法院起诉,请求法院判令被告赔偿原告货款损失。

广州海事法院一审认为,提单是承运人保证据以交付货物的单证,被告作为承运人,在收到正本提单后将货物交付并无不当;货物交付后,原告持有的提单即失去效力,故对原告的诉讼请求不予支持。原告不服一审判决,依据《合同法》第308条提起上诉。

广东省高级人民法院二审认为,《海商法》仅规定了托运人在开航前享

---

① 上海海事法院:《海上货物运输中托运人退运请求的法律界定——原告浙江中大纺织品有限公司与被告川崎汽船(中国)有限公司海上货物运输合同退运纠纷案》,http://www.ccmt.org.cn/hs/news/show.php? cId=4969,下载日期:2009年10月22日。

有合同解除权,对运输期间的合同变更和解除没有规定,因此,可适用《合同法》有关运输合同变更和解除的规定。《合同法》第 308 条规定了在承运人将货物交付收货人之前,托运人享有对运输合同的变更权和解除权,允许托运人在一定条件下请求变更合同。但法院认为,这里的"收货人"是指提单上记载的收货人,即为记名提单中的收货人,而指示提单中的收货人在货物交付之前处于不确定的状态,指示提单的收货人不能视为上述条款规定的提单记载的收货人,并由此认为,在处理海上货物运输合同纠纷时,《合同法》第 308 条只能适用于与记名提单相关的纠纷。由于本案所涉提单是指示提单而非记名提单,托运人无权在承运人交付收货人前变更运输合同,承运人也没有义务或权利向未获支付的卖方交付货物,除非首先将正本提单交回并取消。据此,二审法院判决驳回上诉,维持原判。[①]

从上述两个案例来看,《合同法》第 308 条的规定在司法实践中适用于海上货物运输合同时受到了限制。在案例一中,法院认为就海上货物运输合同而言,《海商法》是特别法,应当优先于《合同法》适用,完全否定了《合同法》第 308 条的适用;在案例二中,法院将《合同法》第 308 条的规定中的"收货人"解释为仅指记名提单的收货人,认为《合同法》第 308 条不能适用于指示提单。笔者认为,司法机关对待《合同法》第 308 条的消极态度也在情理之中。如前所述,第 308 条的规定会与海上货物运输法中凭单(指提单)放货的基本原则相冲突,这是该条规定在海上货物运输领域不能得到积极适用的根本原因。如果托运人签发可转让提单,一旦托运人向第三人转让该提单,托运人即丧失了对提单项下货物的权益,相应地也不能再享有要求承运人中止运输、返还货物或变更目的地或收货人的权利。为了方便货方对运输中货物的控制,缓和《合同法》与《海商法》之间的矛盾冲突,有必要在《海商法》中规定海上货物运输领域的货物控制权制度,同时对《合同法》第308 条作必要的修改。

(二)货物控制权制度在《海商法》中的设置

基于上述分析,笔者认为,应当在《海商法》第四章中增加一节关于货物

---

① 广东省高级人民法院:《海事案例精选精析》,法律出版社 2004 年版,第 343～344 页。同时参见广州法律网:《黑龙江省进出口总公司诉汕头粤东国际货运代理有限公司、江苏环球国际货运公司深圳分公司、博联国际货运公司海上货物运输合同货物交付纠纷案》,http://www.law020.com/case/case_3845.html,下载日期:2010 年 10 月 5 日。

控制权的规定。该节内容可以借鉴《鹿特丹规则》作如下规定:第一,关于货物控制权的主体可以规定:签发指示提单或不记名提单的,持有整套运输单证的人享有货物控制权;签发记名提单的,持有整套提单的托运人或发货人(交货托运人)享有货物控制权,该货物控制权不得转让;签发海运单的,托运人享有货物控制权,该货物控制权不得转让。第二,控制方行使控制权时,应当提交整套运输单证,并在运输单证上载明控制方的具体指示。不记载具体指示的,不得对抗善意第三人。第三,货物控制权的存续时间,为运输合同下承运人的责任期间。第四,关于货物控制权的规定,当事人可以通过合同约定变更。

　　在《海商法》中规定货物控制权的同时,为了避免《合同法》与《海商法》及《中华人民共和国民用航空法》等调整其他运输方式的法律发生冲突,《合同法》第 308 条应当增加如下规定:"其他法律有不同规定的,依其他法律。"

四、批量合同制度的借鉴

(一)我国国内法中与批量合同相关的规定

　　目前,我国国内法中没有"批量合同"的概念,也没有"服务合同"的概念。但是,我国国内法中的若干规定其实已经在调整规范批量合同了。《水路货物运输合同实施细则》第 4 条规定:"……大宗物资运输,可按月签订货物运输合同。对其他按规定必须提送月度托运计划的货物,经托运人和承运人协商同意,可以按月签订货物运输合同或以货物运单作为运输合同。零星货物运输和计划外的整批货物运输,以货物运单作为运输合同。"第 5 条规定:"按月度签订的货物运输合同,经双方在合同上签认后,合同即告成立。如承、托运双方当事人无需商定特约事项的,可以用月度托运计划表代替运输合同,经双方在计划表上签认后,合同即告成立。在实际办理货物承托运手续时,托运人还应向承运人按批提出货物运单,作为运输合同的组成部分。"第 6 条规定:"按月度签订的货物运输合同,应具备下列基本内容:一、货物名称;二、托运人和收货人名称;三、起运港和到达港,海江河联运货物应载明换装港;四、货物重量,按体积计费的货物应载明体积;五、违约责任;六、特约条款。"除了上述三个条文涉及月度运输合同之外,第 17 条与第 19 条还专门规定了月度货物运输合同的变更、解除以及月度运输合同的违约责任。这种月度运输合同是以月为时间单位,承运人按照运输计划表完成托运人托运的货物。月度运输合同符合《鹿特丹规则》对批量合同的定义,实际上就是一种批量合同。虽然《水路货物运输合同实施细则》并没有对月度运输合同作特殊规定,但是由于水路货物运输立法没有规定强制性体制,月度运输合同只要遵守了行政法规与地方性法规中的公法性义务,便可以享有缔约自由,自由地对运输条件进行约定。

除了月度运输合同,在我国国内法中还有一个与批量合同有关的概念,这个概念就是"协议运价"。《国际海运条例实施细则》第 3 条第 18 项规定:"协议运价,指国际班轮运输经营者与货主、无船承运业务经营者约定的运价,包括运价及其相关要素。协议运价以合同或者协议形式书面订立。"而订立协议运价的"协议"有可能是费率协议,也有可能是批量合同。如前所述,批量合同与费率协议之间的区别在于批量合同下的托运人确定将要运输一定数量的货物,而费率协议中托运人关于数量的承诺并不确定。[①] 这就要看当事人如何约定,如果托运人在约定费率的同时约定了在一定期间内将一定批量的货物交付承运人运输,这种协议便是批量合同;如果其中只是约定了费率,并没有确定托运的货物数量便是费率协议,而不是批量合同。

(二)批量合同纳入国内法的具体安排

1. 在《海商法》中规定批量合同并赋予当事人以缔约自由

批量合同在我国航运实践中已经大量使用。据悉,中美航线 80% 以上,欧洲航线 60%~70%都是通过签订批量合同进行运输的。[②] 从整体上看,批量合同下承托双方谈判实力或能力是相当的,赋予其"合同自由"符合市场经济的原则,有利于促进航运业的自由竞争,提高商业效率。因此,我国《海商法》可以考虑参考《鹿特丹规则》的制度设计将批量合同纳入其调整范围,并赋予当事人以一定的缔约自由,排除《海商法》第四章强制性体制对批量合同的适用。可以在《海商法》第 41 条增加一款,对批量合同进行定义。定义的表述可以采用与《鹿特丹规则》对批量合同定义基本类似的表述。在《海商法》第四章中增加一节,题为"批量合同的特别规定"。该节下可以设 6 个条文,将《鹿特丹规则》第 80 条的规定转化为国内法。

---

① 见本书第五章第一节第一目关于批量合同与费率协议之间区别的分析论述。

② 司玉琢:《〈鹿特丹规则〉的评价与展望》,载《中国海商法年刊》2009 年第 20 卷第 1~2 期。

　　2. 在其他公法性质法规中建立批量合同监督管理制度

　　在国内法语境下进行的批量合同制度设计,除了在《海商法》中从私法的角度进行制度安排外,还需要考虑从公法的角度作出规定,以公权力对批量合同的费率,批量合同对当事人的公平无歧视,承运人使用批量合同的竞争行为等进行监督管理。而这方面美国国内法上的服务合同监督管理制度尤其具有参考意义。《鹿特丹规则》中的批量合同也正是以美国国内法中的服务合同为蓝本纳入的。因此,我们在借鉴《鹿特丹规则》批量合同制度的同时,有必要同时借鉴参考美国国内法中的服务合同监督管理制度。

　　(1)美国国内法上的服务合同报备和公开制度

　　美国对服务合同的监督和管理开始比较早,美国历史上第一部航运法——《1916 年航运法》即首创了美国的运价报备制度和服务合同报备制度。《1984 年航运法》要求订立服务合同的公共承运人,除有关散装货、林业产品、回收旧金属、废纸的服务合同外,每一服务合同都应向美国联邦海事委员会秘密报备,同时附随报送此种合同的核心条款,并登录到运价本上接受公众查询。服务合同的核心条款包括始发港、目的港(在多式联运中为起始地、目的地)、品名、最低箱量、运价、合同持续时间、服务承诺、损害赔偿等。① 报备服务合同的公共承运人或者班轮公会,应当以运价本的形式公开合同的 7 项主要内容,包括:起始港和目的港的范围和地理区域、涉及的货物、最低货运量、直达运输运价、合同期间、服务承诺以及约定的不履行合同的损害赔偿等。为了保证承运人行为的公开和交易的公平,公开服务合同的承运人或者班轮公会承担允许其他与服务合同有类似状况的托运人"跟进"的义务,即承运人与托运人订立的服务合同,对后来其他处于相同或相似地位的托运人而言,有权要求承运人按照合同条款与其订立服务合同。服务合同的其他内容,承运人也必须向联邦海事委员会报备。② 《1984 年航运法》实施 10 多年后,世界形势发生了巨大变化,美国成为世界上最大的货主利益国,美国远洋运输管理制度中的缺陷逐渐显现。在这种背景下,经过 3 年时间的调查、研究和争论,美国国会通过了修正《1984 年航运法》的《1998 年航运改革法》。该法于 1999 年 5 月 1 日起实施。

---

　　① 於世成:《美国航运法研究》,北京大学出版社 2007 年版,第 127~128 页。
　　② 於世成、胡正良、郑丙贵:《美国航运政策、法律与管理体制研究》,北京大学出版社 2008 年版,第 15 页。

与《1984 年航运法》相比,《1998 年航运改革法》第 7 条对服务合同的秘密报备义务作了修改。在要求报备的内容中减少了"合同中货物多式联运的内陆装货地点与收货地点、费率、服务承诺和违约赔偿"这四项内容,必须以运价本公布的内容也减少为"服务合同的商品、数量或者比例、起运港与目的港名称和合同期限"这四项。该法为服务合同提供了更多的保密性,使服务合同的当事人更灵活,合同更具有针对性,联邦海事委员会对合同的管制也趋于放松。由于上述服务合同报备的变化,货主的"跟进"要求自动失去了意义,因而取消了"跟进"(me-too)待遇条款。这项改变实质上是该法对承运人作出的一种妥协。该法一方面限制了承运人在班轮公会制度下的特权,另一方面又赋予其与托运人谈判的一定优势,但这两个方面的实质相同,都是尽可能地增加竞争,减少管制,促进承运人分别与托运人独立进行交易。[①]

根据《1998 年航运改革法》第 13 条第(a)款的规定,如果公共承运人、班轮公会从事或是两个、两个以上承运人集体从事该法第 10 条禁止的有关服务合同的歧视行为,联邦海事委员会可以对其施以民事罚款。每个违法行为的处罚数额,除另有规定外不超过 5000 美元。违法行为为故意或明知实施时,其处罚数额为不超过 25000 美元。如果是持续的违法行为则每天构成一个独立的违法行为。联邦海事委员会就对公共承运人作出的罚款对该公共承运人所经营的船舶享有留置权,可以在发现船舶所在地的美国地区法院对该船提起诉讼。

(2)我国国内法中批量合同监督管理制度的建立

我国国内法中的一些规定虽然涉及了批量合同,但并没有建立起专门针对批量合同进行监督管理的法律制度。我国国内法中现有的航运市场监督管理制度主要是针对国际集装箱班轮运输建立起的运价报备制度,其监督管理对象主要限于国际集装箱班轮运输的运输价格,并不关注运输合同中的其他条款。《国际海运条例》第 20 条规定:"经营国际班轮运输业务的国际船舶运输经营者的运价和无船承运业务经营者的运价,应当按照规定格式向国务院交通主管部门备案。国务院交通主管部门应当指定专门机构受理运价备案。备案的运价包括公布运价和协议运价。公布运价,是指国

_____

① 於世成、胡正良、郏丙贵:《美国航运政策、法律与管理体制研究》,北京大学出版社 2008 年版,第 23~25 页。

际船舶运输经营者和无船承运业务经营者运价本上载明的运价；协议运价，是指国际船舶运输经营者与货主、无船承运业务经营者约定的运价。公布运价自国务院交通主管部门受理备案之日起满 30 日生效；协议运价自国务院交通主管部门受理备案之时起满 24 小时生效。国际船舶运输经营者和无船承运业务经营者应当执行生效的备案运价。"《国际海运条例实施细则》第 3 条第 16 项到第 18 项对公布运价、协议运价、运价协议等概念作了进一步的定义。① 交通运输部根据《国际海运条例》第 20 条制定了《国际集装箱班轮运价备案实施办法》，并于 2009 年 6 月 9 日发布，取代了 1996 年原交通部发布的《国际集装箱班轮运输运价报备制度实施办法》，自 2009 年 6 月 15 日起，经过 45 天的过渡期后也就是自 2009 年 8 月 1 日起在国内实施。② 上述规定基本上建立起了我国国内法上的国际集装箱运价报备制度。

根据 2009 年 6 月 9 日发布的《国际集装箱班轮运输运价备案实施办法》，有义务进行价格报备的主体为"持有交通运输部颁发的《国际班轮运输经营资格登记证》并经营集装箱船舶运输业务的经营者"，而需要报备的价格包括公布运价和协议运价。从上海航运交易所发布的《国际集装箱班轮运输协议运价表》来看，包括批量合同在内的协议运价在进行备案时，需要报备船公司、协议号、货方、航线、起始港、目的港、箱型、货种、尺码、箱量 1、箱量 2、运价、佣金、附加费、协议生效日期、协议失效日期等内容。《办法》第 6 条还规定了处罚措施。上海航运交易所为交通运输部指定的运价备案受理机构。2009 年 7 月 31 日，设于上海航运交易所的国内唯一航运运价报备机构——国际集装箱国际班轮运价备案中心揭牌成立。

批量合同的监督管理制度实际上是从公法的角度对批量合同的缔约自

---

①　《国际海运条例实施细则》第 3 条对这些概念定义如下："（十六）运价协议，是指两个或者两个以上国际班轮运输经营者之间订立的关于收费项目及其费率、运价或者附加费等内容的协议，包括具有上述内容的会议纪要。（十七）公布运价，是指国际班轮运输经营者和无船承运业务经营者运价本上载明的运价。运价本由运价、运价规则、承运人和托运人应当遵守的规定等内容组成。（十八）协议运价，指国际班轮运输经营者与货主、无船承运业务经营者约定的运价，包括运价及其相关要素。协议运价以合同或者协议形式书面订立。"

②　《关于国际集装箱班轮运价备案实施办法的公告》，中华人民共和国交通运输部，[EB/OL]. http://www.chineseshipping.com.cn/file/ad/gg/2009/610/610gg.htm，下载日期：2009 年 6 月 21 日。

由进行限制。私法上对契约自由的限制与公法上对契约自由的限制,其区别在于私法上的限制只将违反限制的契约视为无效;但公法上的限制,却是科违反者以公法上的制裁,或以国家的强制力使之履行义务。[①] 批量合同公法管制性规定表现出强烈的国家主权色彩,不可能出现在私法性质的《鹿特丹规则》中,但是,在国内法中对批量合同作公法上的管制性规定不仅可能,而且必要。

笔者认为,我国国内法可以以《国际集装箱班轮运价备案实施办法》为基础建立起批量合同监督管理制度。在金融危机对我国经济的影响日益显现,航运业出现以"零运价"、"负运价"等低于正常合理的运价揽取货物的背景下,[②]2009 年 6 月份出台的运价备案制度其主要制度设计在于规范市场秩序,取缔航运市场紧缩形势下的零运价,负运价等不正当竞争行为,其主要目的不在于对运输合同进行全面监管。在《海商法》中建立起"批量合同"的概念和制度后,可以对上述集装箱班轮运价备案制度加以改造建立起批量合同监督管理制度。在航运实践中,批量合同的运价固然是承运人与托运人在订立合同时谈判的重点,但批量合同中的其他条款也不能为当事人所忽略,特别是承运人义务、赔偿责任等条款都有可能为批量合同下的承运人所滥用,而且承运人还可能在订立批量合同时利用各种扭曲市场的手段对托运人采取歧视性定价或垄断定价等损害货方利益的行为。我国的批量合同监督管理制度,可以参照美国《1998 年航运改革法》要求与托运人签订批量合同的承运人就批量合同中的重要条款如始发港、目的港(在多式联运中为起始地、目的地)、品名、最低箱量、运价、合同持续时间、服务承诺、损害赔偿等进行申报和公开。对于承运人在运费费率和收费方面不公平、不正当的歧视性行为,以及承运人的不正当竞争行为进行处罚。

本章小结

我国《海商法》通过第 44 条和第 45 条建立起强制性体制。根据这两条

---

① [日]美浓部达吉著:《公法与私法》,黄冯明译,中国政法大学出版社 2003 年版,第 244 页。

② 赵虎、刘俊:《运价报备助航企重拾市场信心》,载《中国水运报》2009 年 8 月 5 日。

的规定,《海商法》第四章规定的当事人的义务与责任国际海上货物运输合同的当事人不能背离,但是承运人可以增加其义务与责任。《海商法》第四章与《鹿特丹规则》强制性体制的差异主要表现在以下几个方面:强制性体制规制的主体不同、强制性义务与责任的不同、强制性体制的例外与排除方面的差异。我国国内水路货物运输中则不存在强制性体制,通过对国内水路货物运输相关行政立法进行考察可以发现,对于国内水路货物运输合同中的格式条款我国主要采用行政管理方式对其进行规制。

我国航运业发展迅速,航运业的发展需要有完善的法律制度作支撑。《鹿特丹规则》作为国际海上货物运输立法的最新进展,其强制性体制下的制度设计充分考虑了海上货物运输的现状,具有一定的合理性与前瞻性,可以为中国国内立法,主要是《海商法》,提供借鉴和参考。就强制性体制的整体而言,我国《海商法》建立起来的强制性体制也应当为缔约自由保留一定的空间。笔者认为《海商法》也可以通过借鉴《鹿特丹规则》中的批量合同制度在一定条件下赋予当事人以缔约自由。就强制性体制下的其他具体制度而言,值得我国《海商法》借鉴的制度包括《鹿特丹规则》承运人义务与责任规定中的若干制度,包括取消航海过失免责、适航义务扩展至全程、环境保护方面的制度安排以及货物控制权制度等等。在对上述制度进行借鉴时,应注意配套制度在相关国内法中的妥善安排,以保证制度的借鉴能够与我国国内法整体相适应。

International
Economic Law

结 语

海上货物运输法中的强制性体制自从 1893 年《哈特法》诞生以来,已经走过了百余年的历史。《鹿特丹规则》中的强制性体制是强制性立法的最新发展。行文至此,有必要将本书对强制性体制的若干认识加以归纳总结,并对强制性体制的未来走向作出分析判断。

一、几点结论

通过本书对《鹿特丹规则》强制性体制进行的分析论述,笔者认为得出以下认识和结论是适宜的:

强制性体制下承运人义务与责任的发展呈现出加重趋势。《鹿特丹规则》下承运人不再享有航海过失免责,承运人受雇人、代理人的火灾免责也被废除;承运人适航义务扩展至全程;承运人承担的责任为完全过错责任——这些都使得承运人承担的义务与责任与《海牙规则》、《海牙—维斯比规则》相比大大加重。

货方承担的强制性义务与责任亦有所加重。《鹿特丹规则》下托运人的责任基础为推定过错(信息准确保证义务以及危险货物有关义务除外),而在《海牙规则》、《海牙—维斯比规则》、《汉堡规则》下,托运人赔偿责任的责任基础为一般过错责任(与危险货物有关的义务除外),承运人对托运人的过错承担举证责任。此外,托运人承担了若干以往海上货物运输公约所没有承担的新义务。

强制性体制的价值取向更加公平公正。传统上,强制性体制主要保护货方的利益。在《鹿特丹规则》下,强制性体制主要保护货方的利益,但也保护弱小承运人的利益。这主要表现在:首先,货方在强制性体制下承担的义务与责任有所加重;其次,货方的义务与责任也被纳入了强制性体制,货方义务与责任的强制性,使得个别大货主不能利用自己的优势地位损害小承运人的利益;再次,承运人的义务与责任虽然从总体上看有所加重,但个别制度的设计安排在客观上对承运人比较有利,比如单位赔偿责任限制适用的对象有所扩大,承运人可以与托运人就其责任期间进行约定。

强制性体制的价值取向之所以发生变化是因为航运技术的进步使得承运人抵御海上风险的能力增强,可以适当加重其所承担的义务与责任。如若继续维持原有的风险分配规则对货方不公平。立法者试图改变现行海上货物运输公约对承运人与货方之间所设定的合作剩余分配规则,更加公平地在合同当事人之间分配货物运输合同产生的合作剩余。

强制性体制的规制范围有所扩大。首先,由于《鹿特丹规则》适用的运输方式为海运和包括海运在内的多式联运,在使用多式联运的情况下,强制性体制规制的运输方式扩展到了海运之外的其他内陆转运运输方式,包括公路运输、铁路运输、内河运输、空中运输。从地理空间上讲,强制性体制"上岸了"。其次,强制性体制规制的主体有所增加。与《海牙规则》、《海牙—维斯比规则》相比,《鹿特丹规则》强制性体制规制的主体增加了海运履约方、托运人、收货人、控制方、持有人及单证托运人等主体,强制性体制规制的主体类型大大增加了。

强制性体制出现了例外。《海牙规则》、《海牙—维斯比规则》、《汉堡规则》规定的强制性体制都是整齐划一的,不存在任意性规则与例外情形。《鹿特丹规则》下,强制性体制存在着例外。这些例外一种是强制性体制框架内的任意性规则,比如货物控制权制度下的大部分内容;另一种是强制性体制的背离与排除,以批量合同制度为代表。这是强制性体制的最新变化发展。

总体而言,《鹿特丹规则》强制性体制的重要特征在于十分注意承运人与货方之间的利益平衡。《汉堡规则》的命运证明,海上货物运输条约过于偏袒任何一方的利益都是行不通的,难以为航运业所接受。"任何一个国际条约都是利益平衡的产物,就私法性质的国际条约而言,主要体现在经济利益的平衡。20世纪后期,国际航运业和航运科学技术的飞速发展,使得《海牙规则》在调整船货双方利益的制度设计上,显得过于偏袒承运人,早已失去了平衡。为了寻求船货各方利益在新形势下的平衡点,《鹿特丹规则》必然要加重承运人的责任。"①除了承运人的义务与责任有所加重外,《鹿特丹规则》强制性体制下货方的义务与责任也有一定程度的加重。这就使得承运人与货方之间的义务与责任实现了新的平衡。

二、强制性体制的未来

海上货物运输法中的强制性体制诞生于美国国内法,此后,通过《海牙规则》、《海牙—维斯比规则》进入国际海上货物运输立法领域,进而影响到世界上众多海运国家甚至是非海运国家的海上货物运输立法。强制性体制规制的范围也随之不断扩张,调整的主体大大增加。当事人的意思自治越来越受到限制。强制性体制对于促进海上货物运输立法的统一,保护货方的利益发挥了重要作用。但是,强制性体制的扩张似乎并没有减少海上货物运输法律制度的复杂性和内在冲突,反而带来了其他困扰。因而,强制性体制的缺陷也招致了学者们的批评。②

有学者认为,应当放弃强制性体制的立法模式,而采用一个不仅能够连接《海牙规则》、《海牙—维斯比规则》、《汉堡规则》,而且能够整合整个海上货物运输法的低成本的立法模式。毕竟,当今承运人滥用合同自由的风险与19世纪不可同日而语。行业的激烈竞争本身能够促进承运人规范行为,多数国家法律赋予法院的新权力使其能够控制合同中的不合理条款,回归合同自由已不再那么危险。海上货物运输立法到了往相反方向发展的时候,政府对合同自由的干预应当受到越来越多的限制,应当仅限于那些关系国计民生的关键领域。海上货物运输领域已经显现出新的立法路径选择的迹象,如CMI《1990年海运单与电子提单规则》、UNCTAD/ICC《1991年多式联运单证统一规则》。这种路径通过政府间组织与非政府组织合作制定示范性规则而非国际立法,更多地依赖当事人意思自治而非强制性体制来解决实践中的问题。上述信号表明立法者相信有效的制度可以通过非强制性的示范性规则而非国际立法来实现,甚至可以认为这些迹象标志着货物

---

① 司玉琢:《〈鹿特丹规则〉的评价与展望》,载《中国海商法年刊》2009年第20卷第1～2期。

② Jan Ramberg, Freedom of contract in maritime law, *Lloyd's Maritime and Commercial Law Quarterly*,1993, pp. 186～190.

运输法新时代的到来,合同自由愈加重要,而强制性法律趋于弱化。[①] 有学者认为无损于公共利益的合同自由优于政府干预。自《海牙规则》于1924年通过至今,国际海运形势已经发生了实质性变化,再也没有任何国家主导国际海运业,承运人和托运人的谈判力量趋于平衡,《海牙规则》构筑其上的妥协理由不复存在。在新形势下,恢复合同自由并不必然导致合同自由的滥用,应当采用一项新的任意性公约在国际海上货物运输领域恢复合同自由。[②]

与上述观点相反,有观点认为一定程度的强制性并无损于合同自由,并且有利于实质正义的实现,有利于实现国际海上货物运输规则的统一。一定程度的强制性并非指整个法律的强制性,也并非指一成不变的强制性。随着时代的发展,强制性法律规范的范围也应作相应的调整,以符合航运实践发展的需要。维持海上货物运输法一定程度的强制性是符合历史潮流的选择,有利于促进航运业与国际贸易的发展。晚近的立法表明,海上货物运输法的强制性特征不仅丝毫没有背离,反而有加强和扩大的趋势。无论是现代合同自由的基本法理,还是从合同正义价值的更好实现,还是从更好地推动国际运输立法的统一和目前的社会基础来看,海上货物运输强制性法律规范都是符合历史发展的明智选择。[③]

强制性体制的本质在于通过立法对承运人在运输单证中使用的格式条款进行规制以防止格式条款的滥用,维护合同正义,属于通过立法对格式条款进行规制的方式,正如笔者在第六章第一节所言,对格式条款进行规制可以通过其他法律制度来实现,是可以替代的。除了立法规制方式,还可以采取行政规制、司法规制以及行业自律、消费者保护组织监督等方式来实现对格式条款的规制。[④] 笔者认为,强制性体制将来是否取消主要取决于以下三个因素:第一,航运业是否继续使用格式条款;第二,承运人与货方力量对比是否发生变化,双方缔约实力趋向平衡;第三,主管机关是否偏好对格式条款采用立法规制方式。

---

　　① Jan Ramberg, Freedom of contract in maritime law, *Lloyd's Maritime and Commercial Law Quarterly*, 1993, p. 191.

　　② 余劲松主编:《国际经济法专论》,武汉大学出版社2003年版,第219～220页。

　　③ 杨洪:《论海上货物运输强制性法律规范的性质与功能》,载《中外法学》2007年第4期。

　　④ 苏号朋:《格式合同条款研究》,中国人民大学出版社2004年版,第365页。

就第一个因素而言,笔者认为,格式条款的便捷很可能会使当事人不舍得放弃使用海运单证这种高效的缔约方式,因而在可以预见的将来航运业仍会使用海运单证,而只不过随着电子商务的兴起,越来越多的交易中会使用电子单证。就第二个因素而言,笔者认为,在可预见的将来,除了个别贸易商具有与承运人相当的谈判实力,由航运业资本密集型的行业特点决定,航运企业的缔约能力在多数情况下都会强于贸易商。就第三个因素而言,具有一定的偶然性。如上所述,格式条款的规制方式可以有多种,具体采用哪种规制方式取决于主管机关的偏好。但是,笔者认为立法规制方式相对于行政规制等其他规制方式具有简洁明了、成本相对较低的特点。在对格式合同规制的多种方式中,立法规制方式应当是优先选择的规制方式。

综合以上分析,笔者认为在可预见的将来,强制性体制仍将存在并发挥作用。在《鹿特丹规则》下,我们可以看到,批量合同虽然可以背离强制性体制的大部分内容,但仍有若干"超级强制条款"不允许当事人背离,强制性体制在一定程度上仍然发挥着其调整规制作用。这说明,在一段时间之内完全的缔约自由依然是不适宜的。所以,在可预见的将来海上货物运输法中的强制性体制将依然存在,立法规制依然是主管机关首选的海上货物运输合同格式条款的规制方式。

International
Economic Law

缩略语表

公约草案初稿	《海上货物运输文书草案初稿》,联合国文件编号为 A/CN.9/WG.III/WP.21
公约草案一读文本	《[全程或部分途程][海上]货物运输文书草案》,联合国文件编号为 A/CN.9/WG.III/WP.32
公约草案二读合订文本	《[全程或部分途程][海上]货物运输文书草案》,联合国文件编号为 A/CN.9/WG.III/WP.56
公约草案二读文本	《[全程或部分][海上]货物运输公约草案》,联合国文件编号为 A/CN.9/WG.III/WP.81
公约草案三读文本	《[全程或部分][海上]货物运输公约草案》,联合国文件编号为 A/CN.9/WG.III/WP.101
《鹿特丹规则》	《联合国全程或部分海上国际货物运输合同公约》
《海牙规则》	《统一提单若干法律规则的国际公约》
《维斯比规则》	《修改统一提单若干法律规则的国际公约的议定书》
《海牙—维斯比规则》	《经 1968 年 2 月 23 日议定书修订的统一提单若干法律规则的国际公约》
《汉堡规则》	《1978 年联合国海上货物运输公约》
《华沙公约》	1929 年 10 月 12 日签订于华沙的《统一国际航空运输某些规则的公约》

公约草案初稿	《海上货物运输文书草案初稿》，联合国文件编号为 A/CN.9/WG.Ⅲ/WP.21
《蒙特利尔公约》	1999 年 5 月 28 日签订于蒙特利尔的《统一国际航空运输某些规则的公约》
《海商法》	《中华人民共和国海商法》
《合同法》	《中华人民共和国合同法》
《民用航空法》	《中华人民共和国民用航空法》
《铁路法》	《中华人民共和国铁路法》
CMI	COMITÉ MARITIME INTERNATIONAL 国际海事委员会
CMR	Convention on the Contract for the International Carriage of Goods by Road, 1956, as amended by the Protocol 1956 年《国际公路货物运输合同公约》
COTIF-CIM 1999	Uniform Rules concerning the International Carriage of Goods by Rail, Appendix to the Convention concerning International Carriage by Rail, as amended by the Protocol of Modification of 1999 1999 年《国际铁路货物运输公约—统一规则》
CMNI	Budapest Convention on the Contract for the Carriage of Goods by Inland Waterway, 2001 2001 年《布达佩斯内河货物运输合同公约》
COGSA1992	Carriage of Goods by Sea Act 1992 英国《1992 年海上货物运输法》
CISG	United Nations Convention on Contracts for the International Sale of Goods 《联合国国际货物销售合同公约》

公约草案初稿	《海上货物运输文书草案初稿》,联合国文件编号为 A/CN. 9/WG. III/WP. 21
FIO(S)条款	free inand out（and stowed） 船舶方不负担装卸（理舱）费条款
IMO	INTERNATIONAL MARITIME ORGANIZATION 国际海事组织
ISM 规则	International Management Code for the Safe Operation of Ships and for Pollution Prevention 《国际船舶安全营运和防止污染管理规则》
ISPS 规则	International Ship and Port Facility Security Code 《国际船舶和港口设施保安规则》
MARPOL	International Covention for the Prevention of Pollution from Ships，1973，as modified by the Protocol of 1978 relating thereto 《经 1978 年议定书修订的 1973 年国际防止船舶造成污染公约》
OLSA	Ocean Liner Service Agreements 远洋班轮服务协议
SOLAS	International Convention for the Safety of Life at Sea，1974，as amended 《1974 年海上人命安全公约》
TEU	Twenty-foot Equivalent Unit 标准集装箱
UNCITRAL	UNITED NATIONS COMMISION ON INTERNATIONAL TRADE LAW 联合国国际贸易法委员会
UNCTAD	UNITED NATIONS CONFERENCE ON TRADE AND DEVELOPMENT 联合国贸易与发展会议

International
Economic Law

参考文献

一、著作

(一)中文著作

1. 曹艳春:《雇主替代责任研究》,法律出版社 2008 年版。

2. 陈瑞华:《论法学研究方法》,北京大学出版社 2009 年版。

3. 崔建远:《合同责任研究》,吉林大学出版社 1992 年版。

4. 杜军:《格式合同研究》,群众出版社 2001 年版。

5. 广东省高级人民法院:《海事案例精选精析》,法律出版社 2004 年版。

6. 郭瑜:《海商法的精神——中国的实践和理论》,北京大学出版社 2005 年版。

7. 耿林:《强制规范与合同效力——以合同法第 52 条第 5 项为中心》,中国民主法制出版社 2009 年版。

8. 柯泽东:《最新海商法——货物运送责任篇》,台湾元照出版公司 2001 年版。

9. 何勤华主编:《外国法制史》,法律出版社 2003 年第 3 版。

10. 黄力华:《国际航空运输法律制度研究》,法律出版社 2007 年版。

11. 黄茂荣:《法学方法与现代民法》,法律出版社 2007 年第 5 版。

12. 李浩培:《李浩培文选》,法律出版社 2000 年版。

13. 李锡蔚:《集装箱船舶积载》,人民交通出版社 1997 年版。

14. 刘得宽:《民法总则》,中国政法大学出版社 2006 年增订 4 版。

15. 林一山:《民法系列——运送法》,台湾三民书局 2005 年版。

16. 马俊驹、余廷满:《民法原论(上)》,法律出版社 1998 年版。

17. 马得懿:《海上货物运输法强制性体制论》,中国社会科学出版社

2010 年版。

18. 邱锦添、王肖卿：《海上货物索赔之理论与实务》，台湾文史哲出版社 2005 年版。

19. 沈宗灵主编：《法理学》，北京大学出版社 2003 年版。

20. 史尚宽：《民法总论》，中国政法大学出版社 2000 年版。

21. 司玉琢、李志文主编：《中国海商法基本理论专题研究》，北京大学出版社 2009 年版。

22. 司玉琢主编：《海商法》，法律出版社 2003 年版。

23. 司玉琢、韩立新主编：《〈鹿特丹规则〉研究》，大连海事大学出版社 2009 年版。

24. 司玉琢：《海商法专论》，中国人民大学出版社 2007 年版。

25. 司玉琢主编：《国际海事立法趋势及对策研究》，法律出版社 2002 年版。

26. 司玉琢主编：《海商法专题研究》，大连海事大学出版社 2002 年版。

27. 司玉琢、胡正良等：《中华人民共和国海商法问答》，人民交通出版社 1993 年版。

28. 苏号朋：《格式合同条款研究》，中国人民大学出版社 2004 年版。

29. 苏永钦：《私法自治中的国家强制》，中国法制出版社 2005 年版。

30. 佟柔：《中国民法》，法律出版社 1990 年版。

31. 王传丽主编：《国际贸易法学》，法律出版社 2008 年版。

32. 王杰、王琦编著：《国际航运组织的垄断与竞争》，大连海事大学出版社 2000 年版。

33. 王利明、崔建远：《合同法新论·总则》，中国政法大学出版社 2000 年版。

34. 王利明：《侵权行为法研究（上卷）》，中国人民大学出版社 2004 年版。

35. 王利明：《违约责任论》，中国政法大学出版社 2003 年版。

36. 王泽鉴：《民法总则》，中国政法大学出版社 2001 年增订版。

37. 魏建、周林彬主编：《法经济学》，中国人民大学出版社 2008 年版。

38. 闻银玲：《海运履约方法律制度研究》，法律出版社 2010 年版。

39. 吴焕宁主编：《海上货物运输三公约释义》，中国商务出版社 2007 年版。

40. 吴焕宁:《海商法》,法律出版社 1996 年版。

41. 徐海燕:《英美代理法研究》,法律出版社 2000 年版。

42. 许中缘:《民法强行性规范研究》,法律出版社 2010 年版。

43. 杨长春:《国际货物运输公约逐条解释》,对外经济贸易大学出版社 1999 年版。

44. 袁绍春:《实际承运人法律制度研究》,法律出版社 2009 年版。

45. 余劲松主编:《国际经济法专论》,武汉大学出版社 2003 年版。

46. 余民才主编:《国际法专论》,中信出版社 2003 年版。

47. 於世成、胡正良、郏丙贵:《美国航运政策、法律与管理体制研究》,北京大学出版社 2008 年版。

48. 於世成:《美国航运法研究》,北京大学出版社 2007 年版。

49. 尹东年、郭瑜:《海上货物运输法》,人民法院出版社 2000 年版。

50. 张湘兰主编:《海商法》,武汉大学出版社 2008 年版。

51. 张湘兰主编:《海商法问题专论》,武汉大学出版社 2007 年版。

52. 张潇剑:《国际强行法论》,北京大学出版社 1995 年版。

53. 张宝晨编著:《ISM 规则与实施》,人民交通出版社 1999 年版。

54. 张丽英:《海商法学》,高等教育出版社 2006 年版。

55. 张忠晔主编:《各国和地区海商法比较》,人民交通出版社 1993 年版。

56. 钟瑞栋:《民法中的强制性规范》,法律出版社 2009 年版。

57. 周鲠生:《国际法(上册)》,商务印书馆 1976 年版。

58. 朱曾杰:《朱曾杰文集》,法律出版社 2008 年版。

59. 赵刚主编:《国际航运管理》,大连海事大学出版社 2006 年版。

(二)中文译著

1.［奥］凯尔森著:《法与国家的一般理论》,沈宗灵译,中国大百科全书出版社 1996 年版。

2.［德］迪特尔·梅迪库斯著:《德国民法总论》,邵建东译,法律出版社 2000 年版。

3.［德］彼得·施莱希特里姆著:《〈联合国国际货物销售合同公约〉评释》,李慧妮编译,北京大学出版社 2006 年版。

4.［德］卡尔·拉伦茨著:《法学方法论》,陈爱娥译,商务印书馆 2005 年版。

5.［德］卡尔·拉伦茨著:《德国民法通论(上)》,王晓晔、邵建东、程建英等译,法律出版社 2003 年版。

6.［美］E.博登海默著:《法理学法律哲学与法律方法》,邓正来译,中国政法大学出版社 1999 年版。

7.［美］G.吉尔摩,C.L.布莱克著:《海商法》,杨召南等译,中国大百科全书出版社 2000 年版。

8.［英］H.L.A.哈特著:《法律的概念》,许家馨、李冠宜译,法律出版社 2006 年版。

9.［美］罗科斯·庞德著:《法理学(第 3 卷)》,廖德宇译,法律出版社 2007 年版。

10.［法］孟德斯鸠著:《论法的精神(上册)》,张雁深译,商务印书馆 1982 年版。

11.［日］美浓部达吉著:《公法与私法》,黄冯明译,中国政法大学出版社 2003 年版。

12.［加］威廉·泰特雷著:《海上货物索赔》,张永坚、胡正良、傅延忠译,大连海运学院出版社 1993 年第 3 版。

13.［加］威廉·泰特雷著:《海商法术语》,陈海波、邹先江译,大连海事大学出版社 2005 年版。

14.［日］樱井玲二著:《汉堡规则的成立及其条款的解释》,张既义、李首春、王义源、陈薇薇译,对外贸易教育出版社 1985 年版。

15.［英］Stewart C. Body, Andrew S. Burrows, David Foxton 著:《SCRUTTON 租船合同与提单》,郭国汀译,法律出版社 2001 年版。

16.《马克思恩格斯全集(第 1 卷)》,人民出版社 1956 年版。

17.［美］格兰特·吉尔莫著:《契约的死亡》,曹士兵、姚建宗、吴巍译,中国法制出版社 2005 年版。

18.［美］莱文森著:《集装箱改变世界》,姜文波等译,机械工业出版社 2008 年版。

(三)英文著作

1. Chen Liang, *Legal Aspects of Bills of Lading Exception Clauses and Their Impact Upon Marine Cargo Insurance*, Wuhan University Press, 2005.

2. Christian Tomuschat, Jean-Marc Thouvenin, Eds, *The Funda-*

mental Rules of the International Legal Order-Jus Cogens and Obligations Erga Ommnes, Martinus Nijhoff Publishers, 2006.

3. D. Rhidian Thomas, ed. , *A New Convention for the Carriage of Goods by Sea-The Rotterdam Rules*, Lawtext Publishing Limited, 2009.

4. John F. Wilson, *Carriage of Goods by Sea*. 4th ed. ,Pearson Education Limited, 2001.

5. Joseph W. Glannon, *The Law of Torts*: *Examples and Explanation*,Aspen Publishers, 2005.

6. Leo D'Arcy, Carole Murray, Barbara Cleave, *Schmitthoff's Export Trade*,Sweet & Maxwell, 2000.

7. Michael F. Sturley, Tomotaka Fujita, Gertjan Van Der Ziel, *The Rotterdam Rules*, Sweet & Maxwell, 2010.

8. M. L. Hendrikse, N. H. Margetson, N. J. Margeton, *Aspects of Maritime Law*, Kluwer Law International, 2008.

9. Nicolas Healy, David Sharp, *Cases and Materials on Admiralty*, 2nd ed. West Publishing Co. 1986.

10. Simon Baughen, *Shipping Law*, Gavendish Publishing Limited, 2004.

11. Sze Ping-Fat, *Carrier's Liability under the Hague*, *Hague-Visby and Hamburg Rules*, Kluwer Law International, 2002.

12. Thomas J. Schoenbaum, *Admiralty and Maritime Law* (4th ed.), Thomson West, 2004.

13. William Tetley, *International Maritime And Admiralty Law*, Les Éditions Yvon Blais Inc. ,2002.

14. William Tetley, *Marine Cargo Claims* (4th ed.), Les Éditions Yvon Blais Inc. , 2008.

15. Yvonne Baatz, Charles Debattista, Filippo Lorenzon, Aandrew Serdy, Hilton Staniland, Michael Tsimplis, *The Rotterdam Rules*: *A Practical Annotation*, Informa, 2009.

二、论文

(一)中文论文

1. 曹晖:《民事诉讼中的举证责任倒置》,载《武汉大学学报》2009 年第 5 期。

2. 陈波:《货物控制权的概念及其法律性质》,载《中国海商法年刊》2006 年卷。

3. 初北平:《绕航法律问题研究》,大连海事大学 1999 年硕士学位论文。

4. 杜涛、江国勇:《德国利益法学评述》,载《法学论坛》2003 年第 5 期。

5. 郭国汀:《论海上火灾免责》,载《中国海商法年刊》2001 年卷。

6. 郭萍、李晓枫:《海运承运人单位赔偿责任限额问题的国际变革——兼评联合国〈鹿特丹规则〉》,载《国际经济法学刊》2009 年第 2 期。

7. 韩传华:《论海上货物承运人恪尽职责使船舶适航原则》,厦门大学 1985 年硕士学位论文。

8. 何秉松:《恐怖主义概念比较研究》,载《比较法研究》2003 年第 4 期。

9. 胡艳香:《外国侵权法中严格责任地位研究——兼论中国的相关问题》,厦门大学 2007 年博士学位论文。

10. 胡绪雨:《国际海上货物承运人责任基础立法中的目的论》,载《法学评论》2009 年第 5 期。

11. 胡正良:《船舶适航若干法律问题的研究》,载《大连海运学院学报》1989 年第 15 卷第 4 期。

12. 何秉松:《恐怖主义概念比较研究》,载《比较法研究》2003 年第 4 期。

13. 郝静:《国际海运货物控制权研究》,载《西南政法大学》2007 年硕士学位论文。

14. 康晨怡:《UNCITRAL〈运输法公约草案〉关于总量合同规定的研究》,载《海大法律评论 2007》,上海社会科学出版社 2008 年版。

15. 李文沛:《国际海洋法之海盗问题研究》,中国政法大学 2008 年博士学位论文。

16. 李浩培:《论国际法的特性》,载《李浩培文选》,法律出版社 2000 年版。

17. 李浩培:《强行法与国际法》,载《李浩培文选》,法律出版社 2000

年版。

18. 李志文:《论提单持有人及其权利义务和责任》,载《中国海商法年刊》2001 年卷,大连海事大学出版社 2001 年版。

19. 李晓霞:《海运货物控制权研究》,中国政法大学 2006 年硕士学位论文。

20. 梁慧星:《修改〈中华人民共和国海商法〉的诉求与时机》,载《中国海商法年刊》2010 年第 21 卷第 2 期。

21. 刘昕:《海运货物控制权问题研究——兼评 UNCITRAL 运输法草案第 11 章的规定》,载《江苏社会科学》2004 年第 2 期。

22. 马得懿:《FOB 条件下卖方风险问题研究——以托运人制度为视角》,载《法商研究》2008 年第 4 期。

23. 孟于群:《集装箱须适货(上)》,载《中国远洋航务》2007 年第 2 期。

24. 司玉琢:《〈鹿特丹规则〉的评价与展望》,载《中国海商法年刊》2009 年第 20 卷第 1~2 期。

25. 司玉琢:《承运人责任基础的新构建——评〈鹿特丹规则〉下承运人责任基础条款》,载《中国海商法年刊》2009 年第 20 卷第 3 期。

26. 李志文:《论提单持有人及其权利义务和责任》,载《中国海商法年刊》2001 年卷。

27. 汪渊智:《形成权理论初探》,载《中国法学》2003 年第 3 期。

28. 韦经建:《寻找流失的契约自由——以海上货物运输法为线索》,吉林大学 2007 年博士学位论文。

29. 魏治勋:《"规范分析"概念的分析》,载《法学论坛》2008 年第 5 期。

30. 吴熙、司玉琢:《〈鹿特丹规则〉中货物控制权之法律性质》,载《中国海商法年刊》2011 年第 22 卷第 1 期。

31. 解相滨:《论海运中途停运权之不安抗辩权性质》,载万鄂湘主编:《中国海事审判论文选集》,人民法院出版社 2004 年版。

32. 杨运涛:《国际货物多式联运法律关系研究》,对外经贸大学 2006 年博士学位论文。

33. 杨洪:《论海上货物运输强制性法律规范的性质与功能》,载《中外法学》2007 年第 4 期。

34. 杨树明、郭东:《事实与法律之间——论船舶适航义务的涵义及判断标准》,载《法学杂志》2006 年第 5 期。

35.杨树明、郭东:《违反适航义务的法律后果》,载《河南省政法干部管理学院学报》2006年第5期。

36.尹田:《契约自由与社会公正的冲突与平衡》,载梁慧星主编:《民商法论丛第2卷》,法律出版社1994年版。

37.张湘兰、郑雷:《论海上恐怖主义对国际法的挑战与应对》,载《武汉大学学报(哲学社会科学版)》2009年第2期。

38.张湘兰:《国际海上货物运输中的赔偿限额问题剖析》,载《法学评论》1996年第2期。

39.张清姬:《海运货物控制权之研究》,厦门大学2006年硕士学位论文。

40.张民安:《过错侵权责任制度研究》,中国社会科学院2002年博士学位论文。

41.赵月林、胡正良:《我国〈海商法〉是否应该取消航海过失免责的研究》,载《大连海事大学学报(社会科学版)》2003年第1期。

42.赵月林、胡正良:《论取消航海过失免责对承运人责任、义务和其他海事法律制度的影响》,载《大连海事大学学报》2002年第4期。

43.朱曾杰:《初评〈鹿特丹规则〉》,载《中国海商法年刊》2009年第20卷第1~2期。

44.朱曾杰:《论海上货物运输法的国际统一》,载《海商法研究》1999年第1卷。

45.赵亮:《海运货物控制权之研究》,载《世界海运》2003年第10期。

46.郑肇芳、英振坤:《提单运输与货物控制权问题》,载李小年主编:《国际海商法前沿问题文萃》,中国法制出版社2008年版。

(二)中文译文

1.[德]菲利普·黑克:《利益法学》,傅广宇译,载《比较法研究》2006年第6期。

2.[美]奥特·兰纳:《〈鹿特丹规则〉的构建》,陈琦译,载《中国海商法年刊》2009年第20卷第4期。

3.[德]康拉德·茨威格特、海因·克茨:《合同法中的自由与强制》,孙宪忠译,载《民商法论丛》,法律出版社1998年版。

4.[美]罗伯特·库特:《整合侵权、合同和财产法:防范模式》,张明译,载[美]唐纳德·A.威特曼编:《法律经济学文献精选》,苏力等译,法律出版社 2006 年版。

(三)英文论文

1. Anthony Diamond Q. C. , The Rotterdam Rules, *Lloyd's Maritime and Commercial Law Quarterly*, 2009.

2. BETZ, "Too Many Cooks Have Intermodal in Stew" Distribution, Chilton Co. Radnor, PA 1989 Vol. 86, No. 1 January 1986.

3. CZAPLIŃSKI, WLADYSLAW, *Jus Cogens and the Law of Treaties*.

4. Chen Liang, Seaworthiness in Charter Parties, *Journal of Business Law*, 2000, Jan.

5. Chia-Lee Wei, *Change in the Sea Carrier's Liability for Cargo as a Result of Containerization and Multimodalism* (A thesis for LL. M), McGill University, 1999.

6. Caslav Pejovic, Stoppage in Transit and Right of Control: "Conflict of Rules"? *Pace International Law Review*, 2008, Spring (20).

7. European Shipper's Council, View of the European Shipper's Council on the Convention on Contracts for the International Carrying of Goods Wholly or Partly by Sea also known as the "Rotterdam Rules".

8. Francesco Berlingieri, Philippr Delebecque, Tomotaka Fujita, Rafael Illescas, Michael Sturley, Gertjan Van Der Ziel, Alexander Von Ziegler, Stefano Zunarelli, *The Rotterdam Rules, An Attempt to Clarify Certain Concerns that Have Emerged*, http://www. uncitral. org/pdf/english/texts/transport/rotterdam_rules/ExpertPaper. pdf. 2009-11-6.

9. Gertjan Van Der Ziel, Chapter 10 of the Rotterdam Rules: Control of Goods in Transit, *Texas International Law Journal*, 2009, Spring (44).

10. Gertjan Van Der Ziel, *The issue of transport documents and the documentary shipper under the Rotterdam Rules*, 载《2009 年上海海商法国际研讨会论文汇编》。

11. James Zhengliang HU, The Carrier's Liability Regime under the Rotterdam Rules.

12. Jan Ramberg, Freedom of contract in maritime law, *Lloyd's*

Maritime and Commercial Law Quarterly ,1993.

13. Joseph C. Sweeney, Crossing the Himalayas: Exculpatory Clauses in Global Transport, *Journal of Maritime Law & Commerce* , 2005, April(36).

14. Joseph C. Sweeney, Happy Birthday, Harter: A Reappraisal of the Harter Act on its 100th Anniversary, *Journal of Maritime Law and Commerce* ,1993, (24).

15. Karl-Johan Gombrii, Background Paper on Right of Control, page 2. http://www. comitemaritime. org/year/2003/pdfiles/b_paper_Gombrii. pdf. , 2009-10-9.

16. Lord Diplock, Convetions and Morals-Limitation Clauses in International Maritime Conventions, *Journal of Maritime Law & Commerce* , 1970,(1).

17. Leslie Tomsawllo Weitz, The Nautical Fault Debate(the Hamburg Rules, The U. S. COGSA 95, The STCW 95, And The ISM Code), *Tulane Maritime Law Journal* , 1998, Summer.

18. Leslie Tomsawllo Weitz, The Nautical Fault Debate(the Hamburg Rules, The U. S. COGSA 95, The STCW 95, And The ISM Code), *Tulane Maritime Law Journal* , 1998, Sumer.

19. Manuel Alba, Electronic Commerce Provisions in the UNCITRAL Convention on Contracts for the International Carriage of Goods Wholly or Partly by Sea, *Texas International Law Journal* , 2009(44).

20. Neill Hutton,The Origin, Development, and Future of Maritime Liens and the Action In Rem, *Tulane Maritime Law Journal* , 2003, winter(28).

21. Proshanto K. Mukherjee, Abhinayan Basu Bal, A Legal and Economic Analysis of the Volume Contract Concept under the Rotterdam Rules: Selected Issues in Perspective, *Journal of Maritime Law & Commerce* , 2009, October(40).

22. Robert Force, A Comparison of the Hague, Hague-visby, and Hamburg Rules: Much About ? *Tulane Law Review* , June 1996.

23. Theodora Nikaki, Conflicting Laws in "Wet" Multimodal Carri-

age of Goods：The UNCITRAL Draft Convention on the Carriage of Goods［Wholly or Partly］［by Sea］，*Journal of Maritime Law & Commerce*，2006，October(37).

24. William Tetley, The Himalaya Clauses-Revisited，http://www.mcgill. ca/files/maritimelaw/himalaya. pdf,2010-09-07.

三、辞书

(一)中文辞书

1. 司玉琢主编:《海商法大辞典》,人民交通出版社 1998 年版。

2.［英］戴维·M. 沃克编:《牛津法律大词典》,李双元等译,法律出版社 2003 年版。

3. 薛波主编:《元照英美法词典》,法律出版社 2003 年版。

(二)英文辞书

1. Bryan A. Garner，*Black's Law Dictionary*（Abridged 7th ed.），West Group，2000.

2. Bryan A. Garner，Editor in Chief，Black's Law Dictionary（8th ed. 2004）. http://international. westlaw. com.

四、资料

(一)中文资料

1. 百度百科:《索马里海盗》,http://baike. baidu. com/view/2001823. htm? fr＝ala0_1_1. 下载日期:2010 年 2 月 3 日。

2. 大连海事大学运输法课题组:《联合国统一海上货物运输公约研究 (2006 年中期研究报告)》.

3. 中华人民共和国交通运输部:《关于国际集装箱班轮运价备案实施办 法的公告》,http://www. chineseshipping. com. cn/file/ad/gg/2009/610/ 610gg. htm,下载日期:2009 年 6 月 21 日。

4. 广州法律网:《黑龙江省进出口总公司诉汕头粤东国际货运代理有限 公司、江苏环球国际货运公司深圳分公司、博联国际货运公司海上货物运输 合同货物交付纠纷案》,http://www. law020. com/case/case_3845. html, 下载日期:2010 年 10 月 5 日。

5. 韩立新、王秀芬编译:《各国(地区)海商法汇编(上卷)》(中英文对照),大连海事大学出版社 2003 年版。

6. 韩立新、王秀芬编译:《各国(地区)海商法汇编(下卷)》(中英文对照),大连海事大学出版社 2003 年版。

7. 马士基公司:《运输条件与条款》,http://www. maerskline. com/link/? Page = brochure&path = /our_services/general_business_terms/bill_of_lading_clauses # shipperpackedcontainers,下载日期:2009 年 11 月 30 日。

8. 人民网:《2009 中国航运发展报告出炉》,http://finance. people. com. cn/GB/12135093. html,下载日期:2010 年 9 月 23 日。

9. 上海海事法院:《海上货物运输中托运人退运请求的法律界定——原告浙江中大纺织品有限公司与被告川崎汽船(中国)有限公司海上货物运输合同退运纠纷案》,http://www. ccmt. org. cn/hs/news/show. php? cId=4969,下载日期:2009 年 10 月 22 日。

10. 中国交通,海商法专家张永坚:《勿以乌托邦看鹿特丹规则》,http://www. iicc. ac. cn/Article/hydt/ywdt/wlys/201002/65580. html,下载日期:2010 年 9 月 22 日。

11. 赵虎、刘俊:《运价报备助航企重拾市场信心》,载《中国水运报》2009年8月5日。

(二)英文资料

1. UNCITRAL《鹿特丹规则》起草有关资料

(1)公约草案文本

1. 海上货物运输文书草案初稿　　A/CN. 9/WG. III/WP. 21.

2. 公约草案一读文本　　　　　　A/CN. 9/WG. III/WP. 32.

3. 公约草案二读合订文本　　　　A/CN. 9/WG. III/WP. 56.

4. 公约草案二读文本　　　　　　A/CN. 9/WG. III/WP. 81.

5. 公约草案三读文本　　　　　　A/CN. 9/WG. III/WP. 101.

(2)UNCITRAL 第四十一届会议文件及 UNCITRAL 电子商业工作组第三十一届会议文件

1. A/63/17.	2. A/CN. 9/658/Add. 2.	3. A/CN. 9/658 /Add. 3.
4. A/CN. 9/658 /Add. 5.	5. A/CN. 9/658/Add. 7.	6. A/CN. 9/658/Add. 11.
7. A/51/17.		

（3）UNCITRAL 第三工作组工作会议报告

1. A/CN. 9/510.	2. A/CN. 9/525.	3. A/CN. 9/526.
4. A/CN. 9/544.	5. A/CN. 9/552.	6. A/CN. 9/572.
7. A/CN. 9/576.	8. A/CN. 9/591.	9. A/CN. 9/594.
10. A/CN. 9/594.	11. A/CN. 9/612.	12. A/CN. 9/616.
13. A/CN. 9/621.	14. A/CN. 9/642.	15. A/CN. 9/645.

（4）各国政府提案与 UNCITRAL 第三工作组文件

1. A/CN. 9/WG. Ⅲ / WP. 28.	2. A/CN. 9/WG. Ⅲ / WP. 28/Add. 1.	3. A/CN. 9/WG. Ⅲ / WP. 29.
4. A/CN. 9/WG. Ⅲ / WP. 33.	5. A/CN. 9/WG. Ⅲ / WP. 34.	6. A/CN. 9/WG. III/ WP. 39.
7. A/CN. 9/WG. Ⅲ / WP46.	8. A/CN. 9/WG. III/ WP. 50/Rev. 1.	9. A/CN. 9/WG. III/ WP. 57.
10. A/CN. 9/WG. III/ WP. 61.	11. A/CN. 9/WG. III/ WP. 62.	12. A/CN. 9/WG. III/ WP. 64.
13. A/CN. 9/WG. III/ WP. 66.	14. A/CN. 9/WG. III/ WP. 67.	15. A/CN. 9/WG. III/ WP. 68.
16. A/CN. 9/WG. III/ WP. 69.	17. A/CN. 9/WG. III/ WP. 72.	18. A/CN. 9/WG. III/ WP. 74.
19. A/CN. 9/WG. III/ WP. 78.	20. A/CN. 9/WG. III/ WP. 85.	21. A/CN. 9/WG. III/ WP. 87.
22. A/CN. 9/WG. III/ WP. 88.	23. A/CN. 9/WG. III/ WP. 91.	24. A/CN. 9/WG. III/ WP. 93.
25. A/CN. 9/WG. III/ WP. 96.	26. A/CN. 9/WG. III/ WP. 103.	

2. 其他

(1)American Law Institute，Restatement（Third）of Agency，www. westlaw. com，2010-2-19.

(2)APL，Bill of Lading Terms and Conditions，http：//www. apl. com/help_center/documents/blterms. pdf，2009-12-3.

(3)CMI，CMI Yearbook 2000.

(4)CMI，The Travaux Préparatoires-CMI Project on Issues of Transport Law，http：//www. comitemaritime. org/draft/draft. html，2009-11-17.

(5)COSCO，Terms and Condition，http：//www. coscon. com/topic. do? uuid＝50000000000000111，2009-12-3.

(6)IMF，SDRs per Currency unit and Currency units per SDR last five days，http：//www. imf. org/external/np/fin/data/rms_five. aspx，2010-01-15.

(7)CLECAT，The European Voice of Freight Logistics and Customs Representatives，http：//www. uncitral. org/pdf/english/texts/transport/rotterdam_rules/CLECAT paper. pdf，2009-11-25.

(8)ESC，View of the European Shippers' Council on the Convention on Contracts for the International Carrying of Goods Wholly or Partly by Sea also known as the "Rotterdam Rules"，http：//www. uncitral. org/pdf/english/texts/transport/rotterdam_rules/ESC_Position_Paper_March2009. pdf，2009-11-25.

(9) Evergreen Marine，Bill of Lading Clauses，http：//www. evergreen-line. com/static/html/EGLV_BLClause. pdf，2009-12-3.

(10)Federal Maritime Commission，Service Contract Filings，http：//servcon. fmc. gov/stat/，2010-09-30.

(11)Federal Maritime Commission，The Impact of the Ocean Shipping Reform Act of 1998，2001.

(12)IMO，Revised guidance on combating piracy agreed by IMO Maritime Safety Committee，http：//www. imo. org/Newsroom/mainframe. asp? topic_id＝110&doc_id＝10620，2010-2-3.

(13)IMO，Summary of Status of Convention，http：//www. imo. org.

2009-5-10.

(14)Maersk Line，Multimodal transport bill of lading terms and conditions of carriage，http：//www. maerskline. com/link/? page = brochure&path=/our_services/general_business_terms/bill_of_lading_clauses♯shipperpackedcontainers,2009-11-30.

(15)CMI,Report of the Third Meeting of the International Sub-Committee on Issues of Transport Law，http：//www. comitemaritime. org/singapore/issue/report3. pdf，2009-05-12.

(16) THE UNCTAD SECRETARIAT，Review of Maritime Transport 2007-Report by the UNCTAD secretariat.

17. THE UNCTAD SECRETARIAT，Review of Maritime Transport 2008-Report by the UNCTAD secretariat.

18. THE UNCTAD SECRETARIAT，Review of Maritime Transport 2009-Report by the UNCTAD secretariat.

19. UNCTAD，UNCTAD/SDTE/TLB/2003/1，*Multimodal Transport：The Feasibility of an Interantional Legal Instrument*，p. 4. http：// www. unctad. org/en/docs/sdtetlb20031_en. pdf，2009-12-26.

International
Economic Law

后　记

　　本书是在本人博士学位论文基础上稍作修改完善后印刷出版的。"雄关漫道真如铁,而今迈步从头越",去年 6 月通过论文答辩后,生活节奏明显舒缓了许多,心头常常会想起毛主席《忆秦娥·娄山关》里的这句诗。攻读,尤其是在职攻读博士研究生对我而言是人生的一大考验,回想起 4 年来的求学历程,不禁心潮澎湃。2007 年硕士毕业时,我同时参加了公务员录用考试和厦门大学博士生入学考试,也许是过于幸运,同时收到了深圳海事局的录用通知和厦大的博士生录取通知书。一时间内心反复挣扎,自己是继续读书还是工作,要在这两者之间作出选择并不是一件容易的事情。好在单位允许我在职学习,而导师徐崇利教授也宽容地接纳了我这位另类的弟子。选择了读书和工作同时进行,也就意味着同时选择了两座城市,在厦门读书,在深圳工作,过"双城生活"。头两年有课程时要经常奔波来往于深圳厦门之间,为了节省时间,我经常会在前一天晚上乘坐长途大巴,经过 8 个小时 650 公里的奔波,凌晨四五点钟到达厦门,去宿舍稍微休息两三个小时,然后去法学院上课,或者是去图书馆借书,查资料。常言道"读万卷书,行万里路",我常跟朋友调侃说我不敢说自己读了万卷书,但确确实实"行了万里路",往昔的种种辛苦如今回忆起来别有一番滋味。

　　虽然我的论文选题确定较早,入学伊始,我就选定 UNCITRAL 第三工作组的工作项目"海上货物运输法"作为学位论文选题,但论文写作的过程还是颇费了一番周折。论文写作主要面临两个方面的困难和挑战:一方面,硕士研究生阶段较多关注 WTO 法,虽然对海商法和海上货物运输法有一些粗浅的了解,但要选取海上货物运输法方面的问题作为博士学位论文选题无疑跨度还是比较大的。另一方面,以一个国际公约作为选题,研究视角和篇章结构的安排不好处理,很容易写成泛泛而论的"教材式"的公约介绍或是结构松散的"若干问题研究",而学位论文的最基本要求是围绕中心命题进行论述,并且要有一定的理论深度。所以,虽然选题确定较早,写作的过程却并不顺利。徐老师建议我先动笔写起来,在写作过程中慢慢解决这些问题。然而,直到论文初稿接近完成时,仍然没有最终确定论文的篇章结构和研究视角。最初以海上货物运输法的"新发展"作为研究视角进行篇章结构安排,但是这样写出来的结构很松散,而以船方货方之间的利益平衡为视角又过于抽象。那一段时间,虽然论文初稿已接近完成,我却异常焦虑,因为这一涉及论文整体结构的问题不解决就意味着论文的学术质量要大打折扣,甚至有不能通过答辩的危险。功夫不负有心人,经过一个多月的思考与煎熬,2010 年 6 月的一个下午在校园里散步时,"强制性体制"这一概念闪过了我的脑海。这一概念其实是民商法中的格式合同缔约自由限制在作为特殊法的海上货物运输法领域的体现。在海上货物运输法领域,海上货物运输合同缔约自由限制发端于 1893 年的美国《哈特法》,"强制性体制"就是对这种立法体例的概括。国际海上货物运输法中,《海牙规则》、《海牙—维斯比规则》、《汉堡规则》先后沿袭了强制性体制。UNCITRAL 起草的《鹿特丹规则》也继承了这个法律遗产,但与以往相比,又有所发展变化。这一概念关涉公权力对当事人意思自治的排除和限制,一直是我感兴趣的问题之一。承运人的义务与责任,托运人等货方的义务与责任都是强制性体制的内容,而批量合同等《鹿特丹规则》的创新也正是其对传统强制性体制的突破。以此为研究视角,不但可以统摄整个研究内容,而且还有一定的新意和理论深度,论文的结构也不再松散。这样,论文的研究视角和篇章结构终于得以确定,剩余的工作就是修修补补,论文也就很快定稿了。

感谢我的博士生导师徐崇利教授。徐老师治学严谨,待人宽厚。与同门的共同感受是徐老师有惊人的知识驾驭能力,我的论文选题并非他熟悉的研究领域,但他依然能够根据知识生产的一般规律给出中肯的指导意见。在徐老师的指导下,我逐渐掌握了资料搜集、论文写作等法学学术研究的基本方法。论文写作是一个漫长而艰辛的过程,在最艰难的时候,甚至打算放弃海上货物运输法的选题而更换国际公法方向的题目,徐老师鼓励我继续坚持下去,他说一个新的公约总是有一些新的东西可写的。最终,前前后后一共三年时间,终于完成了论文,并顺利以 88 分的优异成绩通过了论文答辩。而论文能够忝列"厦门大学国际经济法文库"付梓出版,更要感谢徐老师对后学晚辈的提携栽培。

　　感谢我的硕士生导师赵建文教授。赵老师带我进入了国际法学的大门,他对学生在学习上要求非常严格,在生活上却与学生打成一片,对学生十分关心。很多学习的方法甚至不是在课堂上学到的,而是一起吃饭或是一起参加学术会议时领悟到的。正是在赵老师的栽培下,我奠定了较为扎实的国际法学研究基础,并下定决心在硕士毕业后继续攻读博士研究生。

　　感谢我的家人,从1988年开始求学至博士毕业前后共计20余年,对我来说是奠定人生基础的阶段,而对家人来说,这20多年却意味着默默地奉献,如今我终于可以回报家人了。

　　最后还要感谢深圳海事局的领导和同事对本人攻读博士学位的支持!同时要感谢厦门大学出版社为本书出版所付出的辛勤劳动!感谢所有为我完成学业提供帮助的朋友们!谢谢你们!

　　"纸上得来终觉浅,绝知此事要躬行。"知识获取的途径是多样的,要对社会进步有所贡献,所需要的知识也是多元的。工作之后,更觉多学科知识综合运用的重要性。在知识爆炸的年代,校园生活的结束并不意味着学习的终结,相反,另外一种方式的学习才刚刚开始。

二〇一二年新春于深圳黄木岗

图书在版编目(CIP)数据

《鹿特丹规则》下的强制性体制研究:基于规范效力的一种分析/胡长胜著.
—厦门:厦门大学出版社,2013.4
(厦门大学国际经济法文库/陈安主编)
ISBN 978-7-5615-4434-1

Ⅰ.①鹿⋯　Ⅱ.①胡⋯　Ⅲ.①海上运输-国际运输-货物运输-国际公约-
研究　Ⅳ.①D993.5

中国版本图书馆 CIP 数据核字(2013)第 062606 号

厦门大学出版社出版发行
(地址:厦门市软件园二期望海路 39 号　邮编:361008)
http://www.xmupress.com
xmup @ xmupress.com
厦门市明亮彩印有限公司印刷
2013 年 4 月第 1 版　2013 年 4 月第 1 次印刷
开本:720×970　1/16　印张:22.75　插页:2
字数:378 千字　印数:1~1 200 册
定价:40.00 元
如有印装质量问题请与承印厂调换